上海理想信息产业（集团）有限公司成立于1999年，为中国电信全资子公司，员工1700余人，年收入超过10亿，同时也是上海互联网大数据工程技术研究中心，聚焦于电信、政府、金融、教育、医疗、制造等多个行业，拓展ICT业务。

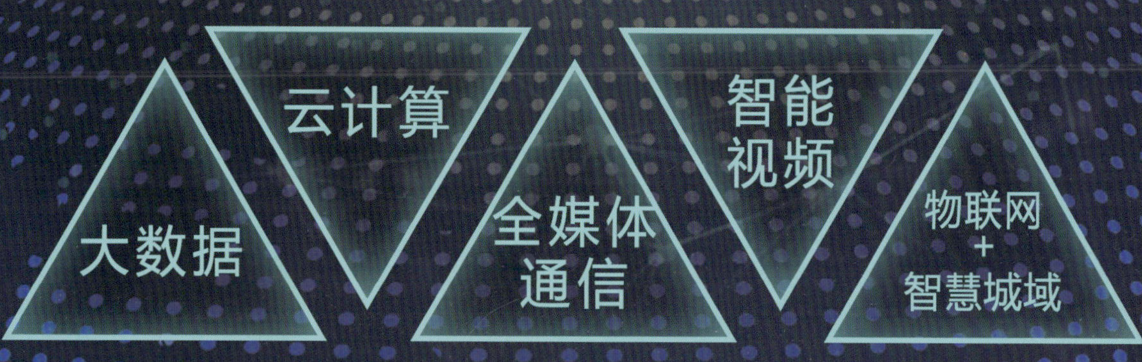

异构双活混合云
助力招商局集团
拓展未来商业版图

and和
中国移动
China Mobile

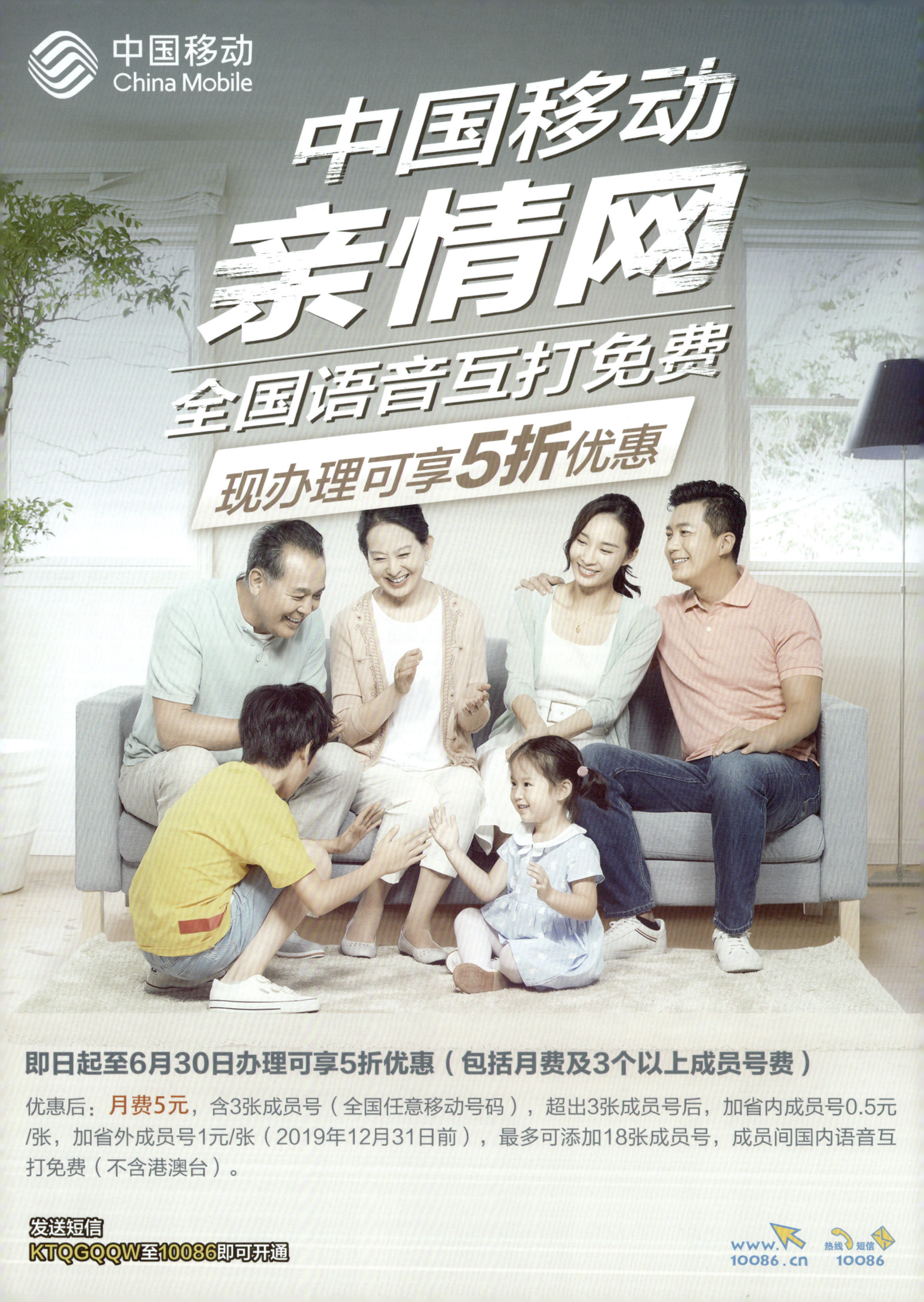
中国移动
China Mobile
中国移动
亲情网
全国语音互打免费
现办理可享5折优惠
即日起至6月30日办理可享5折优惠（包括月费及3个以上成员号费）
优惠后：月费5元，含3张成员号（全国任意移动号码），超出3张成员号后，加省内成员号0.5元/张，加省外成员号1元/张（2019年12月31日前），最多可添加18张成员号，成员间国内语音互打免费（不含港澳台）。
发送短信
KTQGQQW至10086即可开通
www.10086.cn
热线 短信
10086

《2018—2019 中国信息通信业发展分析报告》
征订单（复印有效）

<table>
<tr><td>书　　名</td><td colspan="5">《2018—2019 中国信息通信业发展分析报告》</td></tr>
<tr><td>书　　号</td><td colspan="5">ISBN 978-7-115-51644-2</td></tr>
<tr><td>开　　本</td><td colspan="2">大 16 开</td><td>定价</td><td colspan="2">360 元/册</td></tr>
<tr><td>订阅单位</td><td colspan="5"></td></tr>
<tr><td>邮寄地址</td><td colspan="5">（邮编：　　　　　　　　）</td></tr>
<tr><td>联系电话</td><td colspan="2"></td><td colspan="2">联 系 人</td><td></td></tr>
<tr><td>订阅册数</td><td colspan="2"></td><td colspan="2">金　　额</td><td></td></tr>
<tr><td>邮箱</td><td colspan="2"></td><td colspan="2">传　　真</td><td></td></tr>
<tr><td rowspan="3">银行汇款</td><td>户名</td><td>北京信通传媒有限责任公司</td><td rowspan="3">专票信息</td><td>税号</td><td></td></tr>
<tr><td>开户行</td><td>中国工商银行北京体育馆路支行</td><td>公司地址及电话</td><td></td></tr>
<tr><td>账号</td><td>0200008109200044661</td><td>开户行及账号</td><td></td></tr>
<tr><td>是否需要发票</td><td></td><td>发票抬头</td><td colspan="3"></td></tr>
</table>

《2018—2019 中国信息通信业发展分析报告》征订启事

《中国信息通信业发展分析报告》由中国通信企业协会主编，人民邮电出版社出版，每年出版一本，旨在反映当年中国通信业的发展变化情况，分析行业发展的趋势，探讨行业热点、难点问题，为政府和相关部门提供行业发展方面的分析与建议。自 2006 年出版以来，其因为客观、中立的视角，翔实丰富的数据，而受到业界的欢迎和认可。

《2018—2019 中国信息通信业发展分析报告》聚焦通信、互联网及战略性新兴产业领域，全面梳理了中国通信业的发展变化情况，介绍了中国信息通信业的行业发展、宽带及移动通信发展、互联网与信息服务、网络与信息安全、新技术新应用发展、通信设备制造及建设运维、电信运营企业（包括互联网企业） 的发展。对过去一年的重大研究成果及问题进行了比较全面的论述、分析和研究，同时，也对 2018 年通信业的发展作出了预测和展望。另外,从不同角度对人工智能、“互联网+”、工业物联网、5G 发展、电信业转型、移动互联网等热点问题进行了深度阐述。同时，书中还搜集了 2018 年中国通信业的各项评奖结果，并提供了大量全面反映当前通信业发展状况的专业统计数据。总之，《2018—2019 中国信息通信业发展分析报告》内容丰富，数据翔实，具有较强的分析性、研究性和参考性。

各单位如需订购，请按以下方式联系。

联 系 人：李娅绮　刘　婷

联系电话：010-81055492

　　　　　010-56081121

通信地址：北京市丰台区成寿寺路 11 号邮电出版大厦 814 室

邮政编码：100164

E-mail：liyaqi @bjxintong.com.cn

中国电信
CHINA TELECOM

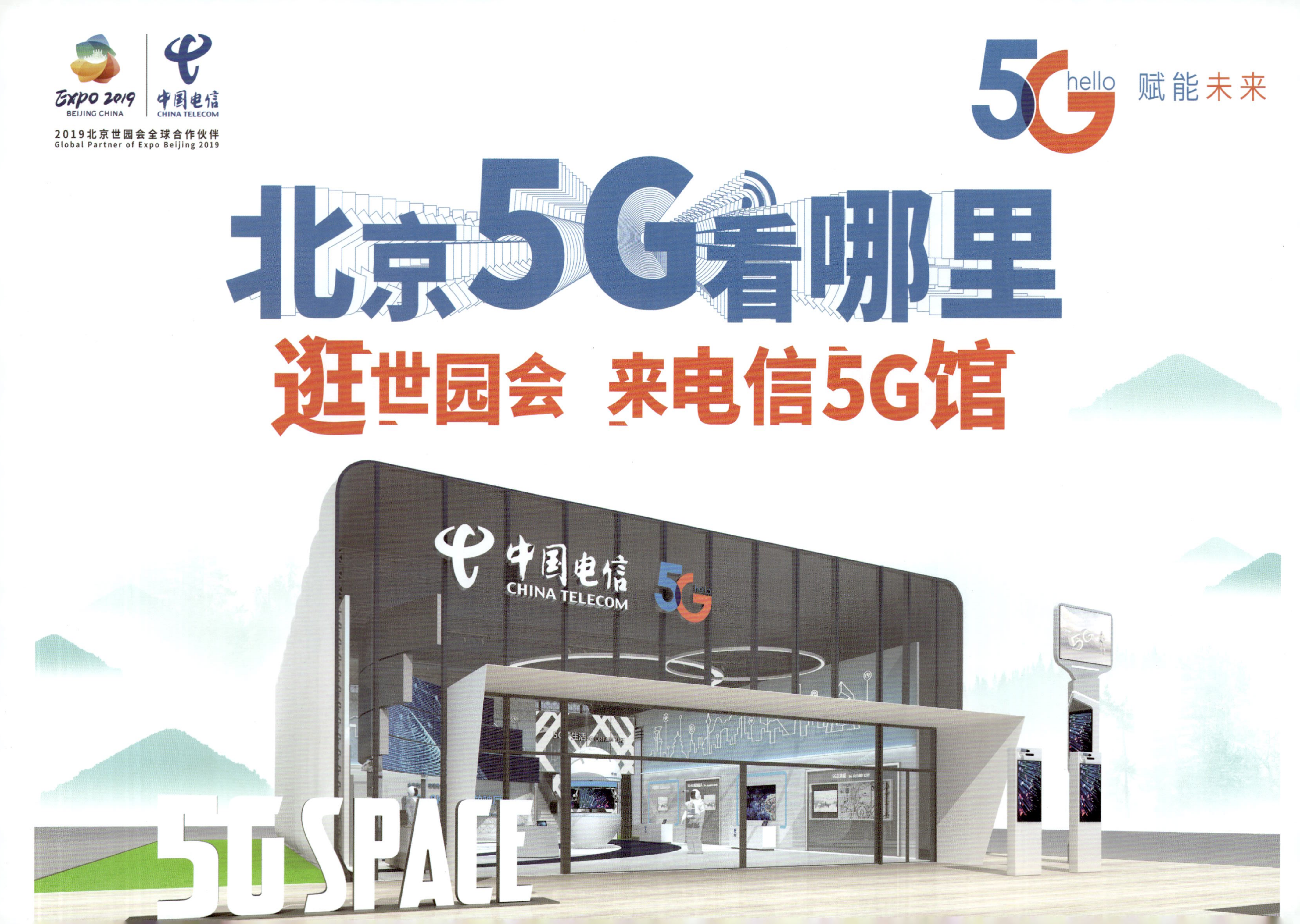
Expo 2019
BEIJING CHINA
中国电信
CHINA TELECOM
2019北京世园会全球合作伙伴
Global Partner of Expo Beijing 2019
5G hello 赋能未来
北京5G看哪里
逛世园会 来电信5G馆
中国电信
CHINA TELECOM
5G hello
5G SPACE

中国联通
新·改变世界

超级星期五
Super Friday
周周有福利
天天可领券·月月享权益

龍騰出行
DRAGONPASS

扫码即领

沃百富
联通红包

unicom VIP
联通会员服务

China Unicom Customer Club
中国联通客户俱乐部

百倍用心
10分满意

勇担社会责任 引领美好智慧生活

信息通信业关系国计民生，事关千家万户。广东联通作为信息通信领域的重要央企，坚持责任担当，深入践行央企的社会责任，推动提速降费、通信保障、信息安全、普遍服务等各项工作，将自身发展与更广泛社会责任相结合，实现企业利益与社会目标的和谐统一，不断满足人民日益增长的信息生活需要，引领美好智慧生活。

落实提速降费 打造普惠通信

网络提速降费是国家交给电信运营商的任务，社会各界高度关注。广东联通认真贯彻落实提速降费要求，积极行动，全力以赴，切实保障提速降费工作有效推进。

在移网业务上，不断降低消费门槛。广东联通自2018年7月1日起取消流量“漫游”费，提升通信普惠给消费者带来的新体验。在套餐产品设计上，持续推出一系列低门槛、大流量型产品，满足用户多样化需求。大力优化完善冰激凌套餐体系，全面推广全国流量冰激凌，利用家庭号码、情侣号码、朋友号、小微商企号等号码组合策略，儿童智能手表、家庭监控设备等插卡类新型终端搭载销售，给用户带来更丰富的体验。新推3档全国流量王系列套餐，统一资费框架，国内流量加大释放力度，进一步降低流量资费。

在固网业务上，增强普惠力度。广东联通通过免费提速活动降低宽带资费单价。同时响应省政府要求，对具备网络条件的用户免费提速至100M。对全网用户上行速率进行升级，50M用户上行速率由4M调整为10M，100M用户上行速率由5M调整为20M。为光改区域迁转用户免费提速100M，鼓励用户主动迁转享受国家提速降费政策。

助推宽带4K视频业务发展。建立宽带与4K视频双通道的联通宽带标准，所有联通光纤宽带用户免费享受双通道服务。持续开展融合产品优化，突出大流量、高速宽带、4K内容引领的优势，以“高速率+高品质”为中高端家庭用户提供高价值服务。同时，为用户提供最新的符合国家4K标准的机顶盒，提供包括4K直播频道、点播节目的免费体验，同时不断引入基于超高清视频的家庭应用，令用户足不出户即可享受丰富的视觉盛宴。

大数据新治理 实现精准防诈

通讯信息诈骗治理是一项系统性工程，具有长期性、反复性和复杂性等特点。广东联通积极搭建新模式下的防范打击通信诈骗治理体系，通过建立基于大数据挖掘分析的治理平台，实现对通讯信息诈骗有效治理。2018年，广东联通基于精准防诈的专项治理创新实践获得工业和信息化主管部委“优秀创新奖”，依托自身的通信专业特长和网络数据优势，为用户搭起信息安全的屏障。

在通讯信息诈骗治理上，广东联通建立前端、中端、后端的专业治理体系，实现全流程精准防诈。在前端防范方面，强调源头治理，加大实名制管控力度、加强业务管理、补强系统漏洞、强化人工稽核。通过不断完善“技防+人防”的管控体系，切实建设好反诈“第一道防线”。在中端管控方面，开展大数据精准画像，自主研发“网内网间不良号码监测系统”“大数据精准识别平台”“沃猎网防诈骗数据分析检测系统”，并协助相关单位完善了通讯信息诈骗事前防御和事中处理环节，形成了一套多方参与、博采众长的合作模式。在后端治理方面，落实分级分类处置，对诈骗电话以及高危、中低危号码进行关停、拦截、踢网、监控等处置。

2018年，广东联通打击通讯信息违法犯罪工作取得了明显成效，工业和信息化主管部委通报的诈骗用户举报量和举报率双双大幅下降，降幅达89.5%，一系列创新经验成为全国性借鉴样板，治理成效处于全国先进行列。全年共计拦截各类违法违规短信120余万条，治理各类诈骗和骚扰电话近90万个，封堵各类违法互联网网站近万个，通过新媒体平台发送防骗公益宣传内容近4亿条，覆盖人群达7600万。同时配合公安部门专项行动，成功打掉多个犯罪团伙，全国重点打击黑灰产业链专案被全链条摧毁。

广东联通积极协助公安机关铲除违法犯罪窝点，构建了面向全国的反诈态势感知预警体系，全年累计拦截踢网118963个号码（广东省外号码占比95%），手机串号21563个（广东省外号码占比97%），并在茂名、湛江、阳江粤西三地市部署了“拦截诈骗手机串号IMEI技术”，为目前行业开通该技术的运营商，管控成效显著,得到公安机关高度肯定。

维护网络安全 保障通讯畅通

广东联通认真贯彻落实总体国家安全观，高度重视应急通信保障工作。不断强化组织落实，积极防汛备汛，完善保障预案，开展应急演练，狠抓隐患整治，稳步提升应急保障能力，出色完成自然灾害和重大活动应急通信保障任务，树立优秀企业公民形象。

当前，广东省已经进入汛期。广东联通坚持举全省之力开展汛期应急通信保障工作。全省防汛一盘棋，编制省公司及属地化《防御台风洪涝灾害通信保障操作手册》，修订应急预案129个。为加强应急资源准备，在全省建立应急抢险队伍578支、人员3154名。其中，在广州组建专业化应急通信保障机动队伍，建立广州、惠州、汕头、茂名四个区域应急物资储备中心，储备灾后恢复通信必备的物资及技术装备，通过前置预置应急物资提升支援响应速度。

广东联通积极开展“风云”系列年度防汛防风应急通信保障演练，迄今为止已连续举办十二届，演练覆盖8个专业，21个地市分公司及全部应急预案。演练充分检验了通信网络应急预案的可靠性、实效性以及一线保障人员的响应速度，进一步提升了各参演单位的应急保障能力、突发问题应变能力及相互协作配合能力。在春运等关乎民生的通信保障工作中，广东联通将通信保障与服务社会相结合，2018年对重要交通枢纽开展了网络升级，并通过设立志愿服务站提供便民服务，对用户主动提供临时服务保障等措施有效提升客户感知，取得良好反响。

广东联通于2018年对华南地区最繁忙的高铁站广州南站进行了升级改造，网络平均速率显著提升。春运期间，用户可以在南站畅享高清视频体验，随心抢红包。区域内高铁沿线也得到优化，4G覆盖达标里程、平均下行速率均实现大幅度提升，高铁掉话率降至1%以下。

值得一提的是，今年1月24日，广东联通率先完成广州白云机场的5G覆盖，使之成为首个5G智慧机场。5G高速率、低时延、大带宽的技术特点，将在机场物联网、机场自动化调度、人工智能服务、旅客服务、行李跟踪等方面发挥更大的服务功能。

随着互联网技术的迅猛发展，在全球5G商用冲刺的当下，广东联通一直致力于发展5G新技术，不断创新与探索，通过“互联网+”、5G等新技术手段，进一步提升应急通信保障工作能力。

升级服务感知 树立领先品牌

广东联通始终秉持“客户信赖的智慧生活创造者”愿景，以“联通世界 创享美好智慧生活”为企业使命，始终坚持以贴心诚恳的服务态度和专业化的服务质量，着力改善当前用户普遍关心的服务感知问题，致力于为用户提供真挚的服务，打造行业关爱用户的优质服务品牌。

2018年7月1日，中国联通集团发布了“全员服务在行动”行动计划，提出“百倍用心，10分满意”的服务承诺，此活动现已在广东全面铺开，广东联通迈入卓越沃服务3.0时代。广东联通向客户承诺，在营业厅服务、宽带业务装机与维护、热线客服、互联网在线服务等五大渠道触点开展全员服务在行动，提供具体的服务标准，实现服务理念升级、形象升级、行动升级。

广东联通客户中心作为面向用户的重要窗口之一，秉持“一切为了客户”的经营管理理念，通过数字化服务的技术创新驱动，打造基于大数据、人工智能的智慧客服能力平台，实行服务模式、服务质量、服务能力三大项互联网服务升级，全面改变了用户的体验感受。据悉，广东联通智慧创新服务升级工作荣获呼叫中心产业联盟金音奖最佳客户联络中心、《客户世界》金耳唛杯最佳客户联络中心、电子商务协会最具特色多媒体客户联络中心等多个奖项。“大数据+机器人场景化知识营销服务”项目，荣获人民邮电“互联网+应用”优秀成果金奖等多个奖项。

广东联通2018年推出的“超级星期五”会员服务平台，不仅能满足用户的物质需求，更有心理、权益上的服务，并且越“玩”越创新，越“玩”越惊喜，广大用户快速“路”转“粉”。

过去，通信行业的用户积分获取和消耗渠道和形式比较单一。广东联通通过整合商家联盟，上线丰富的权益内容，针对不同星级用户，在“超级星期五”平台提供不同折扣的积分兑换产品权限。平台目前已进驻唯品会、国美、腾讯视频等35个知名品牌企业，推出了“出行”“娱乐”“生活”“教育”“终端”五大权益内容。联通用户不仅可享受60多种免费权益服务内容，从“吃喝玩乐”到“衣食住行”，涵盖了生活的方方面面，还可享受星级专属的积分折扣商品。平台上线至今，注册用户已经超过300万。

广东联通始终坚持“以人民为中心”的发展思想，践行“客户为本”核心价值观，深化落实提速降费要求，营造安全清朗的网络空间，全力保障网络运行平稳畅通，不断进行服务升级改造，坚持以用户口碑为导向，以匠心精神为客户提供卓越新体验。在新时代积极建设“新基因、新治理、新运营、新动能、新生态”的“五新”联通，更好地满足人民群众日益增长的美好信息通信生活需要。

China unicom中国联通
创新·改变世界
BEIJING 2022
北京2022年冬奥会官方合作伙伴
Official Partner of the Olympic Winter Games Beijing 2022
联通冬奥
此刻世界的大事

中国联通主要经营固定通信业务，移动通信业务，国内、国际通信设施服务业务，卫星国际专线业务、数据通信业务、网络接入业务和各类电信增值业务，与通信信息业务相关的系统集成业务等。2009年4月28日，中国联通推出全业务品牌“沃”，承载了联通始终如一坚持创新的服务理念。2013年12月4日，中国联通获得了工业和信息化部颁发的LTE/第四代数字蜂窝移动通信业务（TD-LTE）经营许可，2015年2月27日，工业和信息化部向中国联通发放了LTE FDD经营许可。至此，中国联通成为拥有TD-LTE和LTE FDD两种4G牌照的“双4G”运营商，进入4G发展新阶段。2017年，中国联通提出了成为“客户信赖的智慧生活创造者”这一企业愿景，同年8月，中国联通公布混改方案，成为首家集团整体混改并面向民资开放的通信央企，打造了央企混改的示范标杆。

中国联合网络通信有限公司上海市分公司（简称上海联通）于2008年10月15日与中国联通集团同步完成融合重组，是中国联通在上海的重要分支机构，拥有包括移动和固定通信业务在内的全业务经营能力。按照上海主要行政区划分，上海联通共设置了12个区分公司。自融合以来，上海联通坚持规模发展、效益发展、创新发展不动摇，经营业绩稳步提升。收入从融合之时的不足40亿，增长到2018年的超百亿，实现了企业规模跨越式的翻倍增长。

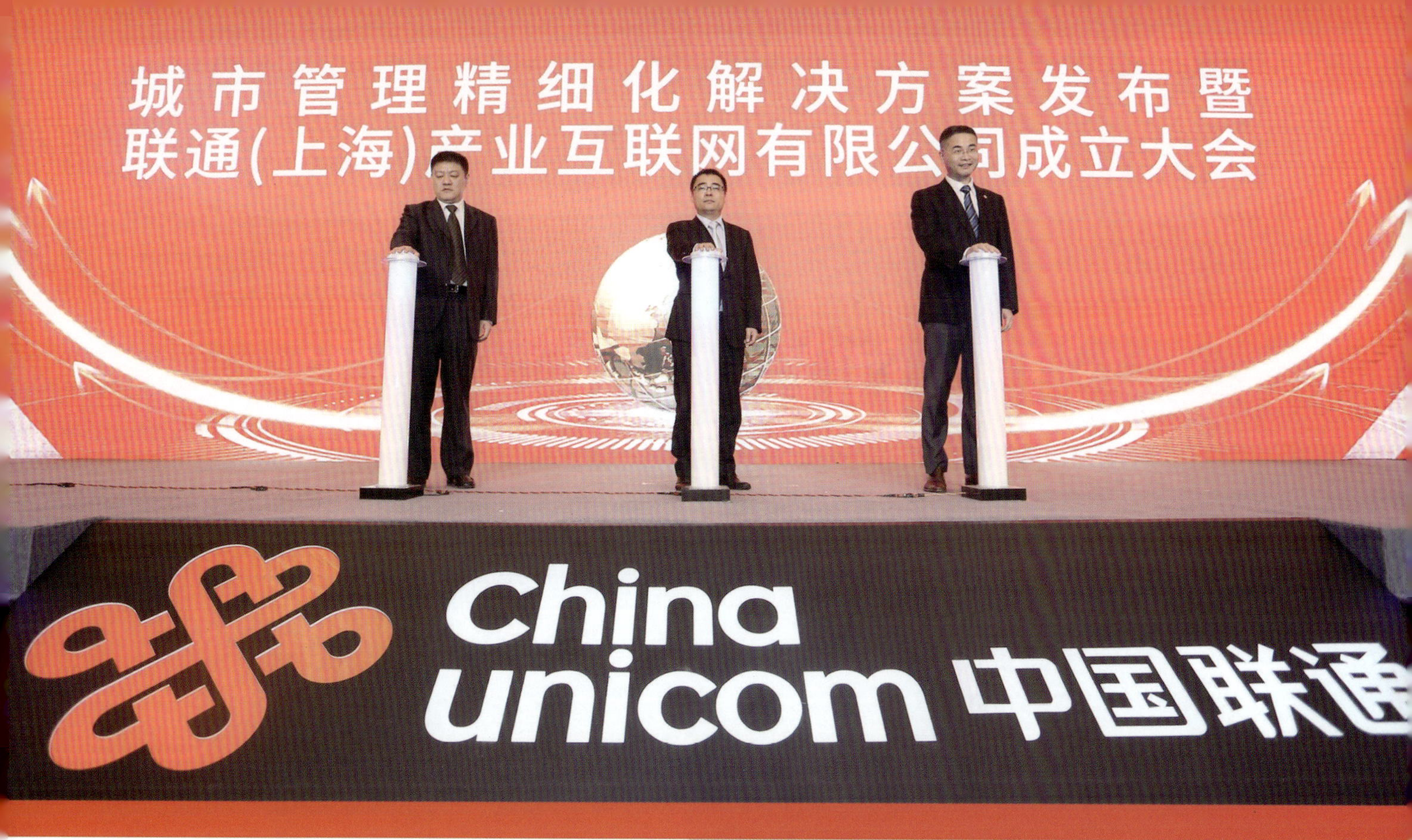

城市管理精细化解决方案发布暨
联通(上海)产业互联网有限公司成立大会

China unicom中国联通

在集团聚焦战略的引领下，上海联通植根上海这一片热土，主动对接地方经济建设和社会发展，助力地方基础设施能级提升。移动网络质量领先行业，根据中国社会科学院上海研究院和电信科学技术第一研究所联合发布的《上海市移动通信用户感知度测评报告（2018年）》，上海联通用户感知综合评分连续三年保持领先；政企网络10G PON技术全覆盖，持续保持固网技术领先、用户体验领先；积极开展5G试点，完成75个试点站建设，成立中国联通5G创新中心(上海)，构建行业创新合作生态圈。同时，持续加速拓展以物联网、大数据、云计算、人工智能为代表的新兴领域创新能力，为上海“五个中心”建设，打造全球卓越城市和建设社会主义现代化国际大都市、推动智慧城市建设积极贡献力量，助力城市管理、公共服务和民生质量提升。上海联通积极推进云化网络，推出五大类云连接产品体系，实现网随云动、云网一体的网络能力；着力构建智慧应用能力，聚集“4+2”领域输出各类解决方案151个，形成业内首个成体系城市精细化治理通信解决方案——智城精治；建设领先行业的物联网能力体系，依托物联网“联·城”平台，接入37款终端、开发18类场景，成功打造上飞“5G未来工厂”等项目；提升大数据对外合作能力，构建了基于人工智能的语音质检、人脸识别等创新型产品。

面对网络强国的国家战略，上海联通将以习近平新时代中国特色社会主义思想为指引，深入贯彻落实党的十九大精神，在中国联通集团公司的领导下，围绕全面建成小康社会的宏伟目标，严格履行对社会的承诺，全力创新通信产品，不断提升服务水平，为中国电信业的改革发展，为上海经济建设和社会发展做出应有的贡献。

联通大数据有限公司是中国联通的全资子公司，是中国联通全网数据商业运营的统一出口和合资合作平台，致力于成为“值得信赖的数据智能服务运营商”。

组织架构与体系

联通大数据集数据、平台、技术、能力、渠道于一体，内设 7 个部门，并拥有智慧足迹数据科技有限公司、联通高新大数据人工智能科技（成都）有限公司、云景文旅科技有限公司三个下属子公司。

团队建设

联通大数据拥有一支高素质的大数据专业人才队伍，其中产品和研发人才占比 65%，研究生以上学历人才占比 38%，联通大数据员工平均年龄 30 岁。

产品体系

构建了“1+2+3+4+N”产品及服务体系。

1：一个UBD数智平台。该平台拥有领先的大数据技术和人工智能模型开发环境，能高效、准确地完成大数据治理，为客户提供数据共享、模型共建、应用开发、大数据生态开放等服务。

2：数据基础和算法基础。基于中国联通4亿用户群的通信行为数据以及金融、互联网、政务、物联网等融合数据。同时，基于运营商海量、连续、多维、真实的数据，提供标签指数、分析挖掘、分类预测、图计算、AI等六大类模型算法。

3：基础产品、平台产品、融合应用三类产品服务。提供数盾风控、数达营销、数赢洞察、数言舆情、UBD能力开放平台、政务大数据、旅游大数据、公安大数据等产品和解决方案。此外，提供平台能力对外输出，包括IaaS层、PaaS层、SaaS层、MaaS层和DaaS层服务，产品交付形式多样化，满足客户多方位需求。

4：聚焦四大行业：金融保险、文旅交航、政务和公共安全。

N：将数据、产品和能力在多个场景下落地，充分释放数据价值。

安全体系

率先提出建立、践行科学的“数据价值观”，以数据安全和保护用户隐私为生命线，打造了覆盖数据全生命周期的安全体系，包括安全组织体系、安全策略体系、安全技术体系、安全运营体系。获得了 ISO27001 和等保三级资质，推出了自主创新可控的大数据安全整体解决方案，荣获了“中央企业网络安全优秀解决方案”奖。

荣誉奖项

数盾风控、政务大数据、旅游大数据、安全溯源、数赢洞察、能力开放平台等产品及应用多次获得中国信息通信研究院、中国通信学会、中国通信企业协会、中国电子产业发展研究会、中国互联网协会等机构颁发的奖项。UBD 大数据平台在中国信息通信研究院组织的测试中表现优异。

行业交流

联通大数据积极参与行业沟通交流，持续投身于技术创新和标准制定，是中国大数据技术与应用联盟副理事长单位、中国信息产业商会大数据产业分会副理事长单位、国家智慧城市标准化总体组理事会成员单位和中国通信标准化协会成员单位。

截至目前，联通大数据已累计服务 20 余个行业、超过 1000 家合作伙伴。未来，联通大数据将持续以中国联通“聚焦 • 创新 • 合作”战略为引领，秉承开放共赢的理念，加快推进数字资源整合和开放共享，与合作伙伴共建数据智能生态，争当数字中国建设的主力军。

客户及合作伙伴

与腾讯在信息安全等领域签署战略合作协议

与河南省发改委就郑州国家大数据综合试验区签约

与联通河北旅游基地、海航科技
成立“中国航旅大数据基地”揭牌仪式

与国寿电商就共建联合实验室签署战略协议

智融-政务大数据解决方案

方案简介

面向政府部门，解决数据规模大、整合难、利用率低、“信息孤岛”等痛点，以数据整合共享为基础、以大数据管理为核心、以数据应用为主导、以安全运营为保障，打造智慧政务解决方案。

方案组成

1 个强大的支撑平台 + 5 套成熟的政务分析应用 + N 个政务垂直部门应用扩展

政务基础支撑平台	产品化快速部署	项目制定制开发
可视化展现平台 共享交换平台 基础能力平台	工商大数据 信用大数据 社会治理大数据 人口大数据分析 宏观经济分析	食物监行业 政协大数据 省情市情分析 ……

交付形式

- 脱敏统计数据集
- 数据报告
- 数据应用产品
- 可视化平台

方案优势

数据优势

以中国联通31省数据为基础，融合政府、金融、互联网等多维度数据，构建行业大数据资源池

应用优势

全国31省设置专业团队，配备专业的数据分析团队，针对客户行业痛点进行数据场景分析及专业模型构建

安全优势

通过ISO27001国际数据安全标准认证；获得信息系统安全等级保护三级备案证明，保障政府及用户数据安全

技术优势

国内领先的云架构大数据平台，集群计算能力近4600个节点，日处理7100亿条上网记录及770条位置信息

典型案例

政务信息资源目录梳理

客户类型：某市某区经信局

客户需求：在政府考核节点前完成区政务信息资源编目工作，形成标准统一、分类科学的数据资源目录体系

客户收益：按时完成39个部门的数据梳理工作，共计393个数据项共2897个指标

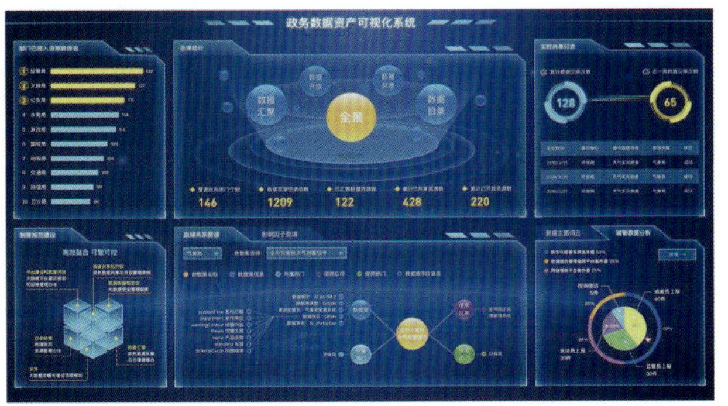

街道社会治理

客户类型：某市某区街道办

客户需求：扭转辖区人员情况摸底困难，人工采集成本高、效率低、周期长，重点人群、重点区域、重点事件的大数据分析研判能力弱的现状，提升社会治理智能化水平

客户收益：通过大数据分析实现服务精细化、社会治理精准化和决策科学化

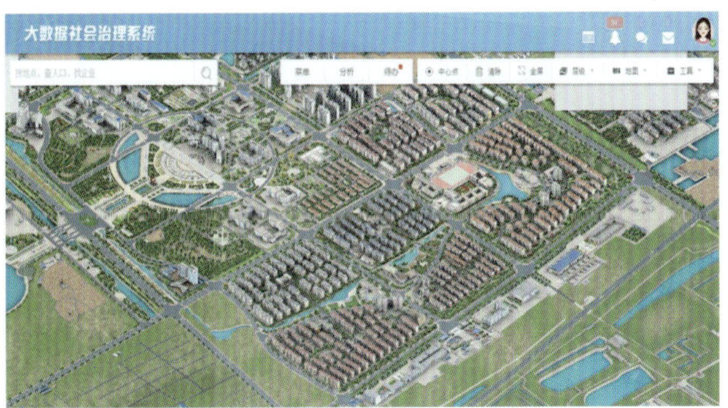

市场主体监管

客户类型：某市某区政务管理办公室

客户需求：建设全区统一的企业信用交换和分析平台，汇聚各业务单位掌握的企业信用数据，深化企业信用分析应用，辅助管理部门决策

客户收益：实现全区企业信用信息的汇聚，建立企业全景画像、多维度信用评价、企业迁出预警等模型，对政府决策提供信息支撑

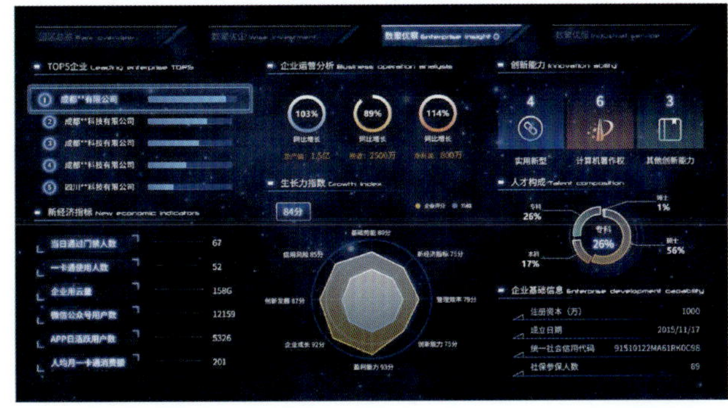

沃钱包在手 一切无忧

沃钱包APP是联通支付为广大用户倾力打造，集生活服务和金融信息服务为一体的专业移动钱包。融合了移动支付、便民生活、购物娱乐、旅游出行、金融信息服务等多个场景与行业应用。

安心便捷的移动支付

沃钱包为用户提供线上、线下支付服务，为商户提供全面的在线收款服务，用户可通过账户余额、联通积分、快捷银行卡及电子券等方式在线便捷支付。同时线下支付支持沃钱包自有码和银联码两种方式，数百万商户供用户选择。

快捷支付

扫码付款 优惠多多

生活场景全覆盖

沃钱包APP提供充话费、缴水电燃气费、还信用卡、买电影票、外卖点餐、商城网购、订机票火车票等支付服务，满足用户日常生活所需。打造联通支付日，每月28号，精选服务8.8折优惠。

优惠购

领电子券 下单享优惠

通信交费

充话费 乐享9.85折

生活缴费

便捷缴费 告别排队

优质金融信息服务

涵盖消费信贷、保险服务、投资理财等领域。为用户提供优质、安全、便捷的一站式综合金融信息服务。

财富

优质金融信息服务

沃支付 智付由我
企业多元化支付金融专家

安心支付 贴心服务 尽在沃支付

为企业提供一站式支付金融解决方案，包括全场景支付、资金分账、账户服务等

1、全场景支付

为商户提供线上和线下场景的多种支付方式

(1) 线上场景：PC网站、APP、微信公众号等

(2) 线下场景：售票处、便利店、新业务线下体验店等

(3) 支付方式：快捷支付、网银支付、聚合支付等

2、资金分账

支持将单笔订单资金结算给多个商户，解决商户二清等风险

(1) 购物车场景

用户将多个店铺的商品放入购物车合并支付，支付公司将该笔资金结算给多个店铺

(2) 供应链场景

用户购买商品并支付，支付公司将该笔资金结算给商户以及指定的供应商，支持延迟结算、确认支付等功能

3、账户服务

为商户的个人会员提供账户/钱包能力

账户能力：账户开立、充转提、余额支付、绑卡支付等

4、运营支撑

为商户提供报表管理和7 x 24小时客户服务

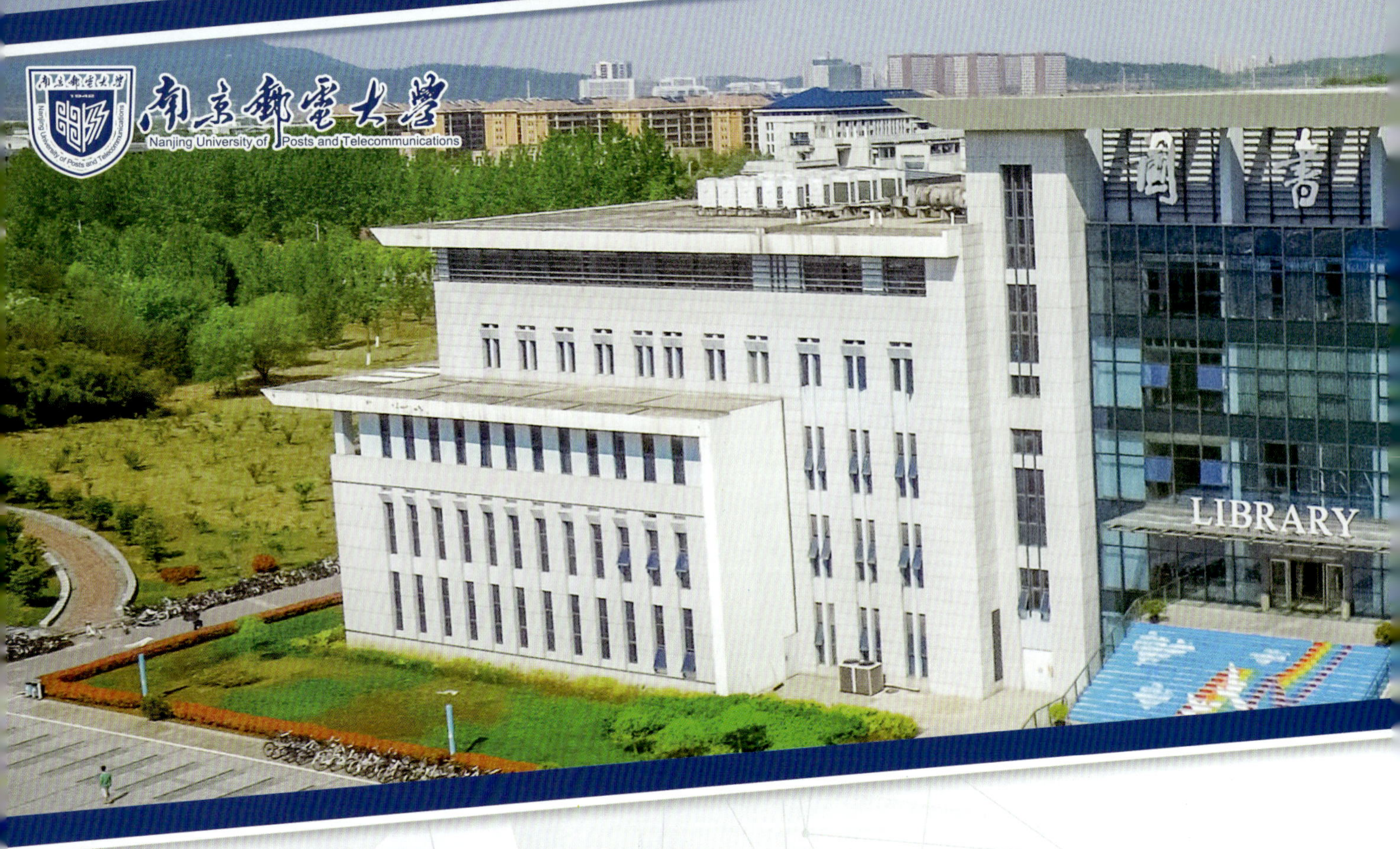

华夏IT英才成长的摇篮

/国家世界一流学科建设高校/江苏高水平大学建设高校/

/ESI中国大学综合排名百强/中国大学综合实力百强/

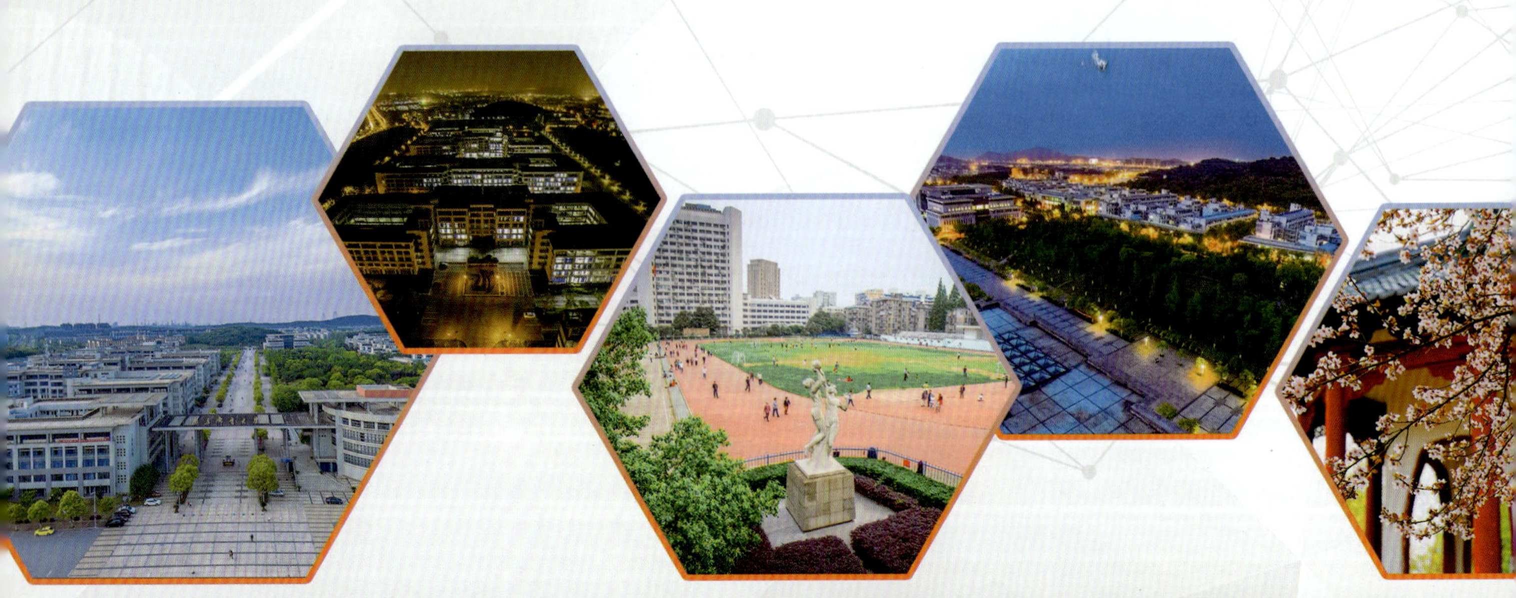

南京邮电大学是国家“双一流”建设高校和江苏高水平大学建设高校，其前身是1942年诞生于山东抗日根据地的八路军战邮干训班，是我党、我军早期系统培养通信人才的学校之一。1958年经国务院批准改建为本科高校，取名南京邮电学院；2005年4月，更名为南京邮电大学。2013年10月，原南京人口管理干部学院正式并入南京邮电大学。学校秉承“信达天下自强不息”的南邮精神，践行“厚德、弘毅、求是、笃行”的校训，发扬“勤奋、求实、进取、创新”的校风。目前，学校发展成为一所以工学为主体，以电子信息为特色，理、工、经、管、文、教、艺、法等多学科相互交融，博士后、博士、硕士、本科等多层次教育协调发展的高校。70多年来，学校为国家输送了各类优秀人才15万余名，很多毕业生成为国内外信息产业和人口计生领域的领军人物、技术精英和管理骨干，享有“华夏IT英才的摇篮”之誉。

南京邮电大学官方微信

南京邮电大学官方微博

宽带无线通信技术教育部工程研究中心

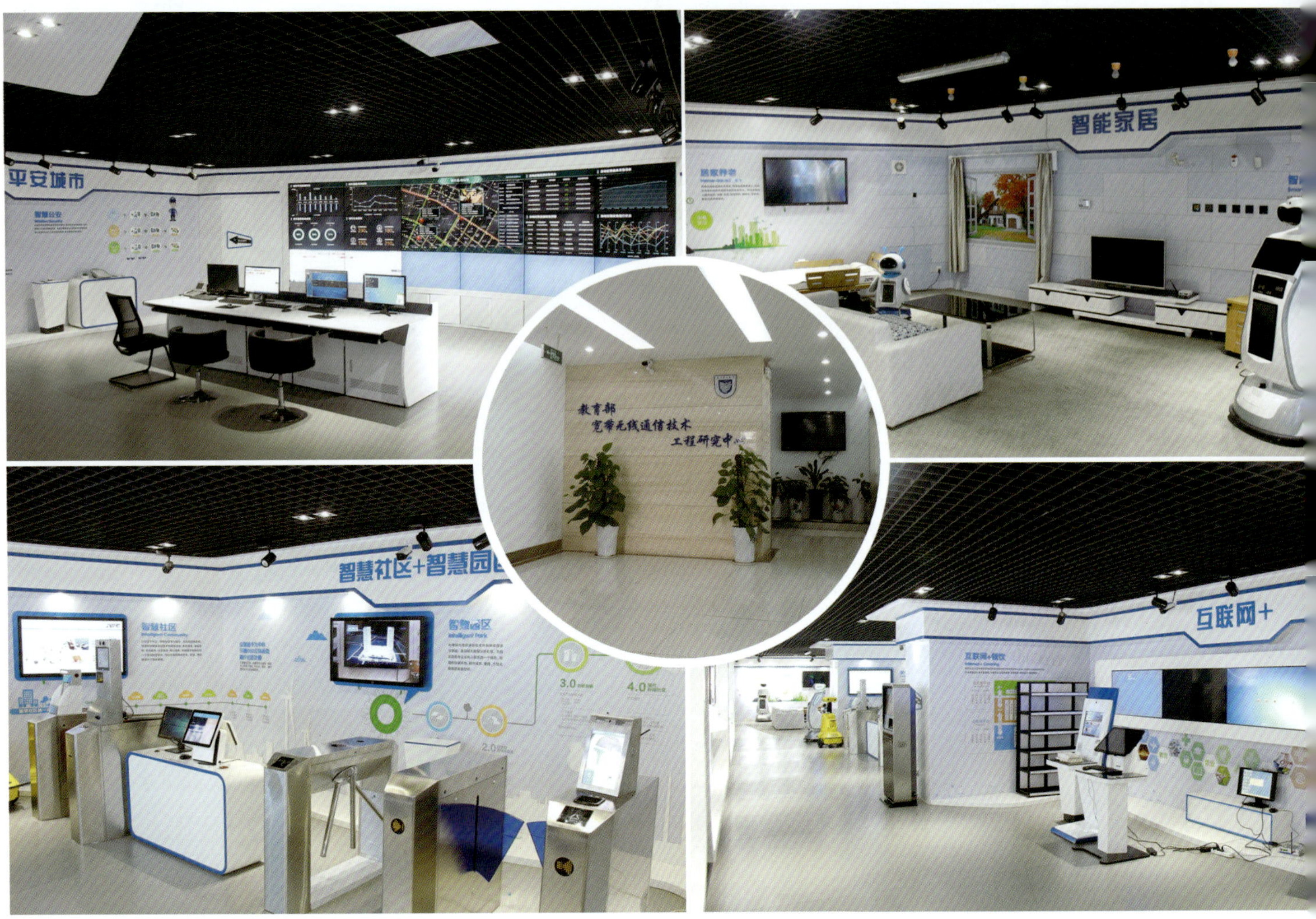

宽带无线通信技术教育部工程研究中心是2009年经批准筹建，2012年通过验收，主要以我国信息产业的需求为导向，依托南京邮电大学的优势学科和重点实验平台，对有市场价值的重要应用科技成果进行研究和开发，并对共性、关键技术进行工程化、产业化以及系统集成的高新技术研发实体。

中心拥有宽带无线通信系统、宽带无线通信业务和业务支撑技术、多媒体智能感知技术三个研究开发平台，在宽带无线通信系统，电信业务支撑平台，智能感知、智能移动终端、机器人和视频联网等研究领域已取得多项科技成果。在物联网技术涉及到的视频感知、多网融合、云计算、信息共享平台、智慧公安、智能电网、智能交通等多个技术领域都有良好的技术积淀。

自2012年通过验收以来，承担省部级以上科研项目58项，总经费1.1亿元。承担企业委托横向项目50余项，总经费2259万元，申请发明专利126项，授权发明专利104项。自2012至今，中心人员发表论文191篇，论著20余部，省部级以上奖励18项。

泛在网络健康服务系统教育部工程研究中心

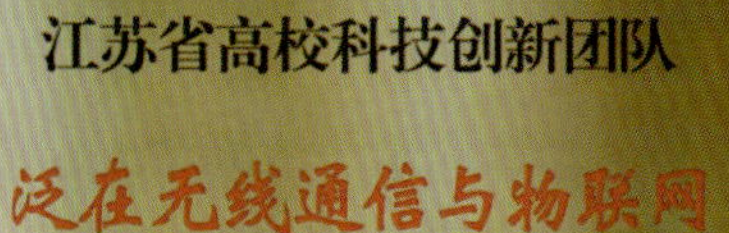

泛在网络健康服务系统教育部工程研究中心于2013年10月获批准成立，围绕泛在健康服务的研究开发和、产品创新、技术辐射和成果产业化等方面开展了卓有成效的工作，建设了4个国家技术创新平台和9个其他省部级平台。中心成立4年来，配备了各类仪器设备用于建立智慧健康终端、健康服务网络、健康服务云平台、基于软件定义的智慧健康服务系统等开发所需的各类软硬件设备5000余万元。

工程研究中心荣获荣获2016年度国家技术发明二等奖1项，国际电信联盟150周年持续杰出贡献奖1项，省部级一等奖5项、二等奖5项。依托工程研究中心的"泛在无线通信与物联网"江苏省高校科技创新团队荣获首届"江苏省创新争先团队奖"。

中心共获得科研项目100项，合同总经费近2亿元。发表学术论文687篇，其中SCI收录389篇，授权发明专利136件、申请发明专利268件、软件著作权23件；提交标准提案9项。解决了物联网环境下泛在健康服务系统等产业化关键技术问题，专利实施与许可13项，成果转化28项。

“一场所两高地”建设情况

为贯彻市委五届三次四次全会精神，落实市委领导“让重邮成为我市大数据智能化的一个实验场所、人才高地、科技高地”的重要指示和市领导调研重邮时的讲话要求，充分发挥重邮在大数据智能化领域的学科优势，根据国家和重庆市有关计划，结合学校特色形成学校“一场所两高地”建设总体方案和“两院一园”建设实施方案。

方案

重庆邮电大学“一场所两高地”建设方案由一个总体建设方案和三个实施建设方案构成“1+3”的体系。

中共重庆邮电大学委员会

中共重庆邮电大学委员会
关于报送《重庆邮电大学“大数据智能化实验场所、人才高地、科技高地”初步建设方案》的报告

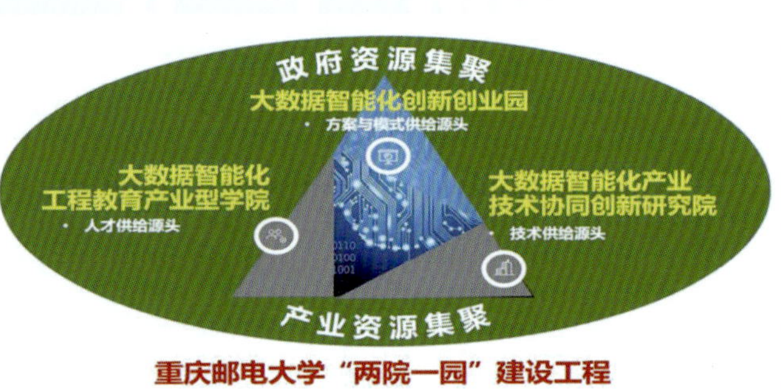

建设方案聚焦大数据智能化领域的技术创新和应用，以“集成电路（通信芯片、微感测器件）、智能硬件、大数据智能化应用”为重点，以“大数据智能化工程教育产业型学院”“大数据智能化产业技术协同创新研究院”“南山大数据智能创新创业园”（简称“两院一园”）等平台，聚集各方人才和创新资源，推动大数据智能化领域相关学科建设、人才培养、理论创新、技术突破和应用示范全方位发展，为推动我市经济发展质量变革、效率变革、动力变革，壮大大数据智能产业和数字经济，加强和创新社会治理，提高行政效能，有力支持科技强市、网络强市、数字强市、智慧重庆建设，提供科技支撑和人才保障。

第一部分总体建设方案。

该方案明确了建设的指导思想和总体思路，以及“两院一园”的重点建设内容，并在八个方面提出明确的建设目标。同时，方案还提出了三个方面的条件支持。一是组织保障，二是政策保障，三是经费保障。

第二部分大数据智能化工程教育产业型学院的建设实施方案

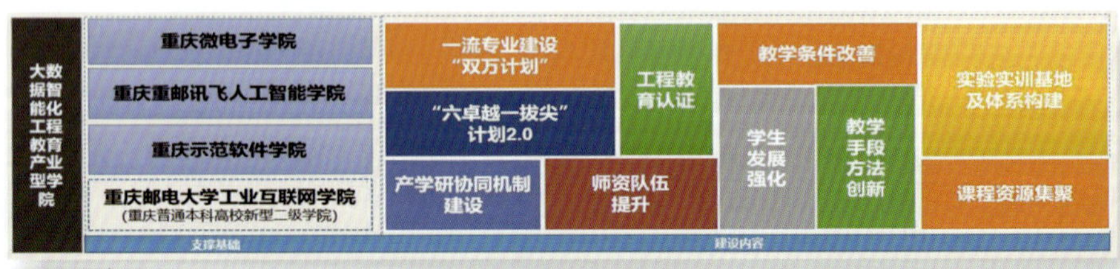

第三部分大数据智能化产业技术协同创新研究院的建设实施方案。

该方案聚焦大数据智能化创新链产业链，强化原始创新、产品中试、应用实验、成果转化，以核心技术级、产品技术级、应用系统级、公共平台级为主线，重点建设“四中心”，打造重庆智造，提高服务经济增长和社会治理智能化水平。

第四部分南山大数据智能化创新创业园的建设实施方案。

一是大数据智能类科技创新平台建设情况：

1、学校与科研机构及企业共同建设了“传感技术国家重点实验室MEMS惯性传感技术联合研究中心”，“大数据智能省部共建国家重点实验室”，“量子信息技术创新研究中心”，“智能制造研究院”，“机器视觉智能研究院”。“区块链与大数据联合实验室”。

2、建成云平台计算节点128个，CPU总核数3000多核，内存28TB，数据存储总容量1392TB，计算与存储系统采用冗余万兆网络连接，能支持3500个以上的虚拟桌面同时运行。

3、学校已成为中国通信学会人工智能技术与应用专委会的挂靠单位。

二是大数据智能化工程教育产业学院建设情况：

1.学校成立“重庆邮电大学科大讯飞人工智能学院”，

2.积极推动和电子科技大学在微电子、软件领域的合作办学。

3.2018年，在微电子科学与工程、电子信息科学与技术和集成电路设计与集成系统、软件工程等4个专业招收本科生1000人左右，研究生300人左右。

4.学校入选重庆市属高水平新工科建设立项高校，学校的工业互联网学院获得重庆市普通本科高校新型二级学院建设立项。

三是大数据智能化创新创业带建设情况：

2018年12月19日正式形成《关于加快推进重庆邮电大学“一场所两高地”暨中国智谷·环重邮创新创业生态圈建设有关事宜的纪要》和《中国智谷·环重邮创新创业生态圈建设规划方案（征求意见稿）》。学校积极加强创新创业教育，学校获得了“2018年度全国创新创业典型经验高校”。

四是大数据智能类人才队伍建设情况：

全职引进美国著名科学家1人，引进以国家“万人计划”青年拔尖人才为带头人的创新团队1个，引进省部级人才3人。引进千人计划专家、长江学者特聘教授10人。2018年全职引进海内外优秀博士91人。新增16个国家留学基金委青年骨干项目和西部项目人员，派遣教师到企业挂职锻炼10人。

五是大数据智能类学科专业建设情况：

学校建成12个学术型硕士点、8个工程硕士领域学位授权点，合格评估顺利通过专家评审，并报教育部审核。新增数据科学与大数据技术、邮政工程、医学信息工程、机器人工程和网络空间安全5个新工科新专业。

六是大数据智能化创新研究情况：

获国家重点研发计划立项3项，参与国家科技重大专项立项3项，国家自然科学基金43项。获重庆市基础与前沿项目立项48项。重庆市产业类重点专项立项21项。获得授权专利139件，其中授权发明专利133件，软件著作登记近20项，完成6项专利成果转化。学校十几项科技成果参加重庆智博会，获得广泛赞誉。学校发布的《重庆市“大数据智能化”人才白皮书（2018年）》，引起社会关注。

七是大数据智能类招生和就业情况：

2018年，学校本科生生源质量持续提升，圆满完成招生任务，本科毕业生就业率为90.66%，毕业生就业整体就业方向与学校的专业背景匹配度高。

八是大数据智能化国际合作情况：

学校与美国、英国等知名大学合作的教育项目进展顺利，运行良好。

微信平台

手机平台

信息通信与安全

在信息通信与安全领域，中国普天拥有从研发、生产、市场到工程服务全产业链的专业能力，面向客户提供从公网到专网通信系统、终端、配套及增值服务的整体解决方案，是国内通信系统与设备的主流供应商。依托传统产业优势，中国普天深耕"互联网+"、物联网、大数据和信息安全等领域，为重大活动的通信安保、国家信息安全、救灾应急通信、智慧医疗、智慧养老等国家战略性需求提供了强有力的技术支持，并在科研领域多次荣获国家科技进步一等奖等表彰，为我国信息产业自主创新之路的探索做出了重要贡献。

低碳绿色能源

中国普天将信息技术与新能源产业发展相结合，构建低碳绿色能源产业体系，使能源使用管理更加方便、高效，人们的生活更加智能和绿色。在新能源汽车运营领域，中国普天创新新能源汽车产业链发展的商业模式，推动中国新能源汽车智能化的运营管理产业的发展。中国普天还是智能化与节能化居住办公环境的驱动者，融合LED照明和智能控制、智能家居技术，拥有多种智慧照明解决方案，LED系列产品作为国家"南南合作-应对气候变化项目"援外物资出口海外多个国家。

创新创业平台

中国普天是全国第二批双创示范基地。中国普天通过整合汇聚社会资源，盘活利用企业冗余资源，发挥自身技术和产业优势，搭建创新创业服务平台，推动"大众创业、万众创新"，支持培育新产业、新业态。2017年，中国普天入选"国家大众创业万众创新示范基地"，9个双创示范项目通过了审核。在北京、上海、天津、南京、杭州、武汉等地建设了十余个创新创业基地和产业园区，其中包括四个国家级科技企业孵化器，发挥技术创新引领和产业示范带动作用，形成了良好的规模效益和社会影响力。

工业自动化与金融电子

中国普天将新一代信息通信技术与现代制造业、生产性服务业相融合，在工业自动化装备和金融电子等产业领域得到快速发展。中国普天提供物流自动化装备、轨道交通自动化装备等系列产品，并为现代物流、轨道交通和大型仓储行业应用优化整体解决方案。同时，通过不断调整产业结构向数字化转型，中国普天建立了拥有自主知识产权的金融电子产品体系，为银行、保险、证券、社保、交通等行业提供金融电子解决方案及服务。

国际化经营

中国普天坚持面向国际、国内两个市场，稳步推进国际化经营。Potevio品牌已成为国家商务部在信息通信领域重点支持的出口品牌之一；自主创新产品和服务遍及亚洲、非洲、欧洲、美洲等100多个国家和地区。中国普天通过与具有行业或区域领先优势的外商合作伙伴的合作共赢，推动战略产业的合资合作、促进企业健康发展，提升公司的国际影响力和竞争力。

中国航天
CASC
中国卫通集团股份有限公司
China Satellite Communications Co., Ltd.

地址：北京市海淀区知春路63号中国卫星通信大厦
电话：010-62586600
传真：010-62586677
邮编：100190

中国移动通信集团设计院有限公司

中国移动通信集团设计院有限公司（简称“设计院”），是中国移动通信集团公司直属设计企业，发展历史可以追溯到1952年，是国家甲级咨询勘察设计单位，中国通信企业协会、中国工程咨询协会副会长单位，国家高新技术企业。具有承担各种规模信息通信工程、通信信息网络集成、通信局房建筑及民用建筑工程的规划、可行性研究、评估、勘察、设计、优化、咨询、项目总承包和工程监理、招投标业务的资质。持有电子通信广电行业（通信工程）甲级、电子系统工程专业甲级和建筑行业（建筑工程）、工程测量专业等甲级资质；具有信息系统集成及服务一级资质、信息通信网络系统集成企业甲级服务能力；具有承担国家发改委委托投资咨询评估资格；也已通过ISO9001国际质量体系、ISO14001环境管理体系认证、OHSAS18001职业健康安全管理体系认证。

中国移动通信集团设计院有限公司设计手段先进、服务质量优良，技术力量雄厚。现有职工4226多人，85%以上人员为大学本科以上学历，专业技术人员占全院人员总数的93%以上，其中，全国设计大师5人、一级注册建筑师14人、一级注册结构工程师22人、注册监理工程师30人、国家注册咨询工程师（投资）159人，并拥有一批我国信息通信行业的知名专家。目前全院共有11人次获得多级别突出贡献专家称号，有46人次获政府特殊津贴。分支服务机构遍布全国。

中国移动通信集团设计院有限公司不仅在勘察设计领域取得卓越成绩，还通过不断加强的创新能力，围绕“四新”战略，持续提升技术研发和成果转化能力，充分发挥设计院技术优势，加强研发成果的专利、软件著作权等知识产权管理，提高研发自主度。自2015年，总部下设成立了“中国移动网络规划与设计优化研发中心”（中移人[2015]21号），与设计院按照“一套人马，两块牌子”的方式合署运营。作为总部四大研发中心之一，设计院积极响应集团公司战略转型需要、促进业务重点方向发展，牵引产业链向公司战略方向演进，提升公司核心竞争力并实现降本增效的核心诉求，基于网络领域研发创新构建中国移动的核心能力，在标准引领、技术选择、系统测试、网络规划、咨询设计、网络优化、产品牵引、评估诊断、运维调度等对中国移动而言极其重要的核心能力保持广泛应用、持续提升。

中国移动通信集团设计院有限公司围绕“规划、建设、优化、维护”等大类形成11个核心能力共24个子产品。在规划阶段，利用设计院自主研发的无线网络规划方案评估与审核服务、LTE深度覆盖需求精准识别服务等服务，不仅可以进行无线网络规划方案的制定与评估、同时也可应用于无线网络优化方案的制定与评估、还可评估深度覆盖的及弱覆盖发现的问题等；在建设阶段，其发现的网络质量问题可以通过核心能力产品间的组合，提供一体化咨询方案解决，即运用高层楼宇和重点用户TD-LTE深度覆盖解决方案（室外）、多系统共用高性能室分天线（室内）解决覆盖问题。而无线网设计审核平台及服务的推出，以实现全流程审核为抓手，有效解决了网优生产管理工作中遇到的站点审核效率低、数据精确度不高、缺乏信息化手段支撑等问题；在优化阶段，从保障网络质量的目标出发，设计院多年来运用多接口自动测试平台(ADTS)及服务、先进参数集中管理系统（APCM）及服务、自动场景分析及参数配置平台、国漫拨测等服务为总部和各省公司提供网络分析、支撑、优化及实施服务，包括制定网络策略、指标及试点验证，网络测试，多种网络数据综合分析，规划建设评估和现网问题诊断分析，专项优化与实施，日常优化与实施等服务。随着网络优化技术的发展，设计院近年来更是运用多种数据源关联整合，对LTE网络进行总体评估，对LTE网络中存在的各种疑难杂症问题进行深入挖掘，衍生出基于大数据的网络质量分析优化平台服务。而随着网优自动化理念的深入贯彻，ANR、PCI、TAC功率自动优化及分场景参数优化服务自主研发诞生，该项服务依托网络多维大数据的综合分析，引入主流人工智能算法，定位问题，自动制定优化解决方案，全面、精确、高效的开展优化生产。同时，LTE上行干扰排查服务和天馈系统在网检测服务能够快速评估TD-LTE全网上行干扰总体情况和监测、诊断天馈系统故障，从而使消除/减弱干扰影响和缩小了故障排查范围成为可能，大大提升优化效率，最终达到保障网络质量的目的。

中国移动通信集团设计院有限公司运用自主研发的各项核心能力产品，能够有效提升网络性能、提高网络设备利用率和效率，同时节省人力成本。不光在网络领域，在业务领域，设计院自主研发的安全运维及生产分析平台及服务能够实现信息安全管控系统数据资源共享与分析预警，不良信息治理策略智能运营，资产信息安全预警，业务安全自动化评测；随着信息化程度的不断加大，软件工作量评估服务应运而生，该项服务能够快速打开软件黑匣子，精细地为省公司投资把关、质量把关、效果把关。

中国移动通信集团设计院有限公司面向未来，将秉承中国移动“正德厚生、臻于至善”的核心价值观，努力提升核心竞争力，把握定位、提升服务、争创一流，为中国移动提供全方位支撑，为社会、客户、股东、员工和行业创造优质价值。以优质的服务、创新的态度，向着世界一流咨询设计企业的目标迈进。

组织机构

ORGANIZATION STRUCTURE

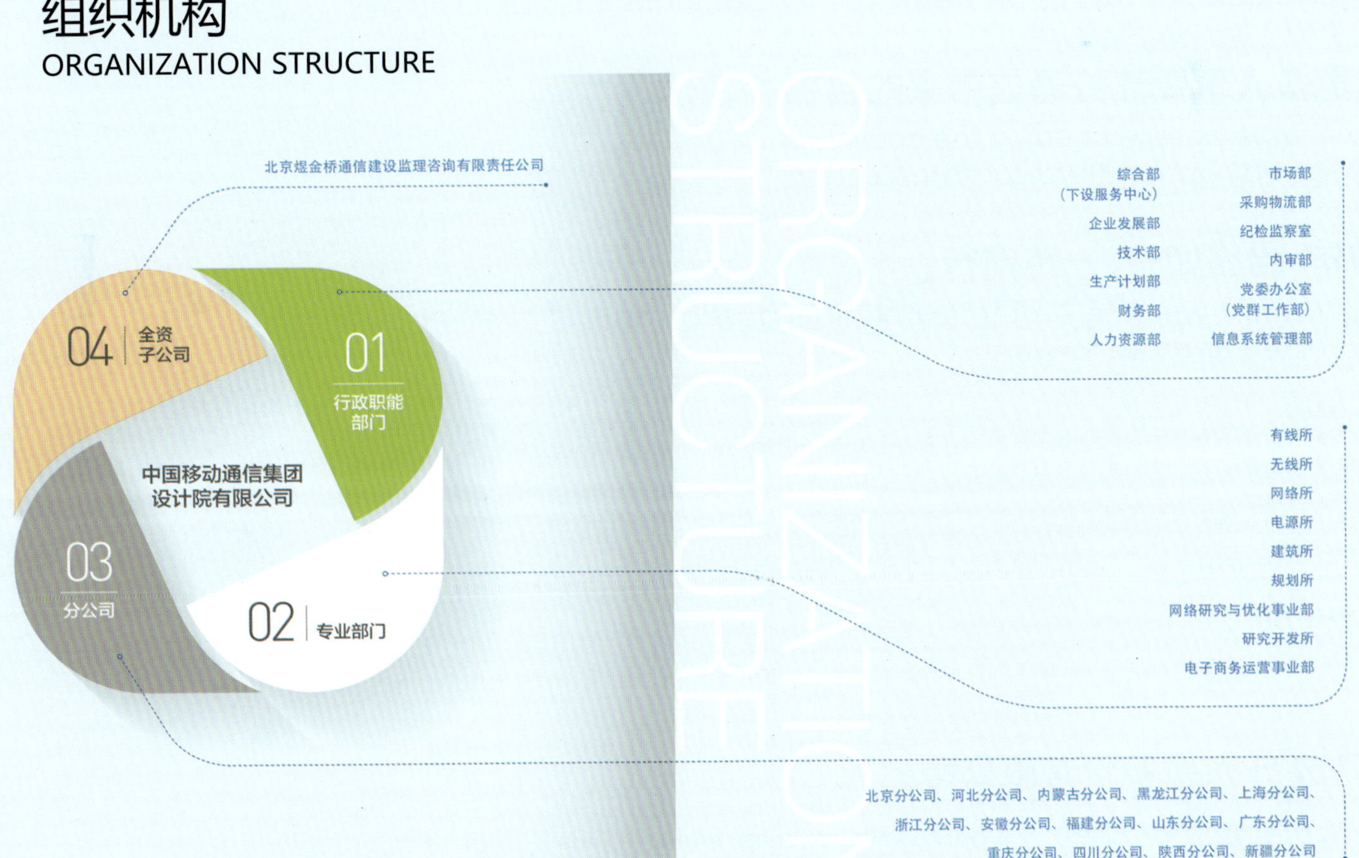

股票代码 Stock Code：

601869.SH　06869.HK

YOFC

Smart Link Better Life.

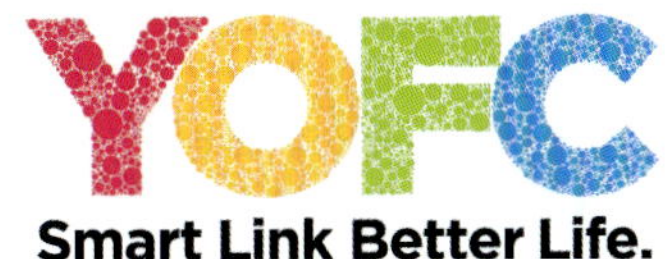

企业概况

长飞光纤光缆股份有限公司（以下简称“长飞公司”）成立于1988 年5 月，是专注于光纤光缆产业链及综合解决方案领域的科技创新型企业，也是全球光纤预制棒、光纤、光缆供应商。

长飞公司于2014 年12 月10 日在香港联交所挂牌上市（股票代码：06869.HK），2018 年7 月20 日在上海证券交易所挂牌上市（股票代码：601869.SH），开启了跨越式发展的全新征程。

长飞公司主要生产和销售通信行业广泛采用的各种标准规格的光纤预制棒、光纤、光缆，基于客户需求的各类特种光纤、光缆，以及射频同轴电缆、配件等产品，公司拥有完备的集成系统、工程设计服务与解决方案，为世界通信行业及其他行业（包括公用事业、运输、石油化工、医疗等）提供各种光纤光缆产品及综合解决方案，在全球70 多个国家和地区提供优质的产品与服务。

自成立以来，通过技术引进、消化、吸收与再创新，长飞公司探索出了一条振兴民族产业的成功之路，自主掌握PCVD、OVD、VAD三种预制棒制造工艺，是国家认定企业技术中心、全国智能制造试点示范企业、全国制造业单项冠军示范企业等，荣获国家科技进步二等奖（3 次）、全国质量奖、欧洲质量奖等权威奖项，获得400 余项中国专利和多项欧洲、美国、日本等国外发明专利，并成为光纤光缆制备技术国家重点实验室的依托单位以及国际电联ITU-T 和国际电工IEC 标准制定的重要成员之一。

秉持“智慧联接 美好生活”的使命，长飞公司以“客户 责任 创新 共赢”为企业核心价值观，在棒纤缆业务内涵增长、技术创新与智能制造、国际化地域拓展、相关多元化以及资本运营协同成长五大方面积极布局，致力于成为信息传输与智慧联接领域的领导者！

技术创新

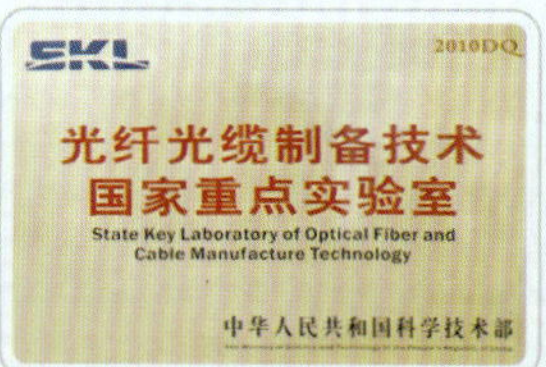

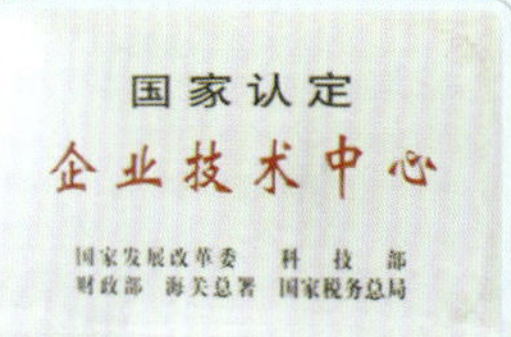

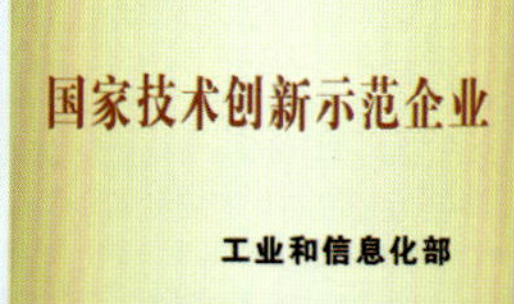

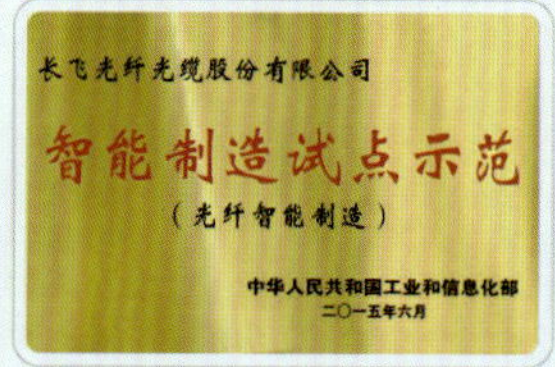

长飞光纤光缆股份有限公司

YANGTZE OPTICAL FIBRE AND CABLE JOINT STOCK LIMITED COMPANY

地址 ADD：中国武汉光谷大道9号　9 Optics Valley Avenue, Wuhan, China

邮编 PC：430073　电话 Tel：400-006-6869　Email：400@yofc.com　网址 Web：www.yofc.com

创新平台

- 光纤光缆制备技术国家重点实验室
- 国家级企业技术中心
- 国家技术创新示范企业
- 智能制造试点示范企业

技术实力

- 三次荣获“国家科学技术进步二等奖”
- 同时掌握PCVD、OVD 和VAD 三种预制棒制备技术
- 拥有全系列通信单模光纤和多模光纤，同时拥有超低损耗 G.652、G.654、G.657 单模光纤和宽带 OM3、OM4、OM5 多模光纤
- 作为行业代表相继中标工信部制造业“单项冠军示范企业”、工业互联网试点示范项目和工业强基工程项目
- 获得国内外专利 400 余项，主持或参与起草各类标准 166 项，其中国际标准16 项，国家及行业标准91 项
- 承担了国家 973 计划、863 计划、科技重大专项国家重点研发计划、国家自然科学基金、科技支撑计划、国际科技合作项目、国家电子发展基金专项等国家级项目、课题30 余项

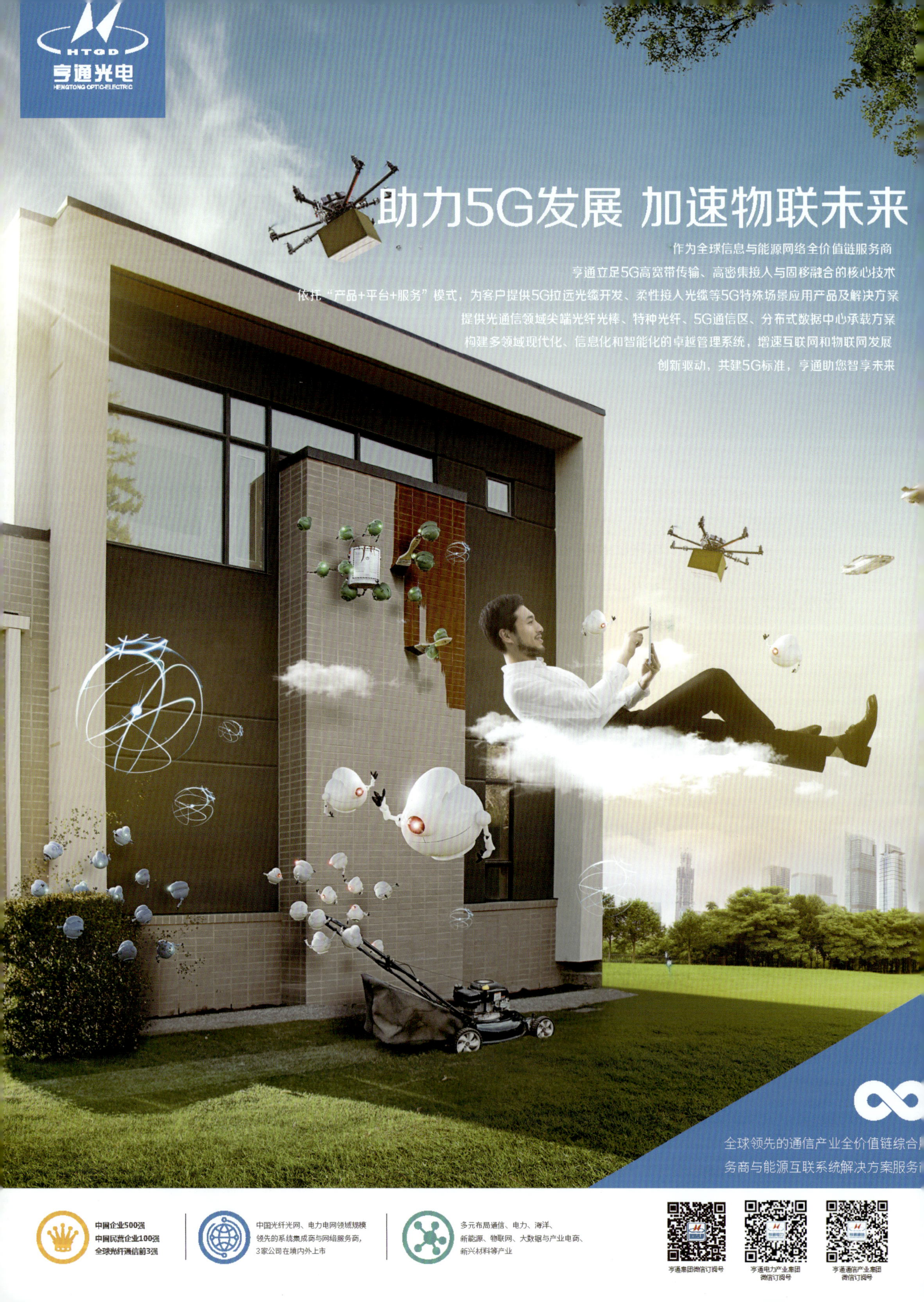

亨通光电
HENGTONG OPTIC-ELECTRIC
助力5G发展 加速物联未来
作为全球信息与能源网络全价值链服务商
亨通立足5G高宽带传输、高密集接入与固移融合的核心技术
依托“产品+平台+服务”模式，为客户提供5G拉远光缆开发、柔性接入光缆等5G特殊场景应用产品及解决方案
提供光通信领域尖端光纤光棒、特种光纤、5G通信区、分布式数据中心承载方案
构建多领域现代化、信息化和智能化的卓越管理系统，增速互联网和物联网发展
创新驱动，共建5G标准，亨通助您智享未来
全球领先的通信产业全价值链综合
务商与能源互联系统解决方案服务
中国企业500强
中国民营企业100强
全球光纤通信前3强
中国光纤光网、电力电网领域规模
领先的系统集成商与网络服务商，
3家公司在境内外上市
多元布局通信、电力、海洋、
新能源、物联网、大数据与产业电商、
新兴材料等产业
亨通集团微信订阅号
亨通电力产业集团微信订阅号
亨通通信产业集团微信订阅号

广东长实通信科技有限公司

随着通信"互联网+"时代的快速发展和"5G"通信概念的实现，高速数据网络逐渐成为人们和社会发展的刚性需求，抢占流量高地是全球运营商的核心目标，而为客户打造稳定而高质的网络，成为通信网络技术服务商的首要任务。

广东长实通信科技有限公司是一家集综合通信网络服务、IT服务、科技研发于一体的高新技术企业，于2002年4月成立，注册资金一亿元人民币，为上市公司中嘉博创信息技术股份有限公司（股票代码：000889）的全资子公司。公司自成立以来，以"专业、专注，做中国领先的综合通信网络技术服务商"为发展目标，连续多年被评为广东省企业500强、服务业百强企业和守合同重信用企业，中国通信企业先进单位等多个奖项，也是中国铁塔五星级代维单位之一。

长实通信具备通信工程施工总承包一级资质、通信网络代维企业综合代维专业甲级、工程、电力、建筑和计算机信息系统集成等相关资质，资质覆盖全、等级高，在通信网络技术服务行业深耕挖掘，在现今多运营主体、多设备厂商、多技术制式的复杂网络环境中为通信运营商提供通信网络工程、建设、维护及优化等综合技术服务；为中国铁塔提供基站配套与铁塔的建设、维护等综合技术服务；为客户提供信息系统软件定制开发、系统解决方案等综合信息技术服务。

长实通信十七年来秉承"责任、专业、务实、学习"的企业精神，通过不断拓展，把握机遇，至今业务已遍及全国28个省(自治区、直辖市特别行政区)、110个地市、392个区县，全国有15000余人的维护队伍，规模处于同行业排名前列。面对未来，将持续增强企业综合实力，提升管理水平，打造高品质服务，致力向世人展现出一个更具影响力、更强大的长实。

公司主营业务包括

1.通信网络维护服务：基站及配套设备维护、铁塔及天馈系统维护、传输线路维护、直放站室分及WLAN数据维护、集团客户维护、家庭客户维护，固网接入机房维护、大客户专网维护。

2．通信网络优化服务：网络结构与覆盖分析、网络参数的分析与调整、无线网络资源评估、网络接入性及保持性分析、用户投诉整体分析、网络现场测试分析、实际用户感知质量、2G/3G网络协同性分析。

3.系统集成及数据机房维护：通过结构化的综合布线系统和计算机网络技术，将各个分离的设备、功能和信息等集成到相互关联的、统一和协调的系统之中，使资源达到充分共享，实现集中、高效、便利的管理。

4.通信工程和机电配套设施工程：计算机通信、数字通信、卫星通信、光纤通信、蜂窝通信、个人通信、平流层通信、多媒体技术、信息高速公路、数字程控交换等通信工程建设施工，和综合布线、硬件设备安装、软件系统集成。

5.电力输配系统工程：电力输送主要设备和输、配电线路的自动监视、测量、自动控制和微机保护，电源系统、输配电系统的用电设备安装。

6.智慧城市综合应用管理系统工程："互联网+政务服务"基础设施的建设、系统应用支撑平台的搭建。

广 告 索 引

前 插

中　插

B1	中贝通信集团股份有限公司
B2-3	联通视频科技有限公司
B4-5	中国电信股份有限公司四川分公司
B6-7	中国电信股份有限公司福建分公司
B8-9	中国联合网络通信有限公司青海省分公司
B10-11	中国联合网络通信有限公司海南省分公司
B12-13	中昌大数据股份有限公司
B14-15	中时讯通信建设有限公司
B16	超讯通信股份有限公司

后　插

C1	中讯邮电咨询设计院有限公司
C2	联通信息导航有限公司
C3	广东省通信产业服务有限公司
C4	广东南方通信建设有限公司
C5	广西电信实业集团有限公司
C6	中国信息通信研究院
C7	中邮建技术有限公司
C8	咪咕文化科技有限公司

中国通信企业协会

CHINA ASSOCIATION OF COMMUNICATION ENTERPRISES

原信息产业部吴基传部长参加2018中国信息通信业发展高层论坛

工业和信息化部党组成员、总工程师张峰参加2018中国信息通信业发展高层论坛

苗建华会长参加2018年信息通信行业"一带一路"高峰论坛

赵中新副会长兼秘书长参加2019年新疆智能产业博览会

中国通信企业协会是经民政部核准注册登记，由信息通信行业基础运营、信息服务、设备制造、工程建设、网络运维、网络安全等通信产业相关的企业、事业单位和个人自愿组成的全国性、行业性、非营利的社团组织。成立于1990年12月，原名中国邮电企业管理协会，2001年5月更名为中国通信企业协会（简称中国通信企协），英文名称为China Association of Communications Enterprises（CACE）。

中国通信企业协会宗旨：紧密团结在以习近平同志为核心的党中央周围，高举中国特色社会主义伟大旗帜，坚持以马克思列宁主义、毛泽东思想、邓小平理论、"三个代表"重要思想、科学发展观为指导，深入贯彻习近平新时代中国特色社会主义思想；牢固树立创新、协调、绿色、开放、共享的发展理念；以服务、维权、自律和协调为基本职能，发挥桥梁纽带作用，为会员服务，为行业服务，为政府服务，服务社会，促进通信业发展,促进信息化建设，促进工业化与信息化融合，推进网络强国建设。协会根据中国共产党章程的规定，设立中国共产党的组织，开展党的活动，为党组织的活动提供必要条件。本协会遵守宪法、法律、法规和国家政策，践行社会主义核心价值观。

中国通信企业协会理事会由全国有关通信部门的领导、企业家、专家和学者组成，现有会长、副会长22名，常务理事71名，理事228名。

协会团体会员单位1200余家。会员单位中，基础运营企业约占17%，设备制造企业约占3%，通信工程建设企业约占15%，通信网络运维企业约占30%，增值服务企业约占13%，虚拟运营企业约占4%，网络安全企业约占9%，光电缆企业约占5%，其他约占4%。

协会常设办事机构为协会秘书处，下设：党办、办公室（对外合作部）、财务部、会员工作部、培训部、评审部、综合业务发展部、咨询调研部、行业信用工作办公室、发展研究中心。

协会下设十二个分支机构：通信工程建设分会、增值服务专业委员会、通信电缆光缆专业委员会、通信网络运营专业委员会、通信网络安全专业委员会、通信器材分会、企业家工作委员会、行业信用建设工作委员会、虚拟运营分会、社会责任工作委员会、法治工作委员会、服务工作委员会。

名誉会长：奚国华

协会会长：苗建华

副会长单位：中国电信 中国移动 中国联通 中国邮政 中国铁塔 华为 中兴 联想 上海诺基亚 中国普天 中国邮电器材 腾讯 奇虎360 中国信息通信研究院 大唐电信 中国广电 中国移动设计院 中昌大数据

秘书处：赵中新副会长兼秘书长 武锁宁副会长兼副秘书长 李北林副秘书长 柏国林副秘书长

2018—2019
中国信息通信业发展分析报告

中国通信企业协会 编

人民邮电出版社
北京

图书在版编目（CIP）数据

2018—2019中国信息通信业发展分析报告 / 中国通信企业协会编. -- 北京 : 人民邮电出版社, 2019.7
ISBN 978-7-115-51644-2

Ⅰ. ①2… Ⅱ. ①中… Ⅲ. ①通信技术－信息产业－产业发展－研究报告－中国－2018-2019 Ⅳ. ①F492.3

中国版本图书馆CIP数据核字(2019)第136280号

内 容 提 要

本书是一部综合反映2018年中国信息通信业发展的研究分析报告。书中对2018年信息通信业和互联网的发展以及新政策、新业务、新技术和由此带来的影响等进行了深度分析，并对2019年信息通信业的发展做出了预测和展望，内容涵盖了运营、市场、业务、技术、管理等众多方面，以及信息通信和互联网产业链的各个环节。书中给出了大量翔实的数据，同时收录了行业内专家针对备受业界关注的热点问题专门撰写的文章。全书具有较强的分析性、研究性和参考性。

本书可供信息通信业的各级管理人员、相关研究单位工作人员以及关心中国信息通信业发展的各界人士参考。

◆ 编　　中国通信企业协会
责任编辑　王建军　刘　婷　李　静
责任印制　彭志环
◆ 人民邮电出版社出版发行　北京市丰台区成寿寺路 11 号
邮编　100164　电子邮件　315@ptpress.com.cn
网址　http://www.ptpress.com.cn
三河市中晟雅豪印务有限公司印刷
◆ 开本：880×1230　1/16　彩插：42　拉页：1
印张：15.5　2019 年 7 月第 1 版
字数：439 千字　2019 年 7 月河北第 1 次印刷

定价：360.00 元

前　言

2018 年，我国通信业深入贯彻落实党中央、国务院决策部署，大力推进网络强国建设，着力提升基础设施能力，助力信息消费活力释放。行业发展稳中有进，对国民经济和社会发展支撑作用不断增强。

2018 年，全国工业和信息化系统以习近平新时代中国特色社会主义思想为指导，以供给侧结构性改革为主线，按照高质量发展的要求，着力打好三大攻坚战，加快推进制造强国和网络强国建设，认真落实中央“六稳”工作部署，工业经济运行呈现出总体平稳、稳中有进、稳中有缓的发展态势。

2018 年，我国通信业发展继续取得新进展，通信网络和业务更新迭代步伐加快，互联网应用向纵深发展，移动用户和固定互联网宽带接入用户规模不断扩大，建成世界最大 4G 网络，有力支撑了经济社会发展。

《2018—2019 中国信息通信业发展分析报告》聚焦通信、互联网及战略性新兴产业领域，全面梳理了中国通信业的发展变化情况，介绍了中国信息通信业的行业发展、宽带及移动通信发展、互联网与信息服务、网络与信息安全、新技术新应用发展、通信设备制造及建设运维、电信运营企业（包括互联网企业）的发展。对过去一年的重大研究成果及问题进行了比较全面的论述、分析和研究，同时，也对 2019 年通信业的发展作出了预测和展望。

针对这一年行业的发展重点，《报告》以专家的视点，从不同角度对人工智能、“互联网 +”、工业物联网、5G 发展、电信业转型、移动互联网等热点问题进行了深度阐述。同时，书中还搜集了 2018 年中国通信业的各项评奖结果，并提供了大量全面反映当前通信业发展状况的专业统计数据。

《报告》邀请了近百位行业内知名学者、专业人士、行业观察家、分析师、媒体人撰写相关稿件，并得到了中国信息通信研究院，中国电信、中国移动、中国联通等电信运营企业，北京邮电大学和人民邮电报社以及企协各专业委员会的大力支持。《报告》在成书过程中，也得到了人民邮电出版社的大力支持，其所属的信通传媒公司调动了大量的人力、物力，组织作者编写《报告》，并且进行了认真的编辑加工，使本书能够及时出版。

《报告》还存在需改进之处，真诚希望业内外人士提出宝贵意见，以便我们今后在组织编写的过程中不断改进和提高。

中国通信企业协会

2019 年 2 月

目　录

综合篇

宽带及移动通信篇

互联网发展与信息安全篇

信息技术应用篇

通信设备制造篇

企业发展篇

专家视点与专题研究篇

附录 A 政策法规

附录 B 创新成果类

附录 C 数据类

2019年信息通信业发展趋势分析

中国通信企业协会

当前，以数字化、网络化、智能化为主要特征的新工业革命和数字经济浪潮席卷全球，为信息通信产业带来巨大的发展新机遇。2018年，信息通信业加快与经济社会各领域的深度融合，5G、物联网、云计算、大数据、人工智能、区块链等技术的不断创新，提供了泛在获取和成本低廉的连接、计算和分析能力，并通过信息和技术赋能，不断驱动着各个领域的数字化和智能化转型。2018年，全球4G用户规模超过2G用户，成为全球最主流的移动制式；5G拉开商用序幕；互联网企业的实力进一步壮大，云服务保持强劲增长态势；电子制造业营收增速进一步提升，核心技术创新活跃。

2018年是全面贯彻党的十九大精神的开局之年，在党中央国务院的坚强领导下，我国保持经济持续健康发展和社会大局稳定。信息通信服务业保持增速稳步下降、质量不断提升的新常态，网络供给能力显著增强，融合创新持续深化，为经济社会高质量发展提供了关键支撑作用。2018年，信息通信业技术创新活跃，云计算、大数据、企业服务等新兴业务对电信业务收入增长的拉动效应显著增强；连接对象更加丰富，机器联网（M2M）用户超过6亿户；信息消费蓬勃发展，电子商务、移动支付、共享经济高速增长，智能零售成为发展新方向，工业互联网稳步推进，共享经济在制造业的渗透率逐步提升，产能共享、技术服务共享等新模式、新业态不断涌现；以集成电路、新型显示为代表的上游基础领域加快突破，基本已经形成以环渤海、长三角、珠三角、中西部为代表的四大产业集聚区。2018年，信息通信网络质量不断提升，电信业切实落实国家“提速降费”政策，网络能力显著增强；4G网络覆盖水平全球领先，光纤用户渗透率居全球首位；数字鸿沟逐步缩小，城乡固定宽带用户普及率差距、中西部固定宽带用户普及率与东部的差距不断缩小；移动流量平均资费同比下降超过60%，固定宽带每兆比特的带宽包月费用仅为2014年的十分之一。

信息通信业在与经济社会各领域深度融合的过程中，在激发新模式、新业态的同时也暴露出不少问题。互联网平台的问题频发，亟待建立并完善政府、平台和用户多元共治机制；“信息流”“短视频”成为新亮点，但内容监管面临挑战；受宏观经济、公司业绩和金融环境等多重因素的影响，互联网企业市值大幅受挫，互联网领域投融资逐步趋缓，一些前期扩张过快的企业面临经营困难的局面。

2019年是践行新发展理念、全面建成小康社会的关键之年，实体经济的供给侧结构性改革与信息通信服务业的转型调整交汇共振。信息通信业发展虽然面临宏观经济下行、消费互联网市场竞争白热化、技术创新面临的不确定性增大等挑战，但前景依然广阔。

一是5G商用进程不断加速。4G方兴未艾，5G已扑面而来。2018年12月6日，三大运营商获得全国范围5G中低频段试验频率使用许可，2019年中央经济工作会议把“加快5G商用”列为重点工作之一。2019年5G网络正式商用能够为产业互联网、政务互联网、生活互联网、万物智联网提供更快速度、更大容量、更低时延、更安全可靠的网络保障。

二是NB-IoT规模商用势不可挡。物联网是未来智能世界万物互联的必由之路，是未来促进社会发展与消费增长的重要驱动力。全球已有30多个国家的45个运营商部署了NB-IoT商用网络，覆盖全球45%的面积和65%的人口。工信部发布《关于全面推进移动物联网（NB-IoT）建设发展的通知》将全面推进NB-IoT建设发展，未来NB-IoT将在多个垂直行业呈现爆发增长，为行业带来新机遇。

三是大数据产业及应用蓬勃发展。大数据加速向传统产业渗透，驱动生产方式和管理模式变革，推动制造业向网络化、数字化和智能化方向发展。工业和信息化部在《大数据产业发展规划（2016—2020年）》中提出，“到2020年，技术先进、应用繁荣、保障有力的大数据产业体系基本形成。大数据相关产品和服务为实现制造强国和网络强国提供强大的产业支撑”。在大数据推动下，信息技术正处于新旧轨道切换的过程中，创新发展面临难得机遇。

四是IPv6规模部署进度加快。工业和信息化部发布的《推进互联网协议第六版（IPv6）规模部署行动计划》从六方面21项举措落实IPv6行动计划，按照该计划，到2025年末中国IPv6规模要达到世界第一。发展基于IPv6的下一代互联网，不仅是互联网演进升级的必然趋势，更是助力互联网与实体经济深度融合、支撑经济高质量发展的迫切需要，对于提升国家网络空间综合竞争力、加快网络强国建设具有重要意义。

五是混合所有制改革取得突破性进展。混合所有制经济是我国基础经济制度的重要实现形式。2016年9月以来，中国联通混改从方案酝酿、论证、反复完善，到正式批复、公布、全面实施，历经两年多实践，改革工作持续向纵深推进。混改后企业经营业绩明显改善，发展结构持续优化。当前，以中国联通“混改”模式为契机，全面拓展深化国有企业改革新方式，不断激发企业市场主体新活力，焕发新时代中国特色社会主义央企新面貌。

六是提速降费取得显著成效。一方面，宽带网络速率明显提升。我国乡镇以上城市全部建成光纤城市，光纤网络用户占比达89.9%。100Mbit/s及以上固定互联网宽带接入用户占比67.5%。另一方面，资费水平大幅度的降低。与三年前相比，移动流量和宽带固定资费降幅均超过9成。提速降费工作为经济增长不断注入新动能，催生了一大批的新产业、新模式、新业态，推动了数字经济的发展，为人民的生产生活提供了极大的方便。

七是“两化”深度融合进入加速期和攻坚期。大力推进信息化与工业化深度融合发展，是党中央、国务院做出的一项长期性、战略性部署。我国两化深度融合不断取得新进展，工业互联网平台发展迈出坚实步伐，制造业“双创”平台建设取得积极成效。今后还将继续以两化融合为主线，协同推进两个强国建设。

八是新一代人工智能产业迅猛发展。人工智能是新一轮科技革命和产业变革的重要驱动力量，为深入贯彻习近平总书记关于新一代人工智能发展的重要指示精神，加快落实国务院《新一代人工智能发展规划》，工业和信息化部启动新一代人工智能产业创新重点任务揭榜工作，这对人工智能产业发展具有前瞻性的引导作用。

九是网络安全形势依然复杂严峻。随着云计算、大数据、人工智能、工业互联网、5G等新技术、新业态的飞速发展，未来网络安全形势将更加复杂、更加严峻，网络安全应急响应所面对的事件将更加复杂化、规模化和更具技术含量。

十是制造强国和网络强国建设步伐加快。面对新一轮科技革命和产业变革与我国加快转变经济发展方式形成的历史性交汇，党中央、国务院审时度势，加强战略谋划和前瞻部署，瞄准“两个一百年”奋斗目标，开启制造强国和网络强国建设伟大征程，使我国工业和信息化事业迈入了新时代。

2019年，我国信息通信业加快自身供给体系创新变革，物联网应用水平进一步提高，5G网络部署稳步推进，带动信息通信制造业升级发展，技术创新推动企业侧互联网服务快速崛起。信息通信业与传统行业融合进一步深化，带动新技术的广泛应用和新业务的不断拓展。

信息通信业十大趋势（2019—2021年）

中国信息通信研究院

一、5G商用推动产业链加快成熟

随着5G国际标准第一版本的发布，未来一两年全球主要国家将陆续启动5G商用，我国有望成为全球首批商用国家之一。5G商用将推动产业链加快成熟，芯片、模组、终端逐步走向市场。5G是给各个产业带来革命性变化的使能技术，它将推动各个社会经济领域的数字化、网络化、智能化转型。工业界已有众多产业巨头正期待着5G真实商用的到来，以及所带来的巨大变革。

二、工业互联网引领数字化转型

习近平总书记在十九大报告中指出，要“推动互联网、大数据、人工智能和实体经济深度融合”。工业互联网将为融合提供非常重要的载体。在目前的产业实践中，工业互联网的形态、应用范围、业务模式、商业组织仍处在初步阶段，还有巨大的创新发展空间。工业互联网将集成更多新的网络技术、计算技术，将产业数字化落实到产品、服务和生产流程的数字化，从而引发产业组织的重塑、商业模式的转型以及生产方式的变革。工业互联网将是支撑全球数字经济发展最重要的基础设施和路径。

三、信息网络与产业体系变革重塑

近些年来，信息网络产业创新频出，包括网络功能虚拟化、软件定义网络以及人工智能技术的加入等。在未来两年，IPv6将加快商业化部署，达成IPv6活跃用户数超过5亿，在互联网用户中的占比超过50%的目标。云网融合加速重塑网络架构和产业生态。云网融合加上计算能力、智能能力的整合，将形成一个新的分布式网络架构、计算架构和智能架构，这是基础设施的重要发展方向。在卫星互联网方面，预计未来三年到五年将是全球卫星发展的高峰期。全球产业界正在积极推动低轨卫星发展，未来会有上千个低轨卫星入轨，从而提供最大范围的全球覆盖，但同时也将面临资源分配、标准化等问题。

四、泛在连接构建万物智联新生态

各种低速率、中速率、高速率无线技术带来了强大的泛在连接能力，为万物互联提供了坚实基础。随着智能化技术的加入，将构建出万物智联新生态。物联网囊括了诸多领域，比如智能家居、智能城市、智能工业，车联网等。预计到2020年，我国物联网产值将超过1万亿元，复合增长率超过15%。未来两到三年，LTE-V2X会有规模化应用示范、商业部署，并推动自动驾驶、车联网等相关产业的整体发展。不过，要最终达到通过物联网改变世界的目的，还需要数据采集、计算能力、分析能力的融入。当这些条件都具备齐全，便意味着物联网技术将迎来真正全面爆发的时刻。

五、智慧赋能驱动计算产业新浪潮

计算产业与ICT创新是相辅相成的。人工智能及智慧应用将成为计算产业的重要驱动力，预计未来三年会保持快速增长势头，而后续则逐渐趋于理性平稳发展。其中，一是行业的深度渗透，尤其是AI的发展及其与行业的结合，给各类计算带来巨大的需求驱动。二是边缘计算的兴起。边缘计算发展时间不长，从理论到实践还存在诸多问题待解决。目前来看，边云协同、人工智能算法的边缘部署，加之网络、存储以及对物理世界的控制能力，将形成边缘计算加边缘智能的方式。这是构建智能化生态非常重要的条件，也是未来发展的重要方向。三是通用专用的融合。从 CPU、GPU、FPGA 到 ASIC，通过与算法和应用的结合扩展了摩尔定律的功效，开辟出了发展新路径。

六、人工智能加速应用普及扩散

深度学习可能会经历一个较长的技术期。目前来看，有监督学习将接近性能极限，而无监督学习、强化学习、多模态融合等新技术将成为研究热点。现在专用芯片、开源计算平台和有效数据已经成为企业打造人工智能生态体系的重要着力点。预计 2020 年，60% 的人工智能应用程序将在开源平台上运行，AI 应用及产业化进程也将全面提速，而人人可用的 AI 更会广泛运用于生产生活中。比如到那时全球 30% 的企业将会采用 AI 来辅助加速最少一个主要的销售流程，此外在教育、交通、医疗等各个领域的应用也都会涌现。AI 技术不仅将给人们带来诸多便利，而且也会改变人们的生产生活方式。

七、区块链探索构建分布式信任体系

区块链通过与云计算、物联网等深度融合和创新突破后，将促进其在医疗、司法、工业、媒体等行业的大规模商业探索应用。预计在未来两三年内，区块链可能会有更多的实践，会取得更大的进展与突破。

八、全球 ICT 产业生态不确定性加深

在全球化背景下，ICT 产业的供应链一直是资源优化配置，并相互合作，相互依存的。目前由于面临贸易保护主义兴起的挑战，它正处于不确定性逐渐加深的时间点上。贸易保护主义兴起对全球供应链发展和国际分工体系的影响及影响程度，取决于我国和国际社会捍卫贸易自由的决心。与此同时，全球也将面临如何共同发展、如何对抗贸易保护主义、如何平衡全球供应链体系、如何继续推进技术创新和生产效率提升等挑战。预计未来一到两年，全球 ICT 产业总体会呈现增速下滑趋势，其中主要是 ICT 制造业部分的增速下降。

九、数字经济多方治理从共识走向实践

包容审慎仍将是未来数字经济治理的主基调，但治理重心将更加注重规范健康发展。数字经济治理面临着数据保护、算法监管等诸多问题，因此，需要通过构建多方合作的治理体系，才能保证数字技术造福全体人民。政府、平台、行业组织、用户等主体在未来数字经济治理中都将扮演重要角色。在这一过程中，我们也会面临诸多挑战，比如利益相关主体如何参与其中，各方的角色及相互关系是什么，以及如何引入技术手段。

十、智能攻防重构网络空间安全范式

当前网络安全有两个重大问题：一是由于全球数字化转型及工业互联网的发展，导致网络空间安全与物理世界安全相互交织，面临前所未有的安全挑战；二是人工智能技术的发展给安全攻防技术带来新的可能，同时也给安全风险带来新的挑战。如何利用好的方面，防范风险，将是未来几年之内无法回避的重要问题。网络空间的安全保障和防护范式正在发生重大和深刻的变化，是目前全球共同探讨和研究的话题。尤其是从数字空间延伸到物理空间以后，如何构建新的安全体系是中国和其他国家都要面临的巨大命题和严峻考验。

迎接数字经济大潮，提供优质平台服务

吴基传

当前，随着信息技术的快速发展和应用，互联网技术已开始进入智能互联网时代，主要业态表现为大数据、云计算、人工智能、物联网，互联网服务进入万物互联时代，从社会消费进入社会管理、社会生产乃至经济和文化的方方面面。而数字经济、数字地球等热门话题，引起世界各国政府、产业与社会的广泛关注与积极应对。

一、对数字经济的认识

数字经济是指以使用数字化的知识和信息作为关键生产要素，以现代信息网络作为主要载体，以信息通信技术的有效使用作为效率提升和结构优化的重要推动力的一系列经济活动。它有两大主要特征。

第一，创新是引领数字经济发展的第一动力，是建设现代经济体系的战略支柱。

第二，数字经济渗透力极强。

数字经济主要表现在以下 4 点。

（一）流通领域

电子商务规模不断扩大，业务模式呈现多样化、网络化、个性化、便捷化，其渗透力不断深入，改变原有流动的业态，使需求方通过电商平台直接与生产方直接对口。

（二）生产领域

制造企业生产的现场实现网络化，生产的过程实现智能化，生产的产品实现个性定制化，极大地推动“互联网 + 工业生产”，实现物与物的互联，实现由人的总控形成的无人生产车间，大量机器人替代原来由人进行的重复性生产，同时也可替代原来比较危险、困难的生产环境，进一步解放生产力，提高劳动效率。

（三）金融领域

使金融管理及服务在内部结构以及金融产品的设计、运作等实现智能化。

（四）其他众多领域

如文化、生活、交通、医疗、教育、社会管理等等，现今社会没有不需要信息服务的地方，因此数字经济是人类社会经济发展的新的业态。

数字经济以内生增长取代了传统经济外生增长模式，极大扩充了人类社会发展的边界，以数字形式表现的信息和知识为核心的生产要素，使生产者与消费者之间关系出现了脱媒化，真正实现直接、个性化、简捷方便，最大限度地克服多余、库存、积压、浪费资源的状态，极大地节省社会资源。

数字经济使商业、社区的组织形式表现出更加扁平化、微型化、智能化的趋势——促使各种类型的平台服务模式的诞生。

二、对平台服务业态的认识

随着最底层信息技术的快速发展，微电子技术、人工智能技术、智能网络技术、计算机的分析技术、底层软件技术等不断涌现，新的算法和新的更高层次的进展，促使应用平台层互联网服务、大数据分析、云计算服务、人工智能终端及机器人的应用，更促进数字经济的延伸，催生众多服务平台的业态诞生。

当今社会平台服务已成为人们生活、生产、娱乐、衣食住行、社会管理各个方面提供服务的一种基本业态。如物流平台、工业生产智能制造平台、教育平台、医疗平台、金融支付平台、交通管理以及便捷出行服务平台，等等，凡是需要服务的地方都可通过平台服务。目前全球最大 15 家上市“平台”企业总市值高达 2.6 万亿美元，包括阿里巴巴、亚马逊、苹果、百度、腾讯、eBay、Facebook 等所有原来的互联网服务商，现在都向各种类型的云服务平台转型，同时在不断创新新的平台服务模式。最近国务院印发《关于加快推进全国一体化在线政务服务平台建设的指导意见》要求，坚持以人民为中心的发展思想，推动“放管服”改革向纵深发展，深入推进“互联网+政务服务”，加快建设全国一体化在线政务服务平台，推动政务服务从政府供给导向向群众需求导向转变，从“线下跑”向“网上办”、“分头办”向“协同办”转变，全面推进“一网通办”，为优化营商环境、便利企业和群众办事、激发市场活力和社会创造力、建设人民满意的服务型政府提供有力支撑。

国务院这份重要的《指导意见》为我们平台服务者提供了很大的市场机遇和挑战！平台社会需求，促使平台服务的快速发展，同时也会引起社会产业结构的变化与调整，各种生产与服务业态的再次分工。平台服务，更需要平台提供商，平台架构提供商、平台业务服务商、平台日常维护商等多种角色业务融合、步调协调一致，也需要产品服务者与使用平台的被服务者的业务互相融合、协调。原来各个企业分头提供产品参与市场竞争的模式，已经不适应平台服务的大环境了。必须按平台服务的规律和特征，在共建、共享、共助服务上下功夫，构建起互利共赢的新型企业业态。

提供平台服务的企业之间更多的是融合，而不是拆台；更多的是服务质量提升，而不是相互抵消。因为不同平台服务有不同的服务方式。如工业生产服务平台，就应按不同产品的内在生产规律进行。平台服务取代不了各种产品生产的特有工序和内在规律。我们信息服务者重点是做好信息平台的服务，提供并创新平台性能，维护好平台的正常科学运转。进入数字经济时代，我们要认真思考平台服务业态，积极探索如何满足各种类型的平台服务需求，做好我们在社会结构调整和转型中应该且必须做好的事情，尽快转变观念，适应新的平台服务要求，在内部管理和业务结构方面尽快转型，才能更好地适应并满足经济社会发展的需要。

三、做好平台服务应注意并研究的几个问题

平台服务应注意并研究以下6个问题。

① 尽快提升和完善智能网络的能力。

② 客观认识数字鸿沟和数据质量对平台服务的影响。

③ 特别关注平台服务中心网络安全问题，依法做好对个人信息的保护。

④ 完善有关适应平台服务的法律法规以及行业、企业自律的规定。

⑤ 尽快调整企业内部管理结构，主动向新的平台服务转型，迎接数字经济带来的机遇和挑战。

⑥ 超前培养创新平台、平台服务以及平台维护所需要的各类新型人才，尤其是软件开发和智能技术人才。

数字经济的发展与平台服务的拓展，将进一步催生数字文明的实现。让我们在习近平新时代中国特色社会主义思想指引下，在推进网络强国建设的征程中，进一步发扬信息通信业的光荣传统，勇于创新、艰苦创业，为实现中华民族伟大复兴的中国梦而努力奋斗。

ICT 产业发展趋势分析

奚国华

整个互联网的发展到现在为止经历电信互联网的热潮和移动互联网的浪潮。第三波的增长浪潮到底是什么？具体讲不清楚，但是有两个特点：第一个特点，就是未知远远大于已知；第二个特点，在 ICT 的发展中创新。结合这两个特点，我们对 ICT 产业发展有十个趋势分析。

第一个趋势是 ICT 成为实现国家战略的重要力量。十九大报告里面多处提到了 ICT，包括创新、协调、绿色、开放、共享 5 个理念，实际上还有质量第一、效益优先、质量变革、动力变革等。十九大为我们国家宏观经济的发展指明了方向，现在转变发展的道路，即推进供给侧结构性改革，实现动能的转换。要实现这个目标，必须依靠创新驱动。ICT 是当今经济社会中创新最活跃的领域之一，对 ICT 本身来说，它不仅自身能够造就一个伟大的产业，还能赋能其他行业，与其融合，大大提升效率、质量、性能，甚至开创新的产业。

ICT 是最活跃的创新增长的力量，它不仅自己能够造出巨大的产业，而且它还有对证性，对证的效果是 1∶3，也就是说，在 ICT 产业中投一元钱能够带来其他产业 3 元钱的效益。

第二个趋势是 ICT 引领数字经济强劲发展。ICT 对各行业转型变革与全球经济的增长带来了深刻的影响，最新发布的《中国互联网发展报告（2018）》显示，2018 年中国数字经济规模总量达到了 31.3 万亿元，占 GDP 比重达到了 27.6%。这表明以数字经济为代表的新经济蓬勃发展，成为各个新兴产业。

ICT 发展的特点可以概括为：融合、创新。一是 IT 和 CT 的融合，就是信息与产业的融合。云计算、大数据、人工智能融合以后，互联网就如虎添翼了；二是 ICT 和传统产业融合。这样结合能够创造出新的产品以及新的应用。融合创新形成了新的模式以及业态，包括商业模式、盈利模式，实际上现在业态及模式的创新更为重要。只有把技术创新和业态的创新有机地结合起来，才能形成生产力。

第三个趋势是 ICT 创新日新月异。这包括 4 个方面。

第一，技术创新活跃，它结合需求成为经济增长的新动能。

第二，开源、共享协作成为重要的技术创新模式。现在技术发展模式和资源聚集方式发生了变化，开源、开放、众筹成为信息技术创新的重要方式，具备成本低、迭代快的特点，并且日趋成熟。

第三，新一代网络架构从垂直封闭向水平开放。全球网络架构发生了巨大的变化，正在以数据中心为核心构建新一代的网络基础设施，推动由硬网络向软网络演进。

第四，技术和业态融合创新并举。比如，头条现在推出的就是信息流的广告，大量地应用了大数据、云计算以及智能技术，从而能够做到精准推送。

第四个趋势是 ICT 的发展融合传统行业，创造新特点。

第一个特点，ICT 与传统产业深度融合，尤其是与实体经济融合。ICT 赋能实体经济，促进经济的发展，这是中国当前 ICT 发展过程中一个很大的特点。

第二个特点，ICT 带动全社会的均衡发展，这是数字经济发展的落脚点。

第三个特点，“走出去”战略。以 ICT 以及数字经济的发展，拉动跨区域的发展、文化的发展以及产业的发展。

第五个趋势，电信运营商加速数字化转型。传统运营商面临着两个层面的竞争：第一个层面是三大运营商之间的竞争；第二个层面的竞争，是其和互联网企业的竞争，现在看来差距比较大。

互联网技术进步是必然的，关键问题是我们传统运营商应该怎么应对。所以传统运营商必须进行转型和改革。中国移动提出了要成为数字化创新全球领先的运营商；中国电信提出了要打造成为综合智能信息服务运营商；中国联通提出了要成为客户信赖的智慧生活的创造者。由此可以看出，运营商都在进行转型。

第六个趋势是移动互联网缩小数字鸿沟。移动互联网全面提升了网络覆盖能力，提质降费促进了移动的普及，信息技术缩小了数字鸿沟。这是普遍服务，它解决了不平衡、不充分的问题。事实上，传统运营商在过去一段时间为缩小数字鸿沟做了大量的工作，为“互联网+”、大众创业万众创新的发展，以及为国家战略的奠定做出了巨大的贡献。最典型的就是提速降费。普遍服务对促进农村的发展发挥了重要的作用。

第七个趋势是市场集中度急速提升。集中度急速加剧以后就会形成垄断，根据工信部的相关资料，截至2018年9月底，90家上市互联网企业市值总额达到了8.34万亿元，年内累计上涨了57.6%。由此可见，互联网企业的市值上涨非常迅猛，它的市值已经远远超过我们传统运营商的市值。领军企业凭借在资本、市场、媒体等方面的优势，对行业影响力持续增强，市场格局进一步集中。

数字经济打破了现有的市场格局，大家纷纷将视野投向了行业内外，正在寻求新的战略合作伙伴，引发了一系列并购、融合、重组的活动。

第八个趋势是网络安全形势更加严峻。大规模的数字化带来的网络安全风险，如网络诈骗，骗取个人、企业信息等，给国家和人们生活带来了巨大的危害。并且随着技术的进步，犯罪分子掌握的技术也越来越先进，所以防范的成本也越来越高。

网络安全信息化是事关国家安全和国家发展，事关广大人民工作生活的重大战略问题，我们要从国际国内大势出发，总体布局，统筹各方，创新发展，努力把我国建设成为网络强国。

第九个趋势是政府监管变革提速。政府监管关键有以下两点。

第一点，变革的目标。要贯彻放管服，发挥市场机制，增强企业活力，营造公平有序、有效的竞争环境。

第二点，实现有效的跨部门合作。由于行业差距以及各方认识差距的影响，互联网与传统产业的融合仍然面临着跨越成本高、难度大等诸多问题。

ICT发展最大的特点是融合创新。但其在融合过程中成为很多行业的壁垒，不仅体现在企业之间，也体现在政府之间。所以从这个角度来说，无论是企业还是政府，我们一定要树立合作共赢的意识，实现跨部门合作。

第十个趋势是重点技术变革影响深远。值得关注的几个技术或趋势如下：

首先，是5G。据有关报告，到2035年，5G将在全球创造出12.3万亿美元的经济产出，2035年当年，全球5G价值链产出将达3.5万亿美元，将提供2 200万个就业机会。我国5G价值链将产出9 840亿美元，提供9 500万个就业机会。因此，我们一定要把5G做好。

5G将是传统运营商的核心竞争力，我们要建成世界上最大的5G网络。我国要在全球5G标准中占据更大的份额。

其次是物联网。物联网的潜在市场巨大，具体如下。

第一，物联网是经济和社会发展到一定阶段的必然和必需。它主要体现在三个方面：工业互联网、公共管理和社会消费。市场需求巨大。

第二，中国经过多年的发展，物联网将进入发展快车道。

有关方面预测，2025年物联网的连接数将达到270亿个，但物联网在发展中也还存在着一些短板，归纳起来有以下4个方面。

第一，标准化体系还未建立。

第二，对我国来说，最大的短板是传感器，当然传感器的基础实际上是芯片。

第三，满足用户需求、性价比高的服务还比较少。

第四，运营商除了做连接以外，应该向上下游进行拓展。

中国有一个巨大的需求市场，加上国家的支持，我们坚信，中国的数字经济将会有一个更大的飞跃，中国ICT的明天会更加辉煌。

深化改革　加快转型　推动企业高质量发展

中国电信集团公司 2019 年工作会议

杨　杰

2018 年 12 月 25 日，中国电信集团有限公司 2019 年工作会在北京召开。会议的主要任务是以习近平新时代中国特色社会主义思想为指导，深入贯彻党的十九大和十九届二中、三中全会以及中央经济工作会议精神，回顾总结 2018 年工作，分析当前面临的新形势，研究部署 2019 年重点工作任务，团结带领全体干部员工坚定信心，深化改革，加快转型，推动企业高质量发展，为网络强国、经济社会发展和人民美好生活做出新贡献。工业和信息化部副部长、党组成员陈肇雄出席会议并讲话，财政部、审计署和国务院国资委相关领导出席会议，中国电信集团有限公司党组书记、董事长杨杰进行战略部署，中国电信集团有限公司党组副书记、总经理柯瑞文做工作报告。

陈肇雄在讲话中介绍了 2018 年信息通信业发展情况、工业和信息化部信息通信工作进展情况，以及工业和信息化部 2019 年信息通信工作基本考虑，充分肯定了中国电信集团有限公司 2018 年的工作成绩：企业党建全面加强，转型发展持续深化，改革活力不断释放，国家战略积极落实。面向 2019 年，陈肇雄希望中国电信集团有限公司坚持以习近平新时代中国特色社会主义思想为指导，深入贯彻党的十九大精神，积极落实国家相关战略部署，深入推进网络融合应用，培育壮大发展新动能；持续做好提速降费工作，提升用户获得感；不断强化网络信息安全保障，营造清朗网络环境；提升国际化运营能力，服务“一带一路”建设；全面落实从严治党要求，推动企业高质量发展，以实实在在的工作业绩推动行业高质量发展再上新台阶。

会议指出，2018 年中国电信各级企业以党建为统领，持续深入学习贯彻习近平新时代中国特色社会主义思想和党的十九大精神，全面落实党中央重大决策部署，围绕“三大目标、三大任务、三化转型”，加快生态发展，深化改革创新，提升质量效率，强化落地执行，推动企业改革发展和党建工作开创新局面，各项工作取得显著成效。

第一，坚持把学习贯彻习近平新时代中国特色社会主义思想和党的十九大精神作为首要政治任务，强化理论武装，努力在学懂弄通做实上下功夫。集团公司党组制定实施方案，在全集团开展党的十九大精神“大学习、大宣传、大落实”，坚持以上率下学、及时跟进学、联系实际学，不断将学习贯彻引向深入。

第二，以党建统领企业发展全局，企业党的领导和党的建设得到全面加强。始终把政治建设摆在首位，层层压实管党治党责任，坚持“两个一以贯之”，不断完善中国特色现代国有企业制度，践行新时代党的组织路线，推动全面从严治党向纵深发展。

第三，坚持新发展理念，持续推进转型升级，加快企业发展，为经济社会发展做出新的贡献。推进网络智能化、业务生态化、运营智慧化，收入规模持续扩大，收入增幅连续七年高于行业平均水平，收入结构持续优化，企业效益持续改善，圆满完成国有资本保值增值任务。

第四，全面推进改革创新，企业发展的活力不断增强。落实国企改革“1+*N*”政策要求，密集出台系列举措。管理体制改革持续深化，经营机制改革加快推进，深化“划小承包、专业化运营、倒三角支撑”三维联动改革，累计建立5.8万个划小承包单元，覆盖16万名员工。混合所有制改革迈出关键步伐，中通服、支付公司混改试点工作稳步推进，投资体系初步形成，与民营企业传化集团成立合资公司，建设物流信息化平台，促进互联网与实体经济深度融合。科技创新体系进一步完善，在5G、网络重构等重点领域掌握了一批关键技术。“瘦身健体”“处僵治困”提前超额完成目标任务。

第五，认真贯彻落实中央决策部署，积极履行企业的政治责任和社会责任。举全集团之力开展脱贫攻坚，全面完成所承担的5.2万个行政村通光缆建设任务，形成以“六个扶贫”（网络扶贫、信息化扶贫、智力扶贫、公益扶贫、产业扶贫、就业扶贫）为主要内容的大扶贫格局。网络提速降费年度目标超额完成，截至2018年11月，固定宽带单位带宽价格比2017年年底下降超过40%，持续下调中小企业宽带和专线资费；全面取消全国手机流量漫游费，手机流量单价下降超过60%，60余个方向的国际漫游流量资费降幅超过50%。主动服务“一带一路”建设，与菲律宾本地企业组成的联合体中标，成为菲律宾第三家电信运营商，推进沿线国家（地区）信息通信基础设施建设，开通中巴、中尼光缆并开始商业运营。深入参与河北省雄安新区建设，规划信息化基础设施，承接重点项目。坚持依法治企，切实维护网络信息安全。持续开展节能减排和风险防控工作，圆满完成各项重大通信保障和抢险救灾任务。

会议分析了企业当前面临的政策环境、经济环境、行业环境变化，可概括为“四个加速转变”，即我国经济从高速增长向高质量发展加速转变、信息通信技术从助力经济发展的基础动力向引领经济发展的核心引擎加速转变、基础电信业务从规模经营向基于规模的价值经营加速转变、信息通信市场从“要素”竞争向“要素+能力”竞争加速转变。

会议指出，要适应新的形势变化，必须坚持高质量发展。这既是国家经济社会进入新时期新阶段的必然要求，也是电信行业适应新技术新业务发展的必然趋势，更是中国电信展现新气象新作为、实现持续健康发展的客观需要，是企业当前和今后一个时期确定发展思路、制定经营策略、进行资源配置的根本要求。会议提出，中国电信的高质量发展，是贯彻新发展理念和供给侧结构性改革要求，以规模发展为基础，以价值经营为根本，网络设施更智能、业务生态更丰富、资源配置更科学、运营管理更高效、用户质态更好、收入质量更高、客户体验更优、群众获得感更强，能够更好地彰显央企责任和作用的发展，最终目标是打造世界一流企业，成为领先的综合智能信息服务运营商，为经济社会发展和人民美好生活提供更加优质高效的服务。同时提出了推动高质量发展当前要重点把握的几方面工作：一要以规模发展为基础；二要更加注重价值经营；三要统筹兼顾、突出重点；四要充分发挥新技术的驱动作用；五要以高质量的党建作保障。

会议强调，2019年是中华人民共和国成立70周年，是全面建成小康社会的关键之年，也是中国电信推动高质量发展的重要一年。全年工作总的思路和要求是：以习近平新时代中国特色社会主义思想为指导，深入贯彻党的十九大和十九届二中、三中全会以及中央经济工作会议精神，坚决落实中央决策部署，坚持新发展理念，围绕“三大目标、三大任务、三化转型”，坚持党建统领，深化价值经营，加快生态赋能，推进改革创新，加强队伍建设，强化责任担当，加快推动企业高质量发展，培育世界一流企业，为网络强国、经济社会发展和人民美好生活做出新的贡献。

会议提出了2019年要重点抓好的六项工作：一要坚持党建统领，以高质量的党建推动高质量发展；二要深化价值经营，构建融合、融通、融智“三位一体”的高质量发展价值经营体系；三要加快生态赋能，完善五大生态圈体系，为高质量发展提供能力支撑；四要多向发力推进改革创新，为高质量发展注入新的生机和活力；五要加强队伍建设，为高质量发展提供坚强的组织保障；六要强化责任担当，打造高质量发展的执行体系。

会议确定了2019年经营工作的总体目标和主要工作：一是坚持“三位一体”，打造高质量发展的价值经营体系；二是推进云网融合，筑牢高质量发展的网络基础；三是坚持问题导向，提升高质量发展的运营能力；四是深化改革创新，激发高质量发展的内生动力；五是积极主动作为，高质量履行央企责任；六是坚持党建统领，以高质量党建促进高质量发展。

会议号召全体干部员工更加紧密地团结在以习近平同志为核心的党中央周围，以习近平新时代中国特色社会主义思想为指导，不忘初心，牢记使命，坚定不移推动高质量发展，将改革进行到底，加快企业转型升级，着力培育世界一流企业，以优异的成绩向共和国70华诞献礼。

坚持新发展理念　深化“大连接”战略　实现高质量发展

中国移动通信集团公司 2019 年工作会议

尚　冰

2018 年 12 月 16 日，中国移动 2019 年工作会议在北京召开。会议提出：2019 年要以习近平新时代中国特色社会主义思想为统领，深入贯彻党的十九大和十九届二中、三中全会以及中央经济工作会议精神，坚持和加强党的全面领导，坚持新发展理念，坚持稳中求进、保持领先、不断改善的工作主线，统一思想，转变观念，奋发有为，按照高质量发展要求，着力推进融合转型，着力促进降本增效，着力提升服务水平，着力深化改革创新，着力加强党的建设，确保“大连接”战略实施取得更大成效，朝着具有全球竞争力的世界一流企业迈出更大步伐，为决胜全面建成小康社会做出更大贡献。工业和信息化部副部长、党组成员陈肇雄出席会议并讲话，审计署和国务院国资委相关司局领导出席会议，中国移动董事长尚冰讲话，中国移动总经理李跃做工作报告。

陈肇雄介绍了 2018 年信息通信业发展情况、工业和信息化部信息通信工作进展情况，以及工业和信息化部 2019 年信息通信工作基本考虑和重点推进工作，充分肯定了中国移动 2018 年的工作成绩：战略转型步伐加快，自主创新能力提升，助力数字经济蓬勃发展，信息惠民成效明显，从严治党纵深发展。面向 2019 年，陈肇雄希望中国移动坚持以习近平新时代中国特色社会主义思想为指导，深入贯彻党的十九大精神，积极落实国家相关战略部署，坚持以人民为中心的发展思想，切实增强用户获得感；加快新一代信息通信技术研发应用，打造创新驱动发展新引擎；推动信息通信技术与实体经济深度融合，激发数字经济发展活力；坚持总体国家安全观，增强网络安全保障能力；纵深推进全面从严治党，以高质量党建推动企业高质量发展。

尚冰在《加快转型步伐 巩固领先优势 奋力开创高质量发展新局面》的讲话中指出，2018 年，中国移动坚持以习近平新时代中国特色社会主义思想和党的十九大精神为统领，坚持和加强党的全面领导，深化“大连接”战略实施和“四轮驱动”融合发展，大力推进改革攻坚和管理提升，转型发展成效明显，支撑保障能力持续提升，改革管理不断深化，全面从严治党向纵深发展，党建工作引领作用进一步发挥。尚冰表示，在全面实施“大连接”战略的三年里，中国移动的企业价值实现新发展，转型能力得到新提升，运营机制取得新突破，履行责任做出新贡献，为中国移动建设成为数字化创新的全球领先运营商和具有全球竞争力的世界一流企业奠定了坚实基础。尚冰深入分析了中国移动的发展机遇和困难挑战，他提出要准确把握经济社会发展变化提出的新使命、新要求，主动拥抱产业变革调整带来的新模式、新机遇，积极应对市场竞争呈现的新变化、新挑战，加快解决公司发展中存在的不足和问题。面对形势变化，要转变思想观念，保持战略定力，善于把握经济社会数字化转型的大势，打破惯性思维，面向更广阔的数字化服务市场找准机会、做好布局、拓展边界；善于把握信息通信业变革发展的态势，加快转变发展方式、组织体系、运营模式，科学投资、智慧运营、精细管理，加快提升创新发展的差异化优势；善于把握产业生态开放合作的趋势，秉持开放合作理念，优化合作服务，创新合作模式，推动构建内外联动、融通发展、互利共赢的新型数字化产业生态；善于把握创新发展积累的优势，扬长避短，担当作为，将资源能力优势转化为发展优势和后劲。尚冰提出，2019年是中华人民共和国成立70周年，也是确保全面实现“十三五”规划目标的关键一年，中国移动要重点抓好六方面工作：一是深化融合发展，确保收入稳定增长和领先地位巩固。要顺应用户消费行为变化和需求升级趋势，在“四轮驱动”的深化推进、融合均衡、做大规模、促进增收上下功夫。二是强化精细管理，大力促进降本增效。要强化效益观念，落实管理职责，向精细管理要效益，以科学管理促发展。三是大力改进服务，确保用户满意度领先。要进一步明确服务工作在经营发展中的重要地位，全面构建用户导向的经营发展体系，着力改善服务短板，加快重塑品牌优势。四是坚持创新发展，体系化提升转型发展能力。要突出战略引领，注重价值创造，加大创新投入，打造5G先发优势，夯实转型发展能力基础。五是抓好改革落地，进一步增强体制机制活力。要弘扬改革精神，坚决破除影响发展的体制机制障碍，探索建立符合发展趋势要求的新体系、新模式。六是纵深推进全面从严治党，持续提高党的建设质量。要全面加强干部队伍和人才队伍建设，在发挥好党组织作用上聚力用劲，进一步加强党风廉政建设和反腐败斗争，推动党建各项工作全面加强、全面进步，以高质量党建保障和推动高质量发展。

李跃在题为《培育新动能 构筑新优势 实现高质量发展》的工作报告中指出，2018年，中国移动以习近平新时代中国特色社会主义思想和党的十九大精神为统领，深入贯彻落实党中央、国务院的重大决策部署和上级部门的工作要求，深化“大连接”战略实施和“四轮驱动”融合发展，企业经营发展取得良好成效，收入利润稳定增长。在“四轮驱动”方面，截至2018年11月底，中国移动4G客户超7亿户，VoLTE客户达3.6亿户，家庭宽带用户总数达1.4亿，物联网连接数净增2.9亿。在提速降费方面，中国移动认真落实《政府工作报告》提速降费要求，全面取消流量漫游费，手机上网流量单价累计同比下降61%，国际漫游流量平均单价下降50%，互联网专线平均单价下降23%，各项降费举措累计惠及客户18亿人次、企业172万家。同时，中国移动不断夯实基础能力，稳步落实改革创新，运营管理更加高效，网络与信息安全水平全面提升，党建工作得到全面加强。李跃强调，全集团要认清形势，坚定信心，以对党和国家高度负责、对客户高度负责、对企业和员工高度负责的精神，学习把握中央新要求，顺应行业新变化，勇于担当，主动作为，努力培育发展新动能、构筑发展新优势。围绕2019年中国移动工作总体要求和目标任务，李跃提出七项重点工作。一是狠抓质量服务，着力打造客户满意企业。要坚持“客户为根、服务为本”，落实“两个毫不犹豫”，把服务和质量提升作为经营发展的重中之重，狠抓网络质量领先、服务短板改进、客户体验改善、品牌建设运营。二是强化市场导向，推动“四轮驱动”高质量协同发展。稳固移动市场，提高政企市场竞争力，实现家庭宽带提速提质提价值，提升新业务用户活跃度。三是深化创业布局，加快培育增收新动能。要打造全球领先的国际化经营能力，加快智能硬件研发和规模发展，提升物联网连接规模和价值，加强股权投资拓展发展空间。四是实现创新发展，推动网络技术革命。要统筹推进5G建设发展，全面推进网络云化，积极推进大数据和人工智能应用，不断加强创新体系建设。五是狠抓降本增效，打造低成本高效运营优势。要清理低效无效资产，提高运营效率，加强单位成本的精细管理，促进降本增效。六是全面深化改革，构建运营新模式。要坚持客户导向，强化“五化”改革，推动经营管理模式创新，加快电渠发展和营业厅转型，提升集中运营支撑能力，促进企业持续发展。七是强化发展保障，深入推进全面从严治党。把坚持党的领导、加强党的建设贯穿到企业改革发展全过程各方面，扎实履行“一岗双责”，抓好风险防控，深化作风建设，增强队伍活力，保障和谐稳定，以一流党建引领和保障一流企业建设。

纵深推进“五新”建设 奋力开创高质量发展新局面

中国联合网络通信集团有限公司2019年工作会议

王晓初

2018年12月24日，中国联通2019年工作会议在北京中国联通党校召开。这次会议得到了上级领导的高度重视和关心支持，工业和信息化部副部长、党组成员陈肇雄出席会议并讲话，工业和信息化部和审计署相关领导出席会议。会上，中国联通党组书记、董事长王晓初传达了中央经济工作会议精神并讲话，中国联通总经理李国华做工作报告。

陈肇雄在讲话中介绍了2018年信息通信行业发展情况及2019年工作考虑，充分肯定了中国联通2018年所取得的工作成绩，并对中国联通下一步工作提出了要求。陈肇雄希望中国联通在新的一年坚持以习近平新时代中国特色社会主义思想为指导，深入贯彻落实党的十九大精神，积极落实党中央、国务院决策部署，坚持以政治建设为统领，全面加强企业党建工作；坚持创新驱动，有力支撑网络强国建设；坚持开放合作，拓展企业高质量发展新空间；坚持以人民为中心，切实提升服务社会民生水平；坚持安全发展，不断增强网络安全保障能力，不断开创中国联通高质量发展新局面，为推进网络强国建设、实现经济高质量发展作出更大贡献。

王晓初向会议代表传达了中央经济工作会议精神，并就中国联通全面贯彻落实中央经济工作会议精神进行了部署。他强调，在刚刚结束的中央经济工作会议上，习近平总书记站在全局和战略的高度，精准把脉历史方位，深刻洞察发展大势，系统阐述新时代我国发展重要战略机遇期，明确提出了2019年经济工作总体要求、主要目标、政策取向、重点任务和重要保障，是我们做好当前和今后一个时期经济工作的根本遵循和科学指南。中国联通要认真学习、准确领会、把握精髓要义，结合实际抓好贯彻落实，要把思想和行动统一到党中央对当前形势做出的分析判断上来，认真贯彻落实党中央各项决策部署；要准确把握重要战略机遇期的新内涵，坚持辩证思维和底线思维，紧抓5G、人工智能、工业互联网和物联网发展机遇期；要坚定不移推动企业高质量发展，进一步加快推进互联网化转型，推动创新业务规模化发展；要坚持弘扬企业家精神，坚持党管干部、党管人才原则，激励干部担当作为；要坚定不移深化改革，紧抓混合所有制改革的窗口机遇期，坚持“两个一以贯之”，把混改工作向纵深推进。

随后，王晓初以《贯彻新发展理念 坚持高质量发展 纵深推进“五新”联通建设》为题做了讲话。王晓初指出，2018年是中国联通发展改革取得突出成效、企业面貌发生显著改变的一年。一年来，中国联通深入学习贯彻习近平新时代中国特色社会主义思想和党的十九大精神，牢固树立“四个意识”，坚定“四个自信”，落实“两个坚决维护”，坚决贯彻落实党中央、国务院重大决策部署，坚持以高质量党建引领高质量发展，深入实施聚焦创新合作战略，全面推进“五新”联通建设，实现了党建质量与发展质量的双提升，各项工作取得新成效。

在盘点2018年工作、研判当前形势的基础上，王晓初指出，2019年是中华人民共和国成立70周年，是全面建成小康社会关键之年，中国联通要以习近平新时代中国特色社会主义思想为指导，全面贯彻党的十九大和十九届二中、三中全会精神，坚持稳中求进工作总基调，坚持新发展理念，按照高质量发展的要求，坚持以供给侧结构性改革为主线，坚定深化实施聚焦创新合作战略定力不动摇。中国联通各级企业要以五个“新”为抓手，纵深推进“五新”联通建设，着力打造新时代中国特色社会主义新央企。要以新治理释放更多制度红利，坚决贯彻落实“两个一以贯之”，以加强政治建设为统领，以持续提升党建质量为重点，以持续落实正风肃纪为保障，坚持以高质量党建引领高质量发展；要充分发挥混改后新组建董事会的功能作用，加快探索建立有中国特色的现代国有企业制度新治理；要以充分激发微观主体活力为着力点，深入推进体制机制改革、划小改革攻坚，在中国联通形成“人人都是主人翁，把联通当成自己家的事业来干”的干事创业活力竞相迸发的新局面。要以新基因激发更大的内在活力，认真践行新时代党的组织路线，深入推进人力资源改革，打造一支忠诚干净担当、高素质专业化的管理人员队伍；要深入落实人才强企战略，深化人才创新机制改革；要持续抓好企业文化建设，着力推进“三个一切”在各个领域落地生根，实现企业文化外化于形、固化于制、内化于心、实化于行。要以新运营实现更高效率效益，全面深入推进互联网化运营，致力于打造业务、营销维系、管理“三张网”，业务网要聚焦重点业务、重点区域，营销维系网要实现差异化、互联网化发展，管理网要极致发挥 IT 集约化优势。要以新动能拓展更大发展蓝海，创新业务要以规模化发展为目标实现更快增长，聚焦云计算、大数据、物联网等重点业务和重点市场；国际业务要成为新的增长极，提升全球交付能力，实现业务高效协同。要以新生态汇聚更多协同优势，加快与混改战略投资者间的深度合作，加快建立终端产业链、物联网、5G 垂直行业合作等新生态。同时，还要统筹处理好创新业务与基础业务、局部与全局、显绩与实绩、竞争与合作、2C 与 2B 等各方面关系。

李国华做了题为《以习近平新时代中国特色社会主义思想为指导 奋力开创“五新”联通建设和高质量发展新局面》的工作报告。报告指出，2018 年以来，中国联通认真学懂弄通做实党的十九大精神，党中央决策部署得到坚决贯彻落实，公司上下全面细化落实集团公司党组 41 号文件确定的 30 项任务 71 条举措，对党的十九大报告每个方面都深刻领会、贯彻接应、落地做实，完成阶段性任务。认真落实打好三大攻坚战的决策部署，增强思想、政治和行动自觉，强化组织领导，加强工作的系统性、整体性与协调性，在认真做好防风险、防污染工作的同时，构建大扶贫工作格局，推动定点扶贫和全系统扶贫攻坚取得阶段性成效。认真落实全国网信工作会议精神，细化制定 10 个领域任务举措，确保贯彻落实到位。认真落实提速降费工作部署要求，在网络速率大幅提升的同时，全面取消了移动业务上网流量全国漫游费，移动流量资费平均单价相比 2017 年年底下降 57.4%，家庭宽带资费下降 41%，互联网专线资费下降 10%，国际语音及数据漫游资费分别下降 44% 和 75%。认真落实国务院大督查专项治理工作，对 81 项问题逐一进行解决，推动了服务民生工作的落地。全面履行央企政治、经济与社会责任，圆满完成各项重大活动通信保障任务，有序推进北京 2022 年冬奥会筹备服务工作，持续推进“法治央企”建设，认真落实清理拖欠民营企业账款及农民工工资专项工作。通过认真抓党中央决策部署的贯彻落实，有力带动和促进了企业工作全面进步，经营业绩显著改善，高质量发展迈出重要步伐；互联网化运营转型成效明显，网络能力持续提升；混合所有制改革取得突破性进展，改革工作得到各方充分肯定；党的建设质量显著提升，为企业改革发展提供了坚强有力保证。

李国华在报告中提出了 2019 年中国联通工作的总体要求：坚持以习近平新时代中国特色社会主义思想为指导，深入贯彻落实党的十九大和十九届二中、三中全会精神，按照中央经济工作会议的部署要求，认真践行新发展理念，坚持稳中求进工作总基调，坚定深化实施聚焦创新合作战略定力不动摇，纵深推进混改，充分激发微观主体活力，以新治理释放更多制度红利、新基因迸发更大内在活力、新运营实现更高效率效益、新动能拓展更广发展蓝海、新生态汇聚更多协同优势，奋力开创“五新”联通建设和高质量发展新局面。围绕 2019 年工作的总体要求和经营目标，李国华指出，中国联通既要顺应潮流、积极应变，又要保持定力、克难攻坚。要始终坚持新发展理念，始终坚持以人民为中心，落实高质量发展要求，做好各项业务发展工作；要深入贯彻落实习近平总书记在庆祝改革开放40周年大会上的重要讲话精神，坚定改革意志、增强改革信心，坚决落实中央部署，将混改向纵深推进，更好地发挥试点示范效应；要坚持精品网络建设，加强网络对市场的支撑保障能力；要坚持问题导向改进客户服务，切实提升客户感知和企业品牌形象；要深入推进IT集约化互联网化，充分发挥集中信息化系统运营优势；要强化基础管理，提升运营水平；要围绕中心服务大局，全面做好企业党建工作，做好党建与中心工作的深度融合。

共享发展一体两翼　聚力建设两型企业

中国铁塔股份有限公司2019年工作会议

佟吉禄

2018年12月26日，中国铁塔2019年工作会议在北京召开。会议总结了中国铁塔2018年工作，分析了内外部形势，谋划2019—2021三年发展蓝图，安排部署2019年重点任务，团结动员全体员工，全面贯彻落实习近平新时代中国特色社会主义思想和党的十九大精神，高擎共享发展旗帜，实施“一体两翼”战略，为把中国铁塔建设成为国际同行中最具潜力的成长型和价值创造型“两型企业”而努力奋斗。工业和信息化部副部长、党组成员陈肇雄出席会议并讲话，工业和信息化部相关司局负责人出席会议。中国铁塔党委书记、董事长、总经理佟吉禄代表公司班子做了工作报告。

陈肇雄在讲话中介绍了2018年信息通信行业发展情况及2019年工作考虑，充分肯定了中国铁塔2018年所取得的工作成绩：建设投入力度进一步加大，三家基础电信企业站址数量较铁塔公司成立之初翻了一番，为我国4G网络建设做出了突出贡献；资源共享程度进一步加深，与两大电网公司、铁路总公司、市政交通等单位开展跨行业资源共享取得新进展；行业支撑服务能力不断提升，打造移动网络覆盖综合方案，更好满足电信企业需要，深化电力接入、物业维系、站址维护乃至“最后一公里”传输的共享，释放铁塔改革红利；成功在香港上市，圆满完成“快速形成新建能力，存量资产注入和择机上市”的“三步走”战略任务；企业社会责任切实履行，协同三家基础电信企业做好重大活动的网络与信息安全保障以及应对自然灾害的应急通信保障，积极探索对外能源经营创新。陈肇雄希望中国铁塔在新的一年坚持以习近平新时代中国特色社会主义思想为指导，深入贯彻党的十九大精神，积极落实国家相关战略部署，充分发挥移动信息基础设施的资源统筹优势，扎实做好网络基础设施建设，不断深化资源共享，持续提升服务品质，有力支撑信息通信业实现高质量发展。一是统筹5G集约建设，支撑5G快速规模商用；二是深化共建共享，促进行业降本增效；三是坚持创新驱动，拓展业务发展空间；四是狠抓企业管理，增强发展内生动力；五是全面加强党的领导，为企业改革发展提供坚强保障。

佟吉禄作了题为《高擎共享发展旗帜，实施一体两翼战略，为建设两型企业而努力奋斗》的工作报告。他在报告中指出，2018年，中国铁塔在工业和信息化部、国资委等上级有关部委的正确领导下，在三家基础电信企业和社会各界的关心支持下，在全体干部员工的共同努力下，顺利实现在香港上市，圆满完成“三步走”战略目标，在发展的道路上迈出了新的步伐。一是经营业绩稳健增长，公司实力显著提升。二是顺利实现香港上市，得到资本市场广泛认同。通过上市，公司进一步释放了国企改革红利，彰显了国企改革成效。三是创新建设服务模式，持续打造综合解决方案能力，满足客户低成本、差异化的移动网络覆盖需求，促进资源节约和环境友好，助力网络强国建设。利用存量资源满足塔类订单占比超86%，新建地面宏站、微站利用社会杆塔资源占比分别达13%和66%。四是跨行业与能源拓展起步良好，多元经营初具雏形。变通信塔为社会塔，助力社会信息化发展。积极探索推广动力电池基站备电应用和社会化电力保障服务，实践证明技术性和经济性可行，有利于保障电信网络运行质量，有利于资源节约与环境保护。五是对外合作迈出新步伐，公司发展环境更加良好。已与29个省（自治区、直辖市）政府签订战略合作协议；26个省（自治区、直辖市）已将通信基础设施建设与保护实行地方立法；19个省（自治区、直辖市）明确由铁塔公司统筹5G站址规划，通信基础设施的战略性地位得到广泛认可。积极拓展社会资源获取，与电力、铁路、邮政、互联网企业、房地产公司等广开合作之门，不断拓宽新的业务蓝海。与老挝政府等联合出资设立东南亚铁塔公司，国际业务拓展迈出积极稳健的第一步。六是支撑保障能力持续提升，运营基础更加夯实。坚持以客户为中心，以服务为根本，推动维护质量持续提升，得到了三家基础电信企业的总体认可。搭建了全国物联网＋互联网的无线监控体系，不仅满足全设备监控和网络服务保障的要求，还为业务拓展奠定了基础。依托系统支撑和管理集约，建立了扁平、高效、透明、阳光的互联网管理模式，实现高效运营和精细化管理。七是党的建设深入推进，为经营发展提供坚强保障。坚持党的领导，加强党的建设，管党治党责任进一步压实；加强班子队伍建设，班子力量进一步充实，班子功能更加健全；监督执纪问责力度加大；“巡视利剑”作用有效发挥；嵌入式廉洁风险防控体系逐步落地；对口扶贫工作受到当地政府和老百姓的高度认可与好评。中国铁塔四年风雨兼程、砥砺前行，走过了一条超常规快速发展的道路，彰显了国企改革的成效。这得益于春风化雨的伟大时代，得益于生逢其时的成长环境，得益于对客观规律的深化认识和实践探索，得益于党建引领与改革发展的深度融合，得益于全体员工上下一心的艰苦奋斗。

佟吉禄表示，以上市为标志，公司从组建成立、初创探索阶段迈入了全面运营、转型发展新阶段，要“重整行装再出发”，坚持战略引领，实现更高质量、更有效益、更可持续的发展。

未来三年，中国铁塔将全面贯彻落实习近平新时代中国特色社会主义思想和党的十九大精神，以党建为引领，践行新发展理念，加快转型发展步伐，实施“一体两翼”战略，以面向行业内的塔类与室分业务为“一体”，以基于站址资源的社会化共享业务与面向社会的专业化备电保障服务为“两翼”，培育多点支撑的业务增长格局，持续提升公司的发展能力和价值创造能力，将公司打造成为国际同行中最具潜力的成长型与价值创造型“两型企业”。为此，建设“两型企业”，突出目标引领；实施“一体两翼”，推进战略落地；深化共享发展，筑牢根本理念；建强班子和队伍，夯实发展根基；创新体制机制，激发动力活力；发挥党建优势，强化政治保障。

佟吉禄对中国铁塔2019年重点任务进行了部署。强调做好2019年工作，要高举习近平新时代中国特色社会主义思想伟大旗帜，全面贯彻落实党的十九大和2019年中央经济工作会议精神，坚持稳中求进工作总基调，按照高质量发展要求，践行发展新理念，履行国企新担当，坚持党建引领与改革发展深度融合，以深化资源共享为核心，以转型发展与专业化经营为主线，全面推进“一体两翼”战略落地，推动公司向“两型企业”奋斗目标迈出新步伐，取得新成效。重点抓好六方面工作。一是立足共享发展，助力运营商网络能力提升。拓展共享内涵，从传统站址共享向塔、机房、传输、电力、社会资源等综合共享转变，从行业内共享向社会各行业、各领域的共享合作转变，统筹利用内外部资源，以共享为客户降低成本，为电信运营商创造价值，赢得各方认可。转变服务模式，通过综合解决方案构建低成本、高效率、优服务的竞争优势，力争“疑难站址100%解决，客户需求100%满足”。加快推动传统服务模式向互联网化服务模式转变，不断提升客户满意度。二是发挥资源优势，加快构建两翼齐飞格局。拓展跨行业共享发展新蓝海，组建专门力量，有所为、有所不为，突出价值导向，整合自身资源优势和能统筹的社会资源，共同做好社会共享大文章；积极探索发展备电综合解决方案、应急发（充）电、储能服务等各种动力电池应用，加强对外市场拓展，将公司打造成全国性的能源保障与电力服务专业化公司。三是筑强支撑保障，着力提升内外服务效率。筑强维护支撑。高度关注客户感知，推进服务质量持续改善，赢得客户认可和满意；强化代维“嵌入式管理”，提升维护效率；深化资产全生命周期管理，强化精益管理，提升资产运营水平。筑强技术支撑，适应5G和信息通信技术变革要求。筑强采购支撑，满足两型企业建设和转型发展要求。筑强IT支撑，打造具有铁塔特色的一点支撑、自主掌控、开放高效的信息化平台。四是提升管理水平，加快推进公司走向成熟。2019年为“管理提升年”，全面组织开展以数据准确性、管理规范性、运营有效性的“三性”为主要内容的管理提升活动，促进健康可持续发展。五是创新激励机制，持续激发组织与队伍活力。创新绩效考核新机制；提升薪酬分配新活力；构建人才成长新格局；激发干部担当新作为。六是坚持党建引领，营造风清气正发展氛围。坚持把政治建设摆在首位。着重抓好基本组织基本队伍基本制度“三基建设”。正风肃纪，推进全面从严治企。凝心聚力助力公司改革发展。

会议号召全体干部员工紧密团结在以习近平同志为核心的党中央周围，以对党和国家高度负责、对客户和股东高度负责、对公司和员工高度负责的精神，不忘初心、牢记使命、勇于担当、主动作为，奋力开拓中国铁塔更加美好的明天，以更加优异的成绩向中华人民共和国成立70周年献礼。

综合篇

我国信息通信业发展分析与展望

2018 年，我国信息通信业整体增速有所放缓，但产业技术创新十分活跃，对国民经济发展的贡献进一步提升。信息通信服务业的发展进入新阶段，电信业进入 4G 技术产业成熟期，互联网服务业迈向产业互联网阶段；信息通信制造业集聚式、突破式发展，整体产业结构持续“软化”升级。2019 年，我国信息通信业将继续保持高速发展态势，物联网应用水平进一步提高，5G 网络部署稳步推进，带动信息通信制造业升级发展，技术创新推动企业侧互联网服务快速崛起。信息通信业与传统行业的融合进一步深化，拓展产业发展边界，助力经济供给侧结构性改革。

一、2018 年信息通信业发展情况

（一）产业整体规模增长略有放缓，产业创新与知识产权增量明显

2018 年，我国信息通信产业收入规模突破 2.4×10^5 万亿元，同比增长 11.1%，较 2017 年下降 3.2 个百分点。产业结构持续软化，信息通信服务业收入（软件业收入 + 电信业务收入 + 互联网服务收入）达 9.4×10^4 亿元，同比增长 15.5%，占产业收入比重超过 38.8%，较 2017 年提高 1.5 个百分点；信息通信制造业收入规模达 14.9×10^5 亿元，同比增长 8.5%，占产业收入比重的 61% 左右。信息通信业对 GDP 的贡献仍持续提升，我国信息通信业增加值达 7.2×10^4 亿元，占 GDP 的比重 7.7%，对 GDP 增长的贡献率为 12%，其中，产业增加值占 GDP 比重较 2017 年提升 0.5 个百分点。

我国已成为信息通信专利申请大国，但与发达国家相比仍有较大差距。自 2012 年以来，我国信息通信专利申请年增长率达 14%，远高于全球 2% 的平均增速。目前，我国信息通信专利申请总量超过美国，居全球第一；被受理的信息通信专利申请总量也是全球第一。但是我国在研发创新方面的投入与产出与发达国家相比仍有明显差距。在研发投入力度方面，我国研发投入占 GDP 的比重在 2% 左右，低于日本、美国等国家 2.8% ～ 4.0% 的比重；我国研发人员数量在 1 000 人 / 百万人水平，而日本、美国等国家是我国的 3 ～ 7 倍；在创新产出方面，我国信息通信人均专利申请量为 116 件 / 百万人，而日本则为 373 件 / 百万人，韩国为 690 件 / 百万人，我国在信息通信技术方面的原创发明专利授权量不及日本和美国，全球信息通信专利申请人 TOP10 企业中，我国只有华为一家。

（二）电信业进入 4G 技术产业成熟期，电信业务收入增长进入周期性下降通道

2018 年，我国电信业正式迈入 4G 技术产业周期成熟阶段，电信业务收入增速下滑，电信业务收入增长 2.3% 左右，较 2017 年下滑 4.1 个百分点；行业竞争异常激烈，带动用户价值进一步下行。以江西省三家运营商市场竞争为例：江西移动宽带全部无条件免费；江西电信所有移动套餐 2 折；江西联通打出手机套餐送宽带、宽带送手机套餐。电信业务收入增长进入动力换挡期，移动流量业务虽是收入增长的主要动力，但贡献率持续下滑，2018 年移动数据及互联网业务收入增量占电信业务收入增量的比重为 137.2%，较 2017 年下降 15.8 个百分点；以云计算、大数据、物联网为代表的转型业务对收入增长的拉动开始显现，固定其他收入（含运营商云计算、大数据、物联网相关业务）增量占比由 2017 年的 19.7% 提升至 69.8%。

移动连接数规模快速增长，电信业务量收差持续加大。移动电话用户净增规模创近十年来新高，基础运营企业激烈争夺第二卡槽，推动移动电话用户规模放量增长。2018 年，移动电话用户规模接近 16 亿户，增长近 1.8 亿户，处于近 10 年以来最高水平；网络覆盖持续完善，推动物联网用户高速增长。2018 年，NB-IoT 基站规模超过 55 万个，成为全球最大的窄带物联网网络，物联网终端用户超过 7 亿户，同比增长 159%。用户快速增长、移动流量规模持续攀升，推动电信业务总量飞速增长，与电信业务收入之间的剪刀差快速扩大。2018 年，我国电信业务总量增速达 145%，较 2017 年提升 68 个百分点，量收增速剪刀差扩大至 142.7%。

（三）互联网企业营收保持高速增长，对经济的影响增强

互联网营收仍保持快速增长。截至 2018 年年底，我国上市互联网企业总营收达 1.9×10^4 亿元左右，同比增速 30%，行业规模持续扩张，对 GDP 增长的贡献持续加强，互联网行业营收增加值达 8635 亿元，占 GDP 比重达 1.2%，较 2017 年提升 0.2 个百分点。短视频、拼多多等新业态冲击原有互联网业务格局，产业结构持续调整，2018 年，电子商务营收份额占比 58%，较 2017 年下降 4 个百分点，游戏营收份额占比达 9%，较 2017 年下降 6 个百分点，社交网络延续高速增长态势，社交 / 在线社区营收占比由 6% 上升至 12%。

我国互联网企业总市值下降明显，初创企业持续壮大。截至 2018 年 12 月 10 日，我国上市互联网企业总市值达 1.2×10^4 亿美元。受国际形势、政策环境等因素影响，总市值较 2018 年年初下降 27.2%。独角兽企业持续快速变化，截至 2018 年上半年，我国独角兽企业总数达 106 家，前十位独角兽企业估值已达 3 900 亿美元，新晋 19 家独角兽企业。

领军企业全力进入新领域，以资本纽带全力扩展护城河，主要体现在三个方面：首先，争相布局新兴技术新业态，通过“区块链 + 应用服务”创新，打造价值互联，搭建“人工智能 +”平台，抢占未来竞争高地；其次，全面布局企业市场，面向企业互联网投资额度持续高速增长，2018 年诸多资本竞相进入企业服务领域，云计算、人工智能与数据分析、垂直领域产业互联成为核心方向；最后，以资本纽带全力扩展生态护城河，截至 2018 年上半年，在我国 106 家独角兽企业中，腾讯、阿里即捕获其中 36 家。总体上看，阿里与百度战略投资取向较为显著，而腾讯财务投资的取向特征较为明显。

（四）我国电子信息制造业平稳增长，产业出现集聚发展态势

电子信息制造业对工业增长的拉动作用日益增强。2018 年，我国电子信息制造业增加值增长 13.5%，高于规模以上工业制造增加值增速 7 个百分点，其中通信设备制造业增加值增长 14.7%，电子元件及电子专用材料制造业增加值增长 15.4%，电子器件制造业增加值达 15.3%，计算机制造业增加值增速为 8.8%。电子信息制造业主营业务收入占工业比例达 9.7%，比 2017 年提升 0.6 个百分点。

新兴技术驱动电子信息制造业投资活跃。2018 年 1 ～ 8 月，电子信息制造业固定投资增长 16.6%，高于制造业固定资产投资增速，在制造业投资额中的占比不断提升。在汽车电子、人工智能、5G 等新兴市场拉动下，集成电路、光缆、光电子器件领域固定资产投资增长势头良好，其中，集成电路制造业投资增速为 64.7%，光缆制造业投资增速为 60.7%，光电子器件制造业投资增速为 58.2%。

经过多年发展，我国在以集成电路、新型显示为代表的上游基础领域加快突破，基本已经形成以环渤海、长三角、珠三角、中西部为代表的四大产业集聚区。整机制造领域企业的竞争力不断提升，在手机方面，国产品牌持续领跑国内市场，合计市场份额从 2015 年的 46% 提升到 2018 年第 2 季度的 80%；在服务器方面，浪潮、华为、曙光等国产厂商实力大幅提升。近三年，我国市场渗透率提升 11 个百分点，于 2017 年年末达 67.9%。

二、2019年信息通信业发展展望

在数字经济保持迅猛发展态势的背景下，展望2019年，我国信息通信产业收入仍将继续保持高速增长，预计将保持11%左右的增速，信息通信服务业占比将超过40%。其中，电子制造业增加值仍将保持平稳增长，软件业营收增速持续提升，电信业务收入增长进入下行通道，互联网企业收入仍保持较高速度增长。

在电信业方面，流量、高速宽带等业务量仍将快速发展，但增收效果不明显；物联网规模化应用推动网络连接数快速增长，政企信息化增收潜力进一步显现。信息通信业进入新阶段，行业发展所面临的主要矛盾发生转换，“提速降费”重心将面临调整，行业发展中“不平衡、不充分”的问题，支撑中小企业高质量发展成为“提速降费”政策发力的重要方向。

在互联网服务方面，互联网发展由应用创新向技术创新转变，人工智能、工业互联网、5G等领域前沿技术创新，助力化解人口流量红利减弱带来的发展挑战，推动互联网产业进一步变革升级。在此背景下，互联网政企市场将快速崛起，领军企业大力推进架构调整和业务布局，全面进军B端、G端市场，智慧城市、工业互联网、人工智能与数据分析等成为核心着力方向，2019年，企业、政府端市场会成为中国互联网产业主要增长亮点。

在信息通信制造方面，5G推动信息通信制造产业升级发展。5G系统设备逐步成熟，带动射频、天线、光模块等通信器件技术升级和产业需求扩张，催生微基站等新产业规模化发展，带动超高清、虚拟现实等产业链全面进步。

2019年，信息通信产业持续赋能传统行业。信息通信技术创新以数字化服务需求为核心，加速推动产业生态融通变革，以人工智能、虚拟现实、工业互联网为代表的信息通信技术持续使能传统领域，不断拓展出新的产业边界，医疗、金融、零售、制造等领域应用效果将逐步显现。

（中国信息通信研究院　艾宝林）

2018年电信业发展与转型分析

一、行业发展：4G进入成熟期，行业增长周期性下降

（一）电信业务保持旺盛需求，量收增速“剪刀差”创历史新高

2018年前三季度，我国基础电信业务总量达4.4万亿元，同比增长139.8%，比2017年同期提高76.8个百分点，是2017年同期的2.2倍，这表明我国基础电信业务需求旺盛。电信业务收入增速持续下滑，2018年前三季度我国电信业务收入达9 914.7亿元，同比增长3.0%，增速比2017年上半年下降1.1个百分点，比2017年年末下降3.4个百分点，2018年9月单月收入增速为0.7%，创近两年来最低水平。受此影响，基础电信业累计量收增速剪刀差超过130个百分点，创历史新高。

（二）移动电话用户增长规模创历史新高，但效益明显下降

近年来，随着不限量套餐的竞争，运营商加大了第二卡槽的抢夺，再加上家庭宽带捆绑等营销手段，我国移动电话用户净增规模创历史新高，2018年前三季度，我国移动电话用户规模达15.5亿户，普及率达111.3%，全国移动电话用户普及率超过100%的省份有24个，其中北京市移动电话普及率达183.2%，居全国首位。移动电话用户净增规模达1.2亿户，创历史新高。在移动电话用户规模创纪录增长的过程中，我国2/3G用户向4G迁移反而明显放缓，截至2018年9月，4G用户规模达11.5亿户，净增1.5亿户，同比2017年同期下降2 000万左右。全国仍有2.5亿的2G用户。从移动电话用户净增规模和手机上网用户净增规模对比来看，新增市场的竞争对手机上网用户普及的拉动作用明显减弱，新增移动电话卡中35%以上没有上网行为或替换了原有号卡，市场竞争行为驱动行业发展的效率下降。

（三）网络能力大幅提升，用户结构加速升级

宽带网络加速向全光网升级，我国地级市基本建成光网城市，具备百兆以上的接入能力。截至2018年第三季度末，我国光纤用户规模达3.5亿户，占固定宽带的比例达88.1%，位居全球首位。100Mbit/s及以上用户规模达2.4亿户，占固定宽带的比例为61.4%，占比是2017年同期的2.1倍。4G网络实现城区、县城深度覆盖，乡镇和重点行政村、高铁、地铁、景区等重点场所基本覆盖。截至2018年第三季度末，我国4G基站数达359.5万个，占移动电话基站总数的56.3%，比2018年全年同期提高4.6个百分点。4G用户占移动电话用户的比重达74.3%，比2018年同期提高6.4个百分点。

（四）流量拉动作用减弱，转型业务成为新增长点

在提速降费政策要求和市场竞争的双重影响下，我国移动数据流量资费持续快速下降。2018年前三季度，我国移动数据流量资费下降63.3%，远高于国家提速降费30%的要求。移动数据流量资费的大幅下降一方面带动DOU的高速增长，大流量套餐、视频定向流量套餐持续推出，2018年前三季度，我国手机上网用户DOU达5.7GB，同比增长超过174.1%；另一方面也带动手机上网用户的ARPU值增长放缓并出现见顶的趋势，手机上网业务的用户升级红利基本结束，三家运营商全面展开存量市场竞争。手机上网用户增长与ARPU值提升放缓，手机上网业务收入增速明显下降，2018年前三季度，我国手机上网业务收入增长10.9%，比2018年全年同期下降17.9个百分点。移动增值业务收入同比增长13.4%，比2018年全年同期提高20.5个百分点。固定增值业务收入同比增长17.0%，比2018年全年同期提高6.7个百分点。

二、提速降费：成效明显，夯实网络强国基础

2015年以来，我国持续推进提速降费政策，移动数据流量资费大幅下降，宽带网络上网速率快速提升，很好地完成了提速降费政策的要求。2018年前10月，我国移动数据流量资费同比下降60%以上，在2018年中国国际信息通信展览会上工业和信息化部信息通信发展司司长闻库表示，随着2018年国内流量漫游的取消，移动流量的平均资费相比2014年下降了91%，固网宽带平均资费较2014年下降了90%。在实施提速降费政策的三年里，累计降费让利超过1 300亿元。

（一）“提速降费”推动我国宽带服务水平进入全球前列

提速降费实施三年以来，我国网络供给能力稳步增强，固定宽带网络全面迈入光纤时代，4G网络建设实现后发赶超，骨干网和国际出入口通信能力稳步提升。截至2018年6月，光纤宽带接入端口达7.2亿，是提速降费前的4.5倍，占固定宽带接口总数的88%，4G基站数达346万，为2014年年末的4.1倍，占同期基站数的55.0%。根据Speedtest测试数据，截至2018年6月，我国固定宽带下载速率全球排名20名；4G下载速率达29.9Mbit/s，全球排名第39位。我国光纤用户占比达84.4%，已超过日本、韩国及所有OECD国家，全球领先。在用户渗透率方面，4G用户总数达9.97亿户，占移动电话用户的比重达70.4%。

（二）“提速降费”推动我国上网资费降至全球中等偏低水平

我国移动流量资费国际对比处于中等偏低水平。提速降费实施三年以来，通信资费下降不断促进社会消费总成本降低，移动流量单价累计下降超过90%，根据国际知名数据库GSMA的统计预测，2018年第三季度，我国移动网络每用户平均支出为10.61美元，在240个国家中排名第87位，处于中等偏低水平，低于全球13.72美元的平均水平。我国家庭固定宽带单位带宽资费处于较低水平。2015—2017年，固定宽带单价平均下降90%，国际知名数据库Point Topic公司发布的2018年第三季度全球固定宽带资费对比数据报告显示，我国固定宽带单位带宽资费水平为0.24美元/Mbit/s，按从低到高排名，在全球81个国家中排名第15位。

（三）企业宽带降费明显，助力创新创业成效显著

在企业市场层面，提速降费政策推动企业宽带降费明显，对市场主体创新创业有较大推动作用，企业宽带用户规模稳步增长放缓，截至2018年9月，我国企业宽带数达5 300万户，较2017年度减少2万户。“提速降费”政策使用户ARPU下降明显。

三、5G：瞄准热点领域，进行前瞻性布局

2018年12月6日，工业和信息化部正式发布了5G实验频谱分配方案，三大运营商分别获得相应的5G频谱分配，这意味着我国的5G时代正式来临。中国电信、中国移动和中国联通根据国家发展和改革委员会《关于组织实施2018年新一代信息基础设施建设工程的通知》要求，积极开展了5G规模组网建设及应用示范工程。目前，三家运营商均已制订了各自的业务发展规划，基本上对5G热点领域进行了前瞻性布局。

中国移动2019年将在12个城市开展九大类5G应用示范，其中包括高性能4K直播、智慧交通及自动驾驶系统、智慧校园、智慧工厂等，具体见表1。

表1　中国移动5G应用示范

类别	业务	示范城市	潜在联合单位
医疗	5G移动远程医疗应用	北京、郑州	知名大型医院
人工智能	5G云端机器人应用	成都	达闼科技等
交通	5G智慧交通及自动驾驶系统演示与应用	北京、天津、雄安、重庆	观致汽车、三一重工等
	5G无人机应用	北京、天津、深圳	易瓦特、亿航等
教育	5G智慧校园应用	北京、深圳	北师大等
工业制造	5G智慧工厂应用	南宁及周边、沈阳	广西玉柴集团

（续表）

类别	业务	示范城市	潜在联合单位
能源	5G 智能电网应用	雄安、深圳	南方电网
市政	5G 民生服务和社会治理应用	南昌	神州数码、华为等
视频 +	5G 网络下的高性能 4K 直播应用	北京	咪咕公司
	5G 视频融合应用	南宁及周边、兰州	咪咕公司
娱乐	5G 高清云游戏应用	福州	咪咕公司

中国联通目前正在 16 个城市开展 5G 规模试点，每个试点城市承担着不同的试点任务，包括智慧交通、车联网等，具体见表 2。

表 2　中国联通 5G 规模试点

试点城市	业务	试点城市	业务
沈阳	工业控制	天津	智慧交通
青岛	智慧港口	南京	智慧教育
上海	边缘计算	杭州	电子商务
福州	智慧安防	深圳	智慧金融
北京	智慧奥运	雄安	智慧城市
郑州	智慧园区	成都	智慧医疗
重庆	车联网	武汉	智慧水利
贵阳	智慧足迹	广州	智慧物流

中国电信先后在深圳、苏州、上海、成都、兰州等城市开通 5G 试点，端到端验证 5G 关键技术、网络性能和商用组网能力，并联合垂直行业和创新企业，同步开展 5G 技术与行业应用结合的研究和试验。2018 年中国电信发布了《5G 技术白皮书》，白皮书明确阐述了 5G“三朵云”目标网络架构，明确将采用 SA 组网方案，通过核心网互操作实现 4G 和 5G 网络的协同，第一阶段主要满足 eMBB 场景需求。2018 年 2 月，国家发展和改革委员会正式批复了中国电信在北京等 12 个城市开展 5G 规模建设及应用示范工程。在 5G 试点中，中国电信将开展 AR、VR、触觉互联网、车联网、面向未来柔性制造等行业的无线通信应用，以及基于蜂窝网络的无人机实时视频回传与控制、电网等垂直行业的网络切片应用等方面进行研究与试验。

现阶段，中国三大运营商对 5G 热点领域均开始了布局，但由于缺乏可用的内容和应用，以及存在设备成本和可用性的问题，目前各类业务对运营商营收的贡献还存在不确定性，急需寻找到新的商业机遇，培育出新的商业模式。

四、企业市场：构建平台、开放合作

（一）运营商面向企业的信息服务由技术驱动向服务驱动转移

对于基础电信运营商来说，自身最大的优势在于具备覆盖全国的电信网络，并且能够提供各种传统电信业务。面对传统业务收入增长乏力，运营商面向企业信息化服务和业务定位中，将管道及业务作为手段，“向服务商转型”是长期目标，政企业务从产品驱动、服务支撑，转型为产品和服务双驱动。

（二）运营商在云计算、大数据、物联网等新业务领域面临激烈竞争

在云计算方面，国内市场基本形成了阿里云一家独大的格局。基础电信运营商在云计算业务的市场定位是以 IaaS 层为核心基础，以商业合作形式逐步向 PaaS 层和 SaaS 层拓展。随着专业化公司、互联网企业、IT 企业等均加速推出自己的云计算业务，电信运营商提供 SaaS 等云服务仍将面临巨大竞争。在大数据方面，电信运营商拥有独特的大数据资源优势，提供数据基础设施服务、数据源供应、数据平台服务等业务，但与互联网企业相比也存在明显劣势，一方面电信运营商的数据主要集中在通信服务领域，而对消费、社交等领域的数据获取较少；另一方面，电信运营商的数据分析技术与互联网企业、专业的大数据分析公司相比有较大差距。在物联网方面，电信运营商面临的竞争对手包括物联网平台公司、云服务商、设备厂商等，目前电信运营商的主要收入来自基础连接服务，在硬件、平台、解决方案等环节的服务份额较低。

（三）平台化成为运营商提供企业信息服务的主流模式

运营商的企业用户数规模庞大，长尾需求特征

明显，做平台化运营对电信运营商具有较大的战略意义，一方面通过开放，电信运营商可以直接盈利；另一方面通过与第三方合作挖掘和刺激潜在消费需求，促进政企业务的销售能力，是与互联网应用优势公司深层合作创新的一个价值基础，更有助于运营商未来向“网络 + 业务 + 能力”的方向转型。

（四）建立T型产品服务体系是运营商ICT服务的发展方向

随着企业信息化服务市场规模的扩大和用户需求的改变，电信运营商发展ICT业务面临的核心问题变为产品标准化与个性化之间的平衡，以“标准化 + 定制化”的解决方案满足行业客户的个性化需求。主要方式是基于已有产品，更多的提供标准化服务与定制化服务相融合的、集“单元产品、组合产品、行业应用与解决方案”于一体的T型产品体系。

（五）选择性进入垂直领域是运营商的经营策略

不同行业处于不同的发展阶段，对信息化需求有强有弱，并且各企业相同情景的业务流程千差万别，导致不同企业的解决方案需求各自不同。中国电信聚焦制造、能源、车联网、物流等行业；中国移动聚焦农业、工业、教育、政务、金融、交通、医疗等行业；中国联通聚焦教育、生态、产业等领域。

（中国信息通信研究院　刘今超）

下一代互联网发展与展望

IPv6（Internet Protocol Version 6，互联网协议第六版）是由国际互联网工程任务组（The Internet Engineering Task Force，IETF）设计用于替代现行版本IPv4的下一代互联网核心协议。

一、IPv4全球资源耗尽，IPv6是互联网演进升级的必然趋势

众所周知，网络由海量的IP地址所构成。互联网协议（IP）是一套规则，管理着数据通过互联网从一台计算机传输至另一台计算机的方式。通信中的每台计算机至少要有一个IP地址，这个地址具有唯一性，就如同门牌号或手机号码，其作用是告诉其他的计算机自己的身份，以便能够传输信息。

作为首个被大规模执行的互联网协议，IPv4在1981年被引入，它采用32位编码方案，最多能够容纳2的32次方即大约43亿个IP地址。而随着移动互联网爆发式发展，大量智能手机、穿戴设备等连接入网，到2016年，亚太、欧洲、拉美、北美等地区的IPv4地址池陆续宣布耗尽。在我国，根据中国互联网络信息中心的数据，中国互联网用户仅有3.38亿IPv4地址可被分配，远远无法满足互联网发展的需求。下一代互联网核心协议的推出与商用，已经成为互联网演进升级的必然趋势。

相比32位编码的IPv4，以128位编码的IPv6理论上可以提供数量高达2的128次方的IP地址，甚至能为每一粒沙子分配一个IP地址。大规模推广使用IPv6后，每个人或每部机器都可以拥有1个或多个IP地址，可以充分满足物联网、移动互联网对地址的需求，从根本上解决IP地址短缺的问题。

从1996年开始，一系列用于定义IPv6的RFC发表出来。2003年1月22日，IETF发布了IPv6测试性网络，即6Bone网络。2012年6月6日，国际互联网协会举办了世界IPv6启动活动，这一天，全球IPv6网络正式启动。多家知名网站，于当天全球标准时间0点（北京时间8点整）开始永久性支持IPv6访问。

当前，以IPv6为基础的下一代互联网在全球加速发展，正在成为目前公认的下一代互联网商用解决方案。

来自APNIC Labs（亚太互联网信息中心实验室）的数据表明，在流量方面，2012年至2018年年底，全球IPv6流量增长超过50倍，谷歌IPv6访问用户超过25%；在部署率方面，美国、印度、比利时等国IPv6部署率均已超过45%。在全球市值最高的10个互联网公司中，苹果公司、亚马逊、谷歌、微软、脸书、阿里巴巴等均已全面部署IPv6。

下一代互联网正以不可逆转之势，改变着全球互联网的整体格局。

二、到2025年年末实现全球第一，中国下一代互联网战略提速

早在1998年，我国清华大学就建成了国内第一个IPv6实验网络6Bone。另外，自1996年国际互联网标准化机构（IETF）制定IPv6第一批标准以来，IPv6相关RFC已累计600余篇，其中由中国主导完成的RFC数量和工作组文稿数量的增幅均保持全球第一，目前已经主导完成了百余项IETF的各类RFC，主要集中在IPv6领域。

近年来，我国政府多次出台各项政策，积极推进以IPv6为基础的下一代互联网发展，尤其是2017年11月，中共中央办公厅、国务院办公厅印发的《推进互联网协议第六版（IPv6）规模部署行动计划》（厅字〔2017〕47号，以下简称《行动计划》），明确了“十三五”“十四五”期间我国基于IPv6的下一代互

联网发展的总体目标、路线图、时间表和重点任务，为我国 IPv6 规模部署工作提供了行动指南。

基于“统筹规划、重点突破。政府引导、企业主导。创新发展、保障安全。注重实效、惠及民生”的原则,《行动计划》提出我国将用 5 年到 10 年时间，形成下一代互联网自主技术体系和产业生态，建成全球最大规模的 IPv6 商业应用网络，实现下一代互联网在经济社会各领域深度融合应用，成为全球下一代互联网发展的重要主导力量。

一是到 2018 年年末，市场驱动的良性发展环境基本形成，IPv6 活跃用户数达 2 亿，在互联网用户中的占比不低于 20%，并在以下领域全面支持 IPv6：国内用户量排名前 50 位的商业网站及应用、省部级以上政府和中央企业外网网站系统、中央和省级新闻及广播电视媒体网站系统、工业互联网等新兴领域的网络与应用；域名托管服务企业、顶级域运营机构、域名注册服务机构的域名服务器，超大型互联网数据中心（IDC），排名前 5 位的内容分发网络（CDN），排名前 10 位的云服务平台的 50% 云产品；互联网骨干网、骨干网网间互联体系、城域网和接入网，广电骨干网，LTE 网络及业务，新增网络设备、固定网络终端、移动终端。

二是到 2020 年年末，市场驱动的良性发展环境日臻完善，IPv6 活跃用户数超过 5 亿，在互联网用户中的占比超过 50%，新增网络地址不再使用私有 IPv4 地址，并在以下领域全面支持 IPv6：国内用户量排名前 100 位的商业网站及应用、市地级以上政府外网网站系统、市地级以上新闻及广播电视媒体网站系统；大型互联网数据中心、排名前 10 位的内容分发网络、排名前 10 位的云服务平台的全部云产品；广电网络、5G 网络及业务、各类新增移动和固定终端、国际出入口。

三是到 2025 年年末，我国 IPv6 网络规模、用户规模、流量规模位居世界第一位，网络、应用、终端全面支持 IPv6，全面完成向下一代互联网的平滑演进升级，形成全球领先的下一代互联网技术产业体系。

三、抓住技术产业创新发展重大契机，为全球发展贡献更多中国智慧

为进一步贯彻落实《行动计划》，2018 年 5 月，工业和信息化部出台关于贯彻落实《推进互联网协议第六版（IPv6）规模部署行动计划》的通知，重点内容包括以下几个方面。

（一）实施 LTE 网络端到端 IPv6 改造

1. 对 LTE 网络进行 IPv6 改造

到 2018 年年末，基础电信企业在全国范围完成对 LTE 核心网、接入网、承载网、业务运营支撑系统的 IPv6 改造并开启 IPv6 业务承载功能，为移动终端用户数据业务分配 IPv6 地址，提供端到端的 IPv6 访问通道。

2. 对基础电信企业自营业务系统 IPv6 改造

到 2018 年年末，基础电信企业完成门户网站、网上营业厅网站 IPv6 改造，并完成活跃用户规模排名前 10 位的自营移动互联网应用（App）及相应系统服务器 IPv6 升级改造，使移动互联网应用（App）支持 IPv6 访问优先；通过免流量升级等推广措施，引导用户完成移动互联网应用（App）更新。到 2018 年年末，IPv6 用户规模不少于 5 000 万户（基础电信企业已分配 IPv6 地址且一年内有 IPv6 上网记录的用户），其中，中国电信用户不少于 1 000 万户，中国移动用户不少于 3 000 万户，中国联通用户不少于 1 000 万户。

3. 移动终端全面支持 IPv6

推动新生产的移动终端的出厂默认配置支持 IPv4/IPv6 双栈，并逐步推进存量移动终端通过系统软件升级开启 IPv6 功能。基础电信企业定制和集中采购的移动终端应全面支持 IPv6。

4. 基础电信企业间网络与应用 IPv6 互通

到 2019 年第一季度末，各基础电信企业均完成 LTE 网络与其他基础电信企业用户规模排名前 10 位的移动互联网应用系统服务器互通，实现已选定的 30 个移动互联网应用（App）IPv6 跨网访问。

（二）加快固定网络基础设施 IPv6 改造

1. 骨干网 IPv6 互联互通

到 2018 年年末，完成北京、上海、广州、郑州、成都的互联网骨干直联点 IPv6 改造，开通 IPv6 网间互联带宽不少于 1Tbit/s。到 2020 年年末，完成所有互联网骨干直联点 IPv6 改造，开通 IPv6 网间互联带宽不少于 5Tbit/s。

2. 城域网和接入网 IPv6 改造

到 2018 年年末，基础电信企业完成城域网和接

入网 IPv6 改造并开启 IPv6 业务承载功能，为固定宽带用户分配 IPv6 地址，向政企客户提供基于 IPv6 的专线业务，并出台相应的资费优惠措施。

3. 固定终端全面支持 IPv6

推动新生产的家庭网关、企业网关、路由器等固定终端支持 IPv6 并默认配置支持 IPv4 / IPv6 双栈，基础电信企业定制和集中采购的固定终端应全面支持 IPv6。

4. 业务运营支撑系统改造

到 2018 年第三季度末，基础电信企业完成业务运营支撑系统升级改造，建立面向 IPv6 业务的运维管理体系和业务管理流程，具备 IPv6 用户统计、流量统计以及 IPv6 业务受理、开通、运行维护等能力。

（三）推进应用基础设施 IPv6 改造

1. 数据中心 IPv6 改造

基础电信企业和数据中心运营企业应完成数据中心内部网络和出口设备的 IPv6 改造，支持 IPv6 业务接入和承载。到 2018 年年末，中国电信、中国移动、中国联通完成超大型数据中心 IPv6 改造，国家超级计算广州中心、东北区域大数据中心、东软软件园数据中心、誉成云创数据中心、百度云计算技术（山西）有限公司、蓝汛首鸣国际数据中心完成 IPv6 改造，为用户提供基于 IPv6 的互联网数据中心（IDC）业务，2018 年起新投产的数据中心应支持 IPv6。到 2020 年年末，各大型数据中心运营企业均完成 IPv6 改造。

2. 内容分发网络（CDN）IPv6 改造

到 2018 年年末，阿里云、腾讯云、金山云、网宿科技、蓝汛、帝联科技完成内容分发网络（CDN）IPv6 改造。

3. 云服务平台 IPv6 改造

到 2018 年年末，中国电信、中国移动、中国联通面向公众提供服务的云服务平台完成 50% 云产品 IPv6 改造，阿里云、腾讯云、金山云、UCloud、华为云、华云、迅达云、百度云、京东云、青云等云服务平台企业完成 50% 云产品 IPv6 改造。到 2020 年年末，上述企业完成全部云产品 IPv6 改造。鼓励云服务企业面向用户提供 IPv6 技术咨询、网站改造等服务。

4. 域名系统 IPv6 改造

到 2018 年年末，中国电信、中国移动、中国联通完成递归域名解析服务器的 IPv6 改造，万网、新网互联、中国互联网信息中心（CNNIC）、政府和公益机构域名注册管理中心（CONAC）、西部数码、三五互联、易名中国、中国数据、爱名网、联动天下、商务中国、时代互联完成 IPv6 改造，构建域名注册、解析、管理全链条 IPv6 支持能力。

（四）开展政府网站 IPv6 改造与工业互联网 IPv6 应用

1. 政府网站 IPv6 改造

推进工业和信息化系统门户网站 IPv6 改造。到 2018 年年末，工业和信息化部完成门户网站 IPv6 改造；到 2019 年年末，部属各单位、部属各高校及各省（自治区、直辖市）通信管理局完成门户网站 IPv6 改造。

2. 工业互联网 IPv6 应用

鼓励典型行业、重点工业企业开展工业互联网 IPv6 网络化改造，创新工业互联网应用实践，构建工业互联网 IPv6 标准体系。

四、我国下一代互联网建设迎来最好的发展机遇

改革开放 40 年来，我国各领域在国际交流与合作方面均取得长足进步，在部分技术领域达到世界领先水平，尤其在应用领域甚至引领全球趋势。随着 5G、云计算、物联网、工业互联网、大数据等技术的加速普及，IPv6 将可以为每辆汽车、每个垃圾桶分配独立的 IP 地址，让“万物互联”成为可能；IPv6 更加安全的机制体系，将使信息互通很难被破解，组织机密与个人隐私得到更好的保护；IPv6 能大大降低网络延迟，让远程无人机、无人汽车商用变得可行。

当前，要推动 IPv6 的大规模部署，IPv4 与 IPv6 的互联互通是关键。2018 年，我国发布了《基于云技术的 IPv4-IPv6 互联互通交换中心系列标准》。展望未来，依托 IPv6 自主创新核心技术，在全国建设若干“IPv6 互联互通云中心”，在重点地区和重要行业形成“云管端”IPv6 全面升级能力，可实现 IPv4 快速、平滑、成本可控地向 IPv6 升级，加快推进我国 IPv6 的规模部署和广泛应用，对于建立 IPv6 网络网间互联与结算体系、建设新型互联网交换中心将是积极和有益的探索。随着国家关于下一代互联网战略部署的逐步落实，必将加快我国网络强国战略落地，为经济技术发展转型提供强大的动力。

（《中国 IT 服务》李卫忠）

2018 年我国物联网发展分析与展望

2018 年，受政策利好驱动，伴随着人工智能、云计算、边缘计算等技术的发展，万物互联开始迈向万物智联，推动物联网进入了“黄金时代”。

根据国家无线电办公室编制的《中国无线电管理年度报告》，2018 年我国物联网业务收入同比增长 72.9%；截至 2018 年 12 月底，中国电信、中国移动、中国联通三家电信运营商的蜂窝物联网用户净增 4 亿户，达 6.71 亿户，物联网连接总数已经达 7.6 亿；这一年，阿里巴巴、华为等行业巨头涌入市场，进一步推动物联网走进人们的生活。

经过多年发展，我国物联网产业已经形成了包括芯片和元器件、设备、软件平台、系统集成、电信运营、物联网服务等在内的较为完整的产业链。与欧美国家相比，我国在人才、市场、新技术应用方面存在诸多亮点，逐渐走向物联网技术和市场最前端，引领全球物联网的发展方向。

一、2018 年我国物联网发展环境分析

物联网突飞猛进的发展离不开良好的产业环境，回首 2018 年，我国物联网发展面临的有利环境因素主要包括政策、技术和投资等方面。

（一）政策环境

产业发展离不开国家政策的支持。2013 年，我国开始提出物联网专项发展战略；2017 年工业和信息化部发布《物联网“十三五”规划》，明确物联网发展目标；在 2018 年年底召开的中央经济工作会议中，物联网首次被写入中央经济工作会议报告，被视为扩大内需的产业政策重点抓手之一。

除了将物联网继续视为产业重点之外，2018 年，政府部门针对物联网的监管政策不断走向完善。例如在频谱监管方面，2017 年 12 月，工业和信息化部无线电管理局发布了《微功率短距离无线电发射设备技术要求（征求意见稿）》，标志着我国物联网政策从宽松走向有序，在 2018 年迎来了分水岭。未来，随着物联网设备数量的快速增长和对整体经济影响的加深，针对物联网的频谱管理、经营牌照、数据隐私等方面的监管会趋于完善。

工业互联网是物联网技术与工业环境相结合的具体实践，在我国经济发展体系中具有重要作用。为推动工业互联网发展，2018 年，我国政府出台了《工业互联网发展行动计划（2018—2020 年）》《工业互联网 App 培育工程实施方案（2018—2020 年）》《推动企业上云实施指南（2018—2020 年）》，标志着物联网细分领域的政策措施也逐渐细化和完善。

（二）技术条件

物联网并不是一项孤立的技术，而是与边缘计算、人工智能等技术如影随形，协同发展的。

在边缘计算方面，随着物联网时代的到来，云计算平台将面临海量设备接入、海量数据、带宽不够和功耗过高等挑战。边缘计算可在靠近实物的边缘进行数据处理、存储和应用，为物联网设备提供边缘智能服务，满足行业数字化在敏捷连接、实时业务、数据优化、应用智能等方面的关键需求，以更快地响应用户需求，解决设备与云端的数据传输问题。

在人工智能方面，2018 年行业巨头开始探索如何通过人工智能为国民经济各行业赋能，其中与物联网融合、借助物联网应用落地是人工智能赋能行业的重要一环。目前，人工智能已经与物联网多个层面融合，终端侧 AI、边缘侧 AI、云端 AI 能力架构初步具备，海康威视、旷视科技、地平线等企业纷纷发布了物联网平台和产品，期望通过 AI+IoT 实现更多落地。

（三）投融资方面

政策的支持和技术的完善为物联网发展奠定了

良好的基础，资本市场则敏锐地捕捉到了物联网发展环境的改变，各种机构纷纷从战略投资和财务投资角度把控物联网市场机遇，锁定未来物联网的潜在红利和商业价值，在 2018 年掀起了投资物联网的热潮。资本的充裕，解决了物联网发展的一大难题，为物联网发展提供了助力。

2018 年，投资机构关注的物联网项目场景非常广泛，包括物联网解决方案、物联网平台、物联网操作系统，以及智慧家居、智慧能源、智慧农业、智慧城市、智慧楼宇、智慧医疗、车联网等，其中物联网解决方案占比最大。

具体来看，24 小时无人值守便利店缤果盒子获得 5.1 亿元 B 轮融资、汽车驾驶辅助技术方案提供商纵目科技获得上亿元的 C 轮融资、天然气检测系统及激光雷达厂商禾赛科技获得 2.5 亿元的 B 轮融资，是 2018 年物联网资本领域的重磅事件。

二、2018 年我国物联网发展亮点

（一）三大电信运营商“大象狂奔”

2018 年，我国物联网发展呈现“大象狂奔”的态势，其中三大运营商的物联网连接数占据全球蜂窝物联网 60% 以上的份额，表现尤为突出。

1. 中国电信

为应对产业形势的变化，中国电信推出了“转型 3.0”战略，提出了“生态魔方”的概念。在中国电信的“生态魔方”中，物联网作为智慧应用生态中的重要组成部分，肩负着中国电信扩大连接、发展五大生态圈的重任。为推动物联网发展，中国电信联手产业合作伙伴，从网络部署、平台建设、生态繁荣等多个层面进行布局。

在网络部署方面，中国电信已经建成了全球最大的 NB-IoT 网络。截至 2018 年 9 月，中国电信的 NB-IoT 基站超过 40 余万个，实现城乡全覆盖。

在物联网平台能力建设方面，2018 年，中国电信发布了“新一代物联网开放平台”。这一平台是中国电信 2017 年 6 月发布的“物联网开放平台”的升级版，平台由连接管理、应用使能和垂直服务三大板块构成。

在生态繁荣方面，2016 年中国电信联合 13 家单位发起成立了天翼互联产业联盟。目前，联盟成员从成立之初的 84 个已经发展到了 360 多个，基本覆盖了产业链各环节。

2018 年，中国电信还发布了《中国电信 NB-IoT 终端开发参考白皮书》，并将其作为合作伙伴 NB-IoT 终端开发的技术参考，希望此白皮书使终端伙伴更了解网络方面的特点，使 NB-IoT 终端和网络能够更加紧密地配合，充分发挥出 NB-IoT 的优势功能，共同推动 NB-IoT 终端产品的成熟。

通过多方面布局，2018 年中国电信物联网取得了不错的成绩。根据中国电信的财报，2018 年其物联网收入和连接规模再度翻番，连接数规模突破 1 亿个。

中国电信表示，物联网的下一步重点是为物联网产业能力升级“注智”。2019 年年初，中国电信成立天翼物联科技有限公司，被视为给产业升级“注智”的第一步棋。

2. 中国移动

为应对传统业务的下滑，中国移动近年来提出了“四轮驱动”战略，其中物联网作为四轮之一“新业务”的一部分，成为中国移动发展的重点。中国移动近年来制定了激进的物联网发展规划，并进行了大量投资和建设。从 2018 年的财报看，中国移动对于物联网的布局见到了成效。

数据显示，2018 年中国移动物联网连接数净增 3.22 亿个，规模达到 5.51 亿个；2018 年中国移动实现物联网收入 75.3 亿元，同比增长 40.2%；NB-IoT 基站超过 20 万座，覆盖 346 个城市，实现了乡镇以上区域的连续覆盖，应用场景覆盖消防、抄表、教育和医疗等垂直领域。

为推动物联网发展，中国移动建立了种类丰富的物联网终端库，该物联网终端库 2016 年建成，现已入库终端超过 140 款，行业终端超过 100 款，通信模组超过 40 款。2018 年 10 月 31 日，中国移动发布 500 万片 NB-IoT 模组招标项目；12 月 2 日，中国移动公布招标结果，价格低至 20 元以内。此外，中国移动还制定了简明实惠的包年资费，分为 20 元和 40 元两个档次。

为提升中国移动对于物联网的产业聚合及业务开发和开放能力，中国移动推出了 OneNET 和

OneLink 两大平台，打造高品质物联网网络，推动5G 试商用落地，加强推广 OneNET 物联网开放平台，融合 AI 能力，快速构建一站式智能联网服务。

3. 中国联通

中国联通把物联网列为七大重点创新业务之一，制定了“物联网平台 +”的生态战略，即以平台为核心，打造领先的全球化端到端服务能力，聚焦重点领域，聚合产业资源，推动物联网业务价值规模化快速提升。

中国联通物联网聚焦在智慧城市、可穿戴设备、车联网和智能制造等细分领域，强化连接管理平台服务能力。同时也加快布局智能家居业务，并以“云 + 智慧网络 + 智慧应用”积极拓展产业互联网。

2015 年中国联通发布了物联网连接管理平台；2017 年 6 月发布物联网新一代连接管理平台，目前该平台已经升级到 7.0 版本，已有超过 50 家运营商正在使用，并且成为全球单一的最大连接数平台，每月新增的连接数在 300 万～400 万。中国联通通过平台实现赋能，帮助不同的行业实现价值。

为突破物联网发展的核心难题，2018 年 8 月，中国联通启动 NB-IoT 模组招标项目，采购规模为300 万片，中标企业大多以低于 30 元 / 片的价格入选，最低中标价甚至下探到 25 元 / 片。

根据中国联通的财报，2018 年中国联通的物联网连接数接近 1.1 亿，连接规模增长迅猛，营收规模同比增长 47.8%。

（二）新面孔积极入局

消费级物联网发展广阔，吸引了产业各方积极涌入。2018 年，互联网巨头们纷纷入局物联网，大战略此起彼伏，物联网“蓝海”浪花不断，这一方面提振了物联网从业者的士气，另一方面为物联网的商业模式、合作方式注入了创新的力量。目前，阿里巴巴、腾讯、百度、京东、360 等巨头均推出物联网相关平台和产品，跨出了 To C 领域，并且开始拓展 To B 领域。在互联网巨头的产业影响力加持下，消费者、政策机构、产业机构等对物联网的市场认知和接受度进一步提升。

1. 华为

2018 年 12 月 26 日，华为发布了 AIoT 生态战略。AIoT 生态战略由华为全场景战略构想进阶而成，从入口、连接、生态 3 个层面构建丰富的产品生态，并以“HiLink+HiAi”作为支撑产品生态的技术使能。

在互联网企业的物联网布局中，人工智能成为共同选择，这是因为人工智能可实现智能家居场景的智能化和全方位服务，赋予数据孤岛以感知功能，以人工智能为切入点的智能家居、全屋智能等消费物联网发展将进入白热化状态。

2. 阿里巴巴

在 2018 年 3 月的云栖大会上，阿里巴巴宣布将全面进军物联网领域，IoT 被确立为阿里集团继电商、金融、物流、云计算后新的主赛道，阿里巴巴计划在未来 5 年内连接 100 亿台设备。

3. 京东

2018 年 12 月 4 日，京东发布全新科技品牌“京鱼座”，将原有 IoT 业务整合升级为小京鱼 AIoT 生态，通过软硬一体的方式为合作伙伴提供物联网解决方案。

4. 小米

2018 年 11 月 28 日，在小米 AIoT 开发者大会上，小米创始人雷军表示，AI+IoT 是小米未来 10 年的核心战略，为了实现 AIoT 开放生态，小米已经成立了生态链部，并将 IoT 放入了国际化大战略中。

（三）应用场景极大丰富，车联网表现突出

2018 年，物联网向个人消费场景、智慧城市场景和工业互联场景等深入拓展，出现了很多富有特色的物联网业务应用，如共享单车、智慧水务、智能表具、智慧停车等，迈出了物联网发展坚实的一步。

值得一提的是，作为物联网的一项典型应用，2018 年车联网成为热点。车联网发展聚焦于网联化和智能化，并由单车智能逐步转向多车协同以及“智慧的车”与“智慧的路”协同发展，这对车联网技术创新和产品研发提出了新的发展需求。汽车电子、V2X 无线通信、多接入边缘计算、云平台以及安全等为车联网发展提供了技术基础。

我国政府高度重视车联网相关技术及产业发展，2018 年工业和信息化部为车联网规划 5905~5925MHz 频段共 20MHz 带宽的专用频率资源，用于 LTE-V2X 智能网联汽车的直连通信技术，同时，对相关频率、台站、设备、干扰协调的管理作出了规定。2018 年12 月，工业和信息化部制定了《车联网（智能网联

汽车）产业发展行动计划》，指出到2020年，实现车联网产业跨行业融合取得突破。

2018年，我国在车辆网产业方面有如下重大事件：大唐电信推出全球第一台LTE-V车联网设备，可支持车联网V2X自组织通信，并具有核心自主知识产权；腾讯与一汽、宝马、广汽、长安、吉利等签订战略合作协议，搭载“AI in car”腾讯车联方案的多款车型上市销售；华为发布首款商用C-V2X解决方案RSU（路边单元），促进道路数字化演进，推动车联网产业发展。

（四）NB-IoT和LoRa两大阵营格局明显

我国物联网产业在LPWAN方面有NB-IoT和LoRa两大阵营，2018年两大阵营对立的格局更加明显。

NB-IoT方面，在电信运营商、设备厂商、芯片厂商的推动下，NB-IoT在国内形成庞大的产业生态群体，应用行业数量不断增多。2017年6月，工业和信息化部发布《关于全面推进移动物联网（NB-IoT）建设发展的通知》文件，从政策层面给予NB-IoT产业大力支持。中国电信于2017年5月率先建成全球最大的NB-IoT网络，开通31万座NB-IoT基站，到2018年9月，基站数已扩展到40万。截至2018年年底，中国移动已建成20万座NB-IoT基站。截至2018年5月，中国联通已实现30万座NB-IoT基站商用。综合来看，中国已建成全球最大的NB-IoT网络，网络优化和深度覆盖将是下一步布局重点。

LoRa方面，虽然同样适用于低速率、低成本、地功耗、广覆盖、大连接的物联网应用场景，但因为LoRa属于公司私有技术，因此未在授权频段上，还存在着被清频的风险，但LoRa得到了很多互联网公司的支持。从2015年开始，国内大量中小企业涉足LoRa领域，产业生态开始形成，2018年阿里巴巴、腾讯加入LoRa联盟，在LoRaWAN标准、认证和全球市场中开始发挥作用；另外，中国联通也开始布局LoRa，而全国多地广电厂商将LoRa作为其布局物联网业务的网络部署主要选择。LoRa在国内的产业生态力量大大加强，成为低功耗广域网络的另一较为明显的阵营。

（五）物联网平台格局趋于稳定

从产业生态来看，物联网平台处于软硬件结合的枢纽位置，是物联网的“战略要塞”。依据所发挥作用的不同，物联网平台分为底层支撑平台、SIM卡管理平台、解决方案平台、垂直行业平台。

2018年，我国物联网平台的市场格局相对稳固，平台企业没有随着应用规模跃升而大幅增加，整体上步入沉淀阶段。有的平台厂商出现困境，开始探索新的商业模式。大型企业不断强化自身平台功能，加强对边缘计算、AI等能力以及对垂直行业的支持，如阿里云IoT Link平台、华为Oceanconnect平台联合行业合作伙伴孵化多样化解决方案。第三方中小平台厂商调整竞争策略，一部分为大型企业平台提供专业模块的支持，成为大型平台的紧密供应商，另一部分专注于垂直行业，加强方案落地能力。

在垂直行业平台方面，2018年工业物联网平台迅速发展。随着智能制造战略的持续推进以及企业转型的持续深化，智能工厂的规划与实施开始成为广大制造企业实现转型的主要手段和方向。2018年，富士康发布了BEACON平台，中信重工发布了中信工业平台、联想发布了LeapAI平台、名匠智能发布了NewTon IoT平台、昆仑发布了KSTONE平台，成为工业互联网领域的重要平台。

三、2019年我国物联网发展展望

2019年我国物联网强劲发展的势头仍将持续。

在政策方面，国家战略对物联网发展提出了新要求。在2018年年底召开的中央经济工作会议中，物联网首次被写入中央经济工作会议报告，被视为扩大内需的产业政策重点抓手之一。除了助推经济增长，发展物联网还是我国落实创新驱动、建设制造强国和网络强国、实现智慧社会、工业互联网、军民融合等一系列国家重大战略部署的重要举措，物联网已成为全面构筑经济社会数字化转型的关键基础设施，战略地位非常重要。

在技术层面，5G的部署将为物联网的腾飞插上翅膀。5G具有超高速、低时延、大容量的特点，天然适合物联网业务。根据3GPP的规划，5G拥有eMBB、mMTC、uRLLC三大场景。其中eMBB移动宽带，主要面向人与人通信的场景，后两者主要面向物与物通信的场景。而根据工业和信息化部部长苗圩的观点，5G时代20%的应用为人与人之间的通信，80% 的应用为物与物之间的通信。目前，三大运营商均开始建设 5G 试验网络，测试 5G 业务，5G 临时牌照也将在 2018 年发放。可以预见，5G 时代到来后，物联网将插上腾飞的翅膀。

在应用方面，根据中国信息通信研究院的观点，应用需求升级将为物联网带来新机遇。一是传统产业智能化升级将驱动物联网应用进一步深化，当前物联网应用正在向工业研发、制造、管理、服务等业务全流程渗透，农业、交通、零售等行业物联网集成应用试点也在加速开展。二是消费物联网应用市场潜力将逐步释放，全屋智能、健康管理可穿戴设备、智能门锁、车载智能终端等消费领域市场保持高速增长，共享经济蓬勃发展，“双创”新活力持续迸发。三是新型智慧城市全面落地实施将带动物联网规模应用和开环应用。全国智慧城市由分批试点步入全面建设阶段，促使物联网从小范围局部性应用向较大范围规模化应用转变，从垂直应用和闭环应用向跨界融合、水平化和开环应用转变。

值得注意的是，我国物联网发展仍然面临多重挑战。例如，我国物联网产业核心基础能力薄弱、高端产品对外依存度高、原始创新能力不足等问题长期存在。物联网安全问题日益突出，随着越来越多的设备接入物联网，针对用户隐私、基础网络环境等的安全攻击不断增。此外，对于物联网的主体三大运营商而言，虽然物联网连接数增长迅猛，但是物联网收入增长有限，每物联网连接创造的收入持续下滑，虽然每家电信运营商都将物联网视为战略重点，但在收入上占比很小，难以在短期内挑起运营商转型的大梁。

（《通信世界》舒文琼）

宽带及移动通信篇

全球宽带发展分析

一、全球宽带发展及实施进展

（一）全球宽带发展总体情况

2018 年，各国稳步推进宽带发展计划，根据最新 ITU 统计，近八成的国家均实施了宽带发展计划。

宽带是国家公共基础设施，已经在全球范围内达成共识，宽带在数字经济中发挥的基础性、先导性作用日益凸显，有效地促进了整个社会经济增长方式转变，激活增强经济发展新动能。

在宽带发展指引下，各国光纤宽带加快提速升级，移动宽带网络覆盖质量进一步提升与部署，政府和市场双轮驱动，继续加大宽带领域投资，继续推进高速宽带网络建设。

随着宽带网络覆盖广度和深度的持续扩大、智能终端的广泛普及，通过 5G、人工智能、大数据分析和区块链等新兴信息通信技术触发以智慧城市、智慧医疗、工业互联网、车联网为典型代表的产业物联网，以及新零售和可穿戴等消费物联网的新模式、新业态应用蓬勃发展。以互联网金融为例，根据 ITU 发布的《2018 年衡量信息社会报告》，互联网金融在全球范围内不断渗透，目前全球有 15.8% 的人口在使用这一服务，全球使用该服务的成年人比例为 21.4%。报告预计，到 2025 年，使用这一服务的全球人口比例将增加至 40%。

宽带提速和提高普及程度依然是各国推进宽带发展的主要举措。以 1 000Mbit/s 网络覆盖为例，它是各国政府提出的宽带网络中期实现目标，2018 年全球超过 200 家运营商提供或在建 1 000Mbit/s 网络，其中，美国、新加坡、韩国、日本等国家的 1 000Mbit/s 网络覆盖情况较为超前。同时，根据 Ovum 预测，2020 年全球 1 000Mbit/s 网络带宽占全部带宽比例超过 65%。在我国，上海 2016 年开始启动 1 000Mbit/s 宽带网络建设，2018 年已经基本覆盖全市。

（二）全球宽带发展实施效果

宽带市场的快速发展离不开国家战略的推动。在宽带计划执行良好的发达国家和地区，宽带建设基本取得了预期的阶段性目标。以提速降费为例，ITU 宽带委员会在新的 2025 年目标中，已将宽带服务的价格可承受性门槛从占国民人均月总收入的不到 5% 降低至不到 2%。这一新目标将特别有助于发展中和不发达国家的低收入人群获得连接。然而，该目标会导致达到宽带服务价格可承受性门槛目标的国家数量减少。在固定宽带价格可承受性方面，73 个国家已实现了新的目标，122 个国家尚未实现这一目标。就移动宽带的价格可承受性而言，109 个国家已实现这一目标，尚有 86 个国家未实现这一目标。

但是，在国家宽带发展促进宽带市场发展实现目标的同时，我们也应注意到：全球宽带市场日趋饱和；不发达国家与地区宽带普及难度加大；全球数字鸿沟差距在不断扩大。

二、全球固定宽带市场发展现状

（一）用户总数

截至 2018 年第三季度末，全球固定宽带用户数达到 10.07 亿户，同比增长率 9.72%。全球宽带用户发展总体呈现稳步上升态势。

（二）新增用户

截至 2018 年第三季度末，全球新增用户 2 541 万户，环比增长 6.67%，同比下降 71.53%。全球宽带新增用户规模速度略显下降趋势。

（三）用户规模 TOP10

ITU 和 TOP-POINT 最新统计结果，固定宽带用户总数排名前十的国家阵营保持稳定。其中：中国依然位于全球之首，固定宽带市场规模逼近 4 亿户；美国位居其次，市场规模突破 1 亿户，日本和德国分列其后，用户规模保持在 3 000 万～ 4 000 万户的量级。

（四）宽带接入技术构成

截至 2018 年第三季度末，光纤在固定宽带用户中所占的份额继续增加，达到了 60.56%，与此同时，铜线和有线电缆市场份额由于用户迁移逐渐减少，分别降至 18.35% 与 19.13%。

（五）宽带速度

根据 Speedtest 网速测试结果，2018 年，我国固定宽带下载速率为 77.7Mbit/s，在全球 133 个国家中，从高到低排第 18 位，远高于全球平均水平 46.4Mbit/s，高于德国、英国等发达国家和俄罗斯、印度和巴西等金砖国家。

（六）宽带接入价格

总体来看，全球固定宽带业务价格大幅下降。ITU 连续多年的数据统计分析表明，基本固定宽带业务从 2008 年的平均每月 40 多美元降至 2017 年的每月 25 美元，其中最不发达国家的价格下降了三分之二，效果最为显著。基本级固定宽带业务价格在发展中国家平均占到 GNI 的 12%，但与移动宽带资费的 5% 相比，还存在较大的差距。

三、全球移动宽带市场发展现状

（一）用户总数

根据 GSMA 最新统计数据，预计 2025 年将有 36.92 亿人通过移动设备访问互联网，占全球网民的 72%。移动＋ PC 用户将达 13.18 亿人，纯 PC 用户仅为 6 900 万户，拥有移动设备但是没有上网的人群为 8.41 亿人，此外还有 23.75 亿人没有移动设备。2018—2025 年，全球将新增 16 亿户移动互联网用户，大约一半新用户来自 5 个市场：中国、印度、印度尼西亚、尼日利亚和巴基斯坦。其中中国和印度增长占比最大，印度尼西亚、尼日利亚和巴基斯坦的用户数均超过 5 000 万。

（二）移动宽带下载速率

全球移动宽带下载速率不断提升。根据 Speedtest 网速测试结果，2018 年，中国、美国、印度和巴西等国家的移动下载速率表现非常显著，特别是印度，固网宽带平均下载速度从 2017 年的 8.8Mbit/s 提升到 2018 年的 26.46 Mbit/s。中国的移动宽带平均下载速度全球排名第 49 位。

（三）移动宽带资费

移动宽带资费水平大幅下降，中国居全球中等偏低水平。根据 ITU《2018 年衡量信息社会报告》相关统计数据，从 2015 年开始，各国移动蜂窝价格趋于平稳，但国与国之间宽带资费价格仍相差悬殊。例如，2017 年年底，移动蜂窝业务平均成本（每月 51 分钟通话和 100 条短信）约为平均每月 12.5 美元，但这项价格从斯里兰卡不到 1 美元到丹麦、以色列和美国的 35 美元不等，价格跨度非常大。中国同样内容的移动蜂窝价格约在 2.91 美元，可见我国电信资费水平在全球处于中等偏低水平，较为低廉。另外，根据 GSMA 的统计数据，2018 年第二季度，我国移动网络每用户平均支出为 12.06 美元，按从低到高排名，在 240 个国家中排名第 96 位，低于全球 14.37 美元的平均水平，远低于韩国（40.25 美元）、澳大利亚（43.63 美元）、日本（53.78 美元）、美国（53.64 美元），与巴西（10.09 美元）、俄罗斯（9.41 美元）水平相当。

四、未来我国宽带政策发展建议

随着全球宽带建设步伐日趋稳健，各国对宽带发展的重点从基础网络建设扩展到网络安全。同时，为提高数字经济红利，各国通过调整法律框架、积极宣贯政策引导、加强数字技能培训、促进通信技术创新等举措来推进信息通信技术与产业经济的融合。

我国政府继续推进普遍服务、提速降费、网络强国等措施的落地实施，推出《中华人民共和网络安全法》《中华人民共和国电子商务法》和《中华人民共和国外商投资法》等法律法规，加强 5G、工业互联网和人工智能领域等行业发展指引，逐步实现从原有独立监管向与各部门协同监管的管理方式转型，加强跨区域和跨部门的联合治理，推进技术和产业创新。

（中国信息通信研究院　马思宇　刘芊岑）

2018年宽带发展分析及展望

一、宽带发展态势

（一）高宽带用户持续增长

2018年，光纤宽带继续加快升级，接入网络基本实现全光纤化。截至2018年12月，我国固定宽带接入用户达40 738万户，比2017年末净增5 884万户，其中，100Mbit/s以上速率的用户达28 642万户，占固定宽带用户总数的70.30%，比2017年年末净增15 097万户，提高31.4个百分点。移动宽带（3G/4G）用户达139 682万户，比2017年年末净增12 528万户，具体如图1所示。

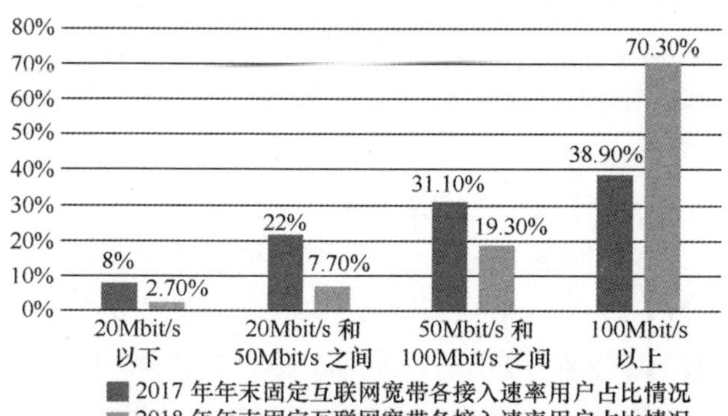

数据来源：工业和信息化部

图1　2017—2018年年末固定互联网宽带接入速率用户占比情况对比

（二）融合业务快速发展，数据和互联网业务收入稳步提高

2018年，我国大力拓展光纤宽带接入业务，带动家庭智能网关、视频通话、IPTV等融合服务加快发展，用户价值不断提升。固定数据及互联网业务收入完成2 072亿元，比2017年增长5.1%，在电信业务收入中占比由2017年的15.6%提升到15.9%；移动数据及互联网业务收入达6 057亿元，比2017年增长10.2%，在电信业务收入中占比从2017年的43.5%提高到46.6%。

（三）移动互联网接入月均流量（DOU）继续呈现成倍上升态势

2018年，各种线上线下服务加快融合，移动互联网业务创新拓展，带动移动支付、移动出行、移动视频直播、餐饮外卖等应用的加快普及，刺激移动互联网接入流量消费保持高速增长。2018年，移动互联网接入流量消费达711亿GB，比2017年增长189.1%，增速较2017年提高26.9个百分点，具体如图2所示。2018年全年移动互联网接入月户均流量（DOU）达4.42GB/(月·户)，是2017年的2.6倍；2018年12月当月DOU高达6.25GB/(月·户)。其中，手机上网流量达702亿GB，比2017年增长198.7%，在总流量中占98.7%，如图2所示。

（四）网络扶贫继续推进，农村宽带用户增长加速

截至2018年12月底，全国农村宽带用户全年净增2 364万户，总数达1.17亿户，比2017年年末增长25.2%，增速较城市宽带用户高11.4个百分点；在固定宽带接入中占28.8%，占比较2017年年末提高1.9个百分点，如图3所示。

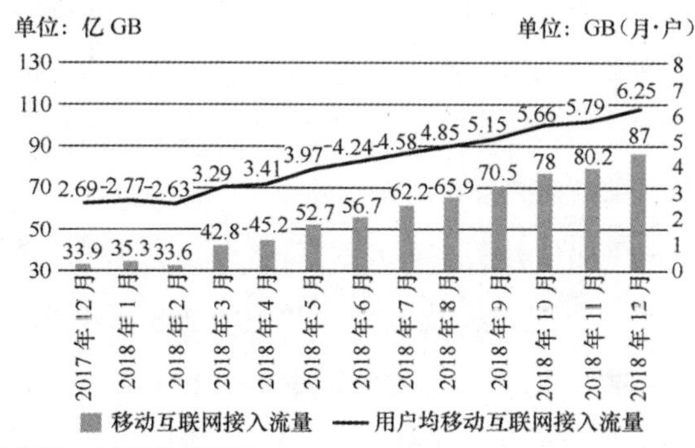

数据来源：工业和信息化部

图2　2018年移动互联网接入当月流量及当月DOU情况

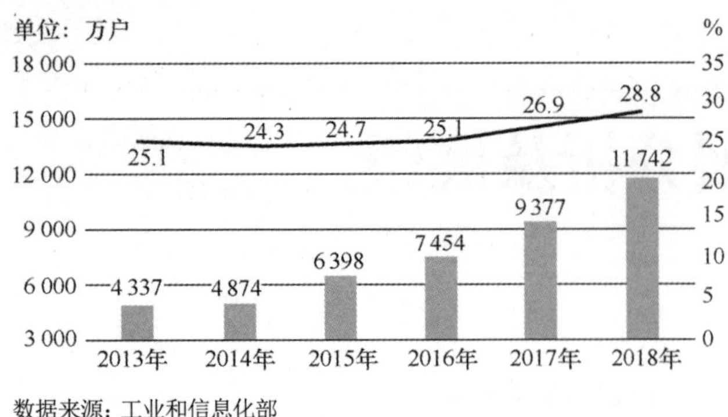

图 3 2013—2018 年农村宽带接入用户及占比情况

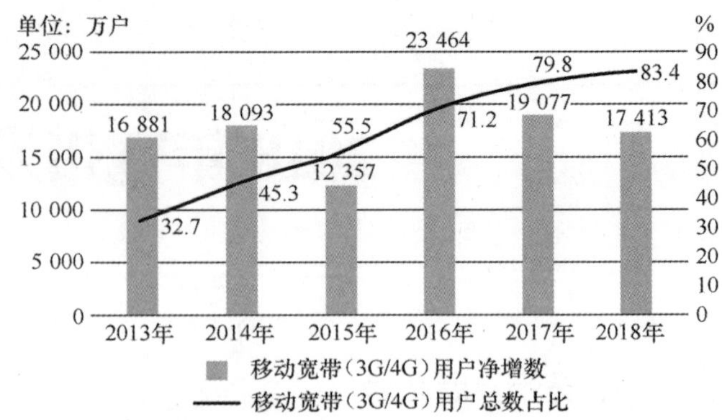

图 4 2013—2018 年移动宽带 （3G/4G） 用户发展情况

（五）“宽带中国”实施情况

宽带网络是新时期我国社会经济发展必备的公共基础设施，尤其是在全面推进信息化以来，宽带网络对拉动投资、促进消费以及全面建设小康社会都有着重要的支撑作用。2013 年 8 月 17 日，中国国务院发布了“宽带中国”实施方案，部署了未来 8 年宽带发展目标及路径，这意味着“宽带中国”从部门行动上升为国家计划，宽带首次成为国家公共基础设施。该方案指出，“宽带中国”需坚持政府引导与市场调节相结合、统筹规划与分布推进相结合、网络建设与应用服务相结合等五项原则，通过加强组织领导、完善制度环境、加强人才培养等举措，最终建成适应经济社会发展需要的国家信息基础设施，缩小与发达国家之间的差距。

“宽带中国”实施以来，网络基础设施能力大幅增强，宽带网络体系逐步完善。截至 2018 年年底，三家基础电信企业的固定互联网宽带接入用户总数达 4.07 亿户，移动宽带用户（即 3G 和 4G 用户）总数达 13.1 亿户，占移动电话用户的 83.4%，具体如图 4 所示。

光缆加快建设，网络空间综合实力提升。截至 2018 年，全国光缆线路总长度达 4 358 万千米，比 2017 年增长 15.3%。“光进铜退”趋势明显，互联网宽带接入端口数量达 88 573 万个，比 2017 年增长 14.1%。

“宽带中国”的实施，对通信行业的发展产生了巨大的积极影响，推动了信息化的推进。

二、中国宽带发展溢出效应显著

“宽带中国”和网络提速降费政策实施以来，我国信息网络加快演进升级和普及应用，全面构筑高速移动、万物互联、数据驱动、跨界融合的经济社会发展新基础，引领带动经济社会发展数字化、网络化、智能化转型，有效拉动投资、扩大信息消费、促进创业创新，不断培育新增长点、形成新动能，为经济发展质量变革、效率变革和动力变革提供战略支撑。

（一）拉动产业链发展壮大

宽带网络关键技术不断取得突破，在移动通信领域，具有自主知识产权的时分同步码分多址长期演进技术（TD-LTE-Advanced）成为 4G 国际主流标准之一，获得 2006 年国家科技进步奖特等奖。我国企业大力推进 5G 技术创新和产业发展，全面参与了 5G 国际标准制定，新型网络架构等多项技术方案被国际标准组织采纳，突破大规模天线、网络编码等关键技术。在光纤通信领域，光传输 100Gbit/s 技术已经得到大规模部署，400Gbit/s 技术即将进入商用阶段，单根光纤 200Tbit/s 超大容量高速光传输技术水平全球领先；100GPON 高速光接入、新型硅光调制器、高速 ADC 和 DAC 芯片等领域取得重要进展。

宽带网络产业链布局日趋完善。我国在光通信、新一代移动通信等重点领域已实现主要产品等产业化，并形成完整的产业布局。特别是在光通信产业领域，研发能力和产业优势持续强化，竞争力显著提升。我国光传送设备、光接入设备和光纤光缆等产品基本实现国产化，并具备较强的国际竞争力。

宽带网络国际标准制定话语权稳步提升。中国设备厂商在 IETF、ITU-T、3GPP 等标准组织中的贡献和话语权稳步提升。ITU-T 及 IEEE 的 PON 标准，中国企业由原来的参与、路线跟随提升至制定主导标准方向、担任主席及重要标准的编写人员。在传送领域，我国积极参与 IETF、ETSI、BBF 等传送和微波领域标准研究，主导和发布多个标准草案；在 3GPP/ITU 等国际标准上，国内企业联合创新，已经取得相当比重的话语权，并在一些关键技术上取得领先。

（二）支撑信息消费扩大升级

移动互联网应用创新活跃，数据流量消费呈爆发式增长。随着宽带网络覆盖广度和深度的持续扩大、智能终端的广泛普及，移动互联网应用新模式、新业态不断涌现。宽带应用促进信息消费扩大升级。宽带应用推动信息消费的群体不断扩大、边界不断拓展，线上、线下融合业务创新活跃，带动信息消费持续扩大升级。

（三）促进实体经济转型发展

当前，宽带网络已全面融入我国国民经济和社会发展的各个领域，通过信息交互和网络协同改变着生产、流通、管理和销售方式，从而优化了资源组织、业务流程、企业管理和产业链协作，推动互联网、大数据、人工智能与实体经济深度融合，促进了工业转型升级、农业和服务业的现代化进程，极大地降低了经济与社会生活成本，提高了资源配置效率、社会运行效率和经济增长的质量。

（四）释放创业创新发展活力

宽带发展降低创业创新成本。网络提速降费提高了消费者和企业使用网络服务的性价比，扩大了双创企业的潜在用户和业务规模，激发了社会创业创新热情。宽带网络支撑双创服务生态构建。网络基础设施优化升级有利于促进海量创业创新资源的集聚、开放和共享，推动各类创业创新公共服务平台、'孵化器'等加快探索“网络平台 + 线上线下相结合 + 智能化管理”等新型创业创新服务模式，从而为打造“双创”升级版提供良好支撑。

（五）助力脱贫攻坚取得实效

宽带网络实现贫困地区大规模覆盖。网络扶贫是脱贫攻坚的重要组成部分，电信普遍服务试点工作重点加强对贫困地区网络建设的支持力度，开展精准扶贫，降低通信费用。为响应精准扶贫号召，基础电信企业向各地扶持部门收集近 2 000 万名贫困人口建档立卡信息，面向所有贫困县、贫困户制定相应扶贫资费优惠政策，推出“扶贫套餐”，切实降低贫困人口通信费用支出，促进贫困人口使用宽带业务。

（六）推动“一带一路”网络互通

深入推进网络互通。积极与“一带一路”沿线国家合作，推进海底光缆、跨境陆缆等网络基础设施建设，目前已与 14 个陆地邻国中的 12 个国家建立跨境光缆系统，系统容量达 38.1Tbit/s。应用服务持续拓展。高质量的信息通信服务和产品在各国的广泛应用，有力促进了各国之间的经贸文化交流。阿里巴巴国际站已发展成为全球最大的 B2B 电子商务平台，支付宝和微信两大移动支付应用已拓展到亚洲、北美、欧洲等近 40 个国家和地区。国际漫游资费逐步走低。我国基础电信企业与“一带一路”沿线国家电信运营商开展通信漫游业务合作，连续多年下调国际漫游资费，国际漫游流量资费基本已经调整为 30 ～ 90 元 / 天不限流量，给千万漫游用户带来实惠。

三、宽带网络发展展望

（一）网络能力不断升级优化

光纤宽带加快提速升级，未来国内基础电信企业对网络基础设施投资力度将持续加大，推动实现高速光纤宽带网络的城乡全面深入覆盖，加快 100Mbit/s 家庭宽带普及，推进 1 000Mbit/s 宽带试点，不断推动我国的固定宽带网络向国际领先水平演进升级。4G 网络覆盖质量进一步提升，在覆盖盲区铺设 4G 基站的速度将不断加快，进一步提升办公及商务楼宇、电梯等室内 4G 网络覆盖水平和质量，加大铁路、公路沿线网络覆盖密度，高速、稳定、连续的移动网络覆盖将得到更好的保障。4G 业务质量持续优化，语音和数据业务体验也将进一步提升。5G 技术产业发展加快部署。目前，国际标准组织 3GPP 已经确定 5G 独立组网标准，完成了第一阶段标准化工作，全球主要国家纷纷加快5G商用进程。我国将继续加快推进5G技术研发试验，第三阶段系统组网测试将按时完成，推动5G产业链加快成熟，为全面商用奠定产业基础。

（二）用户获得感将进一步增强

网络降费优惠力度持续加大。按照2018年《政府工作报告》中“三降低一取消”的部署要求，三家基础电信企业已于2018年7月1日取消了国内流量“漫游”费，并持续降低家庭宽带、企业宽带、专线使用费用以及国际漫游费，资费套餐不断优化和精简，宽带网络服务性价比将进一步提升。市场监管力度进一步加强。工业和信息化部于2018年8月印发《关于进一步规范电信资费营销行为的通知》，强调细化了电信业务资费的定价原则，重申规范资费宣传、保障用户资费选择权等规定要求，并提出加强资费“清单式”公示、简化资费结构、鼓励资费优惠的指导意见。未来，工业和信息化部、各省（自治区、直辖市）通信管理局等各级电信监管部门将进一步加强资费监督检查，进一步保障用户资费及其知情权和选择权，促进行业服务能力和水平不断提升，增加用户获得感。

（三）提速提质成为升级方向

高速宽带业务加速普及。伴随4K、VR等高清视频业务等的飞速发展，未来100Mbit/s及更高速率的宽带用户比例将持续提升，加速进入100Mbit/s宽带阶段，并积极部署1 000Mbit/s接入。面向用户多样化需求，不同速率不同品质的宽带业务将加速面市。高速宽带应用推广不断深化。高速宽带在教育、医疗、养老、交通出行、社会管理等领域的创新应用和推广普及，为智慧社会建设提供有力支撑。农村地区宽带网络建设与公共服务信息化、农村电商、智慧农业等工作协同推进，将更好地助力打赢脱贫攻坚战。互联网应用服务能力进一步增强。互联网企业将不断提升网站和应用服务能力，增加主要业务应用带宽配置，推动内容分发网络（CDN）向网络边缘延伸，实现互联网信息源的高速接入和就近访问，用户上网体验将进一步完善。品质宽带体系加速建成。在全产业链协同合作下，构建起包括业务、网络、服务等多个维度的高品质宽带网络和监管体系。电信企业持续优化网络架构，实现网络的高通量能力、千兆到家庭覆盖及组网等，互联网企业持续提供业务丰富、质量更高的内容源，促进宽带网络和业务的持续健康发展，实现提速提质，普惠民生。

（四）促进经济高质量发展

信息消费持续扩大升级。随着扩大和升级信息消费指导意见、网络提速降费行动等政策的深入实施，我国信息消费的环境将进一步优化，消费主体进一步扩张，消费模式向线上、线下融合发展加速转变，消费规模将保持快速发展的态势，预计2018—2020年，我国信息消费规模年均增长5 000亿元。信息通信技术产品与服务在国民经济各领域全面渗透、广泛应用，在工业、农业和服务业等领域不断融合创新，将孕育和形成新的消费热点，开辟新的消费空间。预计到2020年，信息消费间接带动经济增长将达150 000亿元。支撑工业互联网创新发展。工业和信息化部在2018年5月印发《工业互联网发展行动计划（2018—2020年）》，提出着力建设现金网络基础设施，打造标识解析体系，发展工业互联网平台体系，同步提升安全保障能力，突破核心技术，促进行业应用，打造有力支撑现金制造业发展的工业互联网体系，筑牢实体经济和数字经济发展基础。未来，企业将面向低时延、高可靠、广覆盖的网络需求，充分利用IPv6、软件定义网络（SDN）以及新型蜂窝移动通信技术，加快推进工厂内外网络升级改造，为工业互联网创新发展提供坚实网络基础。助力“双创”企业蓬勃发展。下一步基础电信企业将继续加大企业宽带和专线的降费力度，提供更多中小企业优惠特色宽带产品，同时进一步开放和共享网络、平台、数据等创新资源，降低中小企业创业创新成本，加快推进大中小企业融通发展。

（五）5G对未来宽带发展产生的变化及影响

我国移动通信技术起步虽晚，但在5G标准研发上正逐渐成为全球的领跑者。由于5G具有速率高、网络延时低的网络优点，因此5G技术将会被应用在智慧交通上。5G时代的高速率将会使包括智能VR、AR等应用都会有更大的发展，而从另一个角度来说，5G也会更好地推动网络互动游戏的发展。同时，5G让海量物联成为可能，如基础设施物联等。5G时代还将实现无人驾驶，车辆将会像人一样具有“环境感知、分析决策、行动控制”三个功能，而每项功能都需要分解到每一个微小环节，达到极致安全和可靠的地步。要满足以上的应用，势必带动高宽带时代的来临，因为只有高宽带，才允许低延时，从而保证大量数据的顺利传送。为了满足5G高达10Gbit/s峰值速率的要求，信道带宽就必须有所改变。考虑到未来系统容量的可升级性，必须未雨绸缪，提前考虑系统容量。5G技术面向移动互联网和物联网，主要面向三个技术场景：高可靠低时延、增强型移动带宽、大吞吐量和大规模机器通信，其分别具备低延时、大吞吐量、大连接的特征。以上场景要求更高的带宽保障，因此，5G对未来宽带发展将产生不可忽视的积极作用。

（中国信息通信研究院　郜其心　刘芊岑）

增值电信业务市场发展分析

一、增值电信市场总体情况

（一）市场规模稳步增长

随着简政放权工作的推进，近年来增值电信经营企业数量快速增加。截至 2018 年 12 月底，全国增值电信业务经营许可企业共有 62 238 家，其中，工业和信息化部许可的跨地区企业有 13 250 家，各省（自治区、直辖市）通信管理局许可的本地企业合计 48 988 家，较 2017 年分别增长 27.08%、54.07%、21.34%。

目前，全国增值电信业务市场区域发展不均衡特征突出。在 13 250 家跨地区企业中，注册地在北京的有 3 840 家，在广东的有 2 569 家，在上海的有 1 397 家，三地集中了 58.9% 的跨地区企业。部分西部地区的跨地区企业数仍停留在个位。

根据2018年度增值电信业务市场信息年报数据，2017 年全国增值电信业务收入约 8 042 亿元，同比增长 24.3%，其中，工信部颁证企业收入 1 252.2 亿元，同比增长 37.4%，省（自治区、直辖市）颁证企业收入 6 789.8 亿元，同比增长 22.1%。增值业务收入增长主要得益于互联网信息服务、云计算和呼叫中心等业务的快速增长。

（二）市场发展区域集中度高

截至 2018 年 12 月底，在 48 988 家本地企业中，北京有 10 222 家、广东有 5 868 家、浙江有 5 696 家，北京、广东、浙江三地的增值电信企业数量在全国遥遥领先，接下来依次是江苏、四川、上海等，6 地集中了全国 62.5% 的增值电信企业，西部的增值电信业务经营者仅占全国的 13.1%。

（三）市场结构不平衡

截至 2018 年 12 月底，全国 62 238 家增值电信企业合计拥有 75 667 个许可项目。其中，包括 37 801 个信息服务业务（仅限互联网信息服务）、13 734 个信息服务业务（不含互联网信息服务）、7 372 个在线数据处理与交易处理业务、7 343 个国内呼叫中心业务、4 616 个互联网接入服务业务、2 262 个互联网数据中心业务，以及 2 539 个其他业务。业务分类许可情况如图 1 所示。

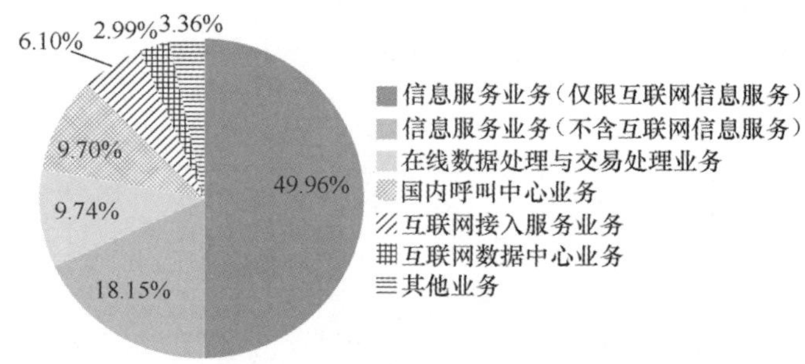

图 1　业务分类许可情况

二、增值电信业务市场发展特点及趋势

（一）行业监管重心由事前许可转向事中事后监管

政府深入推进“放管服”改革及政府职能转变，更好地发挥政府在资源配置中的作用，促进企业创业创新，进一步激发行业发展活力。简化行政审批流程，优化各项行政审批办理流程，切实减轻企业负担。创新行业监管方式，加强技术手段建设，强化事中事后监管。

信用管理机制成为监管重要手段。建立了“不良名单和失信名单”管理机制，进一步强化了信用机制的约束作用，形成了全流程信用管理机制。通过对企业不同情形的违法违规行为分级惩戒，将信用情况与经营准入条件挂钩，对失信的相关责任单位和个人从限制准入层面进行惩戒，将有助于形成多层次的处置手段，形成宽严相济的政策环境。同时，通过信息共享和联合惩戒，将切实加强行业内外监管联动，提高监管的科学性和准确性，为实施守信联合激励和失信联合惩戒、实现“一处违法、处处受限”创造了基础条件。2018 年全年，工业和信息化部共面向社会公布了 4 批电信业务经营不良名单，共有 8 007 家企业分别列入其中，其中不乏一些知名企业，在行业内产生了较大影响。这促进了企业不断加强诚信意识，助力行业长期可持续发展。

（二）宽带及 4G 的普及为增值电信业务市场发展打下了良好网络基础

随着网络提速降费行动的深入实施，高速、移动、安全、泛在的信息基础设施加快形成，宽带接入成本明显下降，互联网普遍服务快速推进。全光网覆盖将从城市进一步向乡镇、行政村延伸，2018 年年底，我国光纤宽带用户达到 3.5 亿户，占比提高至 90%，固定宽带全面迈入 100Mbit/s 时代。4G 网络建设深度覆盖，4G 基站超过 360 万个，占移动基站的比重近六成。4G 用户达 11 亿户，对移动用户的渗透率达 75% 左右。全球网络流量迅猛增长，移动流量占比持续提升。视频、直播等业务源自移动终端的数据流量是源自固定终端数据流量的 4 倍，份额也从 2014 年的 4% 提升至 2019 年的 14%，年均复合增长率超过 50%。

（三）业务呈现多元化融合发展

国内互联网企业聚焦“平台 + 生态”竞争模式，基于优势平台型产品打造自有业务生态。

一是以社交通信为核心的开放平台生态。例如，腾讯通过微信公众平台、开放平台、微信支付等功能打造“微信生态体系”，着力人与服务的全面连接，构建以内容为主体的泛文娱产业生态。投资重点主要集中在泛文娱领域的游戏和生活服务，并开始利用社交服务连接的排他性优势逐步渗透至各类商业和公共服务。

二是以电商金融为核心的开放平台生态。例如，阿里巴巴以电商开放为中心，利用数据分享战略、无线开放战略等搭建“云数据服务 + 电商 + 开发者”开放平台，积极向移动端应用发展，拓展金融、社交、物流、在线地图、O2O 等业务与其融合。投资围绕泛文娱领域的文体娱乐、商业服务领域的电子商务及生活服务领域的本地生活和汽车交通等业务。

三是以信息搜索为基础的开放平台生态。例如，百度开放平台基于技术开放优势，推动轻 App 开放平台战略和 LBS 平台化等战略，依托搜索逐步形成应用分发、安全、金融、地图、电商平台体系，着力打造以搜索为入口、流量为核心的闭环生态。百度的投资主要集中在 O2O 和汽车交通领域，多数为自家业务承载服务。

（四）深度融合催生新模式，分享经济成热点

互联网正加速向经济社会各领域渗透融合，深刻改变基础业务逻辑，不断催生新产品、新业务、新模式、新业态。从技术创新层面看，互联网以跨界融合突破为标志，与制造、能源、材料、生物等技术加速交叉融合，引领新一轮科技革命。智能控制、人机交互、分布式能源、生物芯片、生物传感等领域交叉融合创新方兴未艾，孕育工业互联网、能源互联网等新产品和新业态，引发多领域的系统性、群体性突破。从应用创新层面看，互联网使数据成为继土地、资本、劳动之外的第四大生产要素，广泛渗透传统工业、农业和服务业等各领域，促进产销对接、优化产能利用，目前已衍生出柔性化生产、智能化制造、社会化营销等新模式，涌现出互联网金融、线上线下互动商务（O2O）、大数据应用等新服务，加速现代产业体系的演进重构。

分享经济利用互联网等现代信息技术整合，分享海量的分散化资源，成为创新的新热点。分享经济正在快速向更广阔的领域扩展。汽车或自行车等交通共享和房屋共享是分享经济模式的两大标杆，也是分享经济最初的经济模式。分享经济快速发展和扩张，已经渗透到金融、餐饮、空间、物流、教育、医疗、基础设施等多个领域和细分市场，并加速向农业、能源、生产、城市建设等更多领域扩张。

（五）万物互联时代全面开启

互联网连接增长步入动力转换阶段。互联网正从“人人相联”向“万物互联”迈进，物联网作为互联网的网络延伸和应用拓展，实现对物理世界的感知识别、实时控制、精确管理和科学决策。

从应用范畴来看，物联网推动互联网应用从消费领域向生产领域扩展，并逐步深入城市管理各个环节。在消费领域，融合互联网与物联网特征的智能可穿戴设备快速普及。国内物联网发展也正在经历单点发力向生态体系转变、简单应用向高端应用转变、政府投入向市场主导转变的关键时期，呈现三方面发展趋势。一是国内领军企业纷纷布局物联网产业生态。华为、百度、阿里巴巴、腾讯、中国移动等国内骨干企业相继发布物联网战略，并通过开放物联网平台、操作系统等关键共性环节逐步构建物联网产业生态。二是行业应用和融合类消费应用环境逐步成熟。工业制造、农业、交通、能源等领域传统企业积极应用物联网技术实现不同环节的升级改造，涉及家居、安全、医疗健康、养老等民生领域的融合类消费应用广泛推进。三是智慧城市成为物联网发展的重要驱动力。

国内物联网发展取得显著成效。互联网企业热切进入产业互联网领域，以自身核心技术和产品为中心着力构建生态系统，是互联网产业探索未知新领域的排头兵。互联网企业基于消费互联网积累的用户优势和数据资源，快速拓展物流、制造、能源等产业互联网领域。例如，阿里基于电子商务和云计算能力，为传统企业提供交易、物流、金融等服务。传统企业主动“触网”转型，利用互联网技术平台、应用平台和市场平台，改造传统模式，发展新型业务，成为产业互联网的主力军。传统企业还积极利用互联网构建连接生产与管理各个环节的网络基础设施、数据链及信息系统，满足自身在研发创新、营销服务、生产制造和产业链协同等方面产生的新需求，在商业模式、生产方式、组织机构等方面进行深度变革调整，适应互联网时代新型商业基础环境，积极打造新经济形态下的转型升级新优势。

（中国信息通信研究院　刘在东　张小英　万杰）

2018年4G发展及5G发展趋势

2018年，随着3GPP 5G SA标准的冻结，5G已由标准制定转向实际测试及试商用阶段。世界各大运营商及设备制造商都将5G作为未来发展的主要方向。而现阶段4G网络依然是主流，根据我国三大运营商发布的2018年财报，4G基站建设在过去一年依然保持稳定增长。

回顾过去的一年，4G网络依然焕发活力，用户数渗透率依然在稳步提高。同样，5G发展开始进入实质阶段，运营商、终端，还是通信设备制造商都在积极布局5G市场，4G与5G并存将是通信市场未来一段时间的发展现状。

一、4G网络发展现状

截至2018年年底，中国4G网络已经历时5年发展，无论是在网络基站、终端产品，还是在业务、用户方面都有着不错的积累与市场占有率。

（一）4G网络基站发展

从工业和信息化部最新的统计数据来看，2018年，我国新建4G基站43.9万座，总数达到372万座。其中，中国移动发布的2018年全年年报显示，截至2018年，中国移动4G基站数达到241万座，覆盖全国超99%的人口，其中行政村网络覆盖率超过97.8%。

中国移动在2018年财报中指出，中国移动坚持立足当前，长远布局，不断提升网络基础能力，加强创新技术引领和研发体制升级，深化开放合作和内部改革，为长远发展奠定扎实基础。其中，中国移动网络覆盖水平和能力持续加强，4G基站数达到241万座，行政村网络覆盖率超过97.8%，有效应对了4G流量快速增长的需求。

中国联通最近发布的2018年财报显示，截至2018年年底，中国联通4G基站总数达99万座，其中2018年新增4G基站数14万座。

在2019年年初，中国联通在4G基站方面突然发力，中国联通发布无线网络整合项目招标公告。公告显示，中国联通将采购L900及L1800基站41.6万座、L1800整合、软件功能等，其中自筹资金金额高达348.4亿元。此次集采的4G基站多达41.6万座，这超过中国联通已有4G基站数量的4成。中国联通在2018年财报中指出：将持续完善4G网络覆盖和质量，为建设“4G+5G”精品网络打好基础。

中国电信2018年财报提到，截至2018年年底，中国电信4G基站数达到138万座，有效支撑了VoLTE高清语音升级和大流量业务的持续发力。

从三家4G网络基站数量对比看，中国移动4G基站数量比中国电信、中国联通总和还要多4万座。2018年，三大运营商加大网络基础设施建设，4G移动网络向纵深覆盖，为5G建设打底网。

我们还可以看出，面对即将到来的5G投资，中国移动与中国电信在4G基站建设上比较低调，中国联通则是在弥补之前4G基站建设不足的问题。

（二）4G终端产品发展

在手机方面，根据中国信息通信研究院统计数据，截至2018年12月，国内手机市场总体出货量为3 567.4万部，同比下降16.3%，环比增长0.9%，其中4G手机为3 362.9万部，同比下降16.8%，在同期手机出货量中占比94.3%。

2018年全年，国内手机市场总体出货量为4.14亿部，同比下降15.6%，其中4G手机为3.91亿部，同比下降15.3%，在同期手机出货量中占比94.5%。

从手机厂商角度来看，根据IDC发布的最新报告，在中国手机市场，华为以1.05亿台、26.4%的市场份额夺冠，同比增幅15.5%；OPPO排名第二，2018年中国市场出货量为7 890万台，市场份额占19.8%，同比下滑2%；vivo排名第三，2018年中国市场出货量为 7 600 万台，市场份额占 19.1%，同比增幅 10.8%；小米排名第四，2018 年中国市场出货量为 5 200 万台，市场份额占 13.1%，同比下滑 5.6%；排名第五的是苹果，2018 年中国市场出货量 3 630 万台，市场份额仅有 9.1%，同比下滑 11.7%。

（三）4G 用户发展

工业和信息化部数据显示，截至 2018 年 12 月底，我国 4G 用户总数达到 11.7 亿户，2018 年净增 1.69 亿户，4G 渗透率达到 76.1%，普及率接近 84%，低于国际领先的日本（近 110%）和韩国（99%）等国家和地区，仍有发展空间。

其中，中国移动依然保持行业领先地位，截至 2018 年年底，中国移动用户总数达到 9.25 亿户，4G 用户数达 7.12 亿户，年累计净增用户达 6 314 万户。中国移动 4G 用户基数较大，4G 用户渗透率达到 77%，高于行业平均值。

中国联通移动电话出账用户为 3.15 亿户，4G 用户累计达到 2.2 亿户，4G 用户增长 4 505 万户。这主要得力于各路互联网卡的推出，据统计，仅仅腾讯王卡的产品就为中国联通和腾讯带来超 8 000 万户新增用户。但在 2018 年 5 月，该趋势进入低速发展阶段，一直到 2018 年 12 月，中国联通 4G 用户平均每月仅净增 375.6 万户，居三家运营商之末。

中国电信移动电话出账用户累计达 3.03 亿户，4G 累计用户数达 2.42 亿户，4G 用户净增长 6 039 万户。这主要得益于中国电信稳中有进的发展策略，4G 用户平均每月净增数量为 503.2 万户，2018 年均保持在较好的水平线上。

值得一提的是，中国电信占据新增移动用户份额 43.6%，占新增 4G 用户份额的 35.8%，4G 渗透率超过了中国移动，达到 80%。

知名网络测速网站 Speedtest 发布的《2018 年全国网络报告》中国联通以 23.83Mbit/s 的平均 4G 网速排至第一；中国电信则以 18.32Mbit/s 排至第二；中国移动以 17.89Mbit/s 排在末尾。

二、5G 发展趋势

（一）5G 网络发展趋势

2018 年 6 月，5G 方面有重要进展——3GPP 全会批准了第五代移动通信技术标准（5G NR）独立组网功能冻结。

中国 5G 也明确了赛车道。2018 年 12 月 10 日，工业和信息化部向中国电信、中国移动、中国联通发放了 5G 系统中低频段试验频率使用许可。其中，中国电信和中国联通获得 3 500MHz 频段试验频率使用许可，中国移动获得 2 600MHz 和 4 900MHz 频段试验频率使用许可。

运营商方面，2018 年 12 月 8 日，中国移动发布了《5G 终端产品白皮书》；2018 年 6 月，中国电信发布了《中国电信 5G 技术白皮书》；中国联通在 12 月底举行了“5G 行业终端联合创新实验室”揭牌仪式。

按照计划，中国于 2019 年发放 5G 临时牌照，5G 于 2019 年进行试商用，2020 年正式商用。业内人士认为，4G 在未来三五年内仍是主流。

但是可以肯定，2019 年我国会进行 5G 商业推广，一些地区将会发放 5G 临时牌照，使大规模的组网能够在部分城市和热点地区率先实现，同时还会加快推进终端的产业化进程和网络建设。

由于 5G 频段较高，基站覆盖范围相比 4G 基站要小，运营商需要建设的基站数量要比 4G 基站多。业界均认为，5G 基站量将是 4G 基站量的 2 倍，5G 网络建设对运营商的投资要求至少是 4G 建设投资的 1.5 倍。

中信建投在一份研报中预计，2019 年中国会新建开通 5G 基站 10 万座左右，预计全球建设 30 万～40 万座基站。

通信行业在经历了 4G 后期的低谷后，寄希望于 5G 能让行业走出低谷，通过发力行业数字化，实现 ICT 产业升级。

在 5G 网络的推进过程中，运营商起着至关重要的作用，其资本开支直接影响着整个行业的发展，运营商对发展 5G 本身存在着矛盾心理：一方面，由于受流量等因素的影响，运营商传统业务的收益不断萎缩，希望 5G 带来新的变化；另一方面，4G 的投资尚未完全收回，5G 的商业模式仍在探索，挑战重重。

德勤报告指出，4G 在推广初期（2009—2010 年），仅有小部分运营商在有限的部分地区提供 4G 服务。

虽然在推出后的10年间，4G网络布局范围越来越广，但直到2019年4G才成为全球用户最多的移动通信技术。

GSMA的报告显示，全球范围内的4G网络用户要到2023年才能超过网络用户总数的50%，距离4G网络的最初启用已过去14年。这意味着到2025年，5G可能仍是一种相对小众的技术。该年度的5G用户数有望达到12亿户，但也仅占全球非物联网移动网络用户总数的14%。

值得一提的是，根据预测，不同地区的5G网络应用情况存在巨大差异：到2025年，美国将有49%的用户使用5G网络，日本、欧洲、中国的这一比例分别为45%、31%和25%，而拉丁美洲、中东和非洲的这一百分比仅为个位数。10年以后，供应商们可能仍在推广5G。

需要指出的是，三大运营商在2018年财报中对5G网络规划都有提及。

中国移动：以SA作为目标架构，同步推进NSA（非独立组网）和SA（独立组网）发展；4G/5G协同发展，加快4G VoLTE发展；协同产业链打造多模、多频、多形态终端；打造端到端智慧开放能力，服务垂直行业。

中国移动是三大运营商中4G基站数量最多的一家。中国移动表示2019年将建设3万～5万座5G基站。

中国联通：正在积极开展重点城市的5G外场测试与行业应用探索，并将根据测试效果及设备成熟度，适度扩大试验规模；紧跟产业进展，强化终端、网络、业务协同并进，发挥3.5GHz产业链的优势，同步推进NSA/SA产业链的成熟。

中国联通2019年资本开支预计为580亿元，其中，约60亿～80亿元将投入5G组网。

中国电信：中国电信将充分发挥5G主流频段优势，加快推进5G，把握节奏，同步推进NSA和SA发展，逐步扩大网络试验和ToB/ToC应用试验规模。

2019年，中国电信5G建设方面投入预算为90亿元，初期预计5G基站建设达到2万座。

不可否认，在5G网络建设初期，运营商将拥有一张2G、3G、4G、5G并存的网络，这将使得网络的运营维护复杂度呈现几何级增长。电信运营商需要加速AI技术的引入和AI平台的打造，不断提升AI能力和产品覆盖水平。

（二）5G终端发展趋势

根据Strategy Analytics最近的研究，2019年，全球5G智能手机出货量估计达到200万部，2025年，将达到15亿部，年均增长率超过250%。2020—2024年，出货量分别达到1 100万部、7 700万部、1.83亿部、4.16亿部和8.55亿部。

在5G基带方面，三星推出5G基带芯片Exynos Modem 5100；华为推出5G基带芯片Balong 5G01；联发科也推出首款5G基带芯片—M70；紫光展锐宣布与英特尔达成5G合作，开展一系列基于英特尔XMM 8000系列的调制解调器研发工作。

从2021年开始，美国、英国、瑞典和中国等更多国家将推出自己的产品。华为、三星等普遍被认为是最有可能成为全球5G智能手机市场领先企业。

5G手机发展开始预热，各大手机厂商都在积极推出5G手机。

2018年8～9月，OPPO、vivo、小米已相继宣布5G手机的研发进展，三家公司均采用高通骁龙X50基带芯片，OPPO、小米先后在手机上打通了5G信令和数据链路，而vivo初步完成了手机的软、硬件开发。

有研究显示，美国、韩国、中国、日本将成为5G智能手机销售的关键市场。作为全球最大的移动市场，预计到2025年，中国将成为全球最大的5G市场，届时中国市场的5G终端数将达到4.3亿户，5G手机的需求和市场不可低估。

（《通信世界》 黄海峰）

互联网发展与信息安全篇

2018 年中国互联网发展情况

一、中国互联网发展概况

（一）网民

1. 规模

截至 2018 年 12 月，我国网民规模达 8.29 亿人，同比新增网民 5 653 万人，网民在总人口中占比 59.6%，同比提升 3.8%，如图 1 所示。其中手机网民规模达到 8.17 亿人，同比新增 6 433 万人，手机网民在网民中占比提升至 98.6%，如图 2 所示。

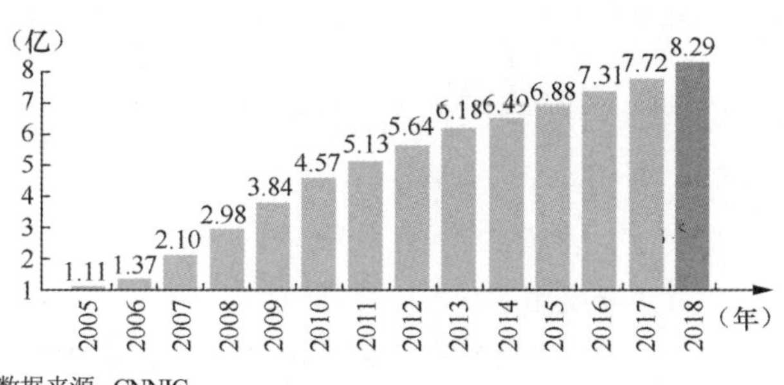

数据来源：CNNIC

图 1　中国网民规模和互联网普及率

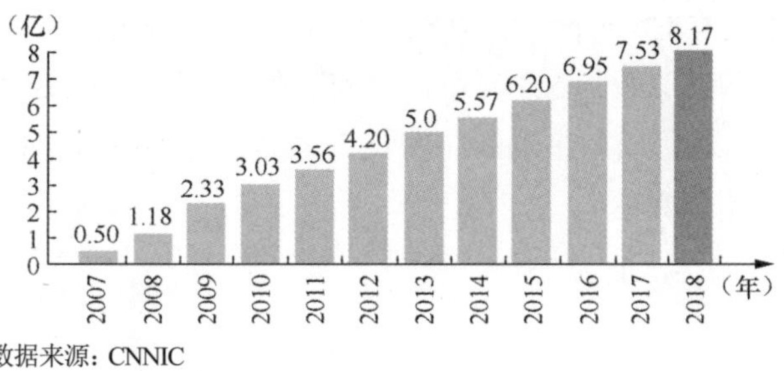

数据来源：CNNIC

图 2　中国手机网民规模

自 2013 年我国 4G 网络建设以来，我国智能手机产业发展带动移动网民规模经历近 7 年的高速增长，人口红利逐渐消失，网民规模增长率趋于稳定。当前，移动宽带与移动互联网发展依然是带动网民增长的首要因素。伴随着中国互联网行业向传统产业的融合渗透与中国经济社会人口整体的发展，网民的内在结构仍然在不断演变，并进一步提升我国互联网的应用水平。中国网民及手机网民规模增长率比较如图 3 所示。

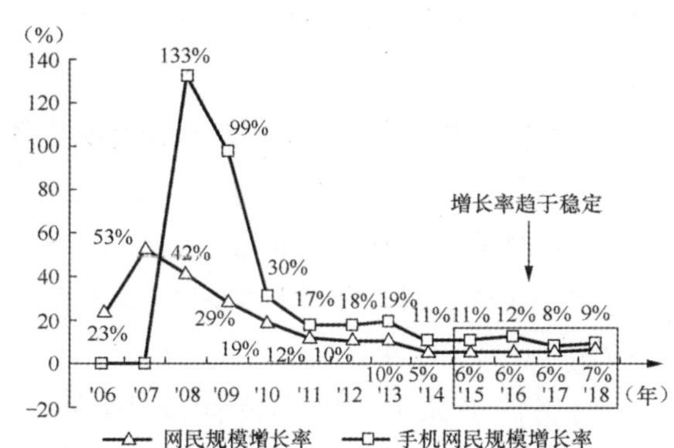

数据来源：CNNIC

图 3　中国网民及手机网民规模增长率比较

2. 结构

（1）性别与年龄

截至 2018 年 12 月，我国网民男女比例为 52.7∶47.3，与 2017 年持平。我国网民以中青年群体为主，持续向中高龄人群渗透。截至 2018 年 12 月，10 ～ 39 岁群体占网民总数的 67.8%。其中 20 ～ 29 岁年龄段的网民占比略有回落，达 6.8%；40 ～ 49 岁群体占比提升至 15.6%，具体如图 4 所示。

（2）城镇与乡村

截至 2018 年 12 月，我国农村网民占比为 26.7%，规模为 2.22 亿人，同比增长 6.2%；城镇网民占比 73.3%，规模为 6.07 亿人，同比增幅为 7.7%。我国农村网民规模持续增长，但城乡互联网普及率差异依然较大。截至 2018 年 12 月，我国城镇地区互联网普及率为 74.6%，农村地区互联网普及率为 38.4%，城乡普及率差异由 2017 年的 35.4% 扩大到 36.2%。非网民人口以农村地区的人群为主，使用技能缺乏和文化程度限制是非网民的主要原因。

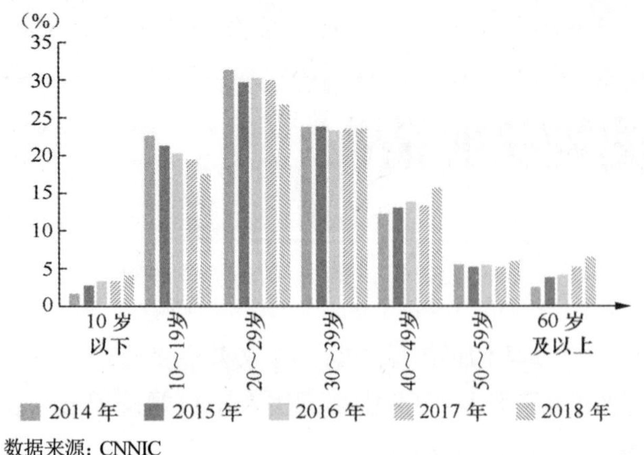

数据来源：CNNIC

图 4 中国网民年龄比例变化比较

（3）职业与收入

从网民学历来看，具备中等教育程度的群体规模最大。截至 2018 年 12 月，初中、高中 / 中专 / 技校学历的网民占所有网民的比例分别为 38.73%、24.5%，受过大学专科、大学本科及以上教育的网民占比分别为 8.7% 和 9.9%。

从网民职业来看，学生群体规模最大。截至 2018 年 12 月，学生群体占所有网民的比例为 25.4%；个体户 / 自由职业者的占比为 20.0%；企业 / 公司的管理人员和一般职员的占比合集达 12.9%。

从网民收入来看，月收入在中等水平的网民群体占比最高。截至 2018 年 12 月，月收入在 2 001 ～ 5 000 元的群体占比达到 36.7%。2018 年，我国低收入群体中网民占比大幅下降，月收入在 1 000 元以下的群体下降至 15.8%。

3. 行为

（1）场所

从场所来看，我国网民通过单位、家庭、学校电脑接入互联网的比例有小幅上升。截至 2018 年 12 月，我国网民在家通过电脑接入互联网的比例为 81.1%，同比降低 4.5%，具体如图 5 所示。

（2）设备

2018 年的一个特点是电视上网的网民规模保持增长趋势，台式机、笔记本的上网比例持续下降。截至 2018 年 12 月，我国网民使用手机上网的比例为 98.6%。智能电视作为家庭娱乐上网设备，上网比例持续攀升，达到 31.1%，相比 2017 年提升了 2.9 个百分点。

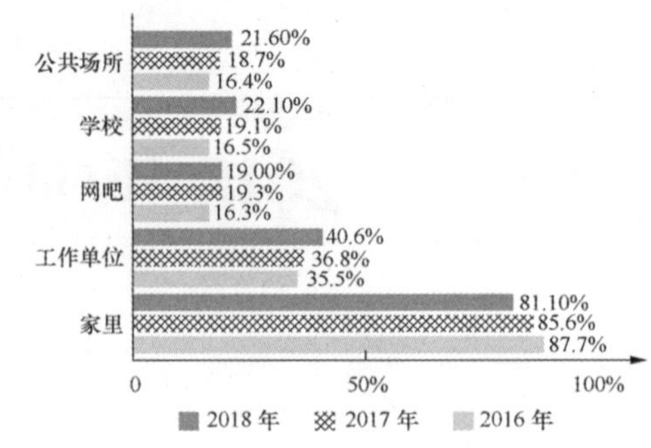

数据来源：CNNIC

图 5 中国网民上网场所调查比较

4. 时段

2018 年，人均周上网时长为 27.6 小时，比 2017 年提高 0.6 小时，如图 6 所示。从网民使用的主要应用时段统计，即时通信类应用使用时间最长，占比为 15.6%。网络视频、网络音乐、短视频、网络音频和网络文学类应用使用时长占比分别为 12.8%、8.6%、8.2%、7.9% 和 7.8% 。

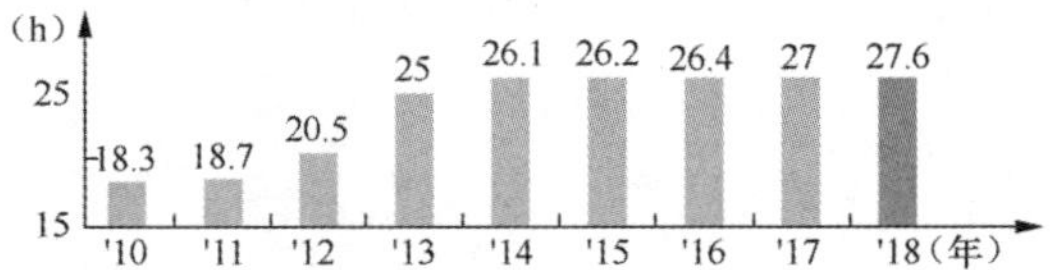

数据来源：CNNIC

图 6 中国网民周上网时间

（二）基础资源

截至 2018 年 12 月，我国 IPv4 地址数量为 3.38 亿个，IPv6 地址为 41 079 块 /32，如图 7 所示。我国域名总数为 3 792.8 万个，其中“.CN”的域名达到 2 124.3 万个，在我国域名总数中占比为 56.0%。我国网站总数为 523 万个，“.CN”网站数量达到 326 万个。国际出口带宽同比增长 22.2%，达到 8.946Tbit/s，如图 8 所示。

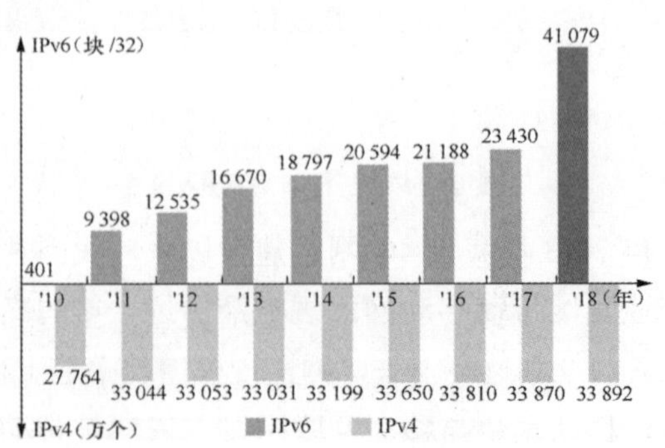

数据来源：CNNIC

图 7 中国 IPv6/IPv4 地址数量

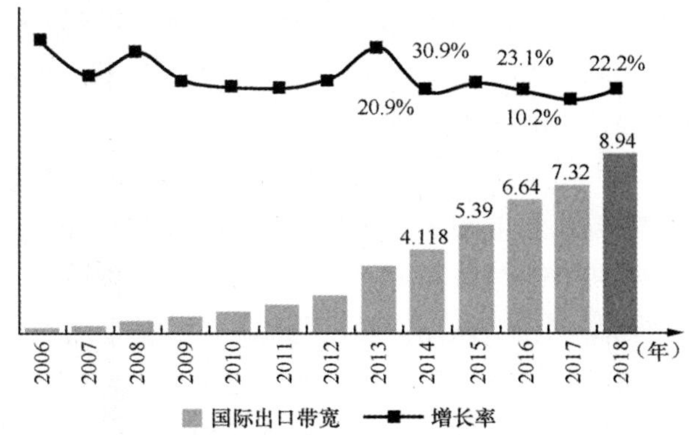

数据来源：CNNIC

图 8 中国国际出口带宽 （单位： Tbit/s）

2018 年，移动互联网接入流量消费达到 711.1 亿吉比，较 2017 年年底增长 189.1%。

2018 年，我国 4G 用户数突破 11 亿户，移动宽带用户占比达 83.2%，不限量套餐服务刺激移动电话用户数量继续保持较快增长。移动互联网的接入流量持续增加，基础网络设施的完善带来网络质量和网络速度的飞速提升，流量资费下调与 4G 网络普及大幅提升用户上网时长，人们花费在移动互联网上的时间和流量也在增加。

（三）市场规模

1. 移动通信业务收入占比超七成，语音业务收入占比继续下降

2018 年，移动通信业务收入为 9 134 亿元，比 2017 年增长 0.6%，在电信业务收入中占比为 70.2%。在互联网应用的替代作用及取消长途漫游资费双重影响下，2018 年，语音业务收入为 1 776 亿元，比 2017 年下降 25.7%，在电信业务收入中的占比降至 13.7%，比 2017 年下降 4.2 个百分点，如图 9 所示。

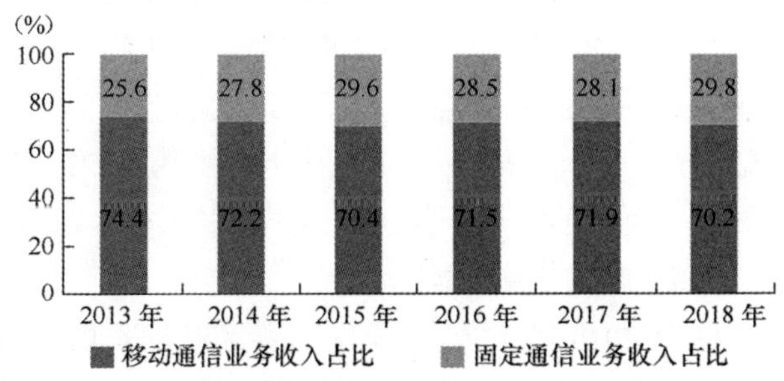

数据来源：工业和信息化部运行监测协调局

图 9 中国电信业收入 （固定和移动） 情况

2. 融合业务快速发展，数据和互联网业务收入占比稳步提高

2018 年，固定数据及互联网业务收入完成 2 072 亿元，比 2017 年增长 5.1%，在电信业务收入中的占比提升到 15.9%；移动数据及互联网业务收入为 6 057 亿元，比 2017 年增长 10.2%，如图 10 所示，在电信业务收入中的占比从 2017 年的 43.5% 提高到 46.6%。IPTV 业务收入比 2017 年增长 19.4%；物联网业务收入比 2017 年增长 72.9%。

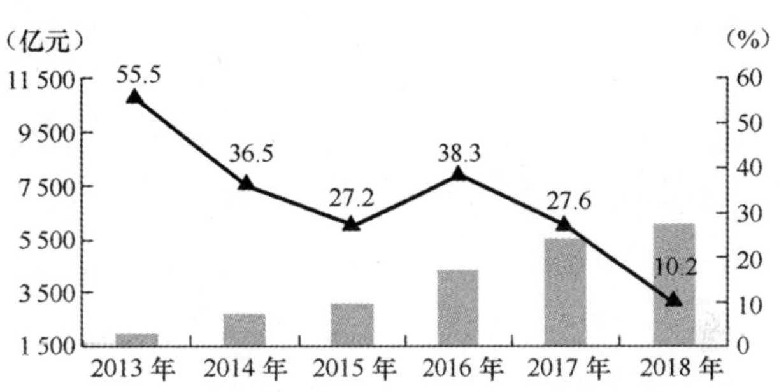

数据来源：工业和信息化部运行监测协调局

图 10 移动数据及互联网业务收入发展情况

二、中国互联网应用服务发展情况

2018 年，我国面向服务的互联网应用保持快速增长，网络约车用户规模增速最高，达 40.9%；在线教育取得较快发展，用户规模年同比增长 29.7%，如图 11 所示。网上外卖、互联网理财、网络购物用户规模也持续增长，短视频应用增速明显，使用率高达 78.2%，如图 12 所示。

以下从社交通信、搜索资讯、商务交易、网络金融、网络娱乐、公共服务六大领域进行分类说明。

（一）社交通信领域

截至 2018 年 12 月，使用即时通信的网民规模达到 7.92 亿人，较 2017 年年底增长了 7 149 万人，网民渗透率达到 95.6%。其中手机即时通信用户达 7.80 亿人，较 2017 年年底增长 8 670 万人，手机网民渗透率达到 95.5%。截至 2018 年 12 月，微信朋友圈、QQ 空间用户使用率分别为 83.4%、58.8%，微博使用率为 42.3%。2018 年即时通信的服务内容获

得蓬勃发展，应用场景不断拓展，内容质量进一步提升。面向企业和个人两类不同应用场景的即时通信产品均得到进一步发展，针对垂直行业特殊应用场景的应用产品也崭露头角。社交应用与传统媒体互为补充、融合发展，传统媒体大规模入驻各类社交平台，社交平台也助力传统媒体的大众化传播，并不断提升自身的影响力。

	2018.12		2017.12		
应用	用户规模	网民使用率	用户规模（万）	网民使用率	年增长率
即时通信	79172	95.6%	72023	93.3%	9.9%
搜索引擎	68132	82.2%	63956	82.8%	6.5%
网络新闻	67473	81.4%	64689	83.8%	4.3%
网络视频	61201	73.9%	57892	75.0%	5.7%
网络购物	61011	73.6%	53332	69.1%	14.4%
网上支付	60040	72.5%	53110	68.8%	13.0%
网络音乐	57560	69.5%	54809	71.0%	5.0%
网络游戏	48384	58.4%	44161	57.2%	9.6%
网络文学	43201	52.1%	37774	48.9%	14.4%
网上银行	41980	50.7%	39911	51.7%	5.2%
旅行预订[13]	41001	49.5%	37578	48.7%	9.1%
网上订外卖	40601	49.0%	34338	44.5%	18.2%
网络直播[14]	39676	47.9%	42209	54.7%	-6.0%
微博	35057	42.3%	31601	40.9%	10.9%
网约专车或快车	33282	40.2%	23623	30.6%	40.9%
网约出租车	32988	39.8%	28651	37.1%	15.1%
在线教育	20123	24.3%	15518	20.1%	29.7%
互联网理财	15138	18.3%	12881	16.7%	17.5%
短视频	64798	78.2%	-	-	-

数据来源：CNNIC

图 11　中国网民各类互联网应用的使用率

	2018.12		2017.12		
应用	用户规模（万）	手机网民使用率	用户规模（万）	手机网民使用率	年增长率
手机即时通信	78029	95.5%	69359	92.2%	12.5%
手机搜索	65396	80.0%	62398	82.9%	4.8%
手机网络新闻	65286	79.9%	61959	82.3%	5.4%
手机网络购物	59191	72.5%	50563	67.2%	17.1%
手机网络视频	58958	72.2%	54857	72.9%	7.5%
手机网上支付	58339	71.4%	52703	70.0%	10.7%
手机网络音乐	55296	67.7%	51173	68.0%	8.1%
手机网络游戏	45879	56.2%	40710	54.1%	12.7%
手机网络文学	41017	50.2%	34352	45.6%	19.4%
手机旅行预订	40032	49.0%	33961	45.1%	17.9%
手机网上订外卖	39708	48.6%	32229	42.8%	23.2%
手机在线教育课程	19416	23.8%	11890	15.8%	63.3%

数据来源：CNNIC

图 12　中国网民各类手机互联网各类应用的使用率

（二）搜索资讯领域

截至 2018 年 12 月，我国搜索引擎用户规模达 6.81 亿人，用户规模较 2017 年增加了 4 176 万人，同比增长 6.5%。手机搜索用户规模为 6.54 亿人，用户规模较 2017 年增加了 2 998 万人，同比增长 4.8%。2018 年信息流产品受到主流搜索引擎企业的重视，相关产品服务获得大力发展，用户流量和广告收入均持续提升。根据企业财报数据，搜索引擎的信息流产品带动日活跃用户数、每用户访问时长显著增长。据统计，2018 年第三季度，百度信息流广告合并人工智能业务的营收占比已经超过五分之一。搜索引擎的人工智能技术和信息流产品相结合，用户体验会更加丰富高效。

截至 2018 年 12 月，我国网络新闻用户规模达 6.75 亿人，年增长率为 4.3%，网民渗透率达 81.4%。手机网络新闻用户规模达 6.53 亿人，年增长率为 5.4%，手机网民渗透率达 79.9%。新闻媒体通过提高优质内容、加强自媒体资源的培育和争夺，重塑内容分发机制，进而提高媒体多元化生态的载体能力。

（三）商务交易领域

截至 2018 年 12 月，我国网络购物用户规模达到 6.10 亿人，同比增长 14.4%，占网民比例为 73.6%；其中，手机网络购物用户规模达到 5.92 亿人，同比增长 17.1%，使用比例达 72.5%。网上外卖用户规模达到 4.06 亿人，年增长率为 18.2%，其中手机端用户规模为 3.97 亿人，使用比例提升至 48.6%。截至 2018 年 12 月，在线旅行预订用户规模为 4.10 亿人，较 2017 年年底增长 3 423 万人，增长率为 9.1%。

2018 年网络消费持续保持升级，个性化需求发展促进小门类产品市场的繁荣，三、四线城市用户需求进一步释放。与此同时，各大电商线上、线下发展都有了新模式，线下门店获得快速发展，人工智能、大数据、区块链等技术在物流、营销、质量追溯等领域的应用日益深入。本地生活服务的数字化趋势进一步加强，外卖业务成为其中的重要部分，主要服务平台的跨界合作进一步丰富了平台内容。

（四）网络金融领域

截至 2018 年 12 月，我国购买互联网理财产品的网民规模达到 1.51 亿人，同比增长 17.5%；网络支付用户规模达 6 亿人，同比增加 6 930 万人，年增长率为 13.0%，手机网络支付用户规模为 5.83 亿人，同比增长 10.7%。

2018 年，国内网络支付市场行业竞争激烈，传统商业银行加大支付业务布局力度，与第三方支付企业开展用户争夺。支付场景不断延伸、支付方式更加多元。网络支付应用在公共服务领域如交通、医疗等方面获得发展，方便用户体验的智能识别、扫码支付等方式进一步普及。2018 年，金融领域先后出台多个行业政策文件，提出打破金融机构刚性兑付、降低银行理财投资门槛等多项政策，一方面有效控制了货币、基金、理财产品的规模，另一方面明显降低银行理财投资门槛，推动网络理财行业稳健规范发展。

（五）网络娱乐领域

截至 2018 年 12 月，我国网络视频用户规模达 6.12 亿人，其中手机视频用户规模为 5.90 亿人，占手机网民的 72.2%。我国网络音乐用户规模达 5.76 亿人，新增用户为 2 751 万人，占网民总体的 69.5%；其中手机网络音乐用户规模达到 5.53 亿，新增 4 123 万人。网络文学用户规模达到 4.32 亿人，较 2017 年增加 54 275 万人，渗透率达 52.1%；其中手机网络文学用户规模为 4.10 亿人，新增 6 666 万人，占手机网民的 50.2%。网络游戏用户规模达 4.84 亿人，占整体网民的 48.2%，同比新增 4 224 万人；手机网络游戏用户规模达 4.59 亿人，同比增长 5 169 万人，占手机网民的 56.2%。我国网络直播用户达到 3.97 亿人，占网民总体的 47.9%，较 2017 年下降 8 个百分点。其中游戏直播用户使用率基本稳定，体育直播、演唱会、真人秀直播用户使用率略有下降。

2018 年网络直播进入转型调整期，行业细分与平台精细化运营成为主流，直播平台通过合并重组以实现流量和利润的最大化。与此同时，网络视频行业呈现集中化发展，用户、内容、流量均向腾讯视频、爱奇艺、优酷三大平台集中。各大平台通过精品自制内容推动节目内容提升。

2018 年国内数字音乐版权环境持续改善，短视频作为网络音乐的展现形式受到各大平台的重视。国内大型网络音乐平台持续通过融资扩大竞争优势，网易云音乐完成 6 亿美元 B 轮融资、腾讯音乐集团在纽约证券交易所上市，这些都促进了国内网络音乐市场进一步繁荣。

（六）公共服务领域

截至 2018 年 12 月，我国在线教育用户规模达 2.01 亿人，同比增长 29.7%；其中手机在线教育用户规模为 1.94 亿人，同比增长 63.6%。网络预约出租车用户规模达 3.30 亿人，在网民中的占比为 15.1%；网络预约专车或快车用户规模为 3.33 亿人，在网民中的占比为 40.2%。我国在线政务服务用户规模达 3.94 亿人，占总体网民的 47.5%。

2018 年，我国“互联网 + 政务服务”得到进一步深化，相关部门不断推动线上、线下集成融合，依托网上政务服务平台，实现线上、线下功能互补，推动基于多终端的政务服务入口向基层延伸，各级政府加快完善政务数据资源体现，强化平台功能、完善管理规范，提升数据调度能力和现代化治理能力。

三、中国互联网发展环境

以大数据、人工智能、移动互联网、云计算、物联网为代表的新一代信息网络通信技术与经济社会各领域的全面深度融合，催生了很多新产品、新业务、新模式，互联网产业的主要技术体系逐渐形成，并逐步促进生产方式、商业模式、产业组织的创新，未来市场潜力巨大。

（一）应用领域逐步深入，产业发展水平进一步提高

2018 年，我国电子商务交易额快速增长，网络零售额增长到 291 600 万亿元，连续六年稳居世界第一。2018 年，全国网上零售额 90 065 亿元，同比增长 23.9%；其中，实物商品网上零售额 70 198 亿元，增长 25.4%，占社会消费品零售总额的比重为 18.4%；电子商务平台收入 3 667 亿元，同比增长 13.1%。从细分领域看，农村电商兴起，助力乡村振兴。全国农村网络零售交易额达 13 700 万亿元，同比增长 30.4%。从产业配套看，移动支付和快递业务增长迅猛，全国快递企业业务量 2018 年累计完成 507.1 亿件，连续五年位居世界第一。

2018 年，我国网络游戏业务收入达 1 948 亿元，同比增长 17.8%。游戏类移动应用数量达 138 万，同比增长 29.0%。随着微信小游戏商业化进程启动，国内游戏产业生态进一步扩大，并带动独立游戏市场快速发展；国内游戏厂商的海外市场开拓取得进展，2018 年上半年我国游戏公司开发的游戏应用海外下载量增长至 15 亿次，同比增长 36.3%。

（二）网络基础资源稳定发展，系统保障能力进一步加强

2018 年，我国域名、网站、IP 地址等互联网基础资源稳步发展。据统计，2018 年我国 IPv6 地址数量为 41 079 块 /32，年增长率达到 75.3%；域名总数为 3 792.8 万个，其中“.CN”域名总数为 2 124.3 万个；网站 523 万个，网页数量为 2 816 亿个；境内的二级及以下权威域名服务器约 6 万余台，境内递归服务器合计约 11 万余台。

互联网基础资源及服务系统提供核心的互联网服务。2018 年我国互联网基础资源的管理机制进一步完善，自主知识产权软件研发取得新突破，并涌现出一系列高性能域名解析与监控防护产品，域名服务安全策略本地化定制能力得到增强，国家互联网基础资源大数据（服务）平台等系列产品的发布，进一步提升我国互联网基础资源的服务能力和安全保障能力。

（三）新兴技术蓬勃发展，科研创新能力进一步提高

5G 技术研发和标准制定取得综合优势。截至 2018 年 3 月，我国提交的 5G 国际标准文稿占全球的 32%，主导标准化项目占比达 40%，多项技术方案进入国际核心标准规范。2018 年 12 月，我国三大基础电信运营商获得 5G 中、低频段实验频率使用许可，进一步推动 5G 产业化应用。

人工智能领域科研能力不断增强。截至 2018 年 11 月，我国人工智能相关专利申请量超过 14.4 万件，占全球申请总量的 43.4%，居全球首位。人工智能带动信息网络产业创新发展，覆盖从上游的硬件制造、平台服务、安全管理，到下游的应用服务、行业投资、人才服务等环节，逐步构造以数据为基础的数字化创新生态，赋能传统产业转型升级。

四、结语

2018 年是中国互联网产业蓬勃发展、加速融合的一年。在这一年里，我国互联网产业在引领经济发展、推动社会进步、促进创新等方面发挥了巨大作用，互联网用户和市场规模庞大、互联网科技成果惠及百姓民生、互联网与传统产业加速融合、互联网国际交流合作日益深化、互联网企业竞争力和影响力持续提升。与此同时，我国网络强国建设、制造强国建设、国家大数据建设等重大国家政策不断细化落实，互联网产业发展前景广阔。

（国家互联网应急中心　陆希玉）

移动互联网发展分析与展望

移动互联网是发展最快、市场潜力最大的行业。我国在通信技术领域从2G跟随、3G突破、4G同步，到5G引领，实现了从跟跑到并跑、进而到领跑的历史性跨越。我国已进入移动互联时代，正从网络大国迈向网络强国。互联网赋能传统行业加快转型升级，线上、线下互动互补，消费领域创新变革。电子商务、网上购物、移动支付等移动互联网模式正在引领世界潮流。

一、移动互联网发展概况

（一）移动互联网基础资源状况

截至2018年12月底，移动宽带用户（即3G和4G用户）总数达13.1亿户，全年净增1.74亿户，占移动电话用户的83.4%。4G用户总数达到11.7亿户，全年净增1.69亿户。2018年，各种线上、线下服务加快融合，移动互联网业务创新拓展，带动了移动支付、移动出行、移动视频直播、餐饮外卖等应用加快普及，刺激了移动互联网接入流量消费保持高速增长。2018年，移动互联网接入流量消费达711亿吉比特，比2017年增长189.1%，增速较2017年提高26.9个百分点。2018年全年移动互联网接入月户均流量（DOU）达4.42GB/（月·户），是2017年的2.6倍；12月当月DOU高达6.25GB/（月·户）。其中，手机上网流量达到702亿吉比特，比2017年增长198.7%，占总流量的98.7%。2018年全国移动互联网运行平稳，服务质量稳步提升，用户通过4G网络访问互联网时的平均下载速度为22.05Mbit/s，同比增长21.3%。我国5G核心技术研发取得突破性进展，进入全面深入落实阶段。2018年12月，三大基础电信运营商获得5G系统中低频段使用许可，同时开展5G基站试验建设。

在上网设备方面，中国移动互联网月度活跃智能设备规模增至11.3亿台，2018年全年净增4 600万台，同比增速已放缓至5%以下。2018年全年，国内手机市场总体出货量为4.14亿部，同比下降15.6%，其中4G手机3.91亿部，同比下降15.3%，在同期手机出货量中占比94.5%，另有2G、3G手机出货量分别为2 251.0万部、24.7万部。2018年全年，智能手机出货量3.90亿部，同比下降15.5%，占同期手机出货量的94.1%，其中Android手机在智能手机中占比89.3%。2018年国产手机品牌占据中国智能手机近九成的市场份额，华为、OPPO及vivo出货量排名前三。中国智能手机市场进入深度存量时代，出货量明显萎缩，换机需求成为主要驱动力。

（二）移动应用程序（App）状况

CNNIC第43次《中国互联网络发展状况统计报告》显示，截至2018年12月，我国市场上监测的移动应用程序（App）在架数量为449万款，我国本土第三方应用商店移动应用数量超过268万款，占比为59.7%；苹果商店（中国区）移动应用数量约为181万款，占比为40.3%。其中，游戏类应用数量约为138万款，占比达30.7%；生活服务类应用规模达54.2万款，排名第二，占比为12.1%；电子商务类应用位于第三，规模为42.1万款，占比为9.4%。

（三）移动互联网网民上网状况

1. 上网时长

2018年，流量资费下调与4G网络普及大幅提升了用户上网时长，移动互联网月人均单日使用时长突破341.2min，比2017年12月增加了63min。移动网民经常使用的各类App中，即时通信类App的用户使用时间最长，占比为15.6%；网络视频、网络音乐、短视频、网络音频和网络文学类应用使用时长占比分列第2～6位，依次为12.8%、8.6%、8.2%、7.9%和7.8%。短视频和即时通信两个行业的时长增长贡献了整体时长增量的一半以上。智能家居、生鲜电商等品类 App 的使用时长翻倍增长。微信人均单日使用时长同比增加近 6min，考虑微信用户超过 7.5 亿人 DAU（Daily Active User，日活跃用户数量），相当于总体时长每天增加约 7 500 万小时，其中小程序功不可没。

2. 上网时段分布

2018 年，移动网民经常使用的六类 App 中，即时通信类 App 的用户使用时间分布较为均衡，与网民作息时间关联度较高；网络直播类 App 在 12 点、20 点和 23 点分别出现三次使用小高峰；社交类 App 用户在 8 点之后的使用时间分布较为均衡，并在 22 点出现较低使用峰值；网络购物类 App 的用户偏好在 12 点及晚间购物；网络新闻类 App 用户阅读新闻资讯的时间分布较为规律，在 12 点和 21 点出现使用峰值；网上外卖类 App 的使用时段分布峰值明显，与网民用餐时间关联度很高，分别在 12 点及 18 点出现使用峰值。移动互联网夜间用户占比增加明显。

3. 垂直领域网民规模

截至 2018 年 12 月，手机网民规模达 8.17 亿人，其中手机网络新闻网民规模达 6.53 亿人，占手机网民的 79.9%，年增长率为 5.4%；手机网络购物网民规模达 5.92 亿人，占手机网民的 72.5%，年增长率为 17.1%；手机网上外卖网民规模达 3.97 亿人，占手机网民的 48.6%，年增长率为 23.2%；手机网络支付网民规模达 5.83 亿人，占手机网民的 71.4%，年增长率为 10.7%；手机网络视频网民规模达 5.90 亿人，较 2017 年年底增加 4 101 万人，占手机网民的 72.2%；短视频网民规模达 6.48 亿人，占手机网民的 79.3%；在线政务服务用户规模达 3.94 亿人，占手机网民的 48.2%。

4. App 安装情况

2018 年第 4 季度，中国移动网民手机中人均安装 App 的总量为 51 款，相较 2017 年同期增加了 11 个，与第 3 季度基本持平。2018 年第 4 季度，中国移动网民人均新装 App 的数量为 3 款，同期卸载 App 的数量为 2.6 款。不同年龄段网民安装 App 的数量有差异。15～19 岁年龄段网民人均手机 App 数量最多，达到 59 个；其次为 20～29 岁网民，人均手机 App 数量为 45 个；20 岁以上的网民人均手机 App 数量随年龄增长逐步减少，60 岁及以上的网民人均手机 App 数量为 28 个。

不同性别、年龄和城市等级网民安装 App 的类别存在明显差异。在女性移动网民 App 安装偏好指数达 10 中，女性网民对小红书的偏好指数最高，达 77.3，对“美柚”的偏好度为 71.8；在男性移动网民 App 安装偏好指数达 10 中，对汽车资讯类 App——“汽车之家”的偏好度达 75.1，对用车服务类 App——“滴滴出行”的偏好度达 71.3。15 岁及以下和 36～45 岁的移动网民均对教育学习类 App 有较高的偏好度；16～25 岁移动网民对网易云音乐的偏好指数较高；26～35 岁偏好指数达 1 是“汽车之家”；45 岁以上移动网民对“凤凰新闻”偏好度达 81.3。一线城市的中国移动网民最偏好的 App 为“摩拜单车”；新一线城市移动网民对“滴滴出行”有较高偏好度；二、三线城市和四线及以下城市的移动网民均偏好“小红书”及“汽车之家”。

二、细分行业发展特点

（一）工具类

1. 搜索引擎

截至 2018 年 12 月，手机搜索用户规模达 6.54 亿人，使用率为 80.0%，用户规模较 2017 年年底增加 2 998 万，增长率为 4.8%。

2. 地图导航

2018 年，高德地图及百度地图分列移动导航市场的前两位，腾讯地图增长迅速。

（二）社交类

1. 即时通信

截至 2018 年 12 月，手机即时通信用户达 7.80 亿人，较 2017 年年底增加 8 670 万人，占手机网民的 95.5%。2018 年即时通信行业稳步发展，用户规模和普及率实现进一步增长。微信在 12 月的渗透率为 85.7%，DAU 均值达 6.27 亿人；QQ 在 12 月的渗透率为 68.7%，12 月月均 DAU 达 2.65 亿人。

2. 社交媒体

截至 2018 年 12 月，微信朋友圈、QQ 空间用户使用率分别为 83.4%、58.8%，较 2017 年年底分别下降 3.9 个、5.6 个百分点；微博使用率为 42.3%，较 2017 年年底上升 1.4 个百分点，在二线城市用户占比提升显著，到年底时占近四成。

（三）信息类

1. 新闻资讯

截至 2018 年 12 月，手机网络新闻资讯用户规模达 6.53 亿人，占手机网民的 79.9%，年增长率为 5.4%。新闻资讯行业每年的平均投资额稳步增长，2018 年月度渗透率平均 51.1%，该行业月均 DAU 增长放缓。技术算法和商业模式在新闻资讯行业的持续创新，吸引资本市场不断加注，并推动新闻资讯用户群体在全网中保持相对较高的渗透水平。综合新闻资讯行业“今日头条”“腾讯新闻”和“新浪新闻”位列月活前三甲。

2. 教育

教育学习领域发展迅猛，截至 2018 年 12 月，手机在线教育用户规模达 1.94 亿人，较 2017 年年底增长 7 526 万人，增长率为 63.3%；手机在线教育用户使用率为 23.8%，较 2017 年年底增长 8.0 个百分点。K12 行业头部集中趋势明显，且头部 App 均增长迅猛。

3. 知识付费

知识付费行业渗透率在过去一年里呈现波动上升趋势，截至 2018 年 12 月，该行业的渗透率达 21.1%，同比增长 77.3%。行业月均 DAU 在 2018 年 12 月达到了 1 672 万人，相比同年 7 月有百万级增长。“喜马拉雅”12 月以 14% 的渗透率居于知识付费首位，月均 DAU 达 1 335.8 万。

（四）生活类

1. 购物

截至 2018 年 12 月，手机网络购物用户规模达 5.92 亿人，较 2017 年年底增长 17.1%，使用比例达 72.5%。截至 2018 年 12 月，手机网上外卖用户规模达 3.97 亿人，增长率为 23.2%，使用比例达 48.6%。

综合商城行业渗透率在 2017 年呈现波动上升态势。截至 2018 年 12 月，综合商城行业渗透率达 67.3%，同比增长 11.1%。12 月行业 DAU 达 2.4 亿，较同年 7 月增长了 2 090 万。“手机淘宝”“拼多多”和“京东”位列综合商城前三名。

生鲜电商持续被资本市场重视，用户基础保持稳步提升趋势。生鲜电商在资本市场的长期支持下，稳扎稳打，通过创新消费体验方式、前置仓模式和线上线下互动融合机制，不断培育和壮大生鲜用户群体。在各电商巨头的带动下，生鲜电商行业的渗透率同比增长 173.7%，2018 年 12 月渗透率增长至 5.2%，行业整体呈现明显的上升趋势。截至 2018 年 12 月，生鲜电商行业 DAU 均值达 343 万人。“每日优鲜”“盒马”和“小美生活”月活前三。

跨境电商继续被资本市场重金加持，用户规模增长趋势越来越明显。跨境电商用户网购意愿强烈，北、上、广、深跨境购买力领先全国。跨境电商用户具有较高的消费能力，较为看重质量和品牌，大多数跨境电商用户平均每月海淘 2 次以上，其中，以北、上、广、深地区为代表的用户是跨境网购的先锋。“小红书”“网易考拉”和“洋码头”月活前三。

2. 出行

截至 2018 年 12 月，我国网约车用户规模达 3.30 亿人，较 2017 年年底增加 4 337 万人，增长率为 15.1%。网约专车或快车用户规模达 3.33 亿人，增长率为 40.9%，用户使用比例由 30.6% 提升至 40.2%。受 2018 年网约车事件影响，12 月网约车 DAU 均值降至 1 578.1 万。“滴滴出行”12 月渗透率为 14.7%，12 月月均 DAU 为 1 105.7 万人，居网约车首位，“嘀嗒出行”及“首汽约车”增势迅猛。

共享单车经历“过山车”式发展，受行业洗牌影响，2018 年 12 月共享单车行业渗透率为 8.4%，同比下降 16.8%。行业月均 DAU 呈现下降趋势，截至 2018 年 12 月，行业 DAU 均值降至 513.8 万人。

3. 旅游

截至 2018 年 12 月，手机在线旅行预订用户规模达 4 亿人，使用率达 49.0%，较 2017 年增长 6 071 万人，增长率为 17.9%。携程旅行和去哪儿旅行保持领先优势。手机预订机票趋向常态，手机预订机票用户占整体在线预订机票用户的 98.8%。

4. 支付理财

截至 2018 年 12 月，手机网络支付用户规模达 5.83 亿人，年增长率为 10.7%，在手机网民中的使用比例由 70.0% 提升至 71.4%。随着 2018 年年末各平台的活动力度增大，12 月行业 DAU 均值上升至 157.9 万人。以支付宝为首的支付结算行业渗透率多呈增长态势，支付宝 12 月渗透率达 55.3%，环比增长4.3%，DAU均值增至1.47亿人。云闪付渗透率环比增长77.2%，DAU均值达340万人，“双十二”达到峰值1 000万人，排名第二。支付宝线下推广效果显著，云闪付背靠银联资源，通过补贴实现快速增长。

2018年银行“移动化”趋势加强，手机银行市场年均MAU已突破2亿元，涨幅逾六成，受金融监管政策的影响，2018年第2季度之后用户规模出现萎缩。头部银行中，交通银行及中国银行增长最为迅猛。

5. 房产

房产服务在资本市场遇冷，行业渗透率稳中有升。在房产市场整体压力之下，2018年房产服务市场在资本层面受到冷淡对待，但是用户层面对于房产服务的需求并没有减少，反而呈现出稳步升温的态势。一、二线城市占据房产服务高位，用户渗透率相对较高。“安居客”“贝壳找房”和“链家”月活前三。

（五）娱乐类

1. 视频

截至2018年12月，手机网络视频用户规模达5.90亿人，较2017年年底增加4 101万人，占手机网民的72.2%。在线视频行业渗透率达71.3%，相比2017年同期增长4.2%，行业整体呈现波动上涨趋势。同年，12月行业DAU小幅下降至2.06亿人，在线观看影视剧成为社会主流精神文化消费之一。在综合在线视频行业，“爱奇艺”“腾讯视频”“优酷视频”位列月活前三甲。

短视频行业由快速崛起走向稳定成长，用户渗透率超过40%。短视频行业渗透率在2017年呈现波动增长态势，增速在2018年年末有所放缓。截至2018年12月，短视频行业渗透率达62.2%，同比增长76.7%，行业DAU在12月达到3.1亿人。“快手”“抖音”“西瓜视频”月活前三。

2. 音乐

截至2018年12月，手机网络音乐用户规模达5.53亿人，较2017年年底增加4 123万人，占手机网民的67.7%。移动音乐市场中，腾讯的领先地位无可撼动，旗下“酷狗”“酷我”及“QQ音乐”垄断市场前三。

3. 文学

截至2018年12月，手机网络文学用户规模达4.10亿人，较2017年年底增加6 666万人，占手机网民的50.2%。2018年文学阅读市场用户规模增长18%，DAU峰值逾4 000万。掌阅MAU逾5 000万元，稳居文学阅读市场首位，米读小说增长最为亮眼，跃居次席。米读小说用户规模呈“火箭式”增长，12月DAU增至348万人。连尚读书用户日均打开次数领先掌阅，与QQ阅读不相上下。

4. 游戏

截至2018年12月，手机网络游戏用户规模达4.59亿人，较2017年年底增长5 169万人。受2018年3月版号停发的影响，从3月开始，手机游戏行业整体呈现波动下降态势。截至2018年12月，手机游戏行业渗透率为60.6%，相较2018年峰值下降21%。2018年上半年行业DAU在1亿人上下波动，12月行业DAU为9 720万人。

5. 直播

截至2018年12月，网络直播用户规模达3.97亿人，较2017年年底减少2 533万人，用户使用率为47.9%，较2017年年底下降6.8个百分点。在线直播行业开始退热，较多受到新兴媒体形式影响。资本市场开始对在线直播行业持谨慎态度。随着短视频等新兴媒体形式和平台的兴起，在线直播行业受到影响，并在2018年的活跃趋势有所下滑。

三、趋势分析及展望

（一）移动互联网增速放缓，移动终端人口红利枯竭

2018年移动互联网整体发展增速放缓，市场规模亦随着网民红利的变化而逐渐放缓，一、二线城市移动互联网应用的新增流量已趋于饱和，且竞争非常激烈，已经是典型的“红海”。三、四线城市的移动互联网发展态势良好，该市场在未来5～10年仍是“蓝海”，蕴含了无数的商机。随着一、二线城市市场逐渐饱和，移动互联网用户增量减速，人口流量增长红利消退殆尽，三、四线城市成为移动互联网的市场。

（二）移动互联网企业扎堆上市，争夺市场

2018年迎来中国移动互联网20年发展历史中的第4次上市潮，各垂直领域企业上市42家，爱奇艺、优信、虎牙、拼多多、小米、美团、QQ音乐等纷纷美股或港股上市。上市潮背后是行业头部App用户重合度加剧，也是对存量市场的激烈争夺。

（三）监管加强，合法合规运营势在必行

2018年是监管从严的一年。国家出台了一系列的政策法规，加强了对移动互联网市场的监管：3月20日，《微博客信息服务管理规定》开始实施，进一步明晰了平台主体责任，促进了微博客信息服务健康有序发展；6月5日，交通部等七部门联合印发《关于加强网络预约出租汽车行业事中事后联合监管有关工作的通知》，进一步规范了网约车管理；8月31日，《电子商务法》出台，推动形成企业自治、行业自律、社会监督、政府监管的社会共治模式，我国互联网法治体系进一步完善；11月15日，国家网信办和公安部联合发布《具有舆论属性或社会动员能力的互联网信息服务安全评估规定》，督促互联网信息服务提供者更好地开展安全评估。只有加强对移动互联网信息的监管，规范个人信息收集使用行为，保护好网民的个人信息，才能促进行业健康有序发展，更好地维护社会的正义和秩序。

（四）精细化运营，争夺用户使用时间

随着流量越来越"贵"，企业在运营过程中，开始进入"深挖用户"的阶段。企业以精细化运营为目标，提高用户活跃度、留存率或者付费指标，从而最大化用户的价值；通过大数据分析来精准定位用户需求，以产品矩阵焕发全盘活力，形成新形势下的竞争优势。

（五）新技术新风口风力未减，提供发展新动能

1.5G规模部署迈入新阶段

2018年12月10日，工业和信息化部向中国电信、中国移动、中国联通发放了5G系统中低频段试验频率使用许可。移动互联网智能终端和IoT最先受益，将率先把5G技术应用在视频内容消费、产业互联网、远程诊断、物联网、车联网等场景。预计2021年以后5G集中放量，产业链上下游创新企业将迎来脱颖而出和弯道超车的机会。

2. 小程序

2018年，巨头开始布局小程序，终端厂商发力快应用，流量入口的竞争愈加激烈。社区团购依托小程序，2018年下半年，创业者争相进场，百花齐放，但目前都处于发展的早期阶段。移动互联网已进入超级"App+小程序"的新时代，随着流量红利日趋枯竭，全面拥抱"小而美"的小程序才能抓住新一波红利。

3. 区块链

2019年2月15日，国家颁布《区块链信息服务管理规定》。区块链在提供基础设施、提高用户规模、降低社会交易成本等方面对互联网建设发挥重要作用，成为后移动互联网时代的首要突破口。

4. 智媒体

移动互联网深刻地改变了媒体格局、舆论生态和传播方式，特别是人工智能技术已经进入媒体内容生产和传播过程。《人民日报》《求是》《文汇报》等主流纸媒顺应移动互联网的蓬勃发展趋势，纷纷改版，缩减了纸媒版块；新华社近期发布了"媒体大脑"平台，整合了云计算、物联网、人工智能多种技术，极大提高了媒资的处理效率和质量。2019年，"智媒体"将继"新媒体"之后，对信息传播产生更为广泛的影响。

（中国互联网协会 李娟）

中国电子政务发展与展望

作为国家信息化建设体系的核心，电子政务直接体现了创新、协调、绿色、开放、共享的发展理念，是简政放权、放管结合、优化服务改革等决策部署的关键环节。大力发展电子政务，有助于进一步规范行政权力运行，优化政务服务供给，降低制度性交易成本；有助于解决影响企业和群众办事创业的难点和堵点，进一步激发社会和市场活力。当前，各地区及各部门积极推进网上政务服务平台建设，开展网上办事，有效优化了政府服务，方便了企业和群众，为推进政府治理创新提供了有力支撑和保障。中国进入信息新时代，电子政务也取得了新成绩、新变化，出现了新趋势。当然，各地及各部门的电子政务工作也出现了一定的新问题，需要新方法加以解决。

一、发展成果

深入推进电子政务工作，充分运用信息化手段解决企业和群众反映强烈的办事难、办事慢、办事繁的问题，是党中央、国务院作出的重大决策部署。党的十八大以来，我国电子政务工作不断取得新突破、新成绩，主要体现在以下几个方面。

（一）发展环境不断优化

党的十九大报告提出，要“转变政府职能，深化简政放权，创新监管方式，增强政府公信力和执行力，建设人民满意的服务型政府”。

不断规范管理体系，为电子政务发展提供制度保障与政策支持。自党中央、国务院作出进一步深化“互联网＋政务服务”，充分运用信息化手段解决企业和群众反映强烈的办事难、办事慢、办事繁等问题这一重大决策部署以来，国务院先后出台多份通知、意见，切实推动了各级政府电子政务服务水平的提高。2018 年 6 月，国务院办公厅印发《进一步深化“互联网＋政务服务”推进政务服务“一网、一门、一次”改革实施方案》，提出深化“放管服”改革、进一步推进“互联网＋政务服务”的目标。方案强调要加快构建全国一体化网上政务服务体系，推进跨层级、跨地域、跨系统、跨部门、跨业务的协同管理和服务，推动企业和群众办事线上“一网通办”（一网），线下“只进一扇门”（一门），现场办理“最多跑一次”（一次），让企业和群众到政府办事像“网购”一样方便。方案要求，在“一网通办”方面，省级政务服务事项网上可办率不低于 80%，市县级政务服务事项网上可办率不低于 50%；在“只进一扇门”方面，市县级政务服务事项进驻综合性实体政务大厅比例不低于 70%，50% 以上政务服务事项实现“一窗”分类受理；在“最多跑一次”方面，将企业和群众到政府办事提供的材料减少 30% 以上，省市县各级 30 个高频事项实现“最多跑一次”。方案要求，到 2018 年年底，“一网、一门、一次”改革初见成效，先进地区成功经验在全国范围内得到有效推广；到 2019 年年底，重点领域和高频事项基本实现“一网、一门、一次”。

2018 年 7 月，国务院印发《关于加快推进全国一体化在线政务服务平台建设的指导意见》。意见指出，要加快建设全国一体化在线政务服务平台，推进各地区各部门政务服务平台规范化、标准化、集约化建设和互联互通，形成全国政务服务“一张网”。意见要求，到 2018 年年底前，国家政务服务平台主体功能建设基本完成，通过试点示范实现部分省级政府和国务院部门政务服务平台与国家政务服务平台对接，为全面构建全国一体化在线政务服务平台奠定基础；到 2019 年年底前，国家政务服务平台上线运行，各省（自治区、直辖市）和国务院有关部门政务服务平台与国家政务服务平台对接，全国一体化在线政务服务平台框架初步形成；到 2020 年年底前，国家政务服务平台功能进一步强化，各省级政府和国务院部门政务服务平台与国家政务服务平台应接尽接、政务服务事项应上尽上，国务院部门数据实现共享，满足地方普遍性政务需求，全国一体化在线政务服务平台基本建成；到2022年年底前，以国家政务服务平台为总枢纽的全国一体化在线政务服务平台更加完善，全面实现“一网通办”。

我国电子政务在线服务指数排名继续处于全球前列。2018年7月20日，联合国经济和社会事务部发布了《2018年联合国电子政务调查报告》，这是自2001年起联合国发布的第10份电子政务报告。报告数据显示，我国电子政务发展指数为0.6811，位列第65位，居于“高电子政务发展指数（EGDI）”组别，处于全球中上水平。其中，我国的在线服务指数（OSI）为0.8611，位列第34位，居于“非常高OSI”组别，达到全球领先发展水平。我国的电子参与指数（EPI）亦居于“非常高EPI”组别。

（二）统筹协调机制日趋完善

电子政务事关国家治理体系和治理能力现代化。习近平总书记强调，电子政务要适应人民期待和需求，让亿万人民在共享互联网发展成果上有更多获得感。在推动电子政务工作体系化、系统化的过程中，中央网信办发挥了重要作用，日益成为电子政务统筹协调机制的核心。

一是建立了国家电子政务工作统筹协调会议制度。2016年8月，中央网信办会同中央办公厅、国务院办公厅、国家发展和改革委员会等有关部门建立了国家电子政务工作统筹协调会议制度、重大事项会商和重大事项报告等制度，明确了各部门职责分工，厘清了中央各有关部门在电子政务建设、管理、运行和标准化方面的职能与职责，提高了国家电子政务重大政策的一致性和协调性。同时，中央网信办还要求各地网信领导小组根据当地实际情况建立当地的电子政务统筹协调机制。目前，大部分省（自治区、直辖市）已经成立了由网信部门牵头的电子政务统筹协调机制，以此加强对电子政务工作的统筹。以福建省例，2018年4月，福建出台《福建省电子政务综合试点实施方案》，指出要依托数字福建建设领导小组协调机制，加大对政务数据汇聚共享、政务数据资源开放开发、数据中心整合、“互联网+政务服务”等应用深化和资源整合共享方面的全省性重大工程的统筹协调力度。

二是开展了国家电子政务综合试点。2017年12月，中央网信办、国家发展和改革委员会同有关部门联合印发《关于开展国家电子政务综合试点的通知》，确定在北京、上海、浙江、福建、陕西等基础条件较好的省（自治区、直辖市），开展为期两年的国家电子政务综合试点。通知明确要求针对当前地方电子政务存在的统筹规划不足、业务协同水平不高、政务服务不到位等问题开展综合试点，探索形成可借鉴推广的电子政务发展经验。通知提出，试点地区要在建立统筹推进机制、提高基础设施集约化水平、促进政务信息资源共享、推动“互联网+政务服务”、推进电子文件在重点领域的规范应用等五大方面进行重点探索，要开展组织建立省级电子政务工作统筹推进机制；构建逻辑集中的区域性电子政务平台；编制本地区政务信息资源目录；推进OFD版式文档、电子证照、电子交易凭证的试点应用等十三项具体工作。通知要求，到2019年年底，试点地区电子政务统筹能力显著增强，基础设施集约化水平明显提高，政务信息资源基本实现按需有序共享，政务服务便捷化水平大幅提升，探索出一套符合本地实际的电子政务发展模式，形成一批可借鉴的电子政务发展成果，为统筹推进国家电子政务发展积累经验。

三是成立了国家电子政务专家委员会。为贯彻落实党中央、国务院关于电子政务工作的有关部署，推进国家电子政务健康协调发展，2018年3月，中央网信办会同国家发展和改革委员会、工业和信息化部、国家标准化管理委员会等有关部门联合成立了国家电子政务专家委员会。根据有关决策部署，国家电子政务专家委员会的主要任务是研判国际电子政务发展态势，研究国家电子政务建设和管理中的重大问题，指导各地开展电子政务综合试点，为制定国家电子政务发展战略规划和重大工程建设提供咨询意见，为中央网络安全和信息化委员会提供电子政务领域的政策建议。这一专家委员会的成立将推动我国电子政务建设和管理工作专业化、科学化、民主化和规范化，推进国家电子政务健康协调可持续发展，促进国家治理体系和治理能力现代化。

（三）“互联网 + 政务服务”深入推进

宏观来看，2017 年，全国各级政府网上政务服务能力显著提高。一些省市把“互联网 + 政务服务”作为推进政府治理现代化的重要突破口，以问题导向、需求牵引为原则，围绕网上政务服务内容不规范、服务不便捷、平台不互通、数据不共享、线上线下联通不畅等问题，运用现代信息技术创新行政审批和公共服务方式的手段，推动顶层设计和地方实践良性互动，进行探索与实践。各项便民利企改革举措应运而生并落地生根，成为引领发展“互联网 + 政务服务”的典型示范。

2017 年，浙江、江苏、贵州、广东和安徽 5 个省级政府的网上政务服务能力指数为“非常高”，占比 15.63%。北京、福建、重庆、四川、山东、宁夏、江西、黑龙江、湖南、上海、甘肃、河北、云南、河南、湖北和辽宁 16 个省（自治区、直辖市）政府的网上政务服务能力指数为“高”，占比 50%。数据显示，2017 年省级（自治区、直辖市）政府的网上政务服务能力显著提高，一体化网上政务服务平台体系初步建成，截至 2018 年 10 月，31 个省级（自治区、直辖市）政府已经建成省级网上政务服务平台，其中，29 个已建成省、市、县三级以上的网上政务服务体系，“互联网 + 政务服务”成为政府公共服务的重要方式。全面优化网上服务成为深化行政审批制度改革的亮点，31 个已建成的省级（自治区、直辖市）网上政务服务平台提供的 22 152 项省本级行政许可事项中，16 168 项已经具备网上在线预约预审功能，占比 72.98%，平均办理时限压缩 24.96%。“应上尽上、一网服务”成为规范行政权力运行的重要抓手，31 个已建成的省级（自治区、直辖市）网上政务服务平台可以提供 1 403 个省本级部门的 54 440 项政务服务事项办事指南服务信息。“一次认证，全网通办”成为发展重点，27 个地区面向自然人和法人构建了省级统一身份认证体系，已认证 1.07 亿个人实名用户和 3 071 万企业实名用户。政务系统互联互通和信息共享成为提升网上政务服务能力的核心，21 个省级（自治区、直辖市）网上政务服务平台已经构建电子证照库，汇集了 552 个省本级部门 6 830 类的 2.61 亿项相关证照信息。

（四）信息资源整合共享成效初显

长期以来，我国电子政务工作一直面临着“各自为政、条块分割、烟囱林立、信息孤岛”的问题。为更好推动政务信息系统整合共享，2017 年 5 月，国务院办公厅印发《政务信息系统整合共享实施方案》。方案印发以来，各部门积极落实方案要求，加快建立信息互通、资源整合的政务信息系统，电子政务信息资源整合共享取得初步成效。

2018 年 7 月，国务院印发《关于加快推进全国一体化在线政务服务平台建设的指导意见》。意见强调，2019 年年底前，国家政务服务平台上线运行，各省（自治区、直辖市）和国务院有关部门政务服务平台与国家政务服务平台对接，全国一体化在线政务服务平台标准规范体系、安全保障体系和运营管理体系基本建立，国务院部门垂直业务办理系统为地方政务服务需求提供数据共享服务的水平显著提升，全国一体化在线政务服务平台框架初步形成。截至 2018 年 10 月，在 31 个已建成的省级（自治区、直辖市）网上政务服务平台中，浙江、广东、贵州、安徽、海南、云南和宁夏 7 个地区构建了省、市、县、乡、村 5 级网上政务服务体系，江苏、北京、湖北、四川、广西、山西、福建和山东 8 个地区构建了省、市、县、乡 4 级网上政务服务体系。

广东省推行网上办事集约化建设，打造一体化网上政务服务平台，构建 5 级互联、数据互通全省统一的网上办事大厅。目前已进驻 57 个省级部门、6 318 个市县部门的 98 791 项服务事项。浙江省按照“七统一”（统一门户、统一认证、统一申报、统一查询、统一互动、统一支付、统一评价）的要求，建设覆盖省、市、县、乡、村 5 级的政务服务“一张网”，实现全省 3 000 余个政府机关、1 300 多个乡镇、20 000 余个村（社区）集中发布标准化办事指引，公开办事过程、办理结果、评价意见的一站式汇聚。福建省坚持“要统筹、不要多头”的原则，从体制机制上杜绝各部门重复建设的“孤岛”和“烟囱”现象。福建继在全国率先建成全省政务网、广泛应用视频会议之后，又以全国最快的速度建成全省电子政务外网，形成省、市、县、乡 4 级网络体系，为大规模开展社会管理、提供公共服务创造了条件。福建省政务信息网的建设，避免了各部门重复建设专网，节约投资近 7 亿元。

二、存在的问题

目前，各地各部门为贯彻落实中央有关决策部署，在电子政务方面开展了大量的探索和实践，积累了富有成效的经验和做法。但是，电子政务在发展过程中还存在一系列问题，各部门各地区电子政务发展水平及“互联网+政务服务”能力与社会公众的需求之间还存在差距。整体来看，主要体现在以下几个方面。

（一）在线服务能力尚需提升

一是服务范围不够广。很多地区采用的策略大多是“好上先上”“能少上就少上”“能不上就不上”，没有认真落实“应上尽上”的要求，结果造成了政府“提供的服务不需要，需要的服务找不到”“主动上网的服务事项少，被动上网的服务事项多”，各地区网上政务服务供给能力失衡。

二是服务信息不完善。网上政务服务大厅精细化程度不高，准确性、时效性和实用性不强。有的政务服务网站在行政审批事项一栏只有标题信息，没有细节内容。服务信息更新慢、不更新等现象也屡见不鲜，群众依然需要到线下窗口办理业务。

三是服务集约程度仍需提高，服务软件迭代性不强。目前，许多地方的政务服务渠道在线上线下“百花齐放”，但是服务形式分散、网上服务入口复杂多样，让群众在线上办理业务时摸不着头脑，服务集约化程度还有待提高。一些地区虽已上线政务服务移动客户端，但存在着点击某一功能模块出现“闪退”等用户体验不佳的情况，公众使用移动终端的满意度不高。有的政府网站的移动客户端上线多年，但功能模块、业务系统没有任何更新与升级，仍然停留在最初的版本，不符合以需求为导向的、持续优化完善政务服务功能的互联网迭代思维。

（二）信息资源孤岛依然存在

目前，各地区网上政务服务平台大多从自身业务需求出发，基于已有的网络基础设施、业务系统和数据资源，基本采用独立模式建设，跨地区、跨部门、跨层级、跨业务的信息资源共享共用和业务协同力度不够，信息孤岛仍然存在，数据壁垒难以从根本上彻底消除。公民户籍、教育、就业、生育、医疗、婚姻等一些基本信息处于分散、割据的碎片化状态，业务协同程度不高。同时，由于政务服务信息资源目录体系尚未成熟应用，没有形成高效的政务服务协同协调机制，造成信息资源底数不清，一事一办、重复采集、一数多源等情况较为普遍。此外，各省级政务服务平台对法人、人口等基础信息以及一些垂管系统数据的共享需求大，而国务院各部门对各地区网上政务服务平台数据开放共享进度缓慢，信息共享供需矛盾较为突出。一些垂管部门出于自身利益考量和信息安全考虑，不开放共享政务信息数据，加之数据格式不统一、标准不一致，造成各部门、各层级间出现信息孤岛与部门壁垒的难点和堵点，无法真正实现利企便民。

（三）标准规范需要形成体系

依法行政是电子政务持续健康发展的根本保障。虽然浙江、福建、广东等地区已经出台了一些规定和办法，重点解决电子申请、电子材料、电子证照等法律效力问题，为开展网上政务服务提供了制度保障。但从全国范围来看，涉及“互联网+政务服务”业务领域的法律规定依然空白，对加快推动“互联网+政务服务”和深化“放管服”改革支撑力度不够，数字政府建设的指标体系、工作体系、政策体系和评价体系仍显滞后，缺少科学、量化的考核标准和评估依据。由于相关法律法规、标准规范、评价体系的缺位，因此要求群众开示“奇葩证明”“循环证明”的情况频繁发生，需要公众不断地在政府部门之间“跑断腿”“磨破嘴”。此外，如何处理好便捷和安全的平衡、厘清隐私和安全分享的边界、提升安全意识和安全机制、确保“篮子”不漏水，也是目前“互联网+政务服务”亟待解决的一些问题。

（四）政民互动需要向纵深发展

当前，一些政府网站存在在线服务交互性不强、便民服务模块缺失等问题，政民互动需要向纵深发展。一些地区的政务服务网站的“网上办事”模块虽提供了“建议咨询”的相关版块，但服务功能仅停留在留言咨询阶段，与“在线咨询”“24小时网上受理”等无缝互动功能存在一定差距。一些地方的网上政务服务虽已看似开通，却不免出现“沉睡的政府网站”“打不通的便民热线”等问题。此外，许多地方普遍存在着公众在政府网站提交诉求建议后，政府部门处理回复时间较长、反馈拖沓的情况，还有的政府部门会在公众的留言与意见达到一定数量后，集中批量答复，缺乏针对性。上述问题都暴露出政民互动不规范、不高效，参与机制、沟通机制、保障机制不完善的现状。在信息化时代，公众对便捷的电子政务的期待日甚，倘若网上政务服务运行不顺畅、落地不及时，依托信息技术和制度创新提高政府服务群众需求的能力也就变成了空话，这势必让政府部门感知群众期盼、回应社会关切、服务公众需求的能力大打折扣，不仅增加行政成本，还会降低政府公信力。

三、发展趋势

在党中央、国务院的正确指导下，电子政务工作与“互联网＋政务服务”正向着更高水平与更高目标不断迈进。总的说来，当前我国电子政务主要体现了下列发展趋势。

（一）践行“以人民为中心”的发展理念

以人民为中心的发展理念，是电子政务工作的出发点和落脚点。人民日益增长的美好生活需要对政务服务提出了多元化、综合性、高质量的新要求，以往靠单部门、多条线“九龙治水”的服务模式正面临越来越多的挑战。新形势下，越来越多的地区和部门开始运用互联网思维推进数字政府改革建设，发展电子政务。互联网思维的核心是以用户为中心，其实质就是新时代的群众路线，是以人民为中心的发展思想的坚持和践行。推进电子政务，就要重视用户感受，让群众和企业切身感受到信息化带来的便利。

各地各部门坚持以人民为中心提升“互联网＋政务服务”供给能力，解决群众日益增长的网上政务服务需求和不平衡不充分发展之间的矛盾；愈发注重从用户实际需求而非政府部门自我判断出发，扎实开展用户需求分析和建议征集；基于用户体验和线上线下流程衔接优化扩展服务广度和深度，从根本上改善用户体验，不断提升信息惠民能力和水平。未来，电子政务将继续做好探索创新社会治理和公共服务新形态这一重要任务，做到政务服务事项“应上尽上、全程在线”，全面激活大数据在政府治理、民生服务、产业和金融服务等领域的政用价值、社会价值和商用价值。

（二）有力支撑“数字中国”建设

数字化治理模式有利于增强数字时代国家治理能力，促进国家治理手段和模式创新，提升国家驾驭数字社会和数字经济的能力，这是“数字政府”建设不可或缺的重要内容。近年来，电子政务在“数字中国”中的作用日益凸显。党中央、国务院相继出台了一系列文件，全方位勾勒出电子政务发展蓝图，推动政府管理和社会治理模式创新，提高政府宏观调控、社会管理和市场监管能力，促进政府决策科学化、社会治理精准化、市场监管高效化。

发展电子政务，不仅促进了政府加快简政放权，更改善了营商环境，推动了产业发展。通过政务服务模式改革以及大力发展电子政务，我国开办企业平均所需手续从 2016 年的 9 项减少到 2017 年 7 项，所需时间从 2016 年的平均 28.9 天缩减到 2017 年的平均 22.9 天。联合国 2018 年发布的报告显示，我国电子政务国际排名稳步上升，位列全球第 65 位，电子政务发展水平已处于全球中等偏上水平。营商环境的改善与经济产业的发展为“数字中国”建设营造了良好的环境。这充分体现了在实施“网络强国”，推动“数字政府”建设的大背景下，我国“互联网＋政务服务”建设取得显著成效。随着电子政务被纳入国家发展战略体系，其必将日益成为“数字中国”建设的重要组成部分。

（三）数据治理和信息整合共享将进一步完善

2017 年 5 月，国务院办公厅印发《政务信息系统整合共享实施方案》，提出加快推进政务信息系统整合共享的“十件大事”，包括消除“僵尸”信息系统、加快部门内部信息系统整合共享、提升国家统一电子政务网络支撑能力、推进接入统一数据共享交换平台、加快公共数据开放网站建设、加快构建政务信息共享标准体系等，指明了当前电子政务建设的主要方向。在中央有关文件的指导下，一些省市已经形成“大网络”“大平台”“大数据”体系架构，基本形成“一张网（统一的省、市县、乡镇、行政村 4 级覆盖电子政务外网）、一个中心（统一的政府数据中心）、一朵云（统一的政务云）”的信息基础设施建设格局，具备了电子政务基础设施统建共享的条件。还有的省份出台了细致全面的改革建设方案，联合知名互联网企业与三大电信运营商，采用自主安全可控的云平台技术构建数字政府政务云平台，推出集成民生服务的微信小程序及民生服务平台。未来，数据治理和信息整合共享将进一步完善，政务新媒体的价值潜力将被充分挖掘，数据开放、信息公开将进一步深入，数据将在部门之间实现横向交换、政府上下纵向流通。在此基础上，整合“数字碎片”，打破“信息孤岛”，拆除“数据烟囱”，实现政务信息资源高效流动，全面推进政务信息资源共享和业务协同将不再困难。

（四）与新信息技术应用加速融合

作为信息化的重要组成部分，以大数据、云计算、人工智能为代表的新信息技术将在未来的电子政务服务中发挥更重要的作用，推动政务资源整合，优化政务流程，从而提升政府服务质量和效率，更好地提升国家治理能力与促进治理体系现代化。

区块链技术在电子政务领域具有广阔的应用前景，包括身份认证、记录管理、税收和汇款以及基于区块链的监管汇报等。2018 年 8 月 10 日，深圳某餐厅开出了全国首张区块链电子发票，深圳成为全国区块链电子发票首个试点城市。区块链电子发票具有全流程完整追溯、信息不可篡改等特性，与发票逻辑吻合，能够有效规避假发票，完善发票监管流程。通过区块链电子发票，企业可以在区块链上实现发票申领和报税；用户可以实现链上报销和收款；而对于税务监管方、管理方的税务而言，则可以达到全流程监管的科技创新，实现无纸化智能税务管理，流程更为可控。区块链电子发票将连接每一个发票干系人，它可以追溯发票的来源、真伪和入账等信息，解决发票流转过程中一票多报、虚报虚抵、真假难验等难题。

人工智能也将成为未来电子政务发展的一个方向。人工智能以深度学习、机器学习为特征，成为提高政府治理能力和公共服务能力的重要驱动力。可以预计，人工智能将广泛应用于政府大数据采集、加工处理、分析挖掘、智能服务等环节，通过高效采集、有效整合、充分运用政府数据和社会数据，推动电子政务服务从数字化、网络化向智能化加速变革。

四、发展建议

（一）进一步发挥统筹协调作用

进一步推进电子政务发展，需要更好地发挥各部门的统筹协调作用。要优化顶层设计，加强统筹协调，发挥“互联网 +”的积聚效应，破解“条块分割”困局，提升全方位网上政务服务能力。同时，在统一领导下也要加强探索创新、因地制宜，找到更多的新思路和新模式。下一步，要以国家政务服务平台建设为抓手，从构建整体网上政府的角度出发，打造一体化网上政务服务平台和整体联动、部门协同、全国统筹、一网办理的“互联网 + 政务”服务体系。各级政府依托全国一体化在线政务服务平台整合各类网上政务服务系统，向企业和群众提供统一便捷的服务。国务院有关部门和各省级政务服务平台按照全国一体化在线政务服务平台统一标准规范及相关要求，全面对接国家政务服务平台，其政务服务门户与国家政务服务平台的政务服务门户形式统一规范，内容深度融合，实现事项集中发布，服务集中提供。在此基础上，要着力解决跨地区、跨部门、跨领域政务服务信息难以共享、业务难以协同、基础支撑不足等突出问题。推进公共支撑一体化，统一网络支撑、身份认证、电子印章、电子证照，实现政务服务的标准化、精准化、便捷化、平台化、协同化，促进政务服务流程显著优化，服务形式更加多元，服务渠道更为畅通，群众办事满意度显著提升。

（二）主抓政策文件落实

近年来，党中央印发多份有关电子政务、“互联网 + 政务服务”的文件，但一些地方存在政策文件落实不到位的情况。有的地区仍然存在“好上先上”“提供的服务不需要，想要的服务找不到”的现象，对“应上尽上”的要求认识不足，没有认真落实党中央有关政策文件的精神。针对这种情况，有关部门应该在下一阶段主抓政策文件落实。一是要落实责任制，严格奖惩制度，建立规范统一的电子政务服务能力评价体系，并将“互联网 + 政务”服务能力、政务服务平台建设管理水平纳入地方政府绩效考核范围。二是要完善督查制，建立全国一体化在线政务服务平台建设管理督查机制，明确督查范围、周期和内容，对各地各部门电子政务服务能力、服务态度进行指导，及时纠正政策落实不到位的情况，实现督查考核工作制度化、规范化、标准化、常态化。三是要引入评估机制，将内部评估与外部评估相结合，将内部评估与第三方评估相结合，邀请第三方机构对各地电子政务工作落实建设情况进行评价。要以评估促发展，以成效论成败，从而不断提升各地区各部门网上电子政务在线服务水平。

（三）重视新兴技术融合

随着“互联网 +”深入发展，以人工智能、区块链为代表的新兴信息技术掀起了“互联网 +”时代技术革命新高潮。加强新兴技术研发，推动治理创新与技术创新结合，有助于强化政府的基本公共服务水平，为推进简政放权和政府职能转变提供技术支撑，为“互联网 + 政务”服务提供充足保障。新兴技术还可以提升政府的监管能力，“互联网 + 监管”将把职能部门“单打独斗”监管转变为综合监管、智慧监管。为此，各地各部门应该大力推进政务服务平台规范化、标准化、集约化建设和互联互通，形成全国政务服务“一张网”。应该着力提升大数据服务能力，实现政务服务数据资源有效汇聚、充分共享，实现线上线下融合互通，实现跨地区、跨部门、跨层级协同办理，实现全城通办、就近能办、异地可办。各地各部门应该在符合法规规定、保障信息安全的前提下解放思想、大胆尝试、勇于探索，在电子政务领域不断创新、取得突破，不应亦步亦趋、谨小慎微。

（四）加强国际交流合作

借鉴电子政务国际先进理念与经验。西方发达国家的电子政务水平走在世界前列，英国的政府数字化战略、美国的开放政府计划、加拿大的开放政府草案等政府数字化转型策略，都将发展数字经济作为反哺电子政务发展生态的内生动力，将数据开放共享作为发挥互联网政务乘数效应的关键之举，将提升数字素养、重塑公共服务价值与观念作为促进电子政务建设的重要软实力。

在吸收其他国家先进经验的同时，要积极参与全球互联网治理，积极搭建电子政务国际交流合作平台。要通过交流合作建立电子政务中国话语权，传播中国经验，贡献中国方案，推广中国理念。为此，要充分运用国际会议、展览与合作机制，展示我国电子政务实践的新发展、新成就，推进我国电子政务发展再上新台阶、同时还可以结合“一带一路”倡议，推动电子政务在沿线国家实现资源互联互通。

（中央党校电子政务研究中心　丁艺）

2018 年网络安全与国际治理总体形势分析

一、国际网络空间安全威胁持续加重

（一）芯片漏洞引发全球关切，关键基础设施频遭网络攻击

2018 年，全球性网络安全事件持续发生，世界主要设备厂商的产品不断被爆出重大漏洞，各国关键基础设施被频繁攻击，这些事件造成重大安全隐患和经济损失。2018 年年初，美国英特尔公司（Intel）、美国超微半导体公司（AMD）、安谋（ARM）被曝出产品存在重大漏洞，影响 1995 年之后的所有 x86 处理器，这些漏洞允许恶意程序从其他程序的内存空间中窃取信息，这意味着包括密码、账户信息、加密密钥乃至其他一切在理论上可存储于内存中的信息均可能因此外泄。同年 6 月，维萨（Visa）因网络交换机局部故障，导致欧洲数百万笔交易被拒绝，这一事故延续了将近 10 个小时，引发了欧洲消费者的恐慌。同年 10 月，杭州大量监控设备被曝出存在漏洞，摄像头的漏洞很容易会被黑客利用，只需使用默认凭证登录，任何人都能访问摄像头的转播画面。同时，摄像头存在的缓冲区溢出漏洞还使黑客能对其进行远程控制。

（二）全球大规模数据泄露事件频发，危害更加严重

2018 年，大规模数据泄露事件在全球持续发生，仅上半年就有 2 300 多起数据泄露事件被公开披露，约 26 亿条用户记录被曝光，数据安全事件问题引发国际担忧。2 月底，美国知名体育运动装备品牌安德玛网站遭到黑客攻击，大约有 1.5 亿用户受到影响。泄露的信息包括用户名、电子邮件地址以及密码等。3 月，英国剑桥分析（Cambridge Analytica）公司被曝光利用 8 700 万脸书（Facebook）用户数据资料的不当行为。5 月，黑客非法入侵圆通快递公司后台，获取客户信息后再转手卖给他人谋取暴利，涉案的中国公民信息近 1 亿条。7 月，知名大数据企业“数据堂”被查，涉嫌侵犯数百亿条公民个人信息。8 月，华住旗下所有酒店的 5 亿用户数据泄露。9 月，英国航空的官方网站及手机应用程序遭遇黑客攻击，38 万用户支付卡信息被盗。10 月，美国国防部发现某供应商泄露美国军方人士及文职人员近 3 万条旅游记录。11 月，万豪酒店数据库遭黑客入侵导致 5 亿用户数据泄露，涉及客户姓名、邮寄地址、电话号码、护照号码，甚至是信用卡信息。

（三）人工智能安全问题凸显，各国积极采取应对

2018 年，伴随人工智能应用和产业推进，人工智能对网络空间的安全影响日益凸显，人工智能安全问题由数字域向物理域、社会域蔓延。例如，2018 年 3 月，优步自动驾驶汽车计算机视觉算法未能及时识别行人，以致撞人致死，引发世界范围内的高度关注。此事例再次警示人们，自动驾驶汽车、智能服务机器人等高度自治系统的技术不成熟性或受到网络攻击，可直接导致人身伤害。美、英、欧盟等世界主要国家和组织高度重视人工智能安全，从权利、责任、透明性等方面加强伦理与法律措施的建设。

（四）网络空间对抗性因素增强，美欧加强网络威慑能力建设

随着地缘政治与互联网治理的影响不断加深、不稳定因素逐渐增多，2018 年网络空间的对抗性态势进一步增强，美国、俄罗斯、欧盟等纷纷采取行动加强网络空间的能力部署。美国国防部发布的《国家网络战略》以“大国战略竞争、向前防御、备战”为关键词，公开点名中国、俄罗斯、伊朗、朝鲜等国所谓的网络威胁；网络司令部专门成立“网络整合中心”，提高作战能力。俄罗斯军方启动了能让其情报系统“离网”运作的大型云网络建设，该“备

用网络”也是俄罗斯与全球互联网中断连接或遭遇攻击的预案准备。第五届联合国信息安全政府专家组（UNGGE）无果而终后，美、俄为代表的网络空间攻防对抗风险继续提升。欧盟方面，在网络安全保障上逐步协同合作，共同应对复杂多变的网络空间局势。立陶宛等六国成立“网络快速响应小组”，首次共同处理网络事件，更多欧盟国家将陆续加入；另外，《欧盟网络安全法案》提案拟创建欧洲网络安全认证框架，欧盟网络与信息安全局或将成为永久性网络安全机构。

二、我国网络安全和国际治理取得新进展

（一）5G 安全标准制定进入关键阶段

5G 安全研究及标准制定与 5G 总体架构相关工作保持同步。第三代合作伙伴计划（3GPP）于 2018 年 6 月完成了第一阶段（R15）5G 安全标准，重点研究 5G 安全需求、架构与流程等。预计 2019 年年底完成第二阶段（R16）5G 安全标准，重点推进超可靠、低时延通信（uRLLC）安全、切片安全、增强的服务化架构安全、位置业务安全增强、网络设备安全保障等。IMT-2020(5G) 推进组于 2018 年年底完成了 5G 网络安全试验规范制定工作，包括网络安全技术要求和测试方法，并同步开展相关测试验证工作。

（二）工业互联网安全建设扎实推进，车联网 / 物联网安全转入部署实施

一是为贯彻落实国务院《关于深化“互联网 + 先进制造业”发展工业互联网的指导意见》要求，我国已从顶层设计、标准规范、夯实基础、技术手段、产业推进和人才培养六大方面，初步建立了工业互联网安全生态，以保障工业互联网安全健康有序发展。二是伴随车联网和物联网技术的快速发展，安全事件进入多发期，在合规保障、业务刚需、技术发展三因素的推动下，相关安全工作已由基础预研状态进入企业落地实施状态，整体安全防范能力不断增强。

（三）我国安全产业保持快速发展，产业环境持续改善

我国网络安全产业发展态势良好。根据中国信息通信研究院统计测算，2017 年我国网络安全产业规模达到 439.2 亿元，较 2016 年增长 27.6%，产业政策持续利好，生态建设持续推进。中央网信办和中国证监会联合印发《关于推动资本市场服务网络强国建设的指导意见》，支持符合条件的网信企业利用资本市场做大做强。受政策利好影响，网络安全企业步入上市快车道。国家级网络安全产业园区加速建设。武汉国家网络安全人才与创新基地进入实质性建设阶段。2018 年上半年，国家网安基地新增签约项目 12 个，协议投资 352 亿元，新增注册企业 16 家。北京国家网络安全产业园区即将挂牌。2017 年 12 月，我国正式启动国家网络安全产业园区（北京）的建设，拟打造国内领先、世界一流的网络安全高端、高新、高价值产业集聚中心。

（四）中国积极参与网络空间全球治理，做出重要贡献

2018 年，我国继续在网络空间全球治理领域贡献中国力量，网络空间命运共同体概念进一步深入人心。我国主办的第五届世界互联网大会 • 乌镇峰会以“创造互信共治的数字世界——携手共建网络空间命运共同体”为主题，成功发布了《世界互联网发展报告（2018）》《中国互联网发展报告（2018）》以及《2018 年乌镇展望》等重要成果，网络空间命运共同体概念进一步深入人心，赢得了更加广泛的国际赞誉。国际标准化组织（ISO）/ 国际电工委员会（IEC）JTC 1/SC27 国际网络安全标准化工作会议再次在中国成功举办，密码算法、大数据、可信评估等领域网络安全国际标准继续推进。在联合国网络犯罪政府专家组第四次会议上，中国代表团积极建言献策，我方提出的网络空间治理理念和主张以及关于“立法”“定罪”的建议被纳入会议最终报告；在 77 国集团（G77）与中国共同参与的“联合国预防和打击网络犯罪会议”上，中方代表分享了中国政府和企业在打击网络犯罪方面的经验，贡献了中国方案。另外，阿里巴巴集团董事局主席马云与梅琳达 • 盖茨共同出任联合国数字合作高级别小组联合主席也使我国在数字合作领域的国际影响力进一步提升。总的来说，2018 年我国在网络空间全球治理领域积极作为，进一步拓展了参与广度，提升了参与深度。

（中国信息通信研究院）

中国网络安全产业发展现状及趋势分析

一、我国网络安全产业发展现状

（一）产业规模持续高速增长，自主化水平持续提升

2018 年我国网络安全产业规模达到 545.49 亿元，较 2014 年的 237.21 亿元增长 130%，年复合增长率超过 23%，如图 1 所示。

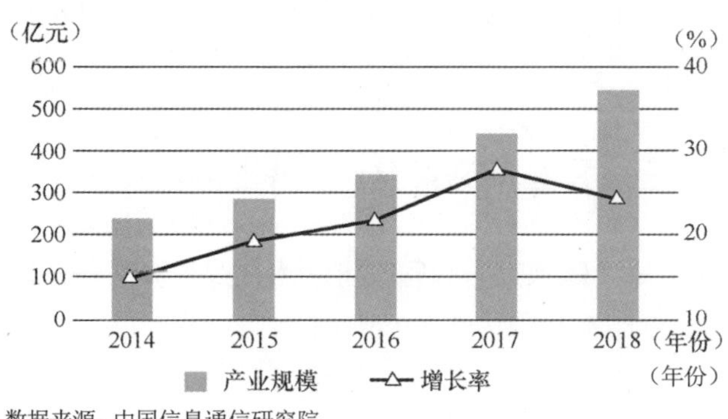

数据来源：中国信息通信研究院

图 1　我国网络安全产业规模增长情况

据不完全统计，截至 2018 年年底，国内从事网络安全相关业务的企业数量超过 2 600 余家，其中上市安全企业达到 16 家，新三板挂牌企业超过 69 家，获得融资支持的初创企业超过 150 家。此外，我国网络安全企业呈现高度集聚态势，北京、广东、上海的企业数量最高，分别为 957 家、337 家和 279 家，见表 1。

表 1　我国网络安全企业区域分布达 10

区域	企业数量	占比（%）
北京	957	35.70
广东	337	12.57
上海	279	10.41
江苏	143	5.33
四川	133	4.96
浙江	117	4.36
山东	110	4.10
福建	90	3.36
湖北	72	2.69
辽宁	69	2.57

（续表）

数据来源：中国信息通信研究院网络安全产业开放平台

在我国自主网络安全产业体系日益完备的同时，我国产业对外依赖程度进一步降低，产业规模和发展水平与先进国家的差距进一步缩小，跻身仅次于美、英、以、俄等国的第二梯队。

（二）企业综合实力有所提高，技术积累不断加深

2017 年国内网络安全业务收入超过 10 亿的企业数量超过 10 家，启明星辰、深信服、蓝度股份等企业净利润超过 4 亿元，如图 2 所示。

数据来源：中国信息通信研究院基于公开资料整理

图 2　2017 年国内上市安全企业营收及净利润情况

与此同时，我国企业在安全盛会、攻防竞赛、测评认证、标准制定等领域的参与度和国际影响力逐步提升。经过多年在防火墙、漏洞挖掘、威胁监测、

病毒查杀、身份认证等技术领域的深耕，国内企业积累汇聚了漏洞信息、恶意代码、攻击规则、协议行为特征等丰富资源，沉淀夯实了技术能力和攻防经验，打磨出了一批成熟的产品应用。

（三）产业各方协同发力布局，人才培养稳步推进

中国通信企业协会通信网络安全专业委员会等平台组织以及企业、高校、科研机构等企业机构通过网络安全培训教育、网络安全人员能力认证、网络安全知识和技能竞赛等方式，助力网络安全人才队伍的建设。中国互联网发展基金会网络安全专项基金设立“网络安全人才奖”“网络安全优秀教师奖”等，2018 年奖金达 700 万元，激励高端人才向安全领域集聚。

二、产业发展面临的形势与挑战

（一）网络空间安全形势复杂严峻，产业发展任务紧迫

一是美国引领国际网络空间竞争博弈升级，局势更为紧张。二是网络军事力量建设步入强体系、扩规模、提能力的新阶段。三是网络攻击的智能化、自动化、武器化蔓延，防御难度攀升。人工智能等新技术以及社会工程理念驱动网络攻击向智能化发展，攻击手段在潜伏性、隐蔽性、定向性、自主性、融合性等方面的能力日益增强。自动化攻击日益盛行。

（二）我国网络安全产业仍处于发展起步阶段，发展壮大面临诸多瓶颈制约

一是网络安全防御技术能力仍存在短板，尚无法承载国家赋予安全产业的使命担当。一方面，我国网络安全技术能力与国际先进水平仍有明显差距，工业互联网等关键领域的安全防护体系尚未有效建立，工业安全监测、预警、处置、溯源等能力短板突出。另一方面，传统发展思路、建设模式、技术路线等难以适配新时期的网络攻防格局。WannaCry 勒索病毒、思科路由器漏洞等的大规模爆发，对基于合规驱动的安全能力建设、依靠多种设备层层叠加的防护模式以及被动应对的传统防护手段等提出严峻挑战，安全防御的体系化程度、技术智能化水平、响应及时等亟待提升。二是网络安全技术能力缺乏有效评判，制约网络安全投入和产业规模扩大。目前，我国网络安全产业规模仅占全球市场的 7.6%，网络安全投入占信息化投入的比重仅为 0.24%，远低于美国 4.78%[1] 的比例，网络安全与信息化发展极其不平衡。国内大量相似的认证许可在加剧企业负担的同时，并未形成技术能力评价导向作用。用户无法准确评估产品和服务的实力和效果，进而降低对网络安全投入的意愿。三是网络安全产业协同合作不足，产业合力尚未形成。网络安全细分技术领域众多，单一企业通常难以掌握并提供全面领先的整体解决方案。但目前，国内企业多各自为战，同质化、低价竞争等问题突出，尚未形成高效协同的产业链条。政企间在安全威胁情报共享、应急处置联动等方面的协调性和顺畅性仍有待提升。

三、我国网络安全产业前景展望

（一）国家意志和国家行动为产业发展注入能量

近年来，党中央高度重视网络安全。网络安全新理念、新思想、新战略为网络安全工作提供了根本遵循，网络强国、数字中国、智慧社会等的建设为网络安全发展创造了宝贵机遇，同时，国家级产业基金、科技创新专项、重点产业园区以及一系列支持企业做大做强、优化完善产业生态的政策举措逐步落地实施，为激发企业活力、促进产业高速优质发展铺就了肥沃的土壤。预计到 2020 年，将有一系列细化丰富的产业发展扶持政策出台，产业发展的重心和方向更为明确、发展信心和步伐更为坚定。

（二）网络安全产业生态协同开创产业发展新基调

近年来，呼吁产业协同、生态共建的声音日益增多，“强强联合”屡见不鲜，产业协会、联盟、协作体等相继成立，产业生态建设方兴未艾。未来产业协同的发力点将主要聚焦在安全架构创新、情报共享、防御联动等方面。一是探索新型网络安全架

1 数据来源：IDC

构理念。科研院所、相关企业联合推进拟态安全等虚拟化异构安全体系、可信计算体系等技术体系架构创新应用，打通基础研究和技术创新衔接的绿色通道，力争以基础研究带动应用技术的群体突破。二是促进威胁情报共享共用。威胁情报具有天然的共享属性，随着国家、行业、产业多层次的情报共享体系的逐步建立，威胁情报标准化、规范化共享有望实现，从而打破安全厂商“各自为战”的防御局面，促进整体安全能力的共同提升。三是构建协同联动的网络安全防线。网络安全事件、应急处置、追踪溯源等需求持续增加，将加速厂商间有效的防御联动机制的建立。

（三）职业教育和培训成为应对人才紧缺的关键点

当前，网络安全人才短缺已经成为全球面临的共同难题。美国、欧洲各国相继采取了学科教育与职业教育并重的理念加快人才培养。例如，美国明确了网络安全人才技能分类，指导职业发展的路径；欧盟各国在网络安全月开展持续性培训活动，助力从业人才技能提升。预计随着我国网络安全人才培养体系的完善，政策重点将有望向职业教育和培训方面发力，相关机构已经在积极探索网络安全职业资格、能力认定等制度和标准框架，网络安全人才培训教育市场将迎来新的增长点。

（中国信息通信研究院　魏亮　赵爽　方溢超）

信息技术应用篇

中国工业互联网发展与展望

工业互联网是数字浪潮下，工业体系和互联网体系深度融合的产物，是新一轮工业革命的关键支撑。

当前，美国、德国等工业化国家都将工业互联网视为抢占新工业革命的先机，塑造未来产业竞争新优势的重要手段，纷纷出台战略和推出针对性支持措施，工业和信息化领域的领先企业也通过战略合作、投资并购等方式，加快工业互联网的应用和发展。

我国政府高度重视工业互联网发展。2015 年国务院正式发布“中国制造 2025”，首次在国家层面提出工业互联网。2016 年中共中央办公厅、国务院办公厅印发《国家信息化发展战略纲要》，提出要推动工业互联网创新发展。2017 年国务院印发《关于深化“互联网＋先进制造业”发展工业互联网的指导意见》。2018 年工业和信息化部先后印发《工业互联网发展行动计划（2018—2020 年）》《工业互联网平台建设及推广指南》和《工业互联网平台评价方法》。2019 年，中央经济工作会议把推动制造业高质量发展列为 2019 年七项重大工作任务之首，明确提出要加大制造业的技术改造和设备更新，加快 5G 的商用步伐，加快人工智能、工业互联网、物联网等新型基础设施的建设。

一、中国工业互联网呈现三大特征

在政产学研各方的共同努力之下，近年来我国的工业互联网发展加快，从概念的普及进入实践的生根阶段，形成了战略引领、规划指导、政策支持、技术创新和产业推进的良好互动局面，突出呈现以下三个方面的特征。

（一）应用面向多领域拓展

工业互联网已经广泛应用于石油石化、钢铁冶金、家电服装、机械、能源等行业，网络化的协同、服务型的制造、个性化的定制等新模式、新业态在蓬勃兴起，助力企业提升质量和效益，并不断催生出新的增长点。

（二）体系建设在全方位地推进

窄带物联网实现了县级以上地区的全覆盖，IPv6 改造基本完成，标识解析体系，五大国家顶级节点、10 个行业和区域的二级节点初步建立。国内具有一定行业和区域影响力的工业互联网平台总数超过了 50 家，重点平台平均连接的设备数量达到了 59 万台。工业 App 创新步伐也在明显加快，国家、省和企业三级安全监测平台系统正在同步地加快建设。

（三）生态构建呈现多层次推进

工业互联网产业联盟成员数量突破了 1 000 家，与美国、日本、欧洲等国家和地区的产业组织在技术创新、标准对接等方面开展了深度的合作，这些都引领着跨界企业深度协同突破。

二、五大方向推进工业互联网健康发展

工业互联网发展的良好开局来之不易，工业和信息化部部长苗圩指出，我们要抓住重要战略机遇期，一手抓长期性、战略性的重点布局工作，一手抓根本性、紧迫性的重大短板补齐工作，推动工业互联网快速、健康、有序地发展，重点要做好以下 5 个方面的工作。

（一）加强技术创新，培育持久的动力

我国工业互联网的应用场景丰富，模式创新活跃，企业集成创新能力较强，短板在于关键核心技术的突破有待加强。所以我国要抓好工业互联网创新体系和能力的建设，完善产学研用协同创新体系，引导和支持企业在原始创新上练好内功。

（二）完善三大体系，涵养产业的生态

在网络方面要加快标杆网络的建设，大力推进

5G和全光纤网络的部署，打造标识应用的生态；在平台方面要加快重点工业设备和企业上云的步伐，加大培育综合解决方案提供商和平台企业，开展跨行业、跨领域平台的遴选和集成应用的试点示范；在安全方面要着力构建政府监管、企业负总责、社会监督的安全管理体系，加强安全监测、防护技术手段的建设。

（三）要坚持需求导向，促进协调发展

针对工业互联网应用在不同地区、不同规模企业之间不平衡、不充分的问题，我们要紧紧围绕打造解决企业痛点的特色整体解决方案，支持鼓励相关的企业发展定制化的产品和服务，促进工业互联网的协调发展。

（四）丰富资源要素，筑牢产业的根基

数据是21世纪工业企业的重要资源，工业企业要高度重视数据应用，通过大数据带动工业企业效率提升，广泛应用虚拟现实、人工智能、数字双胞胎等新技术。另外要不断创新人才培养的模式，加大对人才应用的激励，鼓励支持人才在工业互联网领域发挥更重要的作用。

（五）深化国际合作，拓展发展的空间

工业互联网是人类社会对发展未来产业的共识，没有单个企业乃至一个国家能够独自完成，必须坚持开放包容发展，依托产业联盟平台，加强国家与国家之间、企业与企业之间的交流和经验分享，建立和完善多层次的合作机制，共同构建全球协同，兼收并蓄的工业互联网产业发展大生态。

三、运营商在行动

工业互联网是制造强国和网络强国的交汇点，电信运营商在工业互联网发展中扮演着举足轻重的角色，纷纷抓住5G时代的机遇，攻坚克难，以融通发展的理念，共创工业互联网的开放生态，探索共赢商业模式，为实现中国制造业转型升级赋能。

（一）中国移动

2018年，中国移动新成立了上海、成都、雄安三个产业研究院，基于5G深耕垂直领域，推进数字经济和实体经济的深度融合。为了更好地赋能工业行业，中国移动聚焦设备联网、数据分析、行业机理标准化三大问题，构建了深入行业的工业互联网“1+4”产品体系：1是通过做强1个行业基础平台，构建统一、通用、聚合、开放的工业互联网共性服务，实现面向客户、面向行业的深度运营；4是搭建制造云平台、电器云平台、能源云平台、动力云平台，聚焦4个垂直行业应用。通过深度切入细分领域，持续推进行业创新、提升行业价值。

中国移动基于“1+4”产品体系构建的“工业云平台”解决方案，助力百万工业企业上云，推动区域经济发展；目前已经服务了9个省的充电桩业务、130多个分支机构的燃气抄表业务，以及30万台的工程机械设备。

同时，中国移动依托“1+4”产品，联手行业龙头企业，共同打造了细分领域的标杆示范，助力工业互联网业务发展与能力提升。例如，中国移动与玉柴集团共同打造的智能工厂已完成1期建设并顺利投产；与海尔联合发布的空调云，打造了国内首个中央空调物联网和大数据解决方案，并通过物联网技术推动中央空调产品升级，实现30%～50%的能效提升；联合五大燃气集团之一的港华燃气基于NB打造智能抄表服务，预计覆盖130余家企业，2 700余万家庭用户。

此外，中国移动在5G赋能制造领域不断积极探索，联手行业龙头企业，共同打造5G在细分领域的标杆示范。2019年2月，中国移动、南方电网和华为共同完成了首个面向商用的5G智能电网的外场示范，验证了5G低时延、端到端切片的安全隔离能力。

基于5G，中国移动还在沈阳、南宁部分工厂开展了基于机器视觉的工业质检、智能机器人巡检等新业务示范，取得了良好效果；在北京、天津、深圳等地积极探索5G无人机应用示范，实现了远程低时延控制、实时超高清图片传输等重要功能，在大型展会直播、交通协管等应用中取得良好效果。

（二）中国联通

中国联通在5G时代积极地按照开放的思路，通过建立5G创新中心、互联网产业联盟、智能网络联盟和互联网产品中心，与产学研政的方方面面的企业和单位开展合作，提出了新基因、新治理、新运营、新动能、新生态的建设。

在 5G 方面，中国联通在 17 个城市进行了 5G 试点，在工业、医疗、交通、教育等每个行业基于 100 个场景，与海尔、青岛港、振华重工、上飞、北汽、潍柴等进行了联合创新。

在云网融合方面，中国联通融合 5G、NB-IoT 等覆盖广泛的网络基础提供公有云、私有云、混合云多云服务，还为工业和信息化部企业上云战略专门打造了工业互联网的承载网，实现了智能敏捷的跨云服务。

在物联网方面，中国联通通过建立全球最大的连接平台实现了全球部署。此外，中国联通的工业互联网平台，把设备的管理以及相关的基于连接之上、应用之下的一些垂直行业和通用功能进行封装，实现即插即用地把工业设备管理和工业平台快速地用起来。

在大数据方面，中国联通利用自身的建模和数据采集处理能力，为工业客户构建安全自主的大数据能力。如与沃德智能合作的传动设备全生命周期健康管理，已经服务了 19 个行业、50 多家客户，支撑了上千亿产值。

（三）中国电信

中国电信到 2018 年在 170 个城市部署了千兆宽带网络，37 万个基站的、全球最大规模的 NB-IoT 网络，形成了全系列的从 LTE 到 NB-IoT 高中低全速率的物联网体系架构，正在建设全球领先的 5G 网络。在云端，中国电信拥有全亚洲最大的 IDC 机群，以及全亚洲最大的单体数据中心，在整个数据中心建设和维护方面拥有丰富的经验。

工业互联网是新一代信息技术和现代工业深度融合的产物，中国电信建设了广覆盖的工业 PON 基础设施，在此基础上进一步探索工业 PON2.0，着力打造从产品研发到项目集成再到示范应用的产业链，与华为等主要芯片厂商以及终端厂商合作，形成了比较完备的产品体系，为合作伙伴提供了优质的解决方案；大力推进的工业 PON 标准已完成发布。在 5G 方面，中国电信前瞻地进行了技术探索，在业界首次完成了 SA 组网下的 4G 和 5G 互操作以及异厂商互操作验证，并积极探索 5G 在工业互联网领域的应用，在电力等场景中取得了非常好的示范效果，实现了配电自动化负荷精确控制和用电信息的采集。

（《中国 IT 服务》 李卫忠）

工业互联网安全威胁及未来发展趋势分析

工业互联网打通了工业系统与互联网的壁垒，构成了从广度到深度前所未有的国家关键信息基础设施，网络安全与工业安全风险交织，挑战空前复杂。2017 年 11 月 27 日，国务院印发了《关于深化“互联网 + 先进制造业”发展工业互联网的指导意见》，标志着我国工业互联网顶层设计正式出台，这对于我国工业互联网的发展具有重要意义。安全是工业互联网发展的前提和保障，只有构建覆盖工业互联网各防护对象、全产业链的安全体系，提高工业需求的安全技术能力和完善相应的管理机制，才能有效识别和抵御安全威胁，进而确保工业互联网健康有序的发展。本文在深刻认识工业互联网安全重要意义的基础上，深入分析了工业互联网面临的安全风险与挑战，研判了工业互联网安全的未来发展趋势，从而更好地为工业互联网发展保驾护航。

一、深刻认识工业互联网安全的重要意义

（一）厘清工业互联网的概念范畴

工业互联网是满足工业智能化发展需求的，是具有低时延、高可靠、广覆盖特点的关键网络基础设施，是新一代信息通信技术与先进制造业深度融合所形成的新兴业态与应用模式。工业互联网深刻变革传统工业的创新、生产、管理、服务方式，催生新技术、新模式、新业态、新产业，正成为繁荣数字经济的新基石、创新网络国际治理的新途径和统筹两个强国建设的新引擎。

工业互联网包括网络、平台、安全三大体系。其中，网络体系是基础，工业互联网将连接对象延伸到工业全系统、全产业链、全价值链，可实现人、物品、机器、车间、企业等全要素，以及设计、研发、生产、管理、服务等各环节的泛在深度互联，平台体系是核心，工业互联网平台作为工业智能化发展的核心载体，实现海量异构数据汇聚与建模分析、工业制造能力标准化与服务化、工业经验知识软件化与模块化以及各类创新应用开发与运行，支撑生产智能决策、业务模式创新、资源优化配置和产业生态培育；安全体系是保障，建设满足工业需求的安全技术体系和管理体系，增强设备、网络、控制、应用和数据的安全保障能力，识别和抵御安全威胁，化解各种安全风险，构建工业智能化发展的安全可信环境。

（二）正确把握工业互联网安全的基本内涵

工业领域的安全一般分为信息安全（Security）、功能安全（Functional Safety）和物理安全（Physical Safety）三类。传统工业控制系统安全最初多关注功能安全与物理安全，即防止工业安全相关系统或设备的功能失效，当设备功能失效或发生故障时，该体系保证工业设备或系统仍能保持安全条件或进入到安全状态。近年来，随着工业控制系统信息化程度的不断加深，针对工业控制系统的信息安全问题不断凸显，业界对信息安全的重视程度逐步提高。

与传统的工控系统安全和互联网安全相比，工业互联网的安全挑战更为艰巨：一方面，工业互联网安全打破了以往相对明晰的责任边界，其中工业互联网平台安全、数据安全、联网智能设备安全等问题越发突出；另一方面，工业互联网安全工作需要从制度建设、国家能力、产业支持等更全局的视野来统筹安排，目前很多企业还没有意识到安全部署的必要性与紧迫性，安全管理与风险防范控制工作亟需加强。

因此，工业互联网安全需要统筹考虑信息安全、功能安全与物理安全，聚焦信息安全，主要解决工业互联网面临的网络攻击等新型风险，并考虑信息安全防护措施的部署可能对功能安全和物理安全带来的影响。由于物理安全相关防护措施较为通用，

故在本文中不作重要考虑，我们主要对工业互联网的信息安全与功能安全进行研究。

（三）深刻认识工业互联网安全的重要意义

发展工业互联网对国家整体安全具有重大意义。首先，发展工业互联网是全面贯彻落实总体国家安全观的应有之意，工业互联网安全是国家安全体系的重要组成部分。构筑满足工业发展的安全体系是工业互联网发展的前提，完备可靠的安全保障体系是在汽车、电子、航空航天、能源、国防工业等领域推进工业互联网实施的前提。另一方面，发展工业互联网将为筑牢国家安全防线提供新保障，形成“创新链”— 催生大量新网络、新平台和新应用，将有助于国家掌握海量工业数据，增强工业生产安全的防护水平和高端制造领域的自主性，成为激发经济增长潜力的新基石。

发展工业互联网将增加国家网络空间话语权，将在一定程度上提高科技安全水平，加大对数据资源安全的掌控力，提升安全生产水平，有效扩展产业安全水平和进一步巩固国家经济安全。

二、深入分析工业互联网安全风险与挑战

（一）全球工业互联网安全事件频发

工业互联网涉及制造、能源、交通等关键领域，在创新发展、推动制造业转型升级的同时，面临前所未有的安全威胁和挑战。

（二）工业互联网的安全特征

相比于互联网安全，工业互联网的安全特征为：具有涵盖更广泛的传统互联网安全，大多表现为通过病毒、木马、拒绝服务或高级持续性威胁等，对用户终端、信息服务系统、网站发起攻击，导致敏感信息泄露或遭到篡改、网页挂马、服务中断等，影响用户正常的生活、工作和社会活动。

（三）工业互联网安全风险呈现严峻复杂的特点

1. 互联互通导致网络攻击路径增多

工业互联网实现了全要素、全产业链、全生命周期的互联互通，打破了传统工业相对封闭可信的生产环境。越来越多的生产组件和服务直接或间接与互联网连接，攻击者从研发、生产、管理、服务等各环节都可能实现对工业互联网的网络攻击和病毒传播。特别是如果底层工业控制网络的安全考虑不充分，安全认证机制、访问控制手段的安全防护能力不足，攻击者一旦通过互联网通道进入底层工业控制网络，容易实现网络攻击。

2. 标识解析系统网络安全风险严峻

作为工业互联网网络体系的重要组成部分，标识解析体系相当于互联网领域的域名解析系统（DNS），是全球工业互联网安全运行的核心基础设施之一。标识解析体系的核心包括标识和解析系统：标识是机器和物品的“身份证”；解析系统利用标识对机器和物品进行唯一性的定位和信息查询，是实现全球供应链系统和企业生产系统精准对接、产品全生命周期管理和智能化服务的前提和基础。目前国际上存在 Handle、OID 等多种标识解析方案，但并未成熟，对其安全性的考虑则更为滞后。在探索推进工业互联网标识解析系统的过程中应同步规划部署相应的安全措施，需考虑整体架构的安全和实际运行中与 DNS 系统的互联互通，以及面临的 DDoS、缓存感染、系统劫持等网络攻击。

3. 工业互联网平台网络安全风险加剧

以通用电气（GE）的 Predix 平台为代表，工业互联网平台是将各种工业资产设备和供应商连接接入云端的软件平台，能够为企业提供资产性能管理和运营优化等数字化服务。工业互联网平台是高端制造生态的核心竞争力，已成为国际巨头争夺工业互联网主导权的焦点，GE、西门子、微软、SAP 等跨国企业已在全球部署各自平台。工业互联网平台一旦受到木马病毒感染、拒绝服务攻击、有组织针对性的网络攻击（APT）等，将严重危害生产稳定运行，甚至导致生产事故。

三、正确把握工业互联网安全未来发展趋势

（一）态势感知将成为重要技术手段

鉴于工业互联网对于国民生产及社会稳定的重要意义，对于工业互联网的安全防护，我们要做到在安全威胁对其正常运行造成实质性影响之前及时发现并妥善处置，这就要求今后的工业互联网需具备完备的安全态势感知机制。在具体建设过程中，

我们可借助工业互联网的大数据分析能力以及边缘计算能力，基于协议深度解析技术以及事件关联分析技术，分析工业互联网当前运行状态并预判未来安全走势，实现对工业互联网安全的全局掌控，并在出现安全威胁时通过网络中各类设备的协同联动机制及时进行抑制，阻止安全威胁继续蔓延。

（二）内生安全防御成为大势所趋

目前在工业互联网，尤其是控制系统、现场设备及它们之间所采用的通信协议，由于最初主要考虑功能实现及实时性保证，对于安全性方面的设计做出了较多牺牲，从而给攻击者可乘之机。因而要对工业互联网进行安全防护，一个很重要的切入点就是提升工业互联网自身在安全设计方面的完备性，提高工业互联网自身的免疫力。而随着网络带宽与处理性能的不断提升，为更多安全机制今后引入工业互联网的安全防护提供了可能。

今后的安全设计中，在设备层面，我们可以通过对设备芯片与操作系统进行安全加固，并对设备配置进行优化的方式实现；在对应用程序的脆弱性分析方面，可引入漏洞挖掘技术，对于上述工业互联网应用及控制系统采取静态挖掘、动态挖掘，或是二者相结合的方式进行，实现对自身隐患的常态化排查；而对于安全保障机制欠缺的各类通信协议，则可以在新版本协议中加入数据加密、身份验证、访问控制、完整性验证等机制提升其安全性，并逐步取代现有协议。

（三）安全防护智能化将不断发展

未来对于工业互联网安全防护的思维模式将从传统的事件响应式向持续智能响应式转变，旨在构建全面的预测、基础防护、响应和恢复能力，抵御不断演变的高级威胁。此外，未来将有更多企业建成安全数据仓库，相关工作人员利用机器学习、深度学习等人工智能技术分析处理安全大数据，不断改善安全防御体系。工业互联网安全架构的重心也将从被动防护向持续普遍性的监测响应及自动化、智能化的安全防护转移。

（四）平台安全的地位将日益凸显

工业互联网平台作为工业互联网发展的核心，汇聚了各类工业资源，因而在工业互联网安全防护未来的发展过程中，平台的安全防护将备受重视。届时，工业互联网平台的使用者与提供商之间的安全认证、设备和行为的识别、敏感数据共享等安全技术将成为刚需。基于云访问安全代理、软件定义安全、远程浏览器等技术的安全解决方案和模型将有效提升工业互联网平台的安全可视性、合规性、数据安全和威胁保护能力。

（五）数据安全保护将成为防护热点

工厂数据由少量、单一、单向向大量、多维、双向转变，具体表现为工业互联网数据体量大、种类多、结构复杂，并在 IT 层和 OT 层、工厂内外双向流动共享。工业大数据的不断发展，对数据分类分级保护、审计和流动追溯、大数据分析价值保护、用户隐私保护等提出了更高的要求。未来数据的分类分级保护以及审计和流动追溯将成为防护热点。

（六）信息共享和联动处置机制呼声日高

面对不断变化的网络安全威胁，企业仅仅依靠自身力量远远不够，需要与政府和其他企业统一认识、密切配合。未来通过建立健全运转灵活、反应灵敏的信息共享与联动处置机制，打造多方联动的防御体系，能够进一步提升工业互联网企业安全风险发现与安全事件处置的水平。

四、结束语

工业互联网安全是国家安全体系的重要组成部分，在某种程度上，可以说没有安全可控的工业互联网，就没有国家的总体安全。我们需从设备、控制、网络、应用、数据五方面深入分析工业互联网面临的安全风险，并正确把握工业互联网安全未来的发展趋势，应对工业互联网发展中面临的挑战，为工业互联网的安全健康有序发展保驾护航。

（中国信息通信研究院　刘晓曼）

网络人工智能发展分析与建议

一、人工智能发展概述

（一）发展历程

人工智能（Artificial Intelligence，AI）指人造的机器或系统能够实现的智能，是与人类和其他动物表现出的人类智能和自然智能相对的概念。人工智能自1956年首次提出，经历了3次发展浪潮。

20世纪50年代末至70年代初是人工智能的诞生和第一次发展浪潮，这个时期主要的发展成果是将逻辑推理能力赋予了计算机系统。但是由于当时计算性能的瓶颈、数据量缺失等因素，导致了人工智能项目过于乐观的目标无法兑现。

20世纪70年代末至80年代末，是以“专家系统”为代表的人工智能的第二次发展浪潮，这个时期主要的发展成果是将人类知识总结并“教授”给计算机系统，专家系统在生产制造、财务会计、金融等领域得到了广泛应用。

20世纪90年代后期至今，随着计算能力、算法理论和数据量爆发性的提升，开始了人工智能第三次发展浪潮，“大数据”+“深度学习”+“人工智能芯片”驱动了本轮人工智能的发展。在强大算力的支持下，将大数据输入深度学习模型进行训练，机器可以比人类专家更快得到更优的模型，使人工智能技术的广泛应用成为可能。

（二）人工智能内涵

人工智能尚未有统一定义，针对本轮人工智能发展，“人工智能”主要有以下两种内涵。

① 伴随深度学习研究的爆发和应用，“人工智能”可以等同于以“深度学习”为代表的大计算量、复杂算法的狭义“人工智能”。

② 从产业角度，“人工智能”包括以芯片和大数据为代表的基础设施，例如，开源人工智能技术框架和模型算法，以及在此基础上构建的面向特定场景的应用方案和服务。

（三）发展核心要素

人工智能技术的发展和应用取决于以下三个核心要素。

1. 算法

算法决定了人工智能应用的理论极限效果。面向不同的应用场景，解决不同的问题，我们需要选择不同的人工智能算法。

本轮人工智能发展在算法方面主要基于机器学习类算法。其中，深度学习类算法是本轮人工智能发展最重要的理论基础，是一种试图使用包含复杂结构或由多重非线性变换构成的多个处理层对数据进行高层抽象的算法，在图像图形识别、计算机视觉、语音识别、自然语言处理等方面都取得了比传统机器学习方式更显著的效果。

2. 数据

数据决定了机器学习算法的优化程度和对实际应用场景的适用程度。

一个机器学习模型可以理解为一个函数 $f(x)=y$，输入数据 x，可以输出结果 y。在这个函数的算式中涉及了许多参数，这些参数的取值将影响输出结果 y 和实际结果 y' 的拟合程度，也就是模型的优化程度。根据已知数据寻找模型参数的过程被称为模型训练，最终寻找到的 $f(x)=y$ 的映射关系被称为训练出来的模型。这个过程中，输入数据的准确性和数量决定了训练出来的模型的优化程度，以及是否能够适用于目标应用场景。数据量越大，训练出来的模型越精确，机器学习的应用发展离不开大数据的帮助。

3. 算力

算力决定了机器学习算法模型的训练和应用

的速度。

机器学习，特别是深度学习，离不开基于大量数据的训练。为了训练出性能优良的模型，我们通常需要耗费几个月甚至更久的时间却无法满足实际应用的要求，为此定制化、专用化人工智能芯片应运而生。从芯片技术本身的发展路径来看，GPU、FPGA、ASIC 以及类脑芯片是目前市场上的四大类人工智能芯片。几类芯片有着不同的运算特点，未来一定时期内必定是多类芯片互补共存。

人工智能芯片的发展极大地缓解了人工智能在计算能力方面的瓶颈，让深度学习成为实用的算法，释放了人工智能的全新潜力。

二、网络人工智能发展

（一）需求与驱动力

自 2013 年起，全球运营商相继发布网络重构和转型战略，期待能够通过引入软件定义网络（SDN）、网络功能虚拟化（NFV）、云计算、第五代移动通信技术（5G）等新技术，减少对专有硬件的依赖，实现新业务的快速部署，满足用户多样化的需求，提升核心竞争力。

新技术的应用为网络带来了极大的灵活性和操控性，同时也引入了更多的复杂性。未来网络至少面临着如下三方面挑战。

1. 网络架构动态变化

传统架构采用自顶向下的设计方式，网络架构固定、网元明确、设计和部署周期长，5～10 年才会变化。而未来网络基于云化基础设施，业务功能和网络功能原子化，自底向上按需组合编排，网络架构随时可变，面向业务场景适配，部署周期以小时记。

2. 分层解耦后故障定位复杂

传统网络设备软硬件通常来自同一厂商，出现故障由单一厂商负责解决，定位简单、责任清晰。未来演进到 NFV 网络后，网络设备自底向上分为物理设备、虚拟资源、功能软件三层，同时引入了网络编排、网元管理、虚拟资源管理三个编排管理层次，分层解耦引入了多厂商的同时也面临着更多可能的故障点，告警数量成倍增长，运营商面临更为复杂的故障定位、根因分析和责任划定。

3. 网络资源实时调整

传统网络采用人工方式，以年为单位进行滚动规划，通过按照峰值容量部署大量冗余设备提供下一年度的业务发展保障。而未来网络的目标是实现网络资源的自适应调整，需要根据业务需求和网络资源状况进行实时自动化的网络资源分配和调整，从而实现网络资源在不同业务之间的共享和绿色节能。

上述挑战成为网络重构落地的主要障碍，传统的人工方式不足以支撑未来网络业务需求，人工智能技术必然成为解决未来网络运营问题的重要手段。

（二）国际标准和开源项目情况

全球运营商网络重构的实践发展逐渐暴露出了各种网络部署运营的问题，全球运营商和 IT、CT 厂商都纷纷投入到网络人工智能方面的研究，在各大国际标准和开源组织启动了相关工作。

1. ETSI

2017 年 2 月，欧洲电信标准化协会（ETSI）成立了全球第一个网络人工智能标准工作组（ENI），致力于利用 AI 等智能化技术优化网络部署和运营。该工作组的研究范围包括分析网络人工智能场景和需求、构建策略驱动的闭环网络人工智能体系架构。

目前，ENI 已完成了第一阶段用例和需求的识别，并正在进行第二阶段 ENI 架构设计的工作，同时也启动了相关概念的验证工作。

2. 3GPP

3GPP 的系统架构工作组 SA2 在 2017 年 5 月的杭州会议上成立了 5G 网络智能化的研究项目——eNA。该项目基于 5G 核心网中引入的网络数据分析功能 NWDAF，辅助其他网元实现网络切片智能化管理、按需移动性管理、流量分流和卸载等功能。

3. ITU-T

在 2017 年 11 月，ITU-T SG13 全会讨论正式批准成立了机器学习焦点组 FG-ML5G，目标是分析在未来网络特别是 5G 网络中如何应用机器学习，提升网络性能和用户体验，具体工作包括机器学习在未来网络的应用场景、潜在需求、架构，以及具体接口、协议、算法、数据结构和个人信息保护等方面，分析机器学习对自主网络控制和管理方面的影响。

4. Lunix 基金会

Lunix 基金会于 2018 年 3 月成立了深度学习基金会，这是一个涵盖机器学习和深度学习开源代码开发的综合性组织。Lunix 深度学习基金会的第一个项目是 Acumos 项目，该项目致力于提供一个易于模型设计、训练、发布共享和部署应用的开源框架平台。

（三）国际运营商网络人工智能发展

美国方面，AT&T 重点打造 AI 开源平台——Acumos，该机器学习平台已经用于解决多项业务中遇到的问题，包括物联网 IoT、娱乐、客户服务、安全和网络监控故障检测等，未来重点应用领域包括 5G 和安全。

欧洲各大运营商包括 Vodafone、Telefonica、Telenor 和 Telecom Italia 都在开展利用 AI 技术提升无线小区管理效率等方面的研究和尝试。

日本 NTT 集团设立了统一的 AI 品牌——“corevo®”（Co-revolution），与各领域企业合作推动创新革命。重点应用领域为 IoT，目标将整个 IoT 网络的管理技术、数据的分散处理技术、安全等涉及多方面的技术集成在一起。

三、网络人工智能典型应用场景

（一）网络流量优化与拥塞防控

网络流量快速增长，受热点事件影响易产生局部流量出口过载，依靠人工调整策略引导流量的方式，缺乏流量可视和对调控结果的预知，缺乏快速分流到备份出口的能力，容易影响路由的正确性和稳定性。

通过引入人工智能技术，我们可以对一段时期内的拥塞数据进行聚类分析，识别拥塞网络的特征，提取流量规律并进行预测和模拟，可以用于主动式局部调整或指导其他 AI 驱动的动作，实现预防性控制。

（二）网络切片编排管理

网络切片对网络的自动化、可编程性和模块化提出了更高的要求和挑战。网络切片实例的动态创建、变更和终止，以及根据业务需求进行动态扩缩容等，需要更加智能的技术来支持。

利用人工智能技术，通过对多个网络切片业务和资源需求进行预测，在多个资源池上进行合理编排和部署，保障多个网络切片叠加后更加充分地共享基础设施。通过预测在切片内的用户数、业务流量的变化，人工智能技术可以提前给出网络切片内网元的自动扩缩容建议，从而实现对网络切片的智能化管理。

（三）大规模天线配置

为了充分发挥大规模天线技术（Massive MIMO）的优势，需要对基站的各项参数进行灵活的调整，以应对业务的变化。面对大量的参数组合和快速的业务变化，迫切需要更加智能的、可自我优化的机制。

引入人工智能技术可以自动识别站点场景，并且能够对这些场景的用户分布和业务量等进行预测，自动完成当前最优参数值的配置（如通过天线权值调整方向、倾角等），改变小区的覆盖分布，及时适应用户分布和业务类型，有效提升资源利用率和用户体验。智能估算和迭代方式可减少最优权值搜索周期，支撑 5G 无线网络的快速部署。

（四）网络告警关联和故障预测

网络日常运行会产生大量告警，网管系统会进行初步的清洗，过滤掉一部分无效告警后再交给人工分析。随着未来网络分层解耦，网络各层产生的告警总数成倍增加，靠人工来分析定位已经不能满足需求。

使用人工智能技术基于大量历史告警数据进行训练，可以高效、准确抽取有效规则，清洗、减少告警信息的数量。此外，还可以基于网络运行状态等数据进行关键特征识别和模式训练，预先指出可能出现问题的设备或链路，帮助运维人员准确预测和处理故障信息。

（五）网络绿色节能

网络能耗是运营商的重要 OPEX 支出之一，提高能源效率亦是未来网络运营的关键要求。目前，网络容量是按照网络业务的峰值要求建设的，包括无线基站以及集中部署了未来 NFV 网络基础设施的数据中心，大规模天线和X86服务器。

基于AI的网络智能节能技术充分考虑了网络覆盖、用户分布和业务特征，辅以负荷预测，精准预测和选择热点小区，适时选择设备休眠和唤醒时机，提供可靠、无缝的用户体验，使区域网络资源利用率更高、用户体验更好，有效降低区域内的网络能耗。

四、结束语

人工智能正在经历60年来的第三次发展浪潮，大数据、深度学习和人工智能芯片的发展为本轮人工智能的发展应用奠定了基础。引入了5G、SDN/NFV、云计算等新技术的通信网络面临着前所未有的挑战，传统的人工方式不足以支撑未来网络业务需求。人工智能技术在网络重构的过程中有着广泛的应用场景，必然成为解决未来网络运营问题的重要手段。然而，在目前的网络人工智能发展中也存在许多问题，例如网络设备类型型号多种多样、不同厂家设备能够给出的数据在数据项目、数据格式、计算方式、时间粒度等方面都不相同，导致数据采集、存储和特征处理难度较大。所以人工智能应用于电信网络是一个长期的任务，需要不断地加以研究和实践。

（中国电信股份有限公司北京研究院　赵慧玲　王海宁）

车联网安全发展现状及趋势分析

车联网作为信息化与工业化深度融合的实践成果，对促进汽车、交通、信息通信产业的融合和升级，对相关产业生态和价值链体系的重塑具有重要意义。伴随车联网智能化和网联化进程的不断推进，车联网网络安全事件的不断发生，诸多核心安全问题亟待解决。车联网的安全与一般意义上的IT系统安全有一定差异，其信息安全问题有可能直接演变成财产损失和人身伤害，车联网安全的重要性得到产业界高度重视。当前，车联网安全整体处于研究初期，需在充分分析车联网安全威胁的基础上，部署有效的安全防护策略，从而有力地推动车联网安全产业的发展，为车联网发展保驾护航。

一、全面挖掘车联网安全威胁，助力车联网安全防护工作

（一）智能网联汽车安全威胁

智能网联汽车的安全威胁主要来自T-BOX、CAN总线、OBD接口、ECU、车载操作系统、IVI、OTA、传感器以及多功能车钥匙等。

T-BOX提供无线网络通信接口，是逆向分析和网络攻击的重要对象，主要面临两个方面的安全威胁：一是固件逆向，攻击者通过逆向分析T-BOX固件，获取加密算法和密钥，解密通信协议，用于窃听或伪造指令；二是信息窃取，攻击者通过T-BOX预留调试接口读取内部数据用于攻击分析，或者通过对通信端口的数据抓包，获取用户通信数据。

CAN总线是汽车控制中枢，是攻击防护的底线，安全风险在于：一是通信缺乏加密和访问控制机制，可被攻击者逆向总线通信协议，分析出汽车控制指令，用于攻击指令伪造；二是通信缺乏认证及消息校验机制，不能对攻击者伪造、篡改的异常消息进行识别和预警。鉴于CAN总线的特性，攻击者可通过物理侵入或远程侵入的方式实施消息伪造、拒绝服务、重放等攻击。

OBD接口连接汽车内外，外接设备成为攻击来源。OBD接口面临的安全风险有三类：一是攻击者可借助OBD接口，破解总线控制协议，解析ECU控制指令，为后续攻击提供帮助；二是OBD接口接入的外接设备可能存在攻击代码，接入后容易将安全风险引入到汽车总线网络中，给汽车总线的控制带来威胁；三是OBD接口没有鉴权与认证机制，无法识别恶意消息和攻击报文。

ECU事关车辆行驶安全，芯片漏洞及固件漏洞是主要隐患，主要面临如下安全威胁：一是ECU芯片本身可能存在设计漏洞；二是ECU固件应用程序可能存在安全漏洞，可能导致代码执行或拒绝服务；三是ECU更新程序可能缺乏签名和校验机制，导致系统固件被改写，修改系统逻辑或预留系统后门。

车载操作系统基于传统IT操作系统，面临如下传统网络安全威胁：一是系统继承传统操作系统，代码迁移中可能附带移植的已知漏洞；二是系统存在被攻击者安装恶意应用的风险，可能影响系统功能，窃取用户数据；三是车载操作系统组件及应用可能存在安全漏洞。

IVI功能复杂、攻击面广，面临的主要威胁包括软硬件攻击两方面。一是攻击者可通过软件升级的方式，在升级期间获得访问权限进入目标系统；二是攻击者可拆解IVI的众多硬件接口，包括内部总线、无线访问模块、其他适配接口（如USB）等，对车载电路进行窃听、逆向等获取IVI系统内的信息，进而采取更多攻击。

OTA将成为主流功能，也成为潜在攻击渠道。其面临的主要威胁包括：一是攻击者可能利用固件校验、签名漏洞，刷入篡改固件；二是攻击者可能阻断

远程更新获取，阻止厂商用于修复安全漏洞。

传感器是辅助驾驶的基础，面临干扰和拒绝服务等攻击。一是从安全风险来看，超声波雷达存在外来信源欺骗攻击，易受到相同波长的信号干扰导致识别出不存在的障碍物，干扰或直接影响行车安全；二是毫米波雷达可能面临噪声攻击而导致无法检测障碍物，使传感器停止工作；三是高清摄像头存在强光或红外线照射导致驾驶员无法看清路面的风险，进而影响行车安全或干扰自动驾驶汽车的整车控制。

多功能车钥匙逐渐流行，信号中继及算法破解威胁较大。当前面临的威胁有：一是攻击者通过信号中继或者信号重放的方式，窃取用户无线钥匙信号，并发送给智能汽车，进而欺骗车辆开锁；二是寻找汽车钥匙解决方案漏洞，进行攻击。

（二）车联网通信安全

车联网通信安全聚焦“车—云”和“车—车”场景，主要面临通信协议破解、中间人攻击和恶意节点等安全威胁。

通信协议破解和中间人攻击成为“车—云”通信主要威胁。“车—云”通信面临的主要威胁是中间人等攻击，攻击者通过伪基站、DNS劫持等手段劫持T-BOX会话，监听通信数据，这种方式一方面，可用于通信协议破解，另一方面，可窃取汽车敏感数据。此外，在破解协议基础上，结合会话劫持，攻击者可以基于中间人伪造协议而实施对汽车动力系统的非法控制。

恶意节点成为“车—车”通信威胁，可信通信面临挑战。直连模式的“车—车”通信面临节点频繁接入与退出，目前LTE-V2X网络接入与退出管理中，缺乏对车辆身份合法性与时效性的快速更新机制，不能有效实施对车辆节点的安全接入控制，对不可信或失控节点的隔离与惩罚机制还未建立完善，LTE-V2X可信网络环境的安全隐患突出。一旦恶意节点入侵，攻击者可通过阻断、伪造、篡改“车—车”通信或者通过重放攻击影响“车—车”通信信息的真实性，破坏“车—车”通信消息的真实性，影响路况信息的传递。

（三）车联网云平台

车联网云平台在面临传统的云平台安全问题的同时，弱身份认证问题凸显，可能导致网络攻击。

车联网云平台面临传统的云平台安全问题。车联网平台一般基于云计算技术，容易将云计算的安全问题引入到平台中，主要包括如下几方面安全威胁：平台层面，存在传统的操作系统漏洞威胁及虚拟资源调度问题；应用层面，平台同样面临SQL注入、跨站脚本安全攻击；访问控制层面，面临用户鉴权、账户口令安全等问题；此外，还包括拒绝服务攻击等其他网络安全风险。

弱身份认证将车联网管理平台暴露给攻击者，面临网络攻击。目前较多管理平台实现的访问控制策略偏弱，仅通过车机编码或固定凭证的方式进行认证，无法满足较强的访问控制需求，使得攻击者仍能通过伪造凭证的方式访问车联网管理平台，并进行网络攻击。

（四）车联网数据全生命周期

车联网数据在全生命周期各个环节都面临安全威胁，数据跨境流动成为关注热点，有可能演变成国家安全的潜在隐患。

传输和存储环节存在数据被窃风险。由于数据的采集、传输、存储等环节没有统一的安全要求，可能因访问控制不严、数据存储不当等原因导致数据被窃。

数据过度采集和越界使用成为隐私保护的主要问题。由于车联网属于新兴行业，行业管理还在完善中，对于哪些数据可被采集、数据如何利用、是否可以分享给第三方等关键问题，仍需细化管理要求，因此目前数据采集和使用还存在侵犯用户隐私的风险。

数据跨境流动问题成为威胁国家安全的潜在隐患。数据跨境流动管理问题主要体现在两个方面：一是，存在境外车联网服务商跨界服务隐患。我国部分汽车属于境外进口汽车，其网络服务及后台服务可能由境外通信企业和整车企业提供，通信数据及车联网数据传往境外可能会泄露国家地理位置信息，危害国家安全。二是，存在境内外云平台数据共享隐患。我国整车厂大多为合资企业，车联网服务以境内云平台为主，但这些合资企业的外资公司通常负责全球车联网运营，境内平台与境外平台是否互联，是否存在数据传输共享是国家数据管理需要关注的重点内容。

二、深入研究车联网安全防护策略构筑车联网安全防护体系

（一）现阶段，车联网安全防护策略处于研究初期

目前，车联网安全防护技术研究的关注点主要体现在智能网联汽车、通信、云平台、数据四方面。

1. 智能网联汽车安全防护策略情况

智能网联汽车的安全是车联网安全的核心，也是安全防护管理工作的重点，整车厂商需落实主体安全管理责任。实施智能网联汽车信息安全分域隔离，搭建多层纵深防御、软硬件相结合的安全防护体系，以保障智能网联汽车通信接口信息传输安全，加强智能网联汽车芯片、应用软件、操作系统和车用密码等的安全性设计。

2. 车联网通信安全防护策略情况

完善车联网无线通信网络安全防护架构。研究制定适用于车用通信的专用安全协议，实现车联网的无线通信安全。实施权限认证管理，保障通过认证车辆与道路设施、云平台及相互间的通信安全。采取流量监测预警、网络访问权限控制等异常管理手段，达到对突发安全事件的预警，提升车联网无线网络安全防护能力。

3. 车联网云平台安全防护策略情况

车联网云平台安全防护需充分利用成熟的云计算技术和云平台集中管控能力，构建集数据采集、功能管控于一体的车联网云安全平台。同时，应不断完善远程软件更新管理和监控管理服务，加强异常行为、恶意行为以及隐私数据泄露等风险监测。

4. 车联网数据安全保护策略情况

建立车联网数据全生命周期的安全管理机制，明确相关主体的数据安全保护责任和具体要求，保障数据采集、处理、存储和传输的机密性、准确性、完整性和可用性。推动数据加密、访问控制、数据备份、完整性检验、来源检验等技术的研究和应用，实行重要数据分类、分级管理，确保用户信息、车辆信息、测绘地理信息等数据安全可控。加强数据安全监督检查，开展数据风险、数据出境安全等评估工作，加强管理制度建设。

（二）车联网安全技术的提升将长期伴随车联网发展

总体来看，车联网安全技术处于发展初期，诸多核心安全问题尚未解决，随着车联网的发展将会不断产生新的安全隐患。车联网安全技术涉及智能网联汽车、车联网服务平台、车联网通信与数据安全四个方面。

1. 智能网联汽车方面

智能网联汽车的核心是控制安全，集中在CAN总线、OBD接口设备、通信模块T-BOX、移动端App以及云端平台等控制性部件的安全问题，随着智能汽车向自动驾驶的演变，所面临的远程控制问题更加凸显。

2. 车联网服务平台方面

随着平台向规模化、开放化和数据集中化发展，安全挑战将更加严峻，车联网服务平台安全保护技术的重要性将极大提升。

3. 车联网通信方面

随着C-V2X直连通信技术的快速发展，“车—车”“车—路”“车—人”“车—云”场景下的通信安全问题逐渐凸显，影响车辆操控和外界环境感知准确性的安全防护技术将成为研究重点。

4. 数据安全方面

需要制定数据采集的标准规范，强化驾驶员信息、驾驶习惯、车辆信息、位置信息以及车内采集的音视频等敏感数据的高级别安全管理。

三、产学研协同联动形成合力，构建车联网安全生态体系

（一）现阶段，车联网安全引起我国产业界、学术界、研究机构的高度重视，协同作战，积极构建车联网安全防护生态体系

1. 国内标准组织、典型车企纷纷发力，加速研制车联网安全相关标准

CCSA起草了系列车联网安全相关的标准，具体包括车联网通信安全、数据安全、业务与应用安全等方面。东软公司成为WP-29专家组成员，是国际车联网安全标准制定中唯一的中国企业。现代公

司成为电联标准化机构成员，参与 ITU 车联网的相关标准制定，构建“相连智能车”平台。

2. 发布系列白皮书报告，共同推进车联网安全防护工作

梆梆安全携手北航联合发布智能网联汽车信息安全白皮书，首次建立了智能网联汽车信息安全方法论。中国信息通信研究院发布《车联网网络安全白皮书（2017）》，从智能网联汽车、移动智能终端、服务平台、通信、数据和隐私保护 5 方面梳理了防护策略。中国联通发布《中国联通车联网白皮（2017.10）》，从“云—管—端”角度提出安全防护策略。2018 百度 AI 开发者大会（Baidu Create 2018）上发布了国内首个自动驾驶量产相关的安全报告——《Apollo Pilot 安全报告》，意欲带动行业安全相关标准落地和技术升级，持续为中国自动驾驶树立安全产业标杆。

3. 以 360、百度和腾讯为代表的典型企业成立专门机构，致力于研制车联网安全解决方案

360 组建了车联网安全中心，具备提供完整防护产品的能力，建立了汽车全生命周期信息安全服务能力平台，发布了 360 汽车卫士、CAN-Pick、360 车联网安全运行平台。百度 Apollo（阿波罗）提供了一个开放、完整、安全的软件平台，建立边界隔离和内容可信的智能车联网，提供一套完整的软硬件和服务的解决方案，包括车辆平台、软件平台、硬件平台和云端数据服务四大部分；百度召开信息安全会议，为我国智能网联汽车产业安全发展出谋划策，多方联动，为自动驾驶安全发展保驾护航。腾讯成立科恩实验室，针对车联网软件的全生命周期提供安全解决方案，从安全管理、概念、风险验证、产品研发、产品运营、技术支持的全面阶段为车联网安全提供事前、事中、事后的全面防护解决方案。

（二）未来，车联网安全问题将得到政产学研的持续关注

车联网安全的重要性已凸显，我国政府相关部门正在积极规划和部署，并加强车联网安全行业的政策鼓励和支持，推动车联网安全发展。同时，安全产业界也在积极探索，寻求车联网安全关键技术和产品创新，致力于车联网安全防护手段的建设，推动车联网安全防护水平的提升。车联网安全作为安全产业的重要组成部分，其发展也将推动安全技术的进步和产业生态的进一步完善。安全企业将不断推出车联网安全防护产品和安全检测工具，为整车厂商提供车联网安全解决方案和安全服务。

四、结束语

车联网安全和人身安全、甚至国家安全息息相关。车联网安全问题并非哪个行业单打独斗就能解决，需要多方联动协作形成合力，继续深入研究车联网安全核心技术，高度重视其可能带来的安全威胁和风险挑战，确保技术安全、可靠、可控发展，把握住车联网提供给我国的巨大机遇。政产学研应积极协同合作，力行做好安全保障工作，构建车联网安全生态体系，不断推动我国车联网安全的健康快速高效发展。

（中国信息通信研究院　刘晓曼）

面向网络演进的核心网规划发展趋势

一、核心网规划的内涵及外延演进趋势

核心网是网络交换和控制的核心。传统核心网主要交换控制语音及数据，随着数据流量的爆炸式增长和内容的不断丰富，我们需要不断增强对管道内容的状态感知、网络资源的自动编排和动态调度、差异化的管控和服务能力，提升更可靠、敏捷、高效、易扩展的网络能力，来迎接5G服务化架构和多样化的业务需求。

规划具有长远性、全局性、战略性、方向性、概括性的特点，一般面向长远时间，如三年滚动的规划。但在实际工作过程中，不同客户对规划的理解不尽相同，面向近期的建设策略、方案编制、网络设计通常也被纳入广义的规划范畴。

二、核心网网元规划发展趋势

（一）面向服务化架构的NF业务模型规划

现有核心网主要基于业务流程进行网元功能设计，未来5G核心网以控制转发分离为基本设计原则，同时借鉴了IT及软件架构中的SOA、微服务等理念，把网元按照功能的维度进行解耦，形成相互独立、模块化的网络功能（Network Function，NF）；以服务化架构（Service-based Architecture，SBA），提供网络功能的服务注册、发现和认证等服务化架构的管理框架。核心网基于服务的接口来灵活按需配置5G控制平面的网络功能，敏捷地支持多种业务需求，具体如图1所示。

5G新架构下的网络功能，其业务模型和现有网元存在较大差别，在现有业务模型规划的基础上，需额外考虑以下因素。

（1）模块功能的取舍：规范定义了基于服务的标准网络架构，运营商在实际应用中可根据自身需求，遵循功能模块间的松耦合、各模块可自治、可独立升级的原则，对网络功能进行合并或裁减规划。

（2）模块的编排组合：每个5G网络功能由细粒度的“服务”来定义，便于网络按照业务场景以“服务”为粒度进行定制及编排，一次业务流程可能重复调用某网络功能或一个网络功能模块被多个业务流程调用。我们需要细化分析各个业务场景、各个业务流程由哪些“服务”编排组合而成，每个业务流程涉及的调用次数，将该网络功能涉及的所有业务流程相叠加，得出该模块的业务模型规划。

（3）能力的对外开放：各网络功能之间的接口基

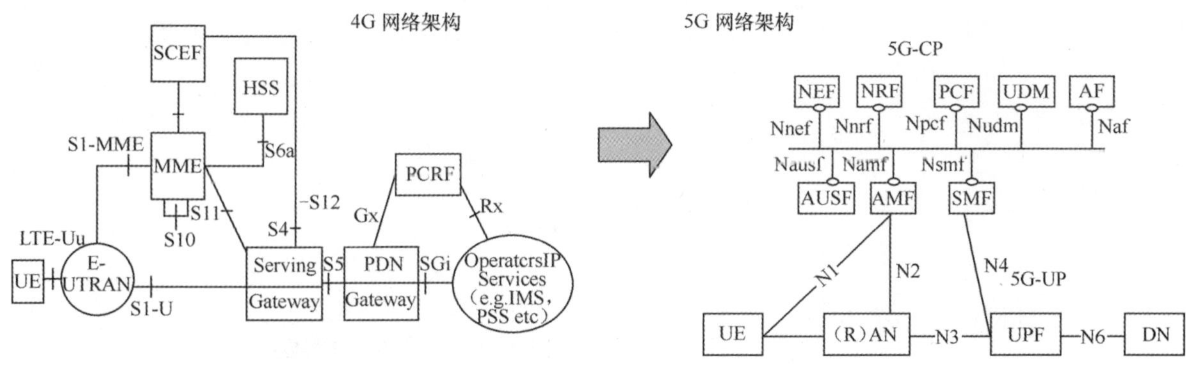

图1　基于服务的5G网络架构

于互联网协议，采用可灵活调用的 API 交互，对内降低网络配置及信令开销，对外可提供能力开放的统一接口。除自有应用外，我们还需考虑对外开放的业务模型需求。规划需要面向外部开发者、企业 / 行业切片专网业务需求，分析第三方业务 / 网络特点和对网络功能的具体需求，制订合理的业务模型，并紧密跟踪外部业务 / 网络的发展特点，迭代、更新各网络功能的业务模型。

（4）模块的流量流向：每个网络功能可直接与其他 NF 交互，随着业务场景复杂度的不断提升，网络后期可能涉及引入 HTTP proxy 可以实现简化组网、负载均衡、流量控制、会话绑定、拓扑隐藏等功能，还需要规划 HTTP proxy 的设置原则及新的流量流向模型。

（二）面向无状态分布式软件架构的网元资源规划

借鉴 IT 系统设计理念，越来越多的厂商在电信领域引入无状态分布式新型软件架构，构建更可靠、敏捷、高效、易扩展的软件架构。无状态分布式软件架构下，软件一般采用分层架构，如业务分发 / 接入层、业务处理层、数据层等，不同层级资源的使用特点、模块容灾原则分别具有不同的特点。规划过程中，需充分了解软件分层及各层的部署特点，结合配置原则，得出网元资源规划需求。软件分层架构示意如图 2 所示。

无状态分布式软件架构一般具备以下特点（需结合各层软件特点，合理规划资源需求）。

（1）数据层（以存储资源为主）：存储稳态数据，以 EPC 相关网元为例，可包括用户移动性上下文、会话信息及签约数据，并可基于分布式存储，通过多副本实现存储备份。

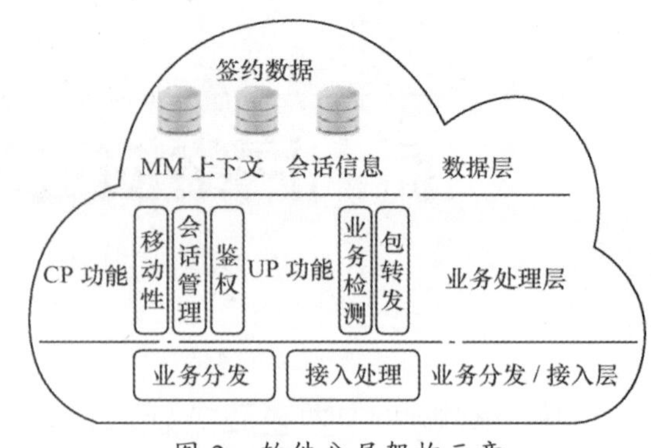

图 2 软件分层架构示意

（2）业务处理层（以计算资源为主）：处理控制面和用户面业务，并可实现分布式 N+1 并行处理。

（3）业务分发 / 接入层（以网络资源为主）：负责业务接入及业务分发，可采用分布式或 1+1 部署模式。

（三）面向三层解耦的电信云资源池规划

1. 网元规划模式变革

传统规划以网元为中心，整体网络分为接入网、核心网等，分网络分别规划，网络中各段、各个网元软、硬件各不相同。NFV 后，网元软硬解耦，将转变为“网元 + 资源”双线条模式，需统筹规划多专业、多网元，资源共享的硬件资源池，硬件资源池以数据中心为中心统筹规划建设，软件、硬件分层规划，如图 3 所示。

2. 规划运维闭环迭代流程

资源池基础设施的规划及运营是一个闭环迭代的过程，包括业务评估、容量规划、上线监控、资源优化四个步骤，如图 4 所示。

（1）VNF 需求评估

1）业务预测：与常规现有业务预测思路基本一致，并注意不限量套餐等业务环境发展因素对业务发展的新影响。

2）规划建设 VNF（虚拟化网络功能）设备类型：结合试点进度、技术及产品成熟度，按照先增量后存量、先控制后转发、先核心后边缘的原则，明确哪些网元实现虚拟化。

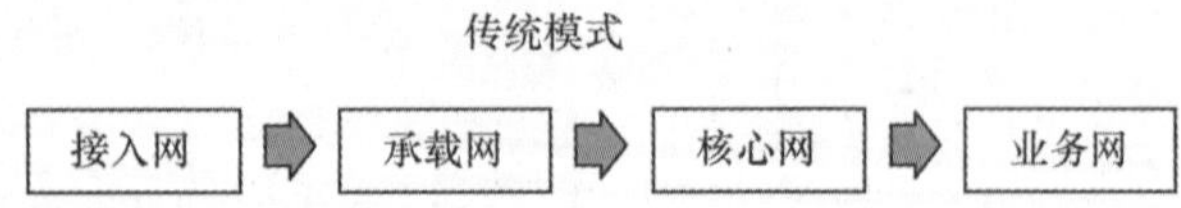

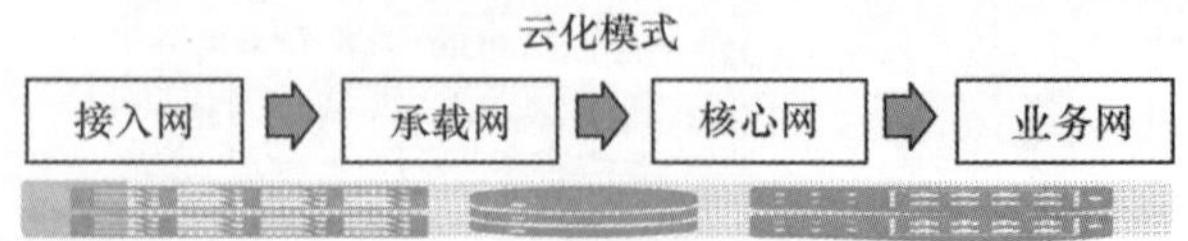

图 3 云化后的软硬解耦分层规划模式

3）VNF 与 PNF（物理网元功能）占比评估：需要明确增量和存量中哪些业务 / 地市由 VNF 承载、哪些由 PNF 承载。

4）结合业务预测规划 VNF 设备承担业务量：根据评估的 VNF 容量占比，同时结合业务预测、网元利用率等因素，评估 VNF 网元建设需求。

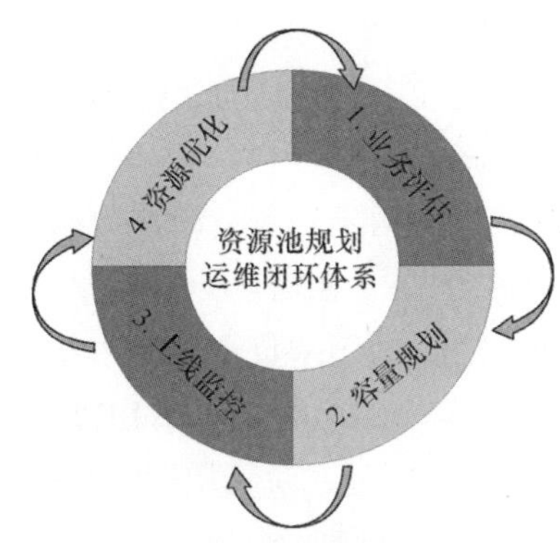

图 4　资源池规划及运维闭环流程

（2）资源池容量规划

1）调研资源需求：调研各个典配模型下，不同 VNF 的配置原则，包括虚机类型、虚机规格、存储类型、IOPS、存储副本数量、网络及安全要求等，并通过交流提前识别不合理的资源需求。

2）组织 VNF 性能测试：性能测试一般由集团统一组织，但性能测试存在一定局限、同现网真实业务模型存在一定差异，并不能完成反应 VNF 资源需求。

3）制订 VNF 资源需求基线：综合考虑各厂家配置原则及性能测试结果，制订典配模型下，各 VNF 资源需求的标准基线，该基线一般取各厂家的平均偏大值，对于超过基线的厂家，应进一步优化软件架构、压缩资源需求。

4）基于 VNF 需求规划 DC：结合 VNF 建设需求、资源需求、各 VNF 在各 DC 的分布，同时考虑业务突发、故障、弹性等因素，规划 DC 资源需求。

（3）资源池运维监控

通过制订运维关键指标、提供基于 VNF、基于资源类型的多种监控手段，定期评估资源利用率、资源使用和业务量的发展关系、识别资源利用率偏高或偏低的 VNF。

（4）资源优化

基于运维过程中积累的大量数据，对 VNF 资源分配、弹性伸缩策略做进一步优化，一方面通过运维手段进一步平衡资源利用率，另一方面基于实际运行过程中的资源使用情况，为后续资源池规划提供重要输入。

目前，电信云资源池规划仍处于初期阶段，因缺少 VNF 现网实际运维数据，前期规划相对模糊，需要通过大量现网运维运营数据的积累，进一步优化、精细化规划模型，形成资源池资源规划、运维的良性闭环。

（四）规划和运维 DevOps 演进趋势

为适应新型业务特点、新型软件架构、新型网元架构，网络规划建设和运维之间的联系日益紧密，网络运维管理也引入了 DevOps 理念，DevOps 起源于大型互联网公司，旨在消除开发与运营之间存在的信息“鸿沟”，以便能够更快地响应业务需求，同时更好地保障可靠性和安全性。采用 DevOps 理念，NFV 业务全生命周期管理引入了设计态和运行态两个状态。

设计态：指根据需求分配基础资源并实施所需功能的软件化过程。

运行态：指软件化后的功能（结束设计态后）正常运行时的过程。

设计态和运行态共包含六个主要流程，设计态流程包括需求分析、规划开发、业务测试，运行态流程包括业务加载、精细运营、业务下线。NFV 后网元的加载、扩缩容、运营和退网为一个完整的生命周期，使得规划建设和运维逐步一体化，原有支撑工程项目不同建设阶段的规划、可研和设计也需要发生相应的变化和调整，才能适应 NFV 网络建设运营需求。

（1）硬件资源池独立规划建设

不同于专用硬件软 / 硬件一体规划建设的方式，NFV 后硬件资源池的规划和建设与其上承载的业务相对独立，为满足所承载业务需求，资源池应了解所承载业务的需求，提前进行规划和建设。硬件资源池仍可按照现有方式进行资源池规模、组网、安全等规划、设计工作。

（2）网络功能软件化对规划提出新的要求

网络功能脱离了硬件实体，变成了一个个的功能软件，4G 时代仍以现有网元为单位实现软件功能，网络规划需针对虚拟化网元的功能软件进行，而传统设计的网元设置及组网、容灾等方案是以物理网元为对象进行的，现有传统规划设计难以满足需求。虚拟化网元的组件关系、容灾方式、组网要求等需通过自身功能设计并结合底层硬件资源池实现，如何有效地指导网元功能软件的部署、组网方案、容灾安全等方案的实现等是新的规划设计需要考虑的问题。

（3）网络功能和组网规划设计的工具化

由于 MANO 的引入，网元的创建、变动、删除等活动通过 MANO 系统完成，为满足网元的自动化部署的要求，需借助工具平台进行网元功能、容量、拓扑关系的设计，同时将生成的模板导入到系统方能进行网元的自动化部署，因此现有规划设计模式将要发生变化。

（4）新角色的加入，规划设计使用对象发生变化

随着软硬件分离和建设运营一体化，网络建设引入新的角色：集成商，现有建设单位的各部门职责也会随着变化，规划设计应针对这些改变，制订便于使用对象使用的交付物。

（5）核心网网络架构发展趋势

互联网企业一般采用"集中+边缘"的网络架构，集中设置若干个云端大型数据中心集中部署对时延不敏感的业务处理服务器并存储数据，在边缘部署时延敏感，或需要大带宽、大量数据存储的边缘节点降低时延、缓解集中节点压力，快速响应业务需求。在提速降费、长市漫合一以及电信、互联网企业业务领域相互拓展的趋势下，应借鉴互联网企业网络布局的优点，集中部署电信云硬件资源池，实现集中管理、低成本高效率建设运维和业务集中化运营，同时在边缘分布式部署用户面及内容分发边缘节点，进一步缩短媒体流路径，增强用户体验。

根据功能与特点，全部核心网和基础业务平台可划分为业务、用户数据、信令处理、媒体转发等四大类网元。

① 业务类网元：负责语音、短信等基础电信业务，例如 VoLTE AS、短信中心等。

② 用户数据类网元：负责用户数据、业务数据存储，例如 HSS/HLR、SPR 等。

③ 信令处理类网元：负责用户附着、移动性管理、会话管理、信令路由等，例如 MME、CSCF 等。

④ 媒体转发类网元：负责用户流量处理和转发，例如 SAE GW/GGSN（U 面）等。

结合业务特点，建议业务类、用户数据类以及时延不敏感的信令处理类的 NFV 网元，集中部署在集中电信云硬件资源池。媒体转发类网元，应尽量靠近用户部署。核心网网元集中化趋势如图 5 所示。

（五）面向集中化的大区/省协同规划

NFV 电信云的集中部署模式，打破了现有以省为单位的规划模式，将逐步演进为"大区+分省"的分级规划建设模式，接入省和区域中心省衔接、配合需求日益紧密，如图 6 所示。

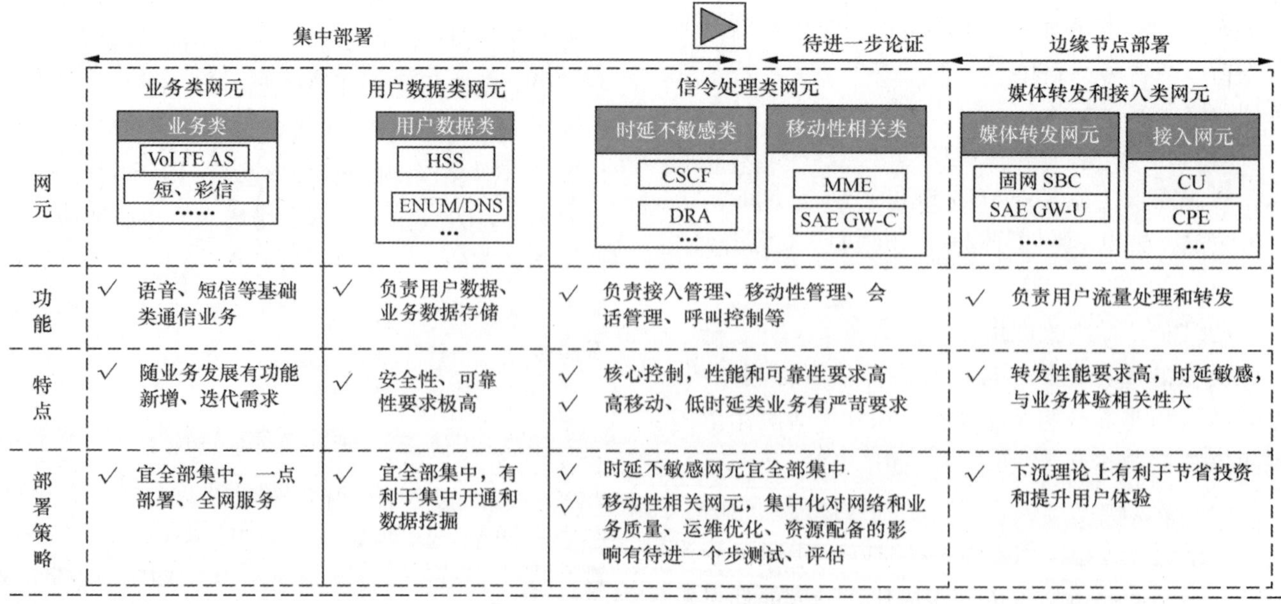

图 5 核心网网元集中化趋势

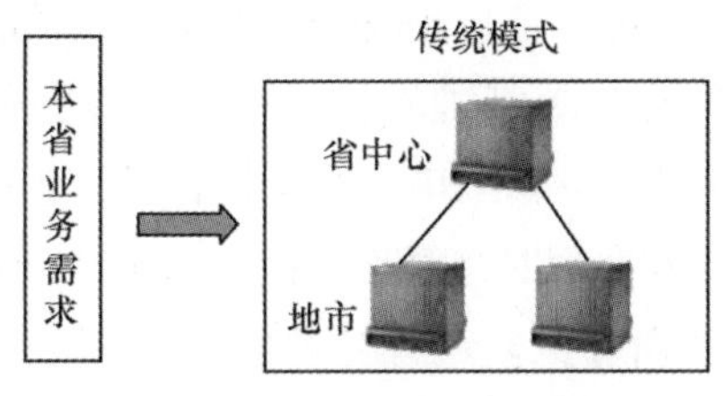

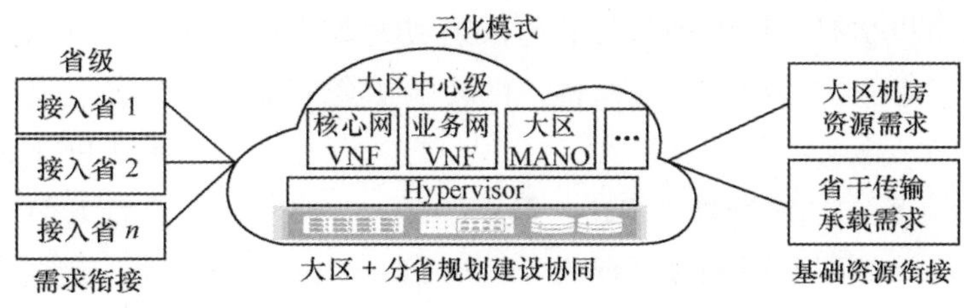

图 6　云化后的大区 / 分省协同规划模式

在集中化趋势下，接入省规划分工、衔接需求建议如下。

（1）合理规划本省 VNF 迁移步骤

PNF 和 VNF 预计将有 5 年左右的共存周期，在过渡阶段、应根据每类 VNF 的特点，明确增量和存量中，哪些业务 / 地市由 VNF 承载，哪些由 PNF 承载，如图 7 所示。

① 以 IMS 为例：为便于业务割接调整和网络规划建设，建议各省结合本省业务发展、业务区域划分和网络架构、设备情况等因素，采用按地市 / 号段迁移方案。省公司需合理规划哪些地市 / 号段集中部署于集中电信云 VNF，哪些地市 / 号段保留在本省传统 PNF。

② 以智能网、统一 Centrex 为例：根据智能网、统一 Centrex 业务特性，为保证用户业务体验的一致性，建议为业务单位对业务量较大的强耦合业务进行迁移。省公司需对省内开展的智能网、统一 Centrex 业务进行梳理，以简化、统一业务为原则，合理规划哪些业务部署于集中电信云 VNF，哪些业务保留在本省传统 PNF。

（2）合理规划本省 VNF 资源需求

具体规划原则详见面向三层解耦的电信云资源池规划。

在集中化趋势下，区域中心省规划分工、衔接需求建议如下。

① 汇总并评估接入省资源需求合理性：比较各省业务量和资源需求之间的线性关系、并综合考虑各省业务模型差异，合理评估各省资源需求的合理性，并统筹考虑多类网元的资源冗余需求。

② 统筹考虑各网元的容灾需求：结合各类网元不同的容灾模式，如组 POOL 或 N+1，合理规划各网元在各 DC、各硬件分区之间的分布，保障网络容灾。

（六）面向转发面下沉的地市节点规划

面向未来 5GeMBB 等大带宽业务，为保障业务体验、缩短接入路径，GW-U/UPF 应逐步下沉至地市节点。地市节点规划重点考虑以下因素。

① 网元下沉节奏：网元下沉需结合业务需求，需考虑本地网内疏导的流量、占比、用户数、与省中心距离等因素，且本地网内具备机房资源时，可考虑转发面网元下沉。

② 网元设备形态：面向大容量的转发面网元，面向通用硬件还存在转发效率不高、单位造价较贵等情况，应紧密跟踪设备演进节奏，适时考虑虚拟化转发面网元引入。并根据网元的不同设备形态（通用硬件 / 专用硬件）合理规划不同的机房配套需求。

③ 网元容灾要求：为满足网元容灾要求，本地网应具备两个以上的异局址机房，当本地网内仅

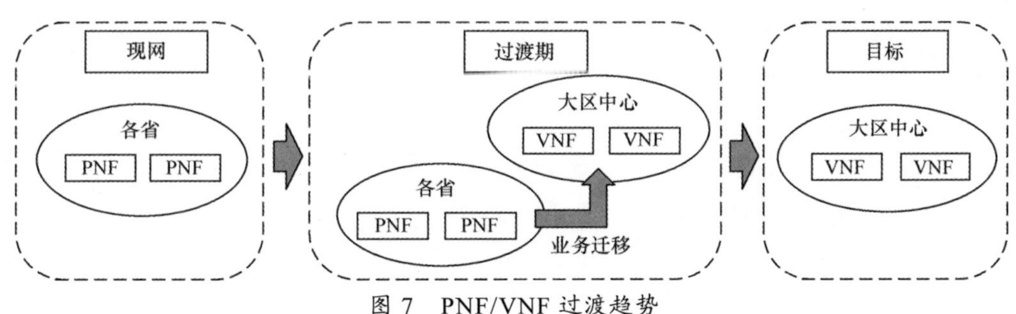

图 7　PNF/VNF 过渡趋势

具备一个机房时，可考虑与相邻地市组成大本地网共同实现容灾，并综合考虑跨地市的传输配套资源需求。

（七）面向边缘计算的规划探索

边缘计算在互联网领域已有一定应用，运营商的切入点和差异化竞争优势仍待进一步探索。运营商在边缘计算领域的拓展主要包括以下几种模式，其中①、②属于边缘计算、但并非真正意义上的移动边缘计算。

① 类 IDC 模式：仅提供机房基础设施和机架、带宽等基础资源，类似铁塔公司与阿里合作模式。

② 类公有云模式：除机房基础设施和机架、带宽等，提供 Iaas 层计算、存储等云服务，在提供云端公有云产品的基础上进一步提供边缘云产品，形成协同产品体系。本类模式的应用场景和运营商自身的公有云产品竞争能力存在一定关联。

③ 类专线模式：通过在边缘节点部署边缘 UPF 实现本地分流，并在分流后的流量疏导至企业 / 园区自身的机房，从而达到优化流量路径、缩短业务时延、节省传输带宽的目的。

④ MEC 模式：是真正意义上的移动边缘计算，通过在边缘节点部署基础设施、边缘计算系统和边缘 UPF 通过将核心网络和业务能力下沉，通过本地分流/缓存/计算实现时延降低、带宽节省、体验提升。

运营商需积极探索边缘计算的业务规划和商业模式探索，明确自身边缘计算产品发展目标及路径、制定目标行业、目标客户拓展计划，结合业务需求，合理提前储备边缘机房等基础设施。

三、小结

随着业务和技术的演进，网络处于转型、变革的关键阶段，5G、NFV/SDN、IoT、开放平台等成为全球电信运营商网络演进转型的重点方向，在网络转型背景下，核心网规划的内涵及外延、网元规划和网络架构规划都需同步转型。面向网络转型，规划技术人员应提升自身技术水平、升级规划产品能力、助力中国移动网络演进。

（中国移动通信集团设计院有限公司　沈蓉　王计艳　吴倩）

公有云的发展与分析

过去的一年，对于全球云计算市场来说，是承前启后的一年，随着公有云“寡头”格局尘埃落定，人们将目光逐渐转移到私有云以及随之而来的多云世界。用户关注什么？企业又能提供哪些产品和服务，市场的竞争格局又有哪些变化，在云计算的下半场开始之前，本文将逐一展示。

一、公有云步入“寡头”时代，云安全备受关注

2018 年，美国权威调研机构 Gartner 发布的《全球公共云市场份额报告（2017 年）》显示，亚马逊 AWS、微软 Azure 和阿里云位列前三，三家公司市场份额均得到持续扩大。

Gartner 分析师认为，云计算技术日益成熟，应用范围已超出早期的线上客户。众多传统行业的大型企业开始采用公共云的产品技术。很多企业正在使用公有云来支持其关键业务运营。这场竞争将围绕全球云计算的领导者进行整合。三家领导者已成为超大规模的厂商，将主导市场的发展，大型企业客户倾向采用他们的服务，其占据的市场比例也会越来越大。

中国信息通信研究院的统计显示，我国公有云市场增速保持 50% 以上。2017 年我国云计算整体市场规模达 691.6 亿元，增速 34.32%。其中，公有云市场规模达到 264.8 亿元，相比 2016 年增长 55.7%，预计 2018—2021 年仍将保持快速增长态势，到 2021 年市场规模将达到 902.6 亿元。从我国公有云市场上看，IaaS 是增速最快的服务类型。2017 年，公有云 IaaS 市场规模达到 148.7 亿元，相比 2016 年增长 70.1%。截止 2018 年 6 月底，共有 301 家企业获得了工信部颁发的云服务（互联网资源协作服务）牌照，随着大量地方行业 IaaS 服务商的进入，预计未来几年 IaaS 市场仍将快速增长。

云计算飞速发展的同时，云安全问题日渐凸显。2018 年，网络安全形势更加严峻。美国中央情报局遭遇 Vault7 黑客攻击，WannaCry 勒索软件爆发，以及 Equifax 公司数据泄露等种种事实成为摆在 IT 行业面前的不定时炸弹。为此，2019 年欧盟生效的《一般数据保护条例》（GDPR），对数据处理者的数据保护能力提出了更为严格的要求。未来，云服务商如何有效保护用户数据安全成为首先考虑的问题。

二、安全因素让企业青睐私有云，开源在中国发展蓬勃

从 2018 年出现的各类私有云案例中可以明显感受到，企业在思考推进信息化进程的同时，对数据资产更为重视。对于很多企业而言，数据是其核心资产，和业务有关的数据如同其生命线，不能受到任何形式的威胁。对这类企业用户而言，私有云具有明显的优势。而且对于很多大型和超大型企业而言，私有云部署在超过一定的规模之后，其总体拥有成本并不一定会超过公有云服务，这是私有云比公有云在中国市场更受欢迎的原因。

由工业和信息化部指导的计世资讯《2017—2018 年度中国私有云市场现状与发展趋势研究报告》（后简称《报告》）显示，中国私有云市场将继续保持高速增长的趋势，预计 2018 年市场规模将达到 512.4 亿元，同比增长 27.0%。且到 2022 年，预计中国私有云市场规模将达到近 1 000 亿元。随着政务云、制造业、金融云等私有云市场（三大行业市场占据超过 60% 市场份额）的活跃，以及各地政府推动企业上云计划的实施，为中国私有云市场的发展提供了坚实的基础。

《报告》认为，中国私有云需求旺盛，因而成为

各类企业竞争的重点。在计世资讯发布了“2018 年私有云市场品牌竞争力分析象限图”，其中，最值得关注的领导者象限包括华为、新华三、VMware、华云、EasyStack 这 5 家企业，如图 1 所示。

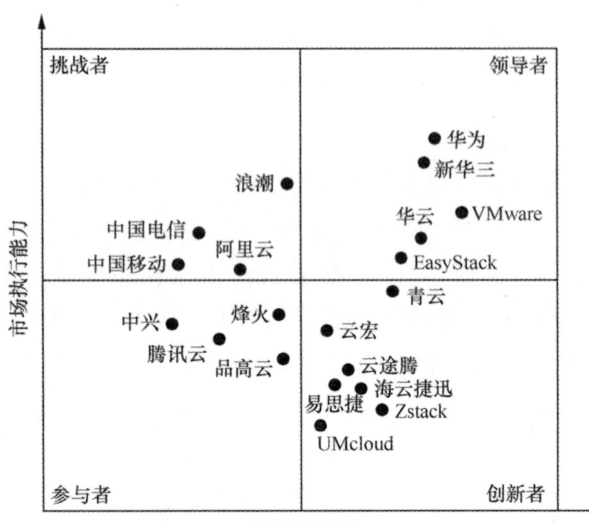

图 1 2017—2018 年私有云市场各品牌竞争力分析象限

值得一提的是，以 OpenStack 为代表的开源技术依然在私有云市场中占据主流。计世资讯认为，作为全球部署最广泛的开源云基础设施软件，OpenStack 经过 8 年的发展，在国内已经形成了稳定的以 OpenStack 为核心的开源云生态体系。尽管 OpenStack 在近年来受到了容器等技术的冲击，但是在中国市场中越来越丰富、越来越成熟的用户实践案例表明，OpenStack 开源云技术依然保持着足够的活力。现在 OpenStack 发展已经越发成熟，已逐渐摆脱了最初的版本混乱，后续运营维护、改造升级成本高昂等问题。

不仅 5 家领导者象限企业中就有 4 家（华为、新华三、华云、EasyStack）以 OpenStack 为基础，在排名 TOP20 的私有云企业当中开源与闭源技术应用比例也高达 7∶3。在企业用户调查中也反映了这一点，被调查的 283 家企业用户当中，私有云建设中开源软件和闭源软件的采用百分比分别为 82.4% 和 17.6%。

计世资讯报告中提到，按照类别来看，公有云厂商、传统 IT 厂商、电信运营商、系统集成商、云创业型公司五大类企业都已经深度参与到了私有云市场的竞争之中，具体代表企业见表 1。可见，云计算经过超过 10 年的发展，重点已经从公有云市场转向行业企业市场挖潜，私有云已经成为云计算下半场的重要焦点。

表 1 2018 年中国私有云市场主要企业

类别	优势	代表厂商
公有云厂商	私有云方案通常采用与公有云相统一的架构，产品经受过公有云大量的用户使用考验	阿里云、腾讯云、华云
传统 IT 厂商	熟悉企业用户需求，对于行业业务的理解较深。定制化能力强	新华三、华为、曙光、浪潮、联想、中兴
系统集成商	对行业理解深入、应用集成能力强	东软、太极集团、未来国际、神州数码
电信运营商	国企背景，拥有网络带宽资源，客户资源丰富，在政务等领域中优势明显	中国电信、中国联通、中国移动
云创业型公司	以开源或闭源技术为核心的初创型公司为主、产品定制化能力强，技术驱动力、开放合作能力强	EasyStack、青云、九州云、云宏、海云捷讯

三、从混合云到多云，未来将不再有纯粹的公有云

近年来，因公有云的爆发式增长，及大型企业自有的私有云服务能力限制，混合云开始大量运用。用户可以在构建完成私有云的基础上，借助公有云的能力形成混合云。借助混合云管理平台（CMP）的能力，实现公有云与私有云之间的连接、初步的跨云资源和服务编排等功能。

不过，进入到 2018 年，作为目前可见的最新阶段，多云正在快步大踏步前进。多云管理在 2017 年几乎一夜之间成为热点。有别于混合云，多云更强调“多”——即多个公有云或多个私有云（而非公有云加私有云）系统的统一管理。多云管理既需要

能很好利用单个云的优势、某个云特有的云服务，又需要能很好地避免厂商锁定、把鸡蛋放在不同的篮子里，还能根据业务、技术及性能等需求动态调整多云部署的策略。此外，各种行业云、区域云的多云使用也将满足更多的细分市场需求。在多云还未达成共识之前，一直有私有云企业和公有云企业两个阵营。尤其是公有云的创立者亚马逊AWS前几年还一直宣扬未来只有公有云的理论，但是近年来这个说法已经不再提及。尤其是随着它一年多以前高调与私有云企业VMware合作，又在近期追随微软的Azure Stack推出Outposts，这些都证明，多云世界已经在云计算领域达成共识。

因此，不论两种企业如何，未来都殊途同归——多云。这也可以称为云计算下半场的一种解读。这么来看，未来公有云的提法只能代表云计算企业的出身，随着多云方案的完善和多云环境的发展，纯粹的公有云企业早已消失。

（北京易捷思达科技发展有限公司　王熙）

通信设备制造篇

移动芯片发展态势分析

一、智能手机整体发展态势

（一）全球智能手机市场出现萎缩态势

据 IDC 统计，2018 年第三季度，全球智能手机出货量达 3.552 亿部，同比下降 6%，这是连续第 4 个季度出现下滑。我国智能手机市场则从 2017 年第二季度以来持续下滑，2018 年上半年下跌了 11%。一方面，我国智能手机历经十几年的高速发展，手机渗透率接近饱和，如 2016 年我国手机普及率超过 96 部 / 百人，同时受到功能同化、价格等因素的影响导致更新换代需求降低，消费者在智能手机领域整体开支正在减少。另一方面，IDC 认为 2019 年智能手机市场会出现回暖，未来 5G 移动通信技术升级、人工智能应用扩展等因素，都可能成为市场恢复增长的新动力。

（二）我国手机厂商在全球市场表现突出

据 IDC 统计，2018 年第三季度，三星手机销量同比下降 13.4%，但仍占据全球智能手机市场 20.3% 的份额。华为以 14.6% 的市场份额和 36.9% 的同比增速超越苹果，实现连续两个季度位列全球第二大智能手机供应商。此外，小米、OPPO、vivo 等中国智能手机厂商快速发展，国内企业在海外商场增势强劲，改变了原有市场格局。华为海外市场占比达 52%，高于 2017 年第三季度的 42%，其中荣耀品牌增速达 150%，远超华为整体增长速度；小米海外市场占比达 59%。

二、移动芯片整体发展态势

在面临全球智能手机市场销量下滑的情况下，智能手机厂商联合移动芯片企业围绕 5G 通信、GPU、人工智能等模块加快技术升级，寻求新的应用需求，力图推进市场回暖。

（一）通信模块

（1）实现 5G NR 算法、提升工艺技术是移动芯片中 5G 基带发展的重点

目前，载波聚合、高阶调制、大规模 MIMO 等关键技术已推动 4G 基带芯片升级，完成千兆级数据传输功能。在 5G 基带芯片方面，创新开发新型波形、新型多址、新型编码等 5G NR 算法将加速基带通信能力发展升级。针对基带设计，高速并行处理能力的要求大幅提升。4G LTE 带宽 20Mbit/s，工作频率可以达 300MHz，工作频率是采样率的 10 倍左右。而 5G 带宽要求超过 800Mbit/s，工作频率达 1GHz 左右，工作频率仅仅是采样率的两倍左右，因此对基带的高速并行处理能力提出更高的要求。伴随半导体先进制程工艺继续升级，为满足 5G 高速率和低功耗的需求，5G 终端基带芯片将升级到 7nm 工艺。

（2）终端芯片厂商围绕 5G 基带展开竞赛，高通和英特尔形成引领局势

基带芯片的技术门槛高、研发周期长、资金投入大，7nm 工艺制程芯片开始逐步量产，现阶段高通占领基带芯片超过 50% 的市场份额，而基带国产份额稳步提升，2017 年国产份额达 13.8%。高通、英特尔凭借长期以来在通信芯片基带平台的技术积累，在 5G 标准冻结前都相继发布了 5G 基带芯片，形成引领局势。高通 2016 年发布支持 28GHz 毫米波频段的 X50 5G 基带芯片，2017 年将毫米波基带芯片扩展到 6GHz 以下频谱，2018 年 12 月推出首批商用产品。英特尔在 CES 2017 发布业界首款全球通用 5G 调制解调器、收发芯片以及毫米波射频前端。在 5G 标准 R15 NSA 冻结后，华为、联发科、三星相继推出 5G 基带芯片。华为在 2018 年正式发布了首款 5G 商用基带芯片巴龙 5G01，并将在 2019 年发布 5G 智能手机商用芯片和 5G 智能手机。联发科在 2018 年 6 月正式推出 5G 基带芯片 M70 并计划于 2019 年出货。三星在 2018 年 8 月正式推出 5G 基带 Exynos

Modem 5100。

（二）GPU 模块

（1）智能手机芯片厂商主要围绕多核心、架构优化、显存压缩、系统调度等方向升级 GPU 性能

高通发布的骁龙 845 芯片集成自研 4 核 Adreno 630 GPU，通过硬件架构优化，性能优于可编程内核；苹果 A12 芯片采用自研 4 核 G11P GPU，增加显存压缩功能，相比上一代 A11 产品性能提升 50%；三星 Exynos 9820 芯片选用 ARM 公司的 Mali G76 GPU，采用低频多核路线，共 12 核，相比上一代 9810 性能提升 40%，能效比提升 35%，可提供长时间的性能输出；华为麒麟 980 芯片采用 ARM Mali G76 GPU，共 10 核，不同于三星技术路线，采用高频技术路径，此外 GPU Turbo 技术（图形处理加速技术）的加持可显著提升效率；联发科 P70 芯片采用 Mali G73 GPU，共 3 核心，主攻中端手机市场。

（2）软硬件融合提升 GPU 芯片处理性能

华为 GPU Turbo 技术通过系统层面实现 GPU 资源合理调用，克服 Mali GPU 性能落后的问题，可实现中端智能手机超越旗舰机的游戏体验。2018 年 6 月，华为公布图形处理加速技术——GPU Turbo 技术。根据推测，软件方面，优化驱动层 / 硬件抽象层代码，通过高效 API 完成 App 对 GPU 核心调用；硬件方面，优化 CPU/GPU 异构计算性能和 GPU 缓存架构，借助高效的软硬融合技术，充分调度 GPU 硬件性能，将 GPU 的图形处理效率提升 60%，能耗降低 30%，尤其是在游戏体验方面，搭载 GPU Turbo 技术的华为中端手机即可获得较好的游戏体验。

（三）人工智能模块

集成专用人工智能处理内核和升级现有 SoC 芯片异构计算能力，成为打破移动芯片的计算和内存受限特性、满足低功耗的需求、支撑智能手机侧人工智能密集型计算任务需求的有效途径。苹果发布 iPhone XS 手机的 A12 Bionic 芯片，相比于上一代 A11 Bionic 芯片，其神经引擎由双核升级到 8 核，每秒运算由 6000 亿次快了至 50000 亿次，整体性能提升 30%；联发科 P70 集成专用神经引擎，性能相比上一代提高 30%，主要面向中端手机；三星最新产品 Exynos 9820 芯片集成面向深度学习处理任务的 NPU 内核，人工智能处理能力相比于上一代产品 Exynos 9810 快了 7 倍；高通重点依托“CPU+GPU+DSP”的异构协同架构处理人工智能任务，骁龙 855 芯片搭载 DSP 内置专用 AI 加速模块，相比于上一代产品快了 2～3 倍。现阶段，国内企业实现与国际并行发展。华为发布的麒麟芯片融合了寒武纪的深度学习 IP 内核，麒麟 980 芯片集成双核寒武纪第二代 NPU，能效达 5TOPS/W，它可根据不同场景处理需求，并提供 2/4/8 TOPS 三种规格核心；紫光展锐面向中端智能手机发布 SC9863 处理器，该处理器结合 ARM DynamIQ 技术，优化流水线和机器学习指令，提供中低端手机的人脸识别、场景识别、拍照增强等功能。

三、国内移动芯片产业发展建议

当前，我国移动芯片产业取得了一定进展，以海思、展讯为代表的国内厂商围绕基带加速布局，研发能力整体保持与国际领先水平同步发展的势头，市场占有率稳步提升。然而我国移动芯片在部分领域依然薄弱，国内 SoC 移动芯片产品主要是基于 ARM 指令架构进行定制开发的；射频前端市场主要由国外巨头主导，国内企业基础薄弱。

强化核心技术攻关，完善配套环境建设。一是研判新兴技术发展态势，持续推进研发布局。在移动通信方面，考虑我国计划启动 5G 中频部署和系统商用，建议优先发展 5G 中频基带和射频芯片，统筹规划 5G 高频毫米波芯片技术研发和产业化，提升批量供货能力；在图形处理方面，大力推动具备自主创新的 GPU 核心技术攻关，注重 GPU、CPU、DSP 等多核异构 SoC 计算系统协同优化；在智能应用方面，推进人工智能芯片指令集、计算、内存、通信等技术创新，鼓励国内手机企业引入人工智能计算模块用于提升手机智能核心竞争力。二是推进产业发展配套环境完善。应充分发挥国家政策引导和支持作用，结合重大专项、产业基金等配套措施，统筹布局 5G 中高频器件（射频前端模块）、CPU、GPU、集成 SoC 等技术创新研发，强化半导体设计、半导体制造工艺、制造设备以及封装工艺等产业链上 / 下游支撑能力，系统推进我国移动芯片布局。

（中国信息通信研究院　丛瑛瑛　王骏成）

制造业企业发展分析

一、制造业发展背景

（一）国外情况

德国于2013年正式提出了“工业4.0”战略；法国在2013年提出了“新工业法国”计划，2017年11月20日，法国国家工业委员会（CNI）发布《我们的工业雄心》报告，旨在实现法国的工业转型和工业竞争力的提升；英国于2017年年初公布了“现代工业战略”；日本在2014年出台“日本产业复兴计划”及发布了《制造业白皮书》，重点发展机器人产业；俄罗斯政府在2011年成立了“战略创意机构”，为先进制造发展提供战略支持。当前，以信息化、智能化、网络化、大数据等为特征的全球制造业变革正在如火如荼地进行，德国、英国、日本等国家都意识到信息化离不开发达的制造业，纷纷制定相应战略，将硬件和软件相结合，不断突破高精尖技术领域，实现智能制造，抢占尖端制造市场，完成未来制造业布局。

（二）国内情况

2018年是改革开放40周年，经过40年改革开放，我国经济正处在转变发展方式、优化经济结构、转换增长动力的攻关期。2018年，在以习近平同志为核心的党中央带领下，我国统筹推进“五位一体”总体布局，协调推进“四个全面”战略布局，坚持走特色新型工业化道路，绿色建材、高效节能技术装备推广应用加快，制造业投资回升到较高水平，制造业创新体系日趋完善，新型产业和先进制造业加速壮大，互联网、大数据、人工智能与实体经济融合持续深化。

促进工业和信息化融合发展，以企业为主体，以市场为导向，建立产学研用深度融合的创新体系，以创新品种、提升质量、创建品牌、改善服务为着力点，抓规划，抓政策，抓行业标准。组织开展试点示范、创新示范、战略示范活动，推动解决重点产品质量技术问题，制修订了一批行动计划、行业标准，实现了质量提升全行业覆盖，有力地满足了制造业由数量规模扩张向质量效益提升转型需求。

二、我国制造业企业现状

（一）整体情况

1. 我国制造业的国际地位大幅提升

我国制造业规模自2010年以来连续9年位居世界第一，全部工业增加值由1978年的1621.5亿元，增至2017年的2.79×10^5亿元。2015—2017年，工业战略性新兴产业增加值较2017年分别增长10.0%、10.5%和11.0%。装备制造业和高技术产业快速发展，2017年，装备制造业、高技术产业占规模以上工业增加值的比重达32.7%、12.7%。2018年1～11月，全国规模以上工业企业利润总额增长11.8%，制造业利润率为6.19%。2018年制造业PMI（制造业采购经理指数）均值为50.9%，软件和信息技术服务业业务收入增长15%，单位工业增加值能耗下降3.5%，重点行业骨干企业“双创”平台普及率超过75%，2018年全国规模以上工业增加值增长6.3%左右，全年制造业总体保持增长，一批骨干企业和龙头企业脱颖而出。进入世界500强的企业由1995年的3家增至2018年的120家，其中制造企业达60家。[1]

[1] 数据来源：国家统计局。

2. 制造业生产结构进一步优化，创新体系日趋完善，新动能增长加快

2018年，进一步打造制造业与互联网融合发展试点示范项目，深入开展IPv6、5G等基础设施升级建设；促进大数据、云计算、人工智能、工业互联网等新一代信息技术与实体经济深度融合，大力发展海洋工程装备制造业、智能光伏产业、智能网联汽车、船舶总装建造智能化，积极推进制造业“双创”平台建设，推动企业上云，发展绿色工业，新批复4家国家级制造业创新中心，开展智能制造成套装备的集成创新和应用示范；发布《产业发展与转移指导目录》，加快重点领域研发和产业化，促进区域协调发展，推动制造业产业转型升级，实现制造业高质量发展，加快制造强国建设。

3. 制造业大而不强，缺乏核心国际竞争力

据测算，2015—2017年我国经济发展新动能指数分别为123.5、156.7、210.1，分别比上年增长23.5%、26.9%和34.1%[2]，呈逐年加速之势。从长期看，促进制造业高质量增长的积极因素正在持续积累，但就短期而言，我国制造业核心技术发展起步晚，仍存在自主创新能力弱，关键核心技术与高端装备对外依存度高，以企业为主体的制造业创新体系不完善，与部分发达国家比制造业发展质量尚存在较大差距等问题。

4. 制造业企业仍面临着机遇与挑战

近期受国际贸易摩擦加剧、全球经济增长放缓等多重因素影响，2018年12月，中国PMI为49.4%，比11月回落0.6个百分点，低于临界点。2018年1～11月，全国规模以上工业企业利润总额增速比1～10月减缓1.8个百分点，11月当月利润下降1.8%，全年主营业务增速缓速下降，2018年，第四季度规模以上工业增加值预计增长5.9%，全年增长6.3%，比2017年回落0.3个百分点[3]。

（二）重点细分领域

2018年，工业企业总体经营状况良好，工业企业总体利润增速虽较2017年有所回落，但仍保持高位，工业企业资产负债率总体平稳；工业生产结构继续优化，高技术产业、战略性新兴产业和装备制造业增长较快，多数行业和半数以上产品保持增长态势，汽车、电子、化工行业增速有所减缓。

数据统计显示，2018中国制造业企业500强共实现营业收入3.18×10^5万亿元，同2017年相比取得了12.71%的显著涨幅，增速提高了6.17个百分点，呈现出进一步向好的发展态势。2018中国制造业企业500强的入围门槛为86.4亿元，较2017年相比，涨幅达24.98%[4]。

1. 高技术产业快速增长

2018年11月，高技术产业增加值同比增长10.8%，高于全部规模以上工业5.4个百分点，占规模以上工业的比重为14.4%，同比提高1.4个百分点。其中，航空航天制造业同比增长19.9%，较10月提高了3.9个百分点[5]。

2. 战略性新兴产业比重提高

2018年11月，规模以上工业战略性新兴产业同比增长8.6%，高于全部规模以上工业3.2个百分点，占规模以上工业的比重为19.5%，同比提高1.1个百分点[6]。

3. 装备制造业增长较快

2018年11月，装备制造业同比增长6.5%，高于全部规模以上工业1.1个百分点，占规模以上工业的比重为33.9%，同比提高0.3个百分点。其中，专用设备制造业增长12.4%，较10月提高4.3个百分点；电气机械和器材制造业增长9.0%，提高2.2个百分点[7]。

[2] 数据来源：中国信息通信研究院“ICT十大趋势（2019—2021年）。”
[3] 数据来源：国家统计局“2018年12月中国采购经理指数运行情况”。
[4] 数据来源：中国企业家协会“2018年中国制造业企业500强”。
[5] 数据来源：国家统计局“工业生产结构继续优化 多数行业保持增长”。
[6] 数据来源：国家统计局“工业生产结构继续优化 多数行业保持增长”。
[7] 数据来源：同上。

4. 电子信息制造业平稳增长

2018 年，电子信息制造业增加值增长 13.5% 左右，快于规模以上工业增速 7 个百分点。其中通信设备制造业增长 14.7%，电子元件及电子专用材料制造业增长 15.4%，电子契机制造业增长 15.3%，计算机制造业增长 8.8%。主营业务收入占工业比 9.7%，相比 2017 年提高 0.6 个百分点[8]。

5. 工业互联网平台数快速增长

建设了 10 余个工业互联网网络新技术测试床，覆盖时间敏感网络（TSN）、工业软件定义网络（SDN）、5G、窄带物联网（NB-IoT）等网络技术方向。目前，我国具有一定行业、区域影响力的平台超过 50 家，在垂直领域，各具特色的部分平台工业设备连接数量超过 10 万台，数据采集逐步深入，制造领域共享新业态规模初显，涌现出一批创新工业 App，工业互联网产业联盟成员突破 834 家。工业互联网、工业大数据、工业 App 开发、智能网关等平台关键软硬件成为发展热点。

6. 人工智能技术不断向纵深发展

智能汽车、智能机器人、无人机等产业快速发展，云端智能芯片理论峰值速度达 1.28×10^6 万亿次每秒；智能芯片、语音识别、计算机视觉等部分领域走在前列，人工智能领域，国际科技论文发表量和发明专利授权量居世界第二，相关企业达 2 000 余家；在智能芯片、计算机视觉、自动驾驶等领域，涌现出一批“独角兽”企业。从制造到服务，人工智能不断拓展深入，制造领域“智能 +”新技术、新模式、新业态不断涌现，辐射溢出效应不断增强。

7. 智能制造工程全面实施

新兴产业和先进制造业加速壮大，两化融合管理体系贯标全面推广，研制推广国家智能制造标准，制造业数字化转型步伐加快；公布了一批 2018 年智能制造试点示范项目，涌现了一批服务型制造示范典型。

[8] 数据来源：中国信息通信研究院

三、发展趋势

（一）制造业产业结构将进一步优化

在企业方面，领先巨头企业将通过收并购，平台化打通产业链，构筑“围墙”。行业龙头企业纵向深耕细分领域，多重手段增强核心竞争力；初创企业聚焦细分领域，以创新技术形成单点优势，以平台为核心的生态化发展模式加速扩展，新模式、新业态日渐丰富。在政府方面，一是加快提升制造业创新能力；二是培育壮大科技创新产业集群；三是“走出去”与“引进来”相结合；四是营造稳定有利的贸易环境，加速完成产业结构转型升级

（二）关键核心技术将进一步被突破，技术创新将引领制造业进一步发展

2019 年，政府将继续加快建设一批国家技术创新中心、制造业创新中心等，打造引领发展的战略科技力量和平台，瞄准产业重大需求，提供持续有效的系统性技术供给。深入实施国家技术创新工程，培育形成一批创新能力突出、全球技术领先、品牌影响力强的创新型骨干企业。加大研发投入强度，提高创新能力的同时，加强创新对全要素生产率提升的驱动作用，加大高技术产业领域核心环节关键技术研发并努力提升制造业特别是高技术产业的全要素生产率，切实缩小中国制造业全要素生产率与美国的差距。

（三）深入推进“互联网 + 制造业”，制造业数字化转型不断发展

大数据、云计算、人工智能、工业互联网、物联网、5G 等新一代信息技术与制造业将进一步融合发展，提升制造业解决问题的边界与能力，2012—2020 年全球数据总量年增长率将维持在 50% 左右，海量数据聚集为制造业转型提供关键要素，数字化服务驱动企业转型发展，应用需求转移到跨领域应用，系统解决方案引发企业跨界创新，加快制造业企业转型升级进程。

（四）建立安全保障体系，监管更加注重规范健康发展

2018 年，我国围绕工业互联网安全问题发布了一批标准、指南、规范文件，开展了一系列试点示范活动。目前，我国已经从顶层设计、标准规范、夯实基础、技术手段、产业推进、人才培养 6 个方面建立了初步的工业互联网安全体系，工业互联网安全保障生态体系已经初步建立。未来，政府会更加注重市场规范和市场健康发展，治理手段日益完善，企业和平台在安全保障方面将会承担更多的责任。

（五）制造业将进一步由数量规模扩张向质量效益提升转变

随着互联网技术的不断发展，新兴产业和先进制造业将加速壮大，互联网、大数据、人工智能与实体经济深度融合。随着制造强国战略的不断推进，通过强化引领创新、聚力提质增效、发展智能制造、激发市场活力、释放数字经济活力、深化改革开放等战略规划，我国制造业将会走上制造业高质量发展之路。

四、结束语

对于我国制造业企业来说，2018 年是在机遇与挑战中不断向垂直细分领域扩张的一年。这一年各国政府、互联网企业、制造业企业围绕制造业各领域积极布局，横向、纵向不断扩深。我国政府在经济、政策上围绕制造业发展也在不断细化，倡导制造业高质量发展，相信在全国人民的共同努力下，随着我国制造业技术水平的不断提升，我国最终会实现制造业强国之梦。

（中国互联网协会 李 玲）

光纤光缆行业发展分析与展望

近 30 年来，中国通信企业始终以产业报国、实业强国为己任，通过自主研发打破国外技术垄断，摆脱国外技术依赖，在光通信、智慧海洋、能源互联等领域创造了很多中国民族工业的奇迹，走出了一条依靠自主创新、科技进步实现国际化发展的道路，成为民族工业的脊梁，为中国通信做出了积极的贡献。中国通信企业与时俱进，沿着“一带一路”，大力拓展海外市场，加快产业国际化和全球化运营，推动全球光通信与能源互联的发展。

2018 年，是中国通信业非常不平凡的一年，这一年，中国通信企业深入贯彻落实党中央、国务院决策部署，大力推进网络强国建设，着力提升基础设施能力，助力信息消费活力释放。行业发展稳中有进，对国民经济和社会发展支撑作用不断增强。同时也面临着巨大的机遇和挑战。

一、2018 年行业情况

（一）通信行业保持健康发展

电信业务总量延续增长态势，增速相比 2017 年有较大的提高，2018 年电信业务总量达 65 556 亿元，增速达 138%，相比 2017 年 76%，增速增长了 62%。2018 年电信业务总量呈现出缓慢、平稳增长趋势，如图 1 所示。

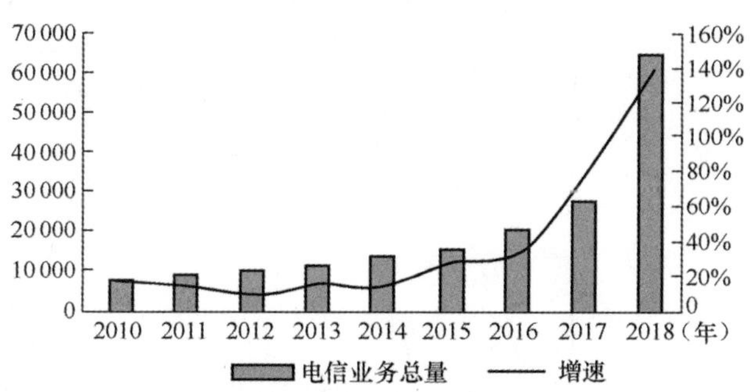

数据来源：工业和信息化部、国泰君安证券研究

图 1 2018 年电信业务总量相比 2017 年增速大幅提高

（二）通信设备更新换代，通信能力持续提升

2018 年，我国光缆线路延续前几年增长态势，2018 年年底，光缆线路长度达 43.6 百万公里，同比增加 611 万公里；2018 年年底，长途光缆线路达 108 万公里，同比增加 3.32 万公里，如图 2 所示。

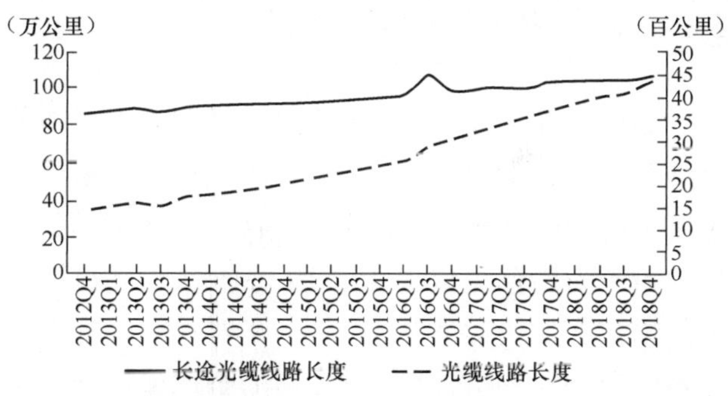

数据来源：工业和信息化部、国泰君安证券研究

图 2 2018 年我国光缆线路长度持续上升

（三）光纤光缆企业发展概况

纵观全球光纤光缆市场，在持续 4 年实现两位数增长后，2018 年的需求仅同比增长 4%，这是自 2003 年以来历史最低的增长率。权威咨询机构 CRU 认为，增长放缓的主因是中国市场的低迷表现。2018 年 ICT 产业蓬勃发展。一方面，以云计算、大数据、人工智能等为代表的新一代信息通信技术加速与传统行业深度融合，并已深刻改变了人们的生产生活方式，有力推动着经济社会的发展；另一方面，5G 规模商用渐行渐近，技术创新不断提速。可以说，在网络技术持续演进、海量应用落地的有力推动下，整个社会正在迈入前所未有的万物互联时代。

面对数字经济规模发展的机遇和挑战，面对这样一个技术日新月异的全球化竞争时代，创新已不仅是企业的发展之道，更是生存之道。创新始终是企业持续发展的源动力。

以亨通为代表的光缆光纤通信企业不断突破产业关键核心技术，已构建形成国内领军、具有全球竞争力的完整产业链。尤其在光纤通信领域，自主研发攻克最核心的光纤预制棒技术，打破国外技术垄断，填补了国内空白；成功开发具有颠覆性技术的新一代绿色光棒，成为全球第二、中国唯一拥有此项核心技术的企业，被工业和信息化部授予绿色制造系统集成项目；开发的超高速、超大容量、超低损耗光纤入围国家“工业强基工程”。

2019 年全球将迎来 5G 商用元年，不管是 All in 5G 的中兴通讯，还是各大业务遍地开花的华为，或爱立信、诺基亚等厂商，都将受益于这场全球建网行动。

二、未来发展趋势研判

通信行业将面临更加复杂严峻的局面，困难不容低估，信心不可动摇。当前，中国民营经济迎来前所未有的发展机遇，国家支持民营经济发展的利好政策不断出台，与通信产业发展相关的一系列国家战略都在加快实施。全球新一轮科技革命和产业变革大幕已经拉开。随着 5G 通信全球建设步伐的加快，大数据、人工智能等前沿技术不断取得突破，各种新产业、新业态、新模式蓬勃发展。

（一）5G 将给光纤光缆行业带来发展机遇

2019—2025 年，运营商在 5G 方面的投资预计将达 1.5×10^4 亿元；5G 产业预计投资占比 65%，达 9 700 亿元。5G 的到来，对光纤光缆的需求量预计将是 4G 时代的 16 倍，5G 建设将带动整个光纤光缆产业的发展。全球市场需求 5.21 亿芯公里，2019 年国内市场需求 2.78 亿芯公里，国内光缆产能总量 5.07 亿芯公里。

（二）“降本增效”和“转型升级”成为企业发展的关键

作为中国通信业风向标的中国移动 2019 年集采价格已经公布，近乎拦腰的价格让整个通信行业笼罩在寒冬季节，光纤光缆企业唯有调整心态积极应对，苦练内功，狠抓降本增效。要发展，“跨界转型”成为许多企业应对寒冬的发展策略。

（三）“一枝独秀”需要转变成“多点开花，运营商混改迈向关键一步

敢为混改急先锋，蹚出一条转型路。中国联通是国有企业混改首批试点企业，2018 年，一些通信企业率先参加云南联通通信运营社会化合作项目，并取得了突破性的进展，获得云南联通乃至全国高度认可。2019 年，中国联通“云南模式”或将推广至南方其他区域。光纤光缆企业竞相瞄准“混改”市场大蛋糕，为当前低迷的光纤光缆市场破局寻找出路。

如何抓住 5G 发展历史性的机遇，走上发展的快车道，是通信企业发展的必经之路。一些通信服务企业以原通信服务业务为基础，积极开拓 ICT、电力、政企等领域的业务。凤凰涅槃、浴火重生，期待通信企业有一个更加美好的未来！

（江苏亨通光电股份有限公司）

2018年11月15日，中贝通信在上交所主板上市

中贝通信集团股份有限公司，原名武汉贝斯特通信集团股份有限公司，1992年成立，2018年11月在上海证券交易所主板上市（贝通信603220），是专业从事通信网络技术服务的高新技术企业，业务以通信网络建设为主，同时兼顾通信与信息化系统集成、通信网络优化与维护、通信网络规划与设计业务。公司客户均为国内知名通信企业，以中国移动、中国电信、中国联通等三大电信运营商为主，同时为中国铁塔、南水北调、中能建、葛洲坝等大型企业与政府提供专用通信与信息化服务。

中贝通信注册资本3.38亿元，拥有交换、传输、无线网络、光通信、数据与存储、电源供电等专业工程师500多名，其中一、二级建造师与项目经理近200名；配备各类系统测试仪表和车辆机械装备1000多台（套）；业务区域涉及全国二十多个省（市）、自治区，形成了北方、西北、华中、华东、南方五大业务区，面向全国主要省市设置了近三十个办事处/事业部、近200个项目部为客户提供通信网络建设与信息化集成服务。2019年，中贝通信在香港设立国际公司、打造面向中东、东南亚与非洲的业务团队落地服务，推动项目在一带一路沿线六个国家全面开展，形成武汉管理中心、北京营销中心、香港国际中心三足鼎立，协同发展的经营格局。

公司拥有行业资质：

通信工程总承包	一级	资质
通信系统集成	甲级	资质
电子与智能化	一级	资质
信息系统集成及服务	二级	资质
安防工程	一级	资质
对外通信工程	承包	资质
工程设计	乙级	资质
通信网络代维	乙级	资质

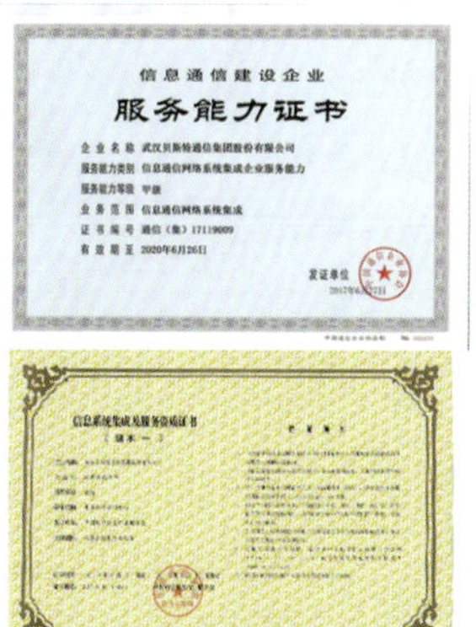

主营业务

通信网络建设：移动通信网络、交换与智能系统网络、光网络传输线路与通信基础设施工程。

通信与信息化集成：企业信息化系统集成、专用通信网络集成、建筑智能化系统集成、智能交通系统集成、智慧城市建设等总承包。

通信网络优化与维护：通信网络优化、网络运行维护。

通信网络规划与设计：技术咨询及网络规划、勘查设计服务。

China unicom中国联通
创新·改变世界
沃家电视

China unicom中国联通
创新·改变世界
沃家电视
沃家电视 让欢乐多一点
热门内容不断 开启个性视频享受
全新交互体系 激活全新感观体验
联通视频科技有限公司

网络强省 数字四川

中国电信四川公司助力治蜀兴川再上新台阶

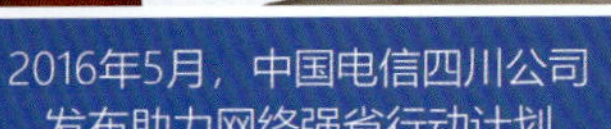
2016年5月，中国电信四川公司
发布助力网络强省行动计划

2017年1月10日，
四川省互联网+精准扶贫峰会开幕

2017年3月，中国电信四川公司总经理郑成渝
到悬崖村调研互联网+精准扶贫工作

中国电信四川公司是中国电信股份有限公司在四川设立的分公司，鼎力承担了省内普遍电信服务、公众通信及信息服务、党政机要通信、国防通信、保密通信、应急通信等任务，在抢险救灾、大型会议活动等关键时刻发挥了重要通信保障作用。

打造精品网络，网络能力领先

中国电信四川公司拥有包括光纤网络、移动通信、卫星和数字微波在内的全方位、大容量、多手段、高速率、安全可靠的天、地、空一体化通信传输网络。

2013年以来，四川电信启动全光网建设，采取走全光纤、高起点、一步到位、城乡统筹的跨越式发展道路，实现四川基础通信网络的革命性变化。2015年9月，四川率先建成全光网省，成为中国电信落实国家“宽带中国”的典范和样板。2016年5月，四川率先发布“网络强省”行动计划。2017年5月，四川率先建成全国“智能生活精品网”。2017年12月，成都成为全国5G试点城市，成功开通5G基站。2018年6月，中国电信四川公司率先在成都开通全国小规模5G网络。2018年5月，中国电信四川公司发布了“助力数字四川创新发展行动计划”。

截至2018年8月底，中国电信四川公司光网覆盖全省所有县以上城市及乡镇，通宽带行政村超过4万个，农村宽带的覆盖范围、接入能力和宽带水平均位居全国前列。建成技术领先的无线网络，建设4G 基站近6万个，4G网络实现全省所有城区及重要乡镇全面覆盖，通达行政村4万余个；实现800M无线网络全域覆盖；建成全球领先的IPTV视讯网，成为全球优秀的单体电视服务运营商和在线4K服务提供商。

鼎力担当社会责任，消除城乡数字鸿沟

近五年来，四川公司以“宽带乡村”试点、电信普遍服务试点、民生工程建设、“乡乡通光”工程等重点项目为抓手，努力消除数字鸿沟。同时，推出“美丽乡村卡”，针对贫困地区实施资费优惠减免，提供让贫困地区的人民群众也用得上、用得起、用得好的信息服务。

中国电信四川公司承接信息进村入户工程，遍布全省农村的益农信息社将农业信息资源服务延伸到乡村和农户，为精准扶贫注入新力量。如今，四川全省已经建成益农信息社3.9万余个，全省覆盖率达80%以上。

中国电信四川公司大力实施精准扶贫、精准脱贫工程，助推贫困县打赢脱贫攻坚战。2016年，中国电信四川公司率先全面开通“悬崖村”光纤宽带与4G业务，打通悬崖村通往外界的“信息高速路”，结束了悬崖村村民打电话“满山找信号”的历史。2017年6月，中国电信四川公司率先全面实现了盐木两县所有63个乡镇的光纤宽带和4G网络覆盖，从根本上改变两县通信的落后局面。2017年9月，作为全国易地扶贫搬迁现场会的支撑运营商，四川电信成功打造“互联网+易地扶贫搬迁”模式，成为精准扶贫标志性成果。2018年8月，中国电信四川公司率先全面开通凉山木里县利家咀村的光纤宽带和4G网络业务，利家咀村的通信和信息化水平“一步跨千年”。

中国电信四川公司率先开通“精准扶贫　大爱四川”电视专区，启动“益农社•想家爱心小屋”“乡村医生远程诊疗和培训点”“山里娃的梦想”等扶贫项目，开启四川精准扶贫的新路径。

中国电信四川公司积极响应国家“提速降费”号召，落实取消长途、漫游通信费，取消流量漫游费，降低中小企业互联网专线接入成本等举措，促进经济发展转型升级，支持创新创业，助力脱贫攻坚，让企业受益，让用户受惠，增强民众获得感。

5.2018年8月17日，四川公众参加中国中国电信四川公司5G体验公众开放日活动，体验5G信息化应用

2018年5月17日，"数字四川创新发展大会暨第五届智能四川生活与IPTV节"在中国电信西部信息

2018年8月，凉山州木里县屋脚乡利家咀村开通电信光纤宽带和4G业务

中国电信四川公司率先打通悬崖村信息天路成为网络扶贫的经典案例，入选中宣部等国家四部委联合举办的"砥砺奋进的五年"大型成就展以及2017年中国国际信息通信展览会。据此拍摄的视频宣传片"信息天路"，入选央视"厉害了我的国"栏目，荣获中组部第十四届全国党员教育电视片观摩交流活动展播优秀作品奖。

持续推进战略转型，坚持创新驱动发展

中国电信四川公司认真落实中央关于深化国有企业改革的工作部署，围绕省委"一个愿景、两个跨越、三大发展战略"的总体谋划，全面承接中国电信集团转型升级3.0战略，致力于"做领先的综合智能信息服务运营商"，围绕"建设网络强国，打造一流企业，共筑美好生活"三大目标，积极推进网络智能化、业务生态化、运营智慧化，引领数字生态，服务社会民生。

中国电信四川公司依托天翼高清、翼支付、云和大数据、物联网等业务优势，以及流量、安全等核心能力，打造智慧家庭、互联网金融、新兴ICT、物联网四大智能应用生态圈，服务四川经济社会发展。

中国电信四川公司加快实施"互联网＋"行动计划，促进移动互联网、云计算、大数据、物联网、人工智能等新一代信息技术与现代制造业、生产性服务业融合创新，从"互联网＋政务""互联网＋民生""互联网＋产业"三个领域全面支撑全省智慧城市建设，促进四川社会发展和产业转型升级。

2018年5月，中国电信四川公司积极与产业链企业合作，推出"魔方"平台，促进泛智能消费升级，让四川人民享受到更智能、高品质的信息服务的同时，有力推动产业发展升级，有效带动四川电子制造业快速实现转型升级。

中国电信四川分公司先后荣获中国电信集团"十二五"科技创新先进单位、通信行业管理创新先进单位。2017年，中国电信四川公司荣获"2017四川十大行业领军企业""2017年度优秀运营商省公司""2017年社会责任担当品牌奖""中国电信集团2017年度业绩优秀奖"等多项荣誉，企业社会影响力不断提升。

作为四川信息化建设的主力军，中国电信四川公司正紧紧围绕省委省政府建设经济强省战略目标和集团公司"建设网络强国　打造一流企业 共筑美好生活"目标，秉承"自信 平等 包容 开放"的企业精神，坚持"以员工的成长推动企业发展"理念，努力打造受人尊敬的企业，为决胜全面小康、建设经济强省，奋力推动治蜀兴川再上新台阶做出新的更大贡献。

我们走在大路上

——中国电信福建公司高质量发展助力“数字福建”

2018年，中国电信福建公司深入贯彻落实“数字福建”建设，积极发挥主力军作用，在通信基础网络、信息技术应用、服务提升等领域高质量、高水平、高标准发展，全面助力“数字福建”建设。

高质量打造信息通信基础网络，为“数字福建”发展构建新一代基础设施。移动网络方面，提质升级4G网络，截至目前，中国电信福建公司建设4G网络基站超6万个，覆盖全省所有行政村。有线宽带方面，在“全光网省”基础上，持续推进宽带提速，实现城市区域基本具备千兆接入能力，农村区域具备百兆接入能力，目前全省电信光宽带用户占比达到99.4%。新一代通信网络方面，建成覆盖全省的NB-IoT网络，为物物相连打下了坚实的网络基础；同时大力发展中国电信东南云基地，提升整体IDC出口带宽达到14.3T，强化“云网融合”能力。

开通全省5G实验网

福建IPTV天翼高清用户规模突破500万

数字中国建设成果展览会展示信息化产品

中央电视台对三坊七巷5G 4K超高清视频回传

全方位推进信息通信技术应用，持续助力数字经济加速发展。一是发展智慧应用，公司打造了南平智慧延平、区域教育云平台、福建省工业企业服务云平台等一系列“互联网+”应用，为社会发展注智注能。二是推广物联网应用，树立物联网水系联排联调、物联网智慧小区、智能雾森降尘等社会应用标杆，助推新兴产业发展。三是积极开展5G智能网络建设及应用实验。在福州成功建成福建省SA（独立组网）5G基站，并探索5G应用，先后开展福州电视台元宵灯会5G现场直播、中央电视台对三坊七巷5G4K超高清视频回传、福建省5G水上应急救援演练等多次应用实践，拓宽信息通信技术的社会应用前景。

提升信息化服务水平，落实“提速降费”服务民生。公司在先后取消手机国内长途、漫游费与流量国内漫游费后，于2018年年底实现全省电信家庭宽带平均单价较2015年下降96%；企业宽带和专线费较2017年下降50%；手机上网平均单价较2015年下降90%。同时，福建电信强化服务意识、转变服务观念，通过构建多媒体客服渠道，组织消费者代表体察活动、推广宽带“当日装、当日修、慢必赔”三项服务承诺等多项举措，实现了服务品质再升级。

“数字福建”方兴未艾，2019年，中国电信福建公司将继续深入实施转型升级战略，加快推进高质量发展，助力网络强省、数字经济发展再写新篇章。

天翼网络覆盖高铁沿线

数字中国建设峰会通信保障

行评代表观摩10000客服热线

抗台风、保通信

福州物联网水系联排联调指挥调度中心

中国联通青海省分公司

以信息化助力青海实现高质量发展

中国联通青海省分公司（以下简称“青海联通”）以习近平新时代中国特色社会主义思想为引领，深入贯彻落实党的十九大精神和青海省第十三次党代会精神，按照中国联通集团党组各项决策部署，把热爱青海、建设青海、奉献青海内化为企业的自觉行动，立足生态保护优先，推动高质量发展，创造高品质生活。历经20年磨砺与成长，青海联通积极投身青海建设、融入青海发展，以服务地方经济和助力社会经济信息化发展为主线，深入落实协议内容，积极推动创新能力、网络质量和服务水平不断提升，公司经营效益明显改善、企业品牌和社会影响力显著提升，为青海的信息化建设做出积极贡献。

2018年12月召开“数字青海”研讨会暨“三江源大数据基地”发布会

2019年7月召开青海省工业互联网平台发布暨5G合作伙伴大会

投身“宽带青海”建设——全力推进电信普遍服务，加快缩小城乡数字鸿沟，建成一个个云端上的“智慧学校”

“非常感谢联通公司给我们带来的这一切。我们这里很缺老师，以前没有网络，来这里的老师很少，年轻老师来了也很难留住。现在好了，有了网络，有了青海联通提供的班班通数字课堂，老师可以通过先进的数字白板、多媒体一体机和投影仪等设施访问班班通云平台，下载最新的教育资源和多媒体课件。今年来学校授课的老师都愿意留下来了……”在青海省玉树藏族自治州囊谦县吉曲乡多改村，有一所被称为云端上的“智慧学校”，学校副校长洛松说起有了互联网后学校的变化，仿佛有说不完的话。

这所学校的学生们都是附近牧民家的孩子，由于牧民居住较为分散，而且受家庭经济条件限制，大多数孩子常年住在学校，无法与家人联系，对外界的了解更少。同时，居住在这里的牧民和老师打个电话则要跑到18千米以外有手机信号的地方。

然而，改变就在2017年9月发生了，经过几个月的艰苦施工，青海联通排除一切困难，在海拔4300多米的高原上铺设了20多千米的光缆，并建设了4G基站，开通了互联网专线，为孩子们打开了一扇通向外面世界的窗。

其实，这样的例子，在青海联通投身“宽带青海”建设，推动电信普遍服务的这些年并不鲜见。

处于脑山地区的西宁市大通回族自治县城关镇塔哇村与西宁市第一人民医院实现了远程医疗、黄南藏族自治州同仁县年都乎乡录合相村的学校实现了网络教育……

在全面建成小康社会、推进供给侧结构性改革的进程中，为助力消除青海这一经济欠发达地区经济、教育等领域的通信鸿沟，青海联通积极履行央企社会责任，加大对贫困地区、民族地区的支持力度，克服种种困难铺光缆、架基站，将网络送进山区，将信息带给农牧民，为乡村振兴铺设了一条信息化“快车道”。

青海联通对青海省1409个行政村进行光纤到村覆盖，实现光纤到驻地村（牧）委会、中小学、卫生所、电商服务点、农资商店等公共服务机构，促进城乡基本公共服务均等化，带动农村经济社会发展和信息化水平不断提升，确保贫困村精准扶贫工作稳步推进。在530个行政村实施了无线网络建设工作。因网速在测试中排名行业靠前，青海联通实施的普遍服务项目被评为优秀。

智慧“沃”随行——打造青海省智慧旅游大数据平台，把旅游产业作为大数据技术应用的“试验田”，荣获“云帆奖”“云创奖”

党的十九大提出，要加快发展现代服务业。青海省高度重视旅游业这一现代服务业发展，把文化旅游产业作为现阶段着力打好的“四张牌”之一。在青海省旅游产业发展大会上提出，要处理好旅游与“互联网+”的关系，将其充分融入旅游产品、服务、营销、运营等各环节，让旅游发展插上互联网的翅膀。

青海联通将这些工作作为着力点。

作为中央驻青企业，青海联通始终坚持利用新一代信息技术推动地方经济社会发展，紧紧围绕青海省发展战略，把旅游产业作为大数据技术应用的“试验田”，全力推进青海省州（市）县一体化旅游云平台和智慧旅游示范工程建设。

在相关单位的大力支持下，青海省旅游发展委员会与青海联通开展全方位合作，建设了青海省智慧旅游大数据平台，目前该平台已上线运行，覆盖全省。该平台通过整合交通、气象、涉旅行业等各方数据进行分析、预判，将游客客源地、出行方式、旅行轨迹、景区流量等数据以较直观的形式呈现出来，实现了全省一个时间段内的旅游行业数据的动态信息分析，对旅游运行趋势做到了及时、有效反映。同时，大力推动智慧旅游大数据平台应用到旅游产业，实现旅游管理信息化、旅游宣传营销网络化、旅游服务便捷化，成为全省旅游发展的有力支撑。青海省智慧旅游大数据平台已成为全国优秀的旅游大数据平台，荣获“云帆奖”“云创奖”。

2018年6月出席青海省旅游产业大会并荣获全省旅游工作先进单位

前往扶贫村开展精准扶贫工作

助力青海“数字经济”发展——建设中国联通三江源国家大数据基地，全力推进“互联网+”行动计划

青海联通积极响应青海省关于加快推进大数据产业发展战略的要求，全力争取中国联通集团公司的支持，投资近15亿元，建成了中国联通三江源国家大数据基地（一期），建设规模2000个机架。目前，腾讯、阿里、百度、京东等互联网企业已入驻。同时，启动了二、三期项目前期规划工作，建成后将具备1.5万机架投放和5000G带宽资源出租能力，成为西北区数据中心，服务全省社会经济发展，加速推进青海“数字经济”蓬勃发展。

与此同时，青海联通全力推进“互联网+”行动计划，加快新一代信息技术与传统产业融合升级。

为切实推动全省房屋建筑和市政基础设施工程施工质量安全监督工作的信息化建设进程，有效利用信息化手段，促进监督工作规范化，开发了青海省建设工程质量安全监管信息系统，有效提升了建筑行业的信息化和工程质量安全管理水平；打造青海省河湖长制综合信息化管理平台，建设河长制湖长制管理工作数据库，实现对河长制湖长制基础信息、动态信息的有效管理，为全面科学推行河长制湖长制提供管理决策支撑。打造“智慧党建”平台，实现党建工作的在线化和数据化，围绕深化服务型党组织建设，以各级党委组织部门为主导，以基层党组织为主体，以规范党组织和党员的管理服务为重点，切实增强基层党组织的政治引领功能和凝聚力、战斗力、影响力，达到管理系统的“组织管理智能化、党员服务精准化、信息查询即时化、业务工作网络化、党员学习便捷化”的“五化”工作目标。

为提高政务协同能力，促进信息流通和资源共享，实现政府资源的合理配置，青海联通积极参与政务云建设，并以第一中标人中标青海政务云项目，全力加快政务上云工作进程，在省内率先建成青海联通“沃云”数据中心，提供1183台服务器规模的计算能力，建设了弹性、便捷的企业私有云中心，提供托管服务。针对中小企业需求，全力打造云平台产品体系，推出“云专线”“云快线”“云联网”等系列产品，有效降低中小企业运营成本，助推中小企业转型发展。

“互联网+”与经济社会的各个领域深度融合，数字经济孕育发展新动能。依托优势发展大数据产业，青海联通助力青海“数字经济”建设，不仅消纳青海光伏发电基地产生的大量清洁电能，促进新能源产业可持续发展，还有助于推动青海光伏、储能电池等产业联动发展，培育新的经济增长点，促进产业转型升级，实现绿色、可持续发展。

实施网络扶贫行动——开展“雨露计划”，打造“互联网+扶贫”闭环工作机制，让利于贫困群众，助力青海精准脱贫

以高度的政治责任感认真履行央企脱贫攻坚社会责任，青海联通助力全省打赢脱贫攻坚战。与青海省扶贫开发管理机构联合开发雨露百事通惠农APP(简称“雨露计划”)，贫困群众通过手机在线公开申报扶贫款、贫困学生贷款等功能，真正实现了让数据多跑路、让群众少跑腿。在此基础上，青海联通进一步完善贫困地区的网络覆盖，满足贫困群众获取惠农政策、职业技能等需求。

青海联通承接青海省扶贫开发管理机构综合信息系统升级项目，全方位、全过程监管帮扶情况和帮扶成效，有效解决扶贫工作过程的监管难题，实现“扶持谁”“谁来扶”“怎么扶”“如何退”的“互联网+扶贫”闭环工作机制，为各级党委政府的决策和精准扶贫工作提供科学依据。

青海联通获得了“青海企业50强”“全国通信行业用户满意企业”“青海省五一劳动奖”等一系列荣誉称号。

当前，青海上下正在全面贯彻党的十九大精神，与时俱进贯彻“四个扎扎实实”重大要求，深入实施“五四战略”，奋力推进“一优两高”战略落地生根。中国联通青海分公司将继续以央企的责任感、使命感，更好地发挥自身综合优势，加快民生领域信息化建设，助力精准扶贫取得更大实效，搭建起一条各族群众的信息致富路。

潮平海阔催人进 风好扬帆正当时

海南联通践行新发展理念推进企业高质量发展

海南联通是国有大型综合电信运营企业中国联通在海南省设立的分支机构。海南联通紧紧抓住海南全面深化改革开放的重要发展机遇，以党建为引领，深入落实习近平新时代中国特色社会主义思想和党的十九大精神，落实“五新”联通战略，建体系、提能力、促转型，推动企业创新发展。2018年，公司收入增幅高于本地行业水平，多项发展指标排名联通集团前列实现了高质量发展。

深化转型，互联网化运营初见成效。2018年，海南联通全力加快互联网化新运营的步伐，充分发挥差异化的产品优势，推进线上线下协同一体化营销，积极拓展新型营销触点，构建了全新的营销新体系，全年新营销体系发展占比已达32%。主营收入市场份额较2017年年末明显提升。重点业务实现了稳健增长，移动业务、宽带净增用户份额排名集团前列。通过金融、产品、供应链和大数据等多种手段赋能，促进了渠道的转型发展。构建基于大数据的精准化存量经营体系，互联网触点已经逐步成为用户维系的重要渠道。存量收入保有率、存量用户保有率排名集团前列。

开拓创新，着力打造新动能体系。2018年，海南联通落实“418”工程，建立起创新人才特区运作新机制，创新业务发展取得新突破；聚焦重点行业，在云计算、物联网、大数据、5G等方面打造专业化能力和产业联盟，推出智慧教育、精准扶贫、全域旅游大数据平台、智慧党建、智慧军营等一批重点优势产品，签约海口公安数字集群（PDT）、海南图语云计算、海口和文昌标准化考场、琼中富美乡村Wi-Fi、三沙党建平台、海口城市大脑、临高全县班班通等标杆项目,助力数字海南智慧建设。与此同时，海南联通还承办了2018年海南省互联网大会、海南省企业上云联盟发布会、海南大数据创新应用大赛等重要活动，组建了物联网产业协会，提升了在本地创新领域品牌形象和影响力。

海南联通秉持“工匠精神”，打造精品网络。海南联通持续投入，超额完成《海南省信息基础设施建设三年专项行动实施方案》建设任务及目标，建设开通4G站点六千余个，无线通信网络整体人口覆盖率95%，重要场景4G平均下载速率达到45M以上，保持4G网速领先品牌优势。创新开展社会化合作，加快光网建设，FTTH端口覆盖了237万户居民。打造了一批精品网络项目，建成全国“高铁影院”；实施琼州海峡跨海专网覆盖博鳌会展中心千兆网建设、开展5G应用演示；为三沙提供高速光纤网络覆盖。同时，加快通信网络云化、智能化转型升级，完成云网一体项目建设。

百倍用心，提高客户服务满意度。海南联通坚持"客户为本"，百倍用心理念，不断提升客户服务质量。创建"匠C心网络　优+服务"的服务品牌，推出八项服务承诺,并率先推出主动赔付；在海南党风政风行风建设社会评议中，连续两年位居通信行业首位。用户感知显著提升，2018年第四季度移网和宽带NPS值达到了本地行业领先水平。

抓党建促发展，以发展强党建。海南联通党委以政治建设为统领，强化党建工作与生产经营工作的深度融合，助推企业发展实现新成效。通过抓队伍强能力，抓基层打基础，树标杆强责任，"以党员示范岗""党员先锋岗"为载体，建立了党政目标同向、工作同力的良好机制，促进了党建和企业生产经营工作的"双向融入",充分发挥全省4个二级党委、38个党支部基层党组织的战斗堡垒作用和537名党员的先锋模范作用，凝聚起推动企业改革发展的强大力量。各级党组织充分发挥混改优势，积极参与企业划小等改革工作，有效激发基层活力，提高了企业党建工作的有效性。

文化兴企，以实干担当锻造队伍。海南联通党委坚持文化兴企，强化把事情做深、做精、做细、做透的工作作风；强化责任担当、实干担当的工作作风；强化一级带着一级干，一级做给一级看，攻坚克难，奋发有为的工作作风，大力弘扬"工匠精神"培养和锻造队伍，增强了公司发展的软实力。

潮平海阔，风正帆轻。2019年，站在新的起点上，海南联通将认真践行新发展理念，强化全面聚焦战略定力不动摇，坚持创新转型的方向不动摇，加速纵深推进"五新"联通建设步伐，开拓创新，奋力拼搏，勇立潮头，推动企业高质量发展迈上新台阶。

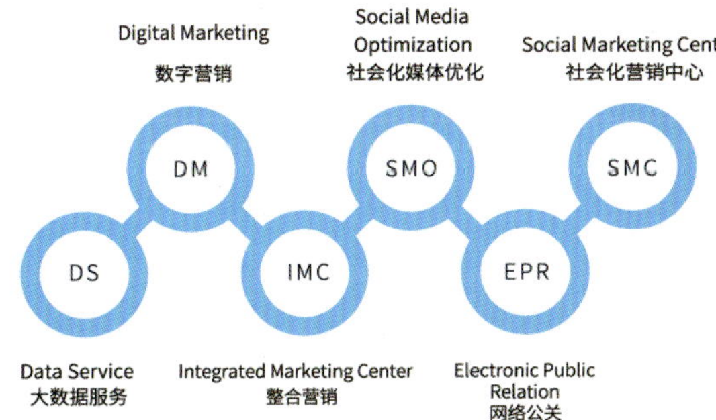

博雅立方

电话：010-8992 0800

传真：010-8449 3556

邮箱：marketing@cubead.com

地址：北京市朝阳区西坝河南路一号金泰大厦4层

云克科技

电话：010-57134127

邮箱：services@shykad.com

地址：北京市朝阳区北辰泰岳大厦12层

会员体系建设咨询服务

忠诚度营销研究院提供体系建设、优化咨询和培训服务。

会员与积分管理系统开发服务

积分云平台、积分商城、券码云管家。

商户资源拓展及会员权益验证服务

引客、储客、养客、荐客。

会员与积分管理运营服务

平台运营、活动运营、数据运营。

亿美汇金

服务热线：400-1525-030

上海泛观外高桥数据中心

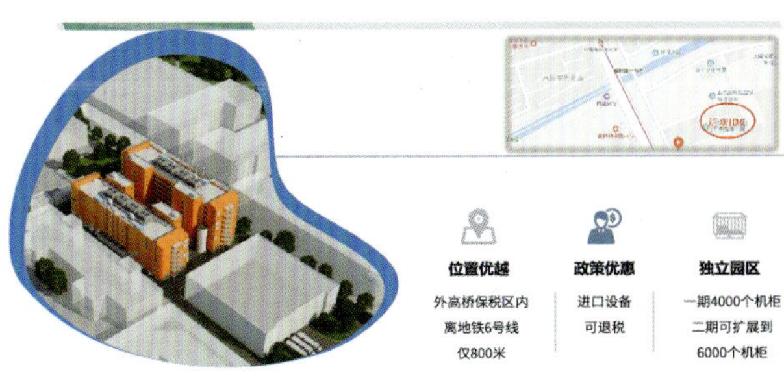

服务热线：021-31068722

业务范围覆盖全国及中东、非洲、美洲、亚太地区。

华为伽马奖颁奖现场

越秀区创新大会上，中时讯公司总经理胡焕中作为发言代表上台演讲

公司简介

中时讯通信建设有限公司（下称"中时讯"）是中国通信产业服务有限公司（股票代码：0552HK）旗下的具有独立法人资格的全资子公司。中时讯为原广东省邮电管理局下属企业，经过六十多年的伟大创业和发展，整合了广东地区12家通信企业，经过多年转型、创新，中时讯成为位居同行业前三名的国际化公司。

中时讯通信建设有限公司

现在的中时讯拥有业界高等级资质，牢牢坐稳同业三甲、全国五强的金色交椅。公司拥有"信息系统安全集成服务一级资质""涉密信息系统集成服务甲级资质""消防设施工程专业承包二级资质""建筑装修装饰工程专业承包二级资质""通信网络代维基站甲级资质""电信业务经营许可证"等42项行业内顶级资质。

企业发展规划
Enterprise develop

2016年，中时讯公司成立智慧城市研究院，出席马来西亚平台进行高层营销。2017年，在传统业务升级转型的要求下，公司集团客户业务范围在实现覆盖全省目标的同时，逐步打开省外业务，涉及市政、电力、广电、厂家四大类运营商，业务量突破9个亿。在重点聚焦的六大行业（智慧云、智慧安防、智慧教育、智慧楼宇、智慧园区、智慧交通）业务均突破千万元。

中时讯公司创新发展海外总包、融资、高端政企、云数据、智慧城市等项目，业务布局不断优化，信息集成智能化产品线不断丰富，海外品牌影响力持续提升，成为中国通服海外业务覆盖最广的专业公司之一，赢得业务所在国政府和相关部门的一致好评。

公司网址：http://www.gztcc.com/
联系地址：广州市越秀区越华路28号
联系电话：020-833334338
邮　　编：510030

超讯通信

关于我们

超讯通信股份有限公司创立于1998年，是国内专业的通信网络技术服务商、全行业物联网解决方案提供商、全生态智能硬件制造商、新能源服务制造商，并于2016年在上海交易所主板上市（股票代码：SH.603322）。公司在通信网络建设、维护、优化服务、通信软硬件开发等领域保持竞争优势，并深度布局物联网、新能源、边缘计算、云计算、AI等领域，致力于为社会进步提供通信设备生产及管理平台全套解决方案。

分支机构

超讯通信在广东、北京等地设立了21个分公司及研发中心，拥有5个全资子公司，并控股桑锐电子、康利达物联、昊普环保，服务网络覆盖整个中国市场。

资质荣誉

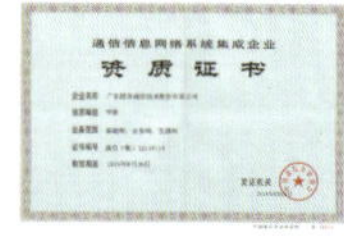

发展历程

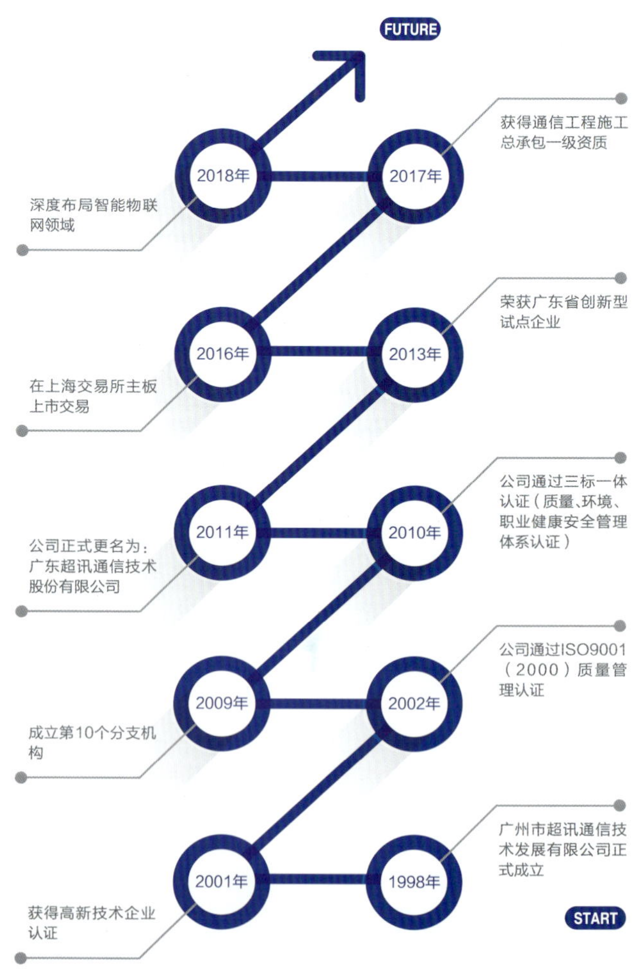

股票代码：SH 603322

地址：广州天河科技园软件园高唐新建区高普路1025-1027号4楼

邮箱：service@sts.cn

官网：http://www.sts.cn

咨询热线：

+86 020 - 8066 0188

子公司：

上海桑锐电子科技股份有限公司

广东康利达物联科技有限公司

成都昊普环保技术有限公司

企业发展篇

我国电信运营商 2018 年网络转型情况

近年来，我国三大电信运营商基于 SDN/NFV 等技术，并配以内部组织架构调整和外部生态合作等，坚定推动网络分层解耦合云化转型。2018 年，三大运营商基于 SDN/NFV 的网络转型发展迅速，开始取得良好发展成效。不仅如此，三大电信运营商 2018 年在转型思路、转型策略和相关落实举措等方面还呈现出新的发展动态：相关企业开始重视引入人工智能技术以打造更加智慧高效的新一代网络，实现网络运维和对外服务的智能化；基于 5G 商用在即的大背景，重点针对 5G 网络的智能化进行了一系列的网络架构变革、技术验证和业务试点等部署；适应“企业上云”等大趋势，加快提升云网融合服务能力，以商业价值驱动网络转型提速。

一、中国移动网络转型情况分析

（一）前期的网络转型思路和部署落实工作突出对 SDN/NFV 技术的重视，并开始在组织层面作出相应的配套调整

在谋划网络转型方面，中国移动在 2018 年之前即定下了基于 SDN/NFV 技术逐步推进网络架构解耦、重构和融合的思路。一是明确现阶段 NFV 电信云、私有云独立发展，二者硬件资源池、虚拟化系统、网管系统独立建设、运维，而后续将根据发展需求进一步融合。二是对于三层解耦 /I 层收敛，NFV 商用初期级实施三层解耦架构，为降低三层解耦复杂度，从 2017 年开始启动 I 层收敛工作。三是在 SDN/NFV 协同方面，电信云 TIC（电信集成云）采用 SDN/NFV 融合方案。四是在电信资源池先行方面，制定了两级 TIC 的电信云网络架构，2017 年启动电信资源池规划，2018 年陆续开展建设。

在这一思路的指导下，中国移动在 2018 年从技术层面部署开展了以下工作。一是依托 NFV 云化试点，加快现网实施。具体来说，就是以虚拟化 IMS、NB-IoT、短彩信中心、智能网关、能力开放平台等 2018 年底商用为目标，加快标准三层解耦、分布式存储等商用能力。二是在 2018 年年底前自研完成具备试商用条件的定制化 ONAP 产品研发。三是加快锻炼自主集成能力，探索自动化集成体系。四是推动面向电信云的定制化服务器研发。

组织层面也做出了较大变动，中国移动成立了中移信息技术有限公司，并赋予其建立“架构先进、运营高效、内外兼顾”的大 IT 体系的职责。具体而言，该体系对集团内部承担集中化 IT 系统的运营和支撑，重点推进 IT 统一规划、企业级大数据平台、集中化 IT 系统的整合与建设等各项工作。对外部客户，中国移动依托集中化 IT 系统和自主研发经验积累，积极探索 IT 资源和能力优势的对外输出，面向其他行业企业和海外电信运营商提供大数据等 IT 解决方案和服务。

在上述转型思路和工作部署的推动下，中国移动与主要合作伙伴一起合作，在网络架构研究和应用上取得了多方面重要进展：一是实现了快速迭代，缩短从标准到产品实现周期。通过与合作伙伴的共同努力，中国移动将标准到原型的开发时间缩短到一个月，而这在 4G 时代需要半年时间。二是 5G 预商用产品全面实现软件化、服务化。通过中国移动的全面测试，主流厂商的 5G 独立组网核心网产品实现了服务化架构、网络切片、边缘计算等 5G 标志性技术，关键流程、服务化接口均对标最新 3GPP 标准。三是在业界首次基于电信云平台实现三层解耦的 5G 核心网成功部署，在中国移动实验室的 TIC 平台上，华为、中兴、大唐的核心网预商用产品首次实现了基于第三方平台部署。

（二）未来的网络转型将在前期的基础上更加重视应用人工智能技术提升 5G 网络效能

2018 年，中国移动还适时根据新兴技术的发展

态势，提出从“IOF”（“I”是基础设施，“O”是网络编排，“F”是下一代网络。）三大维度出发，分别结合加快引入人工智能技术和深入应用 SDN/NFV 技术，提升网络的服务效能和运维效率。

在基础设施领域（“I”层），中国移动探索把人工智能技术应用到无线网、核心网、传输网各个层面。中国移动研究院已专门成立“人工智能和智慧运营研发中心”，由该中心构建人工智能平台“九天平台”，面向智慧连接、智慧决策、智慧服务等各种场景，提供深度学习平台等基础服务，以及智能语言、人脸图像识别等核心能力。目前，基于该平台已开发出智能营销机器人、网维智能化、故障信源的自动溯源，以及自动质检等多类的一线应用。

在网络编排领域（“O”层），中国移动将在开源框架 ONAP 的基础上打造下一代的智慧网络编排管理系统，以期基于新型智慧大脑实现对云化网络的智能编排、调度、控制和运营等，并持续夯实、强化其在相关方面的能力。

在下一代网络构建方面（“F”层），中国移动明确其最重要的业务是 5G，网络重构必须跟 5G 协同发展。5G 网络将秉持“IT 化、互联网化、极简化、服务化”的系统设计理念，通过功能软件化、C/D 分离、SBA（服务化架构）、互联网化协议、多样化连接、网络切片、边缘计算等技术实现网络架构变革。

二、中国电信网络转型情况分析

（一）前期倚重 SDN/NFV 技术的部署开展网络重构

中国电信在 2016 年发布的《CTNet2025 网络架构白皮书》中强调，通过引入 SDN、NFV、云计算等新技术，推进网络重构，打造简洁、敏捷、开放、集约的新型网络。在 SDN 方面，截至 2018 年，中国电信进行了较为全面的部署，也取得了较好的发展成绩。一是将其部署在 IP 网，尤其是骨干网上（包括 163 和 CSDN），进行流量调度。部署后，在骨干网流量和城域网的连接方向上，原来容易发生拥塞、流量不均衡等现象得到了较好解决。以南京的骨干 IDC 为例，其链路方向不需要因为“双 11”而进行特定的临时扩容，而是用 SDN 进行流量调度，节省了近 1Tbit/s 的带宽。

二是将其部署在国际网络。部署后，特定方向上的国际段链路拥塞有了明显的下降。例如，谷歌公司从美国到上海的访问实验，原来的延迟达 270ms，部署后降到了 170ms 左右。

三是已成功部署在云资源池上。此前开通云和网时，后台对这两项是分开开通的，云网融合类产品需要十几天才能具备提供服务的条件。目前后台已可一并开通，大约 10 分钟即可完成。

四是成功自研出统一的编排器，实现不同场景下厂家设备的互通。例如，SD-WAN 的控制器和编排器采用了相关标准协议，已可实现随时开通、随时上线、随时调整带宽；家庭网关经 SDN 方式改造后，成为一个轻量级的网关，在不增加任何硬件求的情况下可实现持续升级，为一众新的智能化应用快速上线提供便利条件。

在 NFV 方面，中国电信主要集中精力在两大方面进行部署，并取得了较大突破。一是部署面向传统核心网的 vIMS 和 vPC。目前，vIMS 已实现全国部署，VoLTE 业务即由 vIMS 承载。二是把此技术应用在 vBRAS 上，使综合成本降低了 20% ～ 30%。

（二）2018 年开始更加重视打造 5G 智能网络和强化云网融合服务能力

随着 5G 商用临近，中国电信开始在前期的基础上启动“Hello 5G”行动计划，旨在利用 5G 的发展，进一步深入推进网络智能化等。中国电信在业界首次提出“三朵云”的 5G 网络架构，由接入云、控制云和转发云共同组成，将 5G 网络打造成全面云化、应用融合的智能新网络，并可基于 SDN/NFV 架构，支持网络切片、边缘计算等新特性；成立 5G 创新中心，在 17 个城市开展 5G 示范工程，力争到 2020 年实现 5G 规模商用；建成首个运营商基于自主掌控开放平台的 5G 模型网，并于 2018 年 9 月 4 日打通了基于开源技术、分层解耦全开放架构核心网的 5G SA（独立组网）呼叫等。

同时，为适应我国经济社会正处于数字化转型进程中这一大背景，抓住“企业上云”等大趋势，高度重视加快云网融合类业务发展，以商业价值驱动网络转型提速。2018 年，中国电信联合华为发布业界第一份云网融合白皮书，制定了以天翼云为核心的云网融合整体框架，向上承接业务云化，向下实现网络软化智能化，着力打造“有服务的云”和“有体验的网”，重构B2B服务能力，实现云网深度融合，形成网随云动、专享定制的独特服务优势。同时，明确了5个促进网络演进和发展的方向，包括综合的智能编排、网络有效性、网络扩展性、NFV入云以及云的安全保障，以确保自身具备实现云网融合的核心能力。目前，中国电信在云网融合类业务发展方面已取得初步成效，例如，浙江电信已能做到云网的一点受理、一点服务，快速推出满足企业需求的专项产品；广东电信发布自“云网通”产品至今，实现上云企业数同比增长超31倍，云主机销售量同比增长21倍，云专线销售量环比两位数增长。

三、中国联通网络转型情况分析

（一）前期的网络转型思路是基于SDN/NFV技术构建以DC为基础的云化基础网络

对于以SDN/NFV技术为代表的网络重构，中国联通认为，构建以DC为基础的云化网络是网络重构的基本目标，未来中国联通的网络转型应将网络节点DC化，构建以DC为基础的云化基础网络。为此，中国联通在2015年9月发布了新一代网络架构CUBE-Net2.0，目标提供云网一体的智能服务，打造开放合作的新生态。其计划是到2020年，在通信云与NFV建设方面，基本建成统一的通信云的资源池，新建移动核心网网元全面虚拟化和云化，5G网络基础设施就绪；在网络SDN化方面，完成IP A网与IP RAN的SDN改造，基本建成端到端的SDN产业互联网网络（CUII），实现面向多云的云网一体化服务；在运营支撑方面，初步建成新一代智能化、自动化的开放网络服务体系，引入AI，初步实现智能运维。

预计到2025年，新一代网络CUBE-Net 2.0及智能化、集约化的网络运营体系全面建成，网络软件化和虚拟化的比例达到90%以上，网络自主集成和研发能力大大增强，全面支撑智能服务、万物互联和5G的规模发展。

在部署落实方面，中国联通着重从6个方面发力。

在SDN方面，对IPA网进行升级，构建产业互联网骨干，服务云网协同。2018年扩大产业互联网A网升级覆盖范围，334个地市全部支持SDN，在海外新增45个SDN覆盖点，实现端到端的业务开通缩短到分钟级，实现全面对接IP RAN；同时，SDN的改造也会逐步延伸到城域网。

在通信云建设方面，中国联通结合CORD（传统电信机房的数据中心化）进行，构建“数十个省级区域DC+数百个地市核心机房、核心节点机房+数千个的边缘DC”的体系。在建设过程中坚持一级架构、集中管理，采用三层解耦模式，构建统一云资源池，进行多业务的共平台部署。

在移动核心网建设方面，其基本策略为新上的网元都采用开放的方式来做，然后逐步替换。5G核心网网元则全面云化部署。

在城域网建设上，以vBRAS为抓手，推动城域网的重构。2018年到2019年增量BRAS采用虚拟化、存量BRAS维持现状；2020年后，与5G vEPC统一部署，实现固移融合云化城域网。

在边缘云MEC建设上，形成站点机房、综合接入机房、边缘DC的三层架构，使能低时延、高带宽业务，在边缘网络位置为用户提供差异化的业务和服务；OTT及行业客户的应用部署在边缘，通过开放API使用边缘平台提供各种服务。

在CORD探索方面，规划了E-CORD（企业市场）、R-CORD（家庭市场）、M-CORD（移动市场）三大应用场景。在E-CORD领域，聚焦于云网协同、SD-WAN、UTN白盒化等；在R-CORD领域，聚焦城域网重构、BARS虚拟化等；在M-CORD领域，则主要投入于5G演进、虚拟化、MEC等方面。

（二）未来的网络转型计划将更加重视构建AI使能的新一代智能网络

2018年6月，基于AI技术赋能网络的条件进一步成熟，中国联通在CUBE-Net2.0的基础上，提出了CUBE-Net2.0+的概念，以期构建AI使能的新一代智能网络：在产品编排方面加入智能，实现网络的自治和自愈；在网络边缘加入智能，实现对网络能力的赋能，使其更加敏捷、集约、开放。总体而言，就是通过打造智慧高效的网络，实现网络、服务和产品的智能化。

从 CUBE-Net2.0 到 CUBE-Net2.0+，中国联通配套开展了以下 5 个方面的工作。

一是启动通信云一期建设，建设标准是具备大区级的业务支撑能力。同时，在 15 个城市试点边缘云，提供统一的云管平台，构建“建维一体化”的新网络管理体系，做到快速迭代。

二是在“2025 年实现 95% 的云化部署”目标的指引下，完成了 vIMS 的商用部署，小范围实现 BRAS 的虚拟化，稳步推进城域网重构；实现了 NB-IoT 的虚拟化核心网统一部署；建立了业务集中化的管理维护平台。

三是在“2020 年实现政企承载网 SDN 化，2025 年实现全网 SDN 化”目标的指引下，在数据中心互联方面进行了 SDN 化改造，在移动回传方面完成 18 个 SDN 化改造。在传输领域，将继续扩大 SDN 化范围，实现跨厂商传输专线的快速开通。

四是实现网络编排器的上线部署，为在运营智能化领域逐步打造面向下一代云化网络的运营支撑体系夯实基础。对于 OSS 2.0，中国联通已明确将加快实现新旧系统的协同演进，在网络规划、自动化运维、故障定位等领域，逐步引入 AI 技术。

五是在 16 个城市重点开展 5G 相关的技术和业务试点，包括技术验证、组网试验和一众行业的垂直应用试验等。此外，还配合开展网络能力开放体系构建，开展 5G 自动化相关研究工作，为 5G 实现网络运营的自动化奠定基础。

（中国信息通信研究院　梁张华）

中国电信 2018 年发展情况

2018 年，中国电信在通信服务收入、净利润、移动业务用户规模、4G 用户规模和固网宽带用户规模实现增长，在政企新兴业务等方面发展均取得了突出成绩。同时，中国电信也面临着移动数据流量价值下滑过快、固网宽带业务竞争激烈、业务发展对利润增长的贡献有待进一步提升等困境。中国电信应在坚持转型发展战略、推动业务形成差异化竞争优势、持续深化体制机制改革、强化网络能力和 IT 能力建设等基础上，加强行业沟通，遏制流量价值过快下降；坚持优质优价，以融合化竞争推动固网宽带业务高质量发展。

一、公司发展态势

2018 年，中国电信的发展成绩突出。公司连续三年实现通信服务收入中高速增长、连续两年实现净利润加速增长，通信服务收入和净利润在全行业中的份额均有所提升。移动业务用户快速增长，4G 渗透率行业领先，为存量经营打下了坚实基础。固网宽带用户继续保持较高速度增长。政企新兴业务发展势头良好，有望为公司的业务转型和增收作出越来越重要的贡献。

与此同时，中国电信也面临着若干困境，一是移动数据流量的价值下滑过快，未来收入增长点将面临较大压力。二是净利润的大幅增长主要来源于财务成本管控和投资收益增加，未来主营业务的发展质量需进一步提升，为促进利润增长作出更大的贡献。三是固网宽带业务面临着中国移动较为强势的竞争，亟待加强差异化优势，推动业务实现高质量发展。

（一）通信服务收入连续三年实现中高速增长，行业收入份额连续五年稳步提升，未来需高度重视保护好移动数据流量业务的价值

2018 年，中国电信的通信服务收入增至 3 504.34 亿元，创下自身的历史新高。其环比增速与中国联通并列行业第一，达到 5.9%，如图 1 所示。近三年来，中国电信的通信服务收入均保持了 5.5% 以上的相对较高增速，在行业发展面临天花板、竞争愈发激烈的背景下，取得这一发展成绩极为难能可贵。

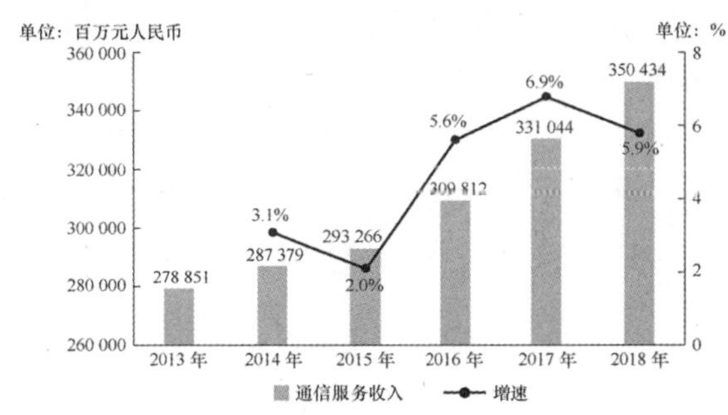

图 1　中国电信 2013—2018 年通信服务收入规模及增速情况

按照可比口径计算，2018 年中国电信的通信服务收入在行业中的份额达到 27.3%，较 2013 年增加了 2.3%，实现连续五年稳步上升。尤其在 2018 年，其行业份额的增幅较大，达到 0.8%，发展势头优于其他两家企业，如图 2 所示。

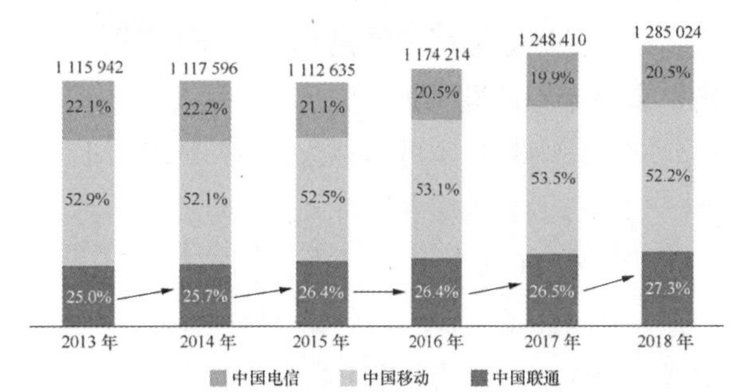

图 2　中国电信通信服务收入在行业可比口径收入中的份额情况[1]

其中，移动数据流量（主要是手机互联网接入）业务以及固网的信息与应用服务业务[2]是促进收入

[1] 注：中国电信及中国移动的可比口径收入均采用的是“通信服务收入”，联通的可比口径收入采用的是“主营业务收入”

[2] 注：包括智慧家庭、IDC、云以及其他 ICT 服务等

增长的两大核心动能。因此，中国电信非常有必要保护好这两大类业务的价值，避免使其快速下滑。

不过，中国电信在保护移动数据流量业务的价值方面正面临较大困境。2018 年，中国电信的手机数据流量增长了 291%，4G 用户的 DOU 高达 5.5GB，增长了 182%。但移动用户的 ARPU 值有较大幅度下降，其中，整体移动用户的 ARPU 值下降了 8.3%，4G 用户的 ARPU 值更是下降了 14.8%。

（二）净利润大幅增长，控好财务成本和提升投资收益是促成之的两大重要因素

中国电信 2018 年的净利润达到 212.1 亿元，较 2017 年大幅提升了 13.9%，实现加速增长，增速的提升幅度近 11%，为即将到来的 5G 网络建设打下了较好的资金基础。

同时，中国电信的净利润在行业中的占比为 14.3%，扭转了自 2015 年来的下滑趋势，基本重回到当年的份额水平，在 5G 商用来临前重新形成较为有利的竞争势头。

中国电信在经营收入增长 3%、经营成本上升 2.8% 的背景下，净利润大幅增长 13.9%，其背后合理管控好净财务成本、促成投资收益及对联营公司投资收益大增是两大重要因素。2018 年，中国电信的净财务成本较 2017 年大幅下降了 17.7%，成本节约 5.83 亿元；投资收益及对联营公司投资收益大幅上升了 109%，贡献了 11.18 亿元的收入增量。二者合共贡献了 17.01 亿元的净利润增量，在合共 25.93 亿元的净利润增量中占了 65.6%。

（三）移动业务用户快速增长，4G 渗透率行业领先，未来存量经营可期

1. 移动业务整体用户规模持续加速增长，未来 1 ~ 2 年或将超越中国联通，跃居行业第二

中国电信 2018 年的移动业务用户规模达到 3.03 亿户，中国电信的移动业务用户规模在全行业中占比 19.6%，较上一年度增长 21.2%，领先于行业平均增幅（8.6%）12.6%。中国电信的移动业务用户规模已连续四年呈现加速增长态势，取得了非常亮眼的发展成绩。但与此同时，考虑到行业的整体用户规模、渗透率以及竞争的激烈程度，未来的用户增速或将有较大下降，并维持在低增速水平甚至负增长。

2018 年，较 2017 年上升了 2%，升幅较大，在用户竞争中有后来居上的趋势。其与中国联通的份额水平正在逐步接近。按照这一趋势，预计未来 1 ～ 2 年中国电信的份额将超过中国联通，位居行业第二。

2. 4G 用户持续快速增长，份额稳居行业第二，渗透率跃居行业第一，为存量经营打下坚实基础

2018 年，中国电信的 4G 用户规模超过 2.4 亿户，较 2017 年增长 33.2%，增速远高于移动业务用户规模的增速 12%。同时，这一增速也领先于行业平均水平。

中国电信的 4G 用户规模占全行业的 20.6%，领先于中国联通接近 2%，在行业中位居第二。

更小的移动业务用户规模和更高的 4G 用户规模也意味着中国电信的 4G 用户渗透率要远高于中国联通。2018 年，中国电信的 4G 用户渗透率为 80%，位居行业第一，较中国联通高出 18.2%，较中国移动也要高出 3%。这也表明，中国电信的移动业务发展的质量较高，为做好存量经营打下了坚实基础。

（四）固网宽带用户保持较高速度增长，但面临着中国移动更为强势的竞争

2018 年，中国电信的固网宽带用户规模超 1.45 亿户，同比增长 9.2%，连续三年保持以约 9% 的较高速度增长。不过，与行业 2018 年的平均增幅 18.8% 相比，中国电信的落后幅度较大，差距达 9.6%。

随着中国移动的入局，自 2014 年以来，中国电信在全行业中的固网宽带用户份额持续处于下滑状态。2018 年，中国电信的份额开始被中国移动超越。占比 38%，较中国移动落后近 3%。

（五）政企新兴业务发展势头良好，有望为公司的业务转型和增收作出越来越重要的贡献

代表中国电信未来转型方向的 IoT 以及 DICT[3] 等政企新兴业务，2018 年实现 507.1 亿元收入，连续两年保持 20% 以上的高速增长。

其下的各项细分业务均取得了出色的发展成绩。尤其是物联网业务和云服务，2018 年的收入增长分别高达 125% 和 85.9%。物联网的连接数较 2017 年

[3] 注：包括 IDC、云服务和其他 ICT 等业务

度增加了141%。IDC和ICT这两项作为中国电信提前布局多年的业务，目前已初步形成了一定的业务规模，2018年的收入分别达到233.8亿元和213.2亿元。且二者均保持了较高的增速，2018年较2017年度分别增加了22.4%和12.3%。随着经济社会数字化变革时代的来临，预计未来这四项新兴业务仍将保持良好的发展势头，为中国电信的业务转型和增收作出越来越重要的贡献。

二、特色经验举措

中国电信2018年在进一步明确转型发展战略的基础上，配合推动业务形成差异化竞争优势，持续深化体制机制改革，强化网络能力和IT能力建设等，有力地支撑了上述发展成绩的取得。

（一）进一步明确转型发展战略

中国电信注重加强战略引领，进一步明确了加快五大生态圈发展的战略。

在智能连接方面，紧抓用户需求升级，坚持客户价值经营，深化融合，创新产品，强化终端、渠道及服务优势，规模发展能力持续加强。

在智慧家庭方面，加强内容和智能家居生态合作，与智能连接生态优势互补，依托天翼网关、智能机顶盒、小翼管家App三大交互入口，发挥用户规模、渠道与服务优势，天翼高清、智能组网、家庭云、智能家居等已逐步成为智慧家庭的核心应用。

在DICT方面，充分发挥云网融合优势，加快突破云产品能力，紧抓企业上云的发展机遇，实现政府云服务和重点行业标杆客户项目突破，确立公司在DICT服务领域的主力军地位。

在物联网方面，强化集约运营，加快平台能力建设，加强生态合作，在做大连接规模的基础上，向数据运营服务延伸，探索商业模式的创新。

在互联网金融方面，坚持差异化发展，以翼支付红包为主要切入点，与基础业务深度融合，并与互联网合作伙伴推广聚合分期模式，有力拉动用户增长，提升用户黏性。

（二）推动业务形成差异化优势

在移动业务领域，中国电信紧抓大流量发展机遇，面向中高端用户推出一系列丰富的大流量套餐产品，与多家知名互联网公司深度合作，面向年轻用户群推出众多互联网卡产品，充分满足不同细分市场需求。中国电信加强与终端厂商合作，不断丰富终端品类，推出全网通AI手机，力促全网通终端销售。

在固网业务方面，中国电信丰富有线宽带产品形态，全面推出随选宽带、日租型宽带等产品，积极开拓家庭第二条宽带、酒店和公寓宽带等细分市场，有效拓展用户增长空间。中国电信积极推动移动、光宽和天翼高清业务融合，全面推进“大流量+百兆宽带+智慧家庭”融合升级，在提升综合产品竞争能力的同时，有效提高用户黏性，宽带用户离网率稳中有降。

（三）进一步深化体制机制改革

中国电信2018年进一步深化以“划小承包、专业化运营、倒三角支撑”为核心的三维联动改革。在建立约5.9万个“划小”单元的基础上，逐步建立商圈、小区、农村、校园等不同的专业化场景，通过带队伍、做帮扶等一系列新型的工作模式加强专业化运营水平。持续推进流程优化，以一线经营人员对管理支撑人员进行逆向考核等方式促进“倒三角”支撑效率大幅提升。加快建立与转型升级相适应的经营体制和组织机制，着力打造管理、技能和专业三支人才队伍。通过不断的改革创新，基层创新实践不断涌现，企业活力和效率大幅提升。

（四）强化网络能力建设

在投资规模连续降低的情况下，中国电信的网络基础能力提升取得新进展。依托高、低频协同的优质全覆盖4G网络，继续完善高铁、高密度商圈等重点场景的深度覆盖，并根据用户需求动态扩容，4G基站数达到138万个，有力支撑大流量发展。有效益推进全光网建设，城镇家庭光纤宽带基本完成全覆盖，在170多个城市按需部署千兆宽带，IP城域网、骨干网带宽分别达到500Tbit/s和170Tbit/s，保持行业领先优势。加快增强机器类通信（eMTC）试点推广，基本实现4G、eMTC和NB-IoT高、中、低全速率物联网架构，按需提供差异化服务能力。持续推进网络云化和智能化演进，稳步实施CTNet2025网络重构，基于软件定义网络技术推动智能随选专线和智能网关等重点新产品自主研发及规模商用，在云资源池和骨干网部署 SDN 提升网络运维效率；基于全网统一电信云标准试点开通全解耦的虚拟 IP 多媒体子系统，为 5G 网络全云化奠定基础。

（五）强化 IT 能力建设

中国电信 2018 年加快推进运营智慧化，着力创建 IT、大数据、渠道、客户服务等支撑使能优势。面向企业内部和客户打造数字化能力开放运营平台，聚合全网 IT、数据、平台等标准能力，围绕典型应用场景，加大在市场营销、客户服务、产品开发和网络运营等领域的应用力度，促进提质增效，优化客户体验。建立以需求为中心、以大数据应用为驱动、线上线下融合的新型综合渠道体系，提升渠道销售服务能力。构建全国统一的人工智能平台，开展“主动服务、智慧预警”，持续提升服务效率。建立产品质量、运营质量和服务质量监控体系，持续完善质量管理体系，确保全部产品和服务质量优势。

三、下一阶段发展策略建议

针对中国电信面临的移动数据流量价值下滑过快、固网宽带业务竞争激烈、业务发展对利润增长的贡献有待进一步提升等困境，建议中国电信采取以下策略。

（一）加强行业沟通，遏制流量价值过快下降

由于移动业务用户的增长已面临天花板，行业的竞争愈发激烈，价格战频频发生。且国家持续倡导提速降费，使得作为核心增长动能之一的流量的价值正在快速下降。而与此同时，新的增长动能的培育又尚需时日。因此，全行业在执行好国家提速降费政策的同时，应力争避免流量价值的过快下降。当前，遏制流量价值的过快下降，非一家企业能有所作为，需要行业主管部门和三家企业充分达成共识，坚决杜绝恶性价格竞争，方可扭转这一趋势。建议中国电信主动与其他两家企业以及主管部门加强沟通协调，推动各方形成自律公约，把竞争的侧重点放到提升服务水平、优化产品质量、丰富业务体系等方面来，更好地保护流量价值，不断提升行业发展质量。

（二）坚持优质优价，以融合化竞争推动固网宽带高质量发展

自 2015 年中国移动强势入局固网宽带竞争，以低价策略抢夺用户至今，其用户规模已超越中国电信，成为行业第一。不过，2018 年，中国移动的固网宽带收入为 542.85 亿元，而中国电信的为 742.62 亿元。二者的 ARPU 分别为 33.5 元和 44.3 元。即虽然经受了中国移动近四年的低价竞争，但中国电信成功顶住了压力，未简单进行价格战，而是以优质优价的原则，较好地维护了固网宽带业务的价值。当前，随着中国电信的移动业务逐步走强，固网宽带业务相对走弱，中国电信应在巩固网络质量和客户服务水平领先优势的基础上，更加坚定地执行“固移融合”“以移促宽”等策略，以融合化竞争推动业务实现高质量可持续发展。

（中国信息通信研究院　梁张华）

中国移动 2018 年发展情况

中国移动 2018 年的移动业务用户、4G 用户和有线宽带用户仍有较大规模增长。但其通服收入、净利润、移动业务收入、4G 用户份额、4G 渗透率、有线宽带 ARPU 值等指标增长乏力或者负增长，开始面临较大发展压力。值得乐观的是，其政企新兴业务的发展成绩突出，物联网、ICT、云计算、大数据及 IDC 等均进入了快速发展轨道。未来，中国移动亟待对内深挖发展潜力、对外加强沟通合作，进一步提升服务品质、完善业务生态和丰富产品体系，推动公司加快转型步伐和提升发展质量，为即将到来的 5G 时代实现快速健康发展夯实基础。

一、公司发展态势

2018 年，中国移动开始逐渐显现出若干发展瓶颈问题：一是通服收入增长或已到达拐点，无线上网和有线宽带业务两大核心增长动能面临衰竭；二是净利润的增长主要依靠成本压降和对外投资收益上升，业务发展对净利润增长的贡献有限；三是移动业务收入负增长，4G 用户份额、4G 渗透率等指标初显疲态；四是有线宽带的户均价值开始走低。

令人欣慰的是，中国移动的物联网、ICT、云计算、大数据及 IDC 等政企新兴业务的发展势头行业领先，未来有望成功引领公司实现转型发展。

（一）通信服务收入增长或已到达拐点，无线上网和有线宽带业务两大核心增长动能面临衰竭，亟待加速培育壮大新的增长点

2018 年，中国移动的通信服务收入达到历史高点，接近 6 709.1 亿元，但较 2017 年度仅微增 25.6 亿元。增幅由 2017 年的 7.2% 大幅跌至仅得 0.4%。结合 2013 年年底 4G 牌照发放以来的数据看，中国移动在 4G 阶段的通服收入增长或已到达拐点。在 2020 年 5G 正式商用牌照发放前，中国移动的通服收入将大概率处于低速增长甚至负增长状态。

按可比口径计算，2018 年中国移动的通信服务收入在行业中的份额为 52.2%，属于近五年来的首次下降。在收入增长大幅放缓、发展动力急速减弱的背景下，中国移动的营收份额开始受到竞争对手的蚕食。

在构成通服收入增长的各要素中，贡献最大的三类业务为无线上网、有线宽带和应用及信息服务业务，各项业务的收入增量分别介于 145 亿～ 185 亿元。除应用及信息服务业务属于战略新兴业务，仍需时日培育，其他两项业务或面临增收乏力或仍坚持低价竞争策略，后续的价值提升将面临较大障碍。

无线上网业务面临增收乏力等困境。其 2018 年的总收入为 3 833 亿元，相较 2017 年的收入增量仅有 183.9 亿元，增幅 5%。与 2016 年 873.2 亿元的增量、43.5% 的增幅，以及 2017 年 767.3 亿元的增量、26.6% 的增幅相比相去甚远。流量业务这一核心增长动能或将面临快速衰减的困境，难以再拉动营收大幅增长。

有线宽带业务则坚持低价竞争策略，后续的价值提升或将面临较大障碍。该业务 2018 年的总收入为 542.9 亿元，相较 2017 年的收入增量为 145.5 亿元，增幅 36.6%；其有线宽带用户规模的增幅相仿，为 39%。与之相对应的是，该业务的 ARPU 值为 33.5 元，较 2017 年下降了 4.6%，一改 2015 年以来逐年上升的趋势，开始有所下降。相应地，这一业务对收入增长的作用或将于未来 1 ～ 2 年逐渐式微。因此，中国移动亟待加快转型发展步伐，推动物联网、IDC、云服务、大数据以及 ICT 等新兴业务加速发展，尽快形成新的核心增长动能。

（二）净利润仅微增，业务发展对拉动净利润增长的贡献有所不足，净利润增加的主因来自于成本压降和投资收益上升

中国移动 2018 年的净利润为 1 177.8 亿元，较

2017 年度提升 3.1%，增量规模约为 35 亿元。受通服收入增长大幅放缓所影响，净利润的增速也有一定幅度的回落。

与此同时，中国移动在全行业中的净利润份额也有下降，且降幅较大。

净利润来自于整体的收入减去整体的支出而得。在收入方面，中国移动 2018 年的通服收入仅微增 25.6 亿元，但其通信产品及其他的销售收入却大幅减少 62.5 亿元，导致其营运收入较 2017 年下降近 37 亿元。在支出方面，中国移动 2018 年的营运支出减少了近 49.6 亿元，减少的部分主要来自于销售产品成本的下降，这部分减少的规模值达 74.4 亿元。亦即，中国移动 2018 年的营运利润较 2017 年度上升了 12.6 亿元。

在营运利润的基础上，2018 年的“其他利得”项提升了 5 亿元，“按权益法核算的投资的收益”项提升了 39.1 亿元，“税项”增加了 22.2 亿元，其他各项变化不大。亦即，在业务经营之外的投资和利得贡献了约 44.1 亿元的增收，抵去税负支出的增量之后，为净利润的增加贡献了 21.9 亿元。

因此总的来看，业务发展对净利润的贡献有所不足，推动中国移动净利润增加的主要因素来自于销售产品成本的压降，以及业务经营之外的投资和利得收入增加。

（三）移动业务用户规模仍有增长，但收入、4G 用户份额、4G 渗透率等指标已显疲态

1. 移动业务竞争愈发激烈，整体用户规模虽仍有增长，但行业份额在持续下降，移动业务的收入已初现增长乏力甚至负增长态势

中国移动的移动业务用户规模达 9.25 亿户，较 2017 年的规模增量为 3 787 万户，增幅 4.3%。落后于行业平均增幅（8.6%）4.3%。考虑到行业的整体用户规模、渗透率以及竞争的激烈程度，未来中国移动的用户增速或将持续走低甚至负增长。

值得注意的是，自 2015 年以来，中国移动占全行业移动业务用户的份额持续处于下滑状态，由 64.7% 跌至 59.9%。按照目前的发展模式，随着全行业的用户增长即将面临天花板，同时企业间的竞争愈趋激烈，中国移动未来 1 ～ 2 年（5G 正式商用前），在移动业务上将大概率陷入困境。

中国移动 2018 年的移动业务收入情况已初现此端倪，其个人移动市场的收入较 2017 年下滑了 1.9%。未来解决这一难题的着力点或不在仅盯住用户规模和用户份额，而应多管齐下，推动业务转型升级，不断提升移动业务的附加价值。

2. 4G 用户规模远超其余两家企业之和，且仍有较高增速，但在行业中的份额在逐年大幅下降，其渗透率被竞争对手首次超越

2018 年，中国移动的 4G 用户规模接近 7.13 亿户，较 2017 年增长 9.7%，仍属较高增速。规模增量为 6 314 万户，在全行业 1.69 亿户的新增 4G 用户中，占比 37.5%。考虑到行业竞争愈发激烈等现状，此仍属较佳成绩。

中国移动的 4G 用户份额占全行业 60.7%，仍远超其余两家竞争对手之和。但值得注意的是，随着竞争的愈趋激烈，中国移动的 4G 用户份额在逐年大幅下降。预计到 2020 年，其份额还将有所下滑，跌至 55% 左右。

另外，中国移动近年来的 4G 用户渗透率提升有所放缓，2018 年首次被竞争对手超越。其 2018 年的渗透率为 77%，中国电信的则达到了 80%。中国移动仍有较大存量的 2G/3G 用户有待升级转化为 4G 用户。

（四）有线宽带用户规模突破 1.56 亿户，份额全行业第一，但户均价值贡献开始走低

2018 年，中国移动的有线宽带用户规模突破 1.56 亿户，增速维持在高位，达 39%。

2018 年，中国移动在全行业中的固网宽带用户份额进一步大幅提升至 40.9%。

但如前所述，中国移动有线宽带业务 2018 年的 ARPU 值为 33.5 元，较 2017 年下降了 4.6%。一改 2015 年以来逐年上升的势头，开始转而向下。这一现象的背后原因在于，中国移动仍坚持低价争夺用户的策略。未来，固网宽带业务的价值贡献或难再有大的提升。

（五）政企新兴业务发展势头行业领先，有望在公司的转型发展中发挥愈发重要作用

代表中国移动业务转型方向的物联网、ICT、云计算、大数据及 IDC 等政企新兴业务 2018 年实现收入 189.7 亿元，同比增长 55.8%，呈现加速增长态势。其增长势头是三家基础电信企业中最好的。

其下各项细分业务的发展成绩突出。其中，物联网的收入达了75.3亿元，同比增长40.2%；IDC的收入达72.5亿元，同比增长64.3%；ICT、云计算和大数据的收入达41.9亿元，同比增长75.3%，各项新兴业务均实现了高速增长。随着万物互联时代的到来，经济社会的数字化变革将持续加速推进，政府部门和企事业单位对信息化的需求将大幅与日俱增。预计上述政企新兴业务未来5年内仍将保持良好增势，为中国移动的转型发展和收入增长作出愈发重要的贡献。

二、特色经验举措

2018年，中国移动在政企新兴业务的发展上显示出较好势头，而移动业务和有线宽带业务则初显疲态。其背后促成这一成绩的特色经验以及应对不利局面的举措如下。

（一）政企业务聚焦重点行业，与平台型伙伴加大合作力度，深度拓展中小企业客户的潜在需求

一是围绕垂直领域进行深耕，携手合作伙伴聚焦工业、农业、教育、政务、金融、交通、医疗7个重点行业提供整合解决方案。聚焦促进多项产品取得规模发展。二是聚焦重点、优化协同，与拥有集团客户资源的平台型伙伴加大合作力度，加快拓展行业战略市场和中小企业高价值市场，进一步推动政企市场跨越式发展。三是努力拓展中小企业服务，大幅度降低互联网专项资费，实现惠及中小企业213万家；推出中小企业特惠宽带产品，接入成本大幅降低；推出中小企业云平台应用，打造融合优惠套餐，多渠道立体化拓展中小企业市场。

（二）有线宽带业务坚持“提速、提质、提价值”的发展思路，着力构建和完善家庭生态，力促家庭数字化业务发展

一是坚持“提速、提质、提价值”的发展思路，打造优质宽带品牌，提升网络服务感知，丰富家庭市场内容与应用。坚持“两手抓”策略，在保持用户强劲增长态势的同时，提升高价值客户占比，同步推进家庭宽带客户规模、家庭宽带市场收入快速增长。二是着力构建和完善家庭生态，大力推广“魔百和”“智能网关”“和目”等家庭多媒体、安防数字化产品，并持续提升相关产品的服务品质，进一步促进家庭数字化业务的发展。与之相对应的是，虽然中国移动有线宽带的ARPU值开始走低，但其家庭宽带的综合ARPU值显示出上升趋势，由2017年的33.3元增至2018年的34.4元，升幅3.2%。

（三）移动业务持续提升网络覆盖和质量，并结合套餐及资费体系优化、融合营销、内容和品牌运营等多项举措做好存量经营

一是坚持打造4G精品网络，进一步完善4G覆盖，新增4G基站54万座，总数达241万座。精准投入保障网络容量，持续加强室内深度覆盖、城区连续覆盖和乡村广域覆盖，保持网络覆盖水平和质量遥遥领先友商的优势。二是尤其自下半年以来，积极应对市场大流量低资费的激烈竞争，加强存量客户维系，优化套餐组合，构建更好满足客户需求的资费体系；开展融合营销，加大力度拓展家庭市场、政企市场等潜在个人客户资源；强化内容和品牌运营，加大与互联网公司合作，增强客户黏性，重塑“全球通”品牌等。

（四）强化IT建设，力促能力集中，加快集约化运营发展步伐

中国移动2018年发力加大基础平台的集中云化能力建设，强化IT集中支撑，实现一体协同，支撑全网；以业务统一运营为方向，打通各业务系统接口，理顺前中后台的业务流程和协同合作规范，促成集约化营销和高效化2I2B拓展；以网络集中化运维为方向，打造快速响应、敏捷支撑的网络运维能力。通过多措并举，加强能力集中，促进运营管理和业务发展的效益提升。

三、下一阶段发展策略建议

针对中国移动面临的无线上网和有线宽带业务两大核心增长动能开始衰竭，移动业务收入减少，4G用户份额、4G渗透率等指标不佳，有线宽带未来的价值贡献或难有大的提升等困境，建议中国移动采取以下策略。

（一）移动业务分别从近期和中长期着手，对内深挖发展潜力，对外加强沟通合作，推动业务收入重回持续增长轨道

近期内，一是通过加大营销力度、精准宣传推广等，加快推动存量的2G/3G用户向4G迁移。二是加强与互联网企业的合作，大力引入优质内容资源，更好地发展视频、音乐、阅读、互联网金融等增值业务。三是主动与其他两家企业及主管部门加强沟通协调，推动各方形成自律公约，把竞争的重点放到提升服务水平、优化产品质量、丰富业务体系等方面来，更好地保护流量的价值，避免这一核心动能过快衰竭。

同时，在未来较长一段时间内，一是应择机启动2G/3G网络退频重耕，逐步减少网络运维支撑成本支出。二是需持续推进网络重构和业务的数字化转型，为用户提供可定制化的流量包、语音包和网络速率等，配合推动商业模式创新等，实现分层分级定价。三是加快构建5G应用生态圈，聚集技术能力强大的互联网企业和深耕重点垂直行业多年的优秀软硬件企业，共同探索5G应用发展。

（二）有线宽带业务进一步提升服务品质，持续完善家庭业务生态，不断丰富智慧家庭产品体系

一是进一步完善预覆盖，强化有线宽带网络的运维能力，紧盯报装时长、报修时长、住宅区晚间平均速率、月均故障次数、月均故障时长等关键指标，切实提升有线宽带服务品质。二是持续完善家庭业务生态，大力拓展与互联网企业和各类智能终端企业的合作范围，进一步丰富家庭多媒体、生活起居数字化等相关产品体系，力争未来3～5年实现一站式满足用户对智慧家庭的产品需求。

（中国信息通信研究院　梁张华）

中国联通2018年发展情况

中国联通2018年在主营业务收入、净利润、移动业务用户规模、4G用户规模和固网宽带用户规模增长，以及产业互联网业务发展等方面既取得了突出成绩，也仍面临着较大问题。中国联通除了要紧紧抓住“混改”这一历史性机遇，进一步推进体制机制改革、机构人员精简、业务单元重构、一线动能激发和产品服务渠道创新以外，还要加快构建5G应用发展生态圈，推动网络实现智能化转型升级，以有效应对5G时代的挑战，实现新的更高质量的发展。

一、公司发展态势

2018年，中国联通取得了极为亮眼的发展成绩，连续三年实现主营业务加速增长，连续两年净利润大幅度提升。4G用户规模发展迅猛，移动业务的整体用户规模也增势良好；固网宽带用户的增速有所反弹；产业互联网业务加速发展，成为重要亮点之一。但与此同时，中国联通也面临着核心业务的价值快速下滑、净利润后续保持较快增长的动力有限、移动业务的存量挖潜和价值提升力度不足、固网宽带业务竞争的弱势地位进一步固化等困境，亟待在未来取得突破。

（一）主营业务收入持续加速增长，保护好核心增长动能的业务价值应成为重点关注之一

2018年，中国联通的主营业务收入规模达到新高，实现2636.8亿元收入。环比增速达5.9%，创下自身的历史新高，且呈现出持续加速增长的良好态势。

按照可比口径计算，中国联通的主营业务收入在行业中的份额实现了止跌回升。自2014年以来，中国联通的主营业务占比由22.2%一路下滑至2017年的19.9%。但进入2018年后，其份额回升至20.5%，初步扭转了多年来的不利竞争局面。

移动数据流量业务以及IDC和IT服务等产业互联网业务是为中国联通带来这一成绩的两大主要增长动能。也因此，如何保护好这两大类业务的价值，不使其快速下滑，应成为中国联通重点关注的问题之一。

不过，中国联通目前在保护核心业务价值上的形势不容乐观。尤其在移动业务方面，2018年，中国联通的移动手机用户DOU达5.9GB，较2017年度增长了145.8%，其中4G用户的DOU更是高达8.6GB，增长了95.5%。但相应的用户群的ARPU值均有较大幅度下降，其中，移动出账用户的ARPU值下降了4.8%，4G用户的ARPU值下降了15.9%。

（二）净利润连续两年实现大幅度提升，有效管控财务费用在其中发挥了重要作用

在主营业务收入持续加速增长、市场份额实现止跌回升的带动下，中国联通的净利润实现大幅提升。2018年，中国联通实现净利润93.01亿元，达到近三年来的新高，并正在逐步向2014年的历史最高水平回归。其净利润的增速高达452.3%，较2017年的增速近乎翻倍，连续两年实现大幅度提升。同时，远超行业同期的净利润总额的增速。

与此同时，中国联通的净利润在行业中的占比也由2016年以来的最低点0.4%大幅回升至6.3%，进一步印证了其初步扭转多年来不利竞争局面的判断。

中国联通净利润的大幅增长除了收入提升这一因素以外，合理管控好成本费用的支出是另一重要因素。2018年，中国联通的主营业务收入增长了5.9%，若将通信产品销售等收入涵盖进来，其总体的营业收入增长也有5.8%，而其成本费用支出却仅增加了2.2%。

进一步将“成本费用”项打开可以发现，中国

联通 2018 年的财务费用支出大幅减少了 42.17 亿元，降幅为 103.4%，这是中国联通有效管控好成本费用支出的主要作用点。实际上，2017 年中国联通开启混改时，引入的 BATJ 等 9 家战略投资者曾合计投入 617.25 亿元现金，助力前者实现负债总额与利息费用双双骤减。可以说，中国联通 2018 年净利润的大幅增长，很大程度上是受益于债务的减轻和财务费用的减少。未来，中国联通需要在保持好有效管控成本费用支出的基础上，推动业务提质增效、加速发展，以促成净利润保持较快增长。

（三）移动业务用户增势良好，但仍有较大的存量挖潜和价值提升空间

1. 移动业务整体用户规模持续加速增长

截至 2018 年年底，中国联通的移动业务用户规模超 3.15 亿户，较 2017 年度增长 10.9%，已连续三年呈现加速增长态势。

中国联通的移动业务用户规模在全行业中排名第二，占 20.4% 的份额，实现自 2015 年以来连续三年爬升。

2. 4G 用户规模发展迅猛

中国联通的 4G 用户规模截至 2018 年年底接近 2.2 亿户，较 2017 年增长了 25.8%。

（四）固网宽带用户的增速有所反弹，但在该项业务上的弱势竞争地位进一步趋于固化

2018 年，中国联通的固网宽带用户规模达 8 088 万户，增速 5.7%，较 2017 年度有所提升，扭转了此前几年增速连续下滑的趋势。

目前，中国联通的固网宽带用户份额在三家基础电信企业中排名最后，占比 21.1%，已连续多年处于下滑状态。

中国联通的业务发展具有“移动业务强、固网业务弱”的特点。面对固网的不利竞争形势，中国联通或需进一步思考如何更好地实施“固移融合”“以移促宽”等业务发展策略，以强化在该领域的竞争实力，尽快扭转不利局面。

（五）产业互联网业务加速发展，成为重要亮点之一

中国联通将 IDC、IT 服务、物联网、云计算及大数据 5 项代表未来转型方向的政企业务定义为产业互联网业务。2018 年，中国联通的产业互联网业务收入达 230.1 亿元，较 2017 年上升 44.6%，呈加速增长态势。

中国联通的各项细分业务均实现了高质量发展。云计算聚焦云业务引领，初步建立“云 + 网 +X”的政企新融合营销模式，收入达 9.6 亿元，同比增长 98.7%；大数据聚焦产品、平台、自主研发等核心能力的提升，在政务、金融、交通旅游、安全等行业取得突破，2018 年收入达 6.1 亿元，同比增长 283.5%；物联网聚焦智慧城市、智能可穿戴、车联网、智能制造等领域，强化连接管理平台服务能力，提升使能应用能力，打造端到端解决方案，连接数接近 1.1 亿，2018 年收入达 20.8 亿元，同比增长 47.8%；IT 服务聚焦重点领域垂直赋能，全面提升自主核心能力，发布一站式政务服务、智慧党建、智慧河长综合管理平台、医疗影像云等一系列产业互联网应用产品，2018 年收入达 56.1 亿元，同比增长 69.2%。

二、特色经验举措

“混改”是 2018 年贯穿中国联通改革创新的主线。其紧紧抓住这一历史性机遇，进一步重点推进体制机制改革、机构人员精简、业务单元重构、一线动能激发和产品服务渠道创新。

（一）探索“民营投资承包运营”模式，推进体制机制改革

以云南联通为试点，探索“民营投资承包运营”模式。在保证云南联通企业性质不变的前提下，2017 年开始，在下辖亏损严重的保山、怒江、红河、曲靖、昭通、楚雄和普洱 7 个州市分公司引入民营投资方。2018 年，云南联通先后又将玉溪、文山、大理、丽江和昆明等剩下的州市确定为新一轮社会化合作改革的试点，将混改范围扩大至全省。

入选公开招募承包的运营合作方将与当地原联通核心员工共同出资，成立运营公司。民营投资方控股 51%，原联通员工入股 15% ～ 30%，并预留 20% 左右的股权用于引进人才及员工激励。运营合作方将负责出资建设云南联通下属州市分公司的接入层网络以及全省创新业务平台，并以利润为标的承包云南联通全省范围的全业务运营，首期合作期为10年。“以利润为标的承包云南联通全省范围的全业务运营”强调了“利润为导向，承包运营全业务”的基本思路，对于扩大市场主体，即承包运营商的业务范围、权限，激发社会资本投资的积极性，提高国有资本配置和运行效率，实现国有资本与非公有资本共同发展而言大有裨益。“10年合作期”这一时间范畴则凸显立足长远的战略考量，让合作方能以长远发展为航标，更从容地投身市场、拓展空间，共同探索市场主导、体制灵活、合作共进的可持续发展道路。

云南联通对运营公司实行负面清单管理，授权运营公司在当地资产代管、网络代建、网络代维、全业务代理，并为运营公司提供“倒三角”支撑服务，取得了突出成效。尤其在网络代建代维方面，实行增量收入分成模式，发挥合作方技术和产业链优势，基站的选址更加精准和讲究效益，“要不要建站”根据“有没有市场”来决定，“在什么地方建站”按照“现网优化前提下站距最佳的原则”来决定，实现了一站一图一表一书。在合作的带动下，截至2018年8月，云南联通新增基站10 500座，4G网络人口覆盖率从2016年年末的30%提升至60%，网络能力大幅度提升。

2018年前10个月，云南联通社会化合作区域收入增长19.1%、利润改善20%，显著优于非合作区域。2018年11月14日，中国联通总会计师、党组成员朱可炳在国务院国资委召开的国有企业混合所有制改革媒体通气会上进一步表示：“已展开试点的州市营收比没有展开试点的州市营收相差超过15%。”

（二）推进机构优化和人员精简，重构业务单元，激发一线动能

中国联通一是在瘦身健体上动真格。集团公司总部部门减少33.3%；各级管理机构减少25.7%；两年“压减”法人户数26家，累计减少27%。

二是在市场化用人机制上动真格。将党管干部和市场化选聘相结合，建立管理人员市场化选聘和退出机制，各级管理人员首聘退出率达14.3%，退出合同制员工1 071人。

三是在推进“划小承包”方面动真格。截至2018年上半年，中国联通有13.5万员工进入2.4万个划小承包单元，选拔产生1.7万名“小CEO”，通过匹配权责、业绩与个人收入，实行增量收益分享等，一线员工薪酬增幅同比超过20%，拓展业务的积极性、成本效益意识、主动服务意识大大增强。

（三）推进产品服务渠道创新

中国联通通过持续推进经营的互联网化转型，借助与互联网公司深化2I2C业务合作，基于细分市场需求，优化推出差异化产品，解决大流量用户的需求。以“大视频、大融合、大带宽”积极应对宽带领域的竞争挑战，借力战略投资者优势资源，丰富填充优质视频内容，加快布局智能家居业务，增强用户黏性和产品竞争力；主推高带宽产品，加大社会化合作，进一步提升网络覆盖能力和品质。在云计算领域，将中国联通的技术、品牌和客户优势与腾讯、阿里巴巴的技术优势相结合，相互赋能和导流，以“云+智慧网络+智慧应用”政企新融合营销模式，拉动政企宽带及互联网专线业务快速发展。

深化线上线下全触点统一运营，推动实体渠道由坐商变行商，促进线上线下相互引流；重点聚焦线上、异业联盟等轻触点，与阿里巴巴、京东和苏宁在上海、广东等地开展新零售门店试点，日均客流量、发展量及商品销量显著提升；加大融合产品在全渠道的推广力度，着力提升渗透率，促进相互拉动发展。

加快中后台技术能力建设，以大数据驱动前台精准营销和存量经营，促进用户发展维系和价值提升。

三、下一阶段发展策略建议

随着5G商用的临近，中国联通需在推进“混改”的基础上，加快构建5G应用发展生态圈，争取率先突破，实现以优质应用带动5G发展；加快应用SDN/NFV以及AI等技术，推动网络实现智能化转型升级，有效促进生产运营能力提升。

（一）加快构建5G应用发展生态圈

目前，中国联通已与阿里巴巴、腾讯开展“沃云”公有云产品及混合云产品合作；与阿里巴巴、腾讯、网宿等分别成立云粒智慧、云景文旅、云际智慧等合资公司，以轻资产模式加快拓展产业互联网领域的发展机会。随着5G商用临近，中国联通应在此基础上与BATJ等战略合作伙伴深化合作，加快探索 5G 在重点垂直行业的应用，争取率先突破，形成以优质应用带动 5G 发展，实现差异化领先的局面。以此筑就 5G 时代的核心竞争优势，避免再将增长寄托于过度的价格战之上。

（二）推动网络实现智能化转型升级

加快应用 SDN/NFV 以及 AI 等技术，推进网络智能化转型升级，构筑业内领先的网络资源智能调度、应需切片、弹性伸缩、高效扩容的能力。结合大数据分析挖掘技术，精准对接市场需求，快速调整生产服务资源，实现高质量、高效益发展。构建集约运营的企业中台，打通各生产服务平台和内部运营系统间的接口，形成数据顺畅流通、问题精准定位、运营高效开展的良好局面，有效面对即将到来的 5G 时代越发激烈的竞争。

（中国信息通信研究院　梁张华）

中国铁塔 2018 年发展情况

2018 年，中国铁塔的业务发展继续取得突出成绩，无论是营收抑或利润的规模、增速、结构等，均呈现出良好的发展趋势。中国铁塔站址及租户数等核心资源稳步扩张，铁塔的共建共享水平进一步提升。可以乐观预期，随着 5G 正式商用进入倒计时，新一轮大规模网络建设即将兴起，中国铁塔未来 2 ～ 3 年较大概率仍将保持快速发展势头。

在取得良好发展成绩的同时，中国铁塔实施了一系列重要举措，为中国铁塔未来的长期健康发展打下了坚实的基础。在服务定价方面，中国铁塔进一步降低了成本加成率和共享折扣率，加大力度促进单塔的租户数提升，进而动态增加边际收益和塔均收入；在拓展合作方面，中国铁塔与国家电网公司及中国南方电网有限公司分别订立战略合作框架协议，推动“通信塔”和“电力塔”开放共享，从而大幅节省建设成本、扩大覆盖范围、缩短建设周期；在扩大融资方面，中国铁塔成功在香港资本市场 IPO（首次公开募股），实现融资 69.2 亿美元，进一步夯实了未来健康发展的基础，为即将到来的 5G 大规模建设积蓄了能量。

一、业务发展成绩

（一）营收及利润增势可观，多元化的增长动能结构开始形成

中国铁塔确立了一体两翼的发展战略，亦即，以面向行业内的塔类与室分业务为“一体”，以基于站址资源的社会化共享业务与面向社会的专业化备电保障服务为“两翼”，培育多点支撑的业务增长格局，持续提升公司的发展能力和价值创造能力，将公司打造成为国际同行中最具潜力的成长型与价值创造型“两型企业”。

相应地，其业务体系可以划分为塔类业务（又可进一步细分为宏站业务和微站业务）、室分业务（包括楼宇类和隧道类室分业务）、跨行业站址应用与信息业务以及其他业务（包括用电服务、油机发电服务和蓄电池额外保障服务等）四大类。2018 年前三季度，中国铁塔实现营业收入 536.42 亿元[1]，同比增长 6.1%。其中，塔类业务为营收的主要来源，其收入规模高达 515.35 亿元，占比 96.07%。与 2017 年相比，塔类业务的收入增幅为 3.7%。

室分业务和跨行业站址应用与信息业务两项。2018 年前三季度的营收规模分别为 13.25 亿元和 6.75 亿元，同比增速分别高达 79.3% 和 971%，增势迅猛。两者合计占总体营收的比例由 2017 年同期的 1.6% 扩大至 3.8%，营收结构的多元化雏形开始初步显现。

2018 年前三季度的其他业务收入为 1.07 亿元，全年有望实现 1.43 亿元收入，同比增长约 12.3%。

中国铁塔的各类业务均取得了较佳的收入增长成绩，在此带动下，2018 年前三季度归属于公司所有者的利润达到 19.61 亿元，较 2017 年同期大增了 16.7%。

（二）站址及租户数等核心资源稳步扩张，铁塔共享水平进一步提升

根据沙利文报告统计，截至 2017 年年底，按站址数计，中国铁塔共运营 187.22 万站址，占中国通信铁塔基础设施市场 96.3% 的份额，是我国最大的铁塔基础设施服务提供商，站址资源遍布全国 31 个省 / 直辖市 / 自治区。

进入 2018 年后，中国铁塔的站址数继续稳步增长。截至 2018 年三季度，中国铁塔共运营 191.7 万站址，较 2017 年同期增加 3.9%；站址租户数达 286.5 万户，较 2017 年同期增长 9.22%。

[1] 注：文中除非有特殊说明，均指人民币元

租户数的提升拉动了代表铁塔共享率水平的站均租户数的提升。截至 2018 年三季度，中国铁塔的站均租户数增至 1.49，较 2017 年同期上升 4.93%。共享率的提升有利于进一步加强公司的盈利能力：铁塔相关的基础建设成本、场地费和电力引入费是一次性支出，单站址租户增加的边际成本很低，共享率的提升将增加边际收益，支撑站均收入增加。

二、特色经验举措

中国铁塔取得良好发展成绩的同时，还实施了如下重大举措，进一步夯实了公司未来长期健康发展的基础。

（一）服务定价：进一步降低成本加成率和共享折扣率

中国铁塔的产品价格使用成本加成法，即对于新建铁塔、存量铁塔、室分产品和传输产品采取成本加成的定价模式。中国铁塔的营收绝大部分来自塔类产品。以塔类产品定价为例，产品价格 = 基准价格 ×（1 －共享折扣 1）+（场地费 + 电力引入费）×（1 －共享价格 2）。其中，共享折扣根据租户数目及租户是否是锚定用户而改变；基准价格按特定塔类产品成本计算，包括标准建设成本、折旧年限、维护成本以及成本加成率。

2018 年 1 月 31 日，中国铁塔对与三大运营商订立的定价协议进行价格改革，各方签署了《〈商务定价协议〉补充协议》。业务成本加成率由 15% 下降到 10%，共享折扣率全面增加 10%，并对单个站址中的锚定租户给予 5% 的额外共享折扣，新条款有效期为 5 年，见表 1。

表 1　中国铁塔定价政策调整前后共享折扣变化情况

基准价格共享折扣	2018 年 1 月 1 日前	2018 年 1 月 1 日后
两名租户共享时给予锚定租户的折扣	25%	35%
两名租户共享时给予第二名租户的折扣	20%	30%
三名租户商共享时给予锚定租户的折扣	35%	45%
三名租户共享时给予第二名和第三名租户的折扣	30%	40%
场地费和电力引入费共享折扣	**2018 年 1 月 1 日前**	**2018 年 1 月 1 日后**
两名租户共享时给予锚定租户的折扣	35%	45%
两名租户共享时给予第二名租户的折扣	30%	40%
三名租户共享时给予锚定租户的折扣	45%	55%
三名租户共享时给予第二名和第三名租户的折扣	40%	50%

（续表）

新的协议签订后，由于降低成本加成率，提高共享折扣率，同样条件下产品价格会下降，这无疑会影响中国铁塔从现有租户那里获得的收益。但从长期来看，对单个租户的让利将会逐步吸引租户租用站址，从而增加单站址租户数，提高共享率，进而动态增加边际收益。

与此同时，中国铁塔还延长了新建铁塔的折旧年限。中国铁塔考虑到技术提升、政府有利政策以及铁塔的质量及特性，从 2018 年 1 月 1 日起，自建地面塔折旧年限从 10 年延长为 20 年。考虑到这一变化，中国铁塔折旧支出将大幅下降，以 2017 年为例，其折旧支出将由 38.78 亿元下降到 18.65 亿元，可望大幅减轻短期内因折扣率提升带来的经营压力。

（二）拓展合作：与两大电网公司订立战略合作框架协议

在合作拓展和推进共建共享方面，中国铁塔分别与国家电网、南方电网签订合作协议，开启“共享铁塔”合作模式，推动电力、通信两大行业间资源共享取得突破性进展。根据协议要求，两大电网公司将向中国铁塔开放输电杆塔，在电力塔上安装通信基站设备；同时，中国铁塔将利用通信站址资源及基于物联网 + 互联网的信息化运营平台为电力杆塔提供信息监控、电力无线专网建设等服务。后续，中国铁塔还将和两大电网公司进一步探索更广泛的合作方式，实现优势互补、合作共赢。

“通信塔”和“电力塔”的开放共享，对于推动通信和电力基础设施协调发展，特别是对于即将到来的5G网络部署，构成巨大“利好”，可谓一举数得：一是利用密布全国城乡和公路铁路沿线的电力杆塔用于通信建设，可以促进电信网络广覆盖、快覆盖，大大缩短施工周期，提高通信基站建设效率，降低通信基站建设成本，有力支撑建设“网络强国”，支撑4G网络深度覆盖和5G网络快速部署；二是推进形成通信和电力企业市场化的共建共享合作模式，可以促进中国铁塔盘活资源和提高效益，有利于国有资产保值增值和放大功能；三是能有效减少新增通信铁塔基站占用土地资源及其对环境的影响，成为践行国家绿色发展、协调发展理念的典范。据中国铁塔的统计，新建一座地面通信塔塔体及基础平均造价14.2万元，占地30m^2。利用已有的电网铁塔杆体进行基站建设，相关建设成本可望大幅节省，而且平均每个站还可缩短建设周期约60天。

（三）扩大融资：成功在香港资本市场IPO，融资69.2亿美元

中国铁塔2018年8月正式登陆香港资本市场，在港交所主板挂牌交易。中国铁塔本次融资规模约543亿港元，折合约69.2亿美元，成为2018年以来全球最大IPO。

随着公司上市，中国铁塔有望进一步拓展融资渠道，降低资产负债率与融资成本。截至2018年一季度末，中国铁塔的负债总额1 964.65亿元，资产负债率超过60%，其中流动资产为343.88亿元，流动负债净额为1 126.37亿元。短期借款及长期借贷当期到期部分为964.29亿元。在巨额负债中，流动负债占比较大让中国铁塔的流动比率处于较低水平。上市后，中国铁塔IPO所融到款项净额的60%将用于资本开支，30%将用于偿还已用作拨付资本开支及营运资金的银行贷款，10%将用于拨付营运资金及用作其他一般公司用途，从而及时解决债务、财务成本过高等问题。

其次，中国铁塔此番上市，也为即将到来的5G大规模网络建设积蓄了一定的资本开支基础。据安信国际研报推测，5G时代共需要的新站址约为300万个，单站的建设成本约为25万元。随着中国铁塔分别与两大电网公司共推“共享铁塔”新模式，假设5G新站址中，80%的站址都利用社会塔（电力塔等），剩余20%亦即60万个站址需中国铁塔新建，那么相关投资额将达1 500亿元。本次IPO净融资以及后续的借款或发行债券等方式可望共募得资金848亿元，大幅弥补5G网络建设的资金缺口，为下一阶段的发展打下基础。

三、下一阶段发展策略建议

中国铁塔在2018年取得了较好的发展成绩，也为未来的发展做了若干提前布局，打下了坚实基础。但结合公司目前内部的现状和外部的环境，中国铁塔仍有可改进之处。建议中国铁塔从以下几方面发力，进一步提升公司实力，为未来发展创造更好条件。

（一）加快培育多元化增长动能

中国铁塔的室分业务和跨行业站址应用与信息业务虽然实现了高速增长，但其规模值仍然较小，对公司实现多元化发展的支撑力度仍显得偏弱。由于5G的特性，其覆盖范围将不如4G。电信运营商为实现与4G网络相近的覆盖水平，除了要加强5G宏站的建设以外，还需利用微站及室分进行补盲补热。这对于中国铁塔将是一个难得的加快培育多元化增长动能的机遇。

随着无线通信网络运营与基础设施服务供应逐步分离，基础设施共享对电信业持续增长而言的必要性是明显的。电信运营商寻求更低成本及更佳服务的基础设施协同效应，推动其对铁塔服务商提供的微站及室分的外部需求。中国铁塔应加快推进站址共享和资源整合，在站址规划及获取方面巩固既有的竞争优势，以更具成本效益和及时的方式向电信运营商提供微站及室分基础设施。

（二）大力推进业内外共建共享

中国铁塔的站均租户数为 1.49，较公司成立以来已有了大幅上升，但与国际领先同行相比仍有较大差距。例如，美国 AMT 的塔均租户数为 1.9，冠城国际的塔均租户数为 2.2，印度的 Bharti Infratel 塔均租户数为 2.35。因此中国铁塔的平均站址共享率仍有较大提升空间。中国铁塔应拓展共享内涵，提升管理水平，实现从传统站址共享向塔、机房、传输、电力、社会资源等综合共享转变，为客户提供一站式、低成本、高效率的优质服务，不断提升客户满意度，真正实现原先定下的“疑难站址 100% 解决，客户需求 100% 满足”的目标。

在站址资源共享等方面，中国铁塔除了与两大电网公司开展战略合作以外，仍应加快步伐，开发其他潜在合作对象资源，例如各地负责管理路灯杆的市政公司、各大写字楼和小区内的物业管理公司等。在此过程中，中国铁塔应同步探索创新商业模式，例如资源互换共享、开展广告等增值业务、设计合理的收益分成机制等，使得各合作方的利益实现协同增进，强化各方合作的黏性。

（三）持续拓展各渠道资金支持

中国铁塔 IPO 的净融资以及后续的借款或发行债券等募得资金 848 亿元，距离 5G 建设的投资额 1 500 亿元仍有较大资金缺口。除了加大融资力度以外，中国铁塔还可以考虑申请财政资金支持、税收优惠、产业基金合作、引入新的战略投资者等，多管齐下获取外部资金支持，进一步夯实未来发展基础。

（中国信息通信研究院　梁张华）

联通支付有限公司全力助推通信 + 支付 / 金融发展分析

近年来，在中国联通集团聚焦创新合作战略指引下，联通支付有限公司（下简称“联通支付”）全力推进“通信 + 支付 / 金融”策略，在协同服务通信业务中发展支付业务，在连接服务中创造新价值。截至目前，用户数已突破 1.36 亿人，用户规模已跻身第三方支付公司前列。

喜闻乐见的应用场景、精心的用户服务、逐步优化的用户体验、持续提升的应用开发和产品迭代、全新的品牌形象，联通支付始终怀抱提供“安心、便捷”支付金融解决方案的初心，与广大用户、合作伙伴共同打造通信 + 支付 / 金融的发展蓝图。

一、匠心产品 塑造品牌——建立广泛连接

联通支付自 2011 年成立以来，始终以“安全”为产品和服务的核心，敬畏风险、尊重市场、倾情客户、匠心产品、精心服务、持续迭代。联通支付紧紧围绕服务联通集团及广大联通用户这一主线，发挥支付 / 金融业务的能力优势，将电子券、分期等嵌入联通集团的产品、业务和活动，全力助推“通信 + 支付 / 金融”业务模式的广泛落地。

产品是连接合作伙伴、用户的主要载体，联通支付根据市场和业务发展需求，不断丰富产品种类，持续提高产品服务能力。面向企业用户，提供资金归集、代收代付、POS 收单、聚合支付和综合解决方案等服务。面向个人用户，提供购物消费、出行娱乐、民生服务等移动支付服务，同时提供理财、保险、消费信贷等金融信息服务。

2018 年 8 月，联通支付启动品牌升级工作，新的 Logo 形象似一条自由灵动的小鱼，而用户就是小鱼赖以生存的水；内含中国铜钱的形制，意在传达沃钱包将在用户的支持下，为用户提供更加智能便捷的支付与金融信息服务。

二、普及应用 提升感知——促发展保维系

联通支付积极创新业务模式，开发沃钱包电子券业务，现已成为沃钱包当红业务之一。沃钱包电子券作为权益的载体，在搭建通信 + 支付 / 金融生态中发挥着特殊的作用，一方面通过连接近千万的商户提供丰富的线上线下消费体验，另一方面让通信业务的内涵更加丰富，营销活动的组织更加高效、灵活。2018 年，联通支付累计发放电子券金额近 70 亿元，覆盖用户超 1.1 亿人。

围绕用户消费升级，以电子券为抓手，联通支付与联通各省分公司共同探索利用支付 / 金融能力打造异业联盟。联通支付在 2018 年组织开展“万人大扫码，红包满天飞”活动中，重庆市分公司通过与 40 家永辉超市联合开展活动，采取扫码领券与腾讯王卡办理相结合的形式，短短几日就通过电子券发展王卡用户 5 000 余户。河南省分公司利用金融能力开展了“集约异业创新战”活动，2018 年全年累计电子券发券超过 8 亿张，电子券消费覆盖的线下商户超过 3.5 万户，通信 + 支付 / 金融的生态运营成果初显。支付 / 金融能力与通信业务的握手，为轻触点发展、渠道产能提升、合作伙伴相互引流等提供了有效的手段，进一步激发了通信用户的活力，增强了用户黏性，助力通信业务的快速发展。

联通支付合规、灵活、高效地整合金融资源，依托沃分期平台，在自有营业厅和社会渠道开展分期业务，降低用户入网门槛，提升渠道产能。推出商户补贴手续费等三大分期模式，以多样化的选择吸引用户，以高通过率、适合的授信额度满足用户，尽力促成每一笔交易。在此基础上，沃钱包推出“电子券还款”的模式，形成分期还款的差异化优势。2018 年分期业务放款笔数超过 100 万笔，放款金额超过 30 亿元，带动通信合约销售突破 100 万户。

丰富支付手段，提升支付体验，沃支付打造集

商户签约、商户收款、金融保险、金融理财、电子发票、会员 SaaS、营销管理等于一体的聚合支付产品，满足行业客户的多元支付需求，为广大消费者提供便捷支付服务。同时将支付能力嵌入各类终端，支持多场景的消费需求。截至 2018 年年底，联通支付支持的终端近 6 万台，交易笔数近 4 000 万笔。

沃掌柜是为合作渠道提供金融赋能的工具，同时整合销售引流、代收代发和票税服务的能力，合规、高效实现异业渠道佣金快返，助力渠道运营及管理效能的提升。沃掌柜面向企业用户，提供支付、金融、营销等服务，提供销售推广、定向引流、激励发放、在线培训等服务。截至目前，累计服务轻触点近 20 万个，发放佣金超过 2 亿元。山东省分公司自试点沃掌柜支撑能力以来，当期新增合作渠道近 7 000 个，实时发放激励近 500 万元，较好地解决了轻触点的后顾之忧，为业务规模发展打下了良好的基础。

三、倾情客户 专注体验——产品持续迭代

面对日益扩大的用户规模，沃钱包始终坚持把用户体验放在首位，以开放、多元的姿态持续完善产品与服务。

沃钱包的服务场景已覆盖用户生活的方方面面，通信交费、生活缴费、火车 / 汽车 / 飞机票、电影票、商城购物，给广大用户提供了良好的消费体验。其中生活缴费已覆盖北上广深等 300 多个城市，提供水、电、燃气、取暖、有线电视缴费等多类服务。面对与日俱增的信用消费，联通支付还推出了免费的信用卡还款服务，得到了广大用户的喜爱。

沃钱包线下商圈的拓展采取自建与共享相结合的方式，根据联通各省分公司的需求接入当地喜闻乐见的商圈，支持在华润万家、美宜佳、物美、中百、欧亚等 30 万 + 家门店消费。同时，联通支付“借船出海”，通过与银联的强强合作，共享商圈，沃钱包用户可以在所有带有银联二维码标识的商户扫码消费。

积极布局，自主研发，向互联网金融科技演进。公司核心平台和重要系统的自主研发率达 90%，技术人员占比超过 60%，布局大数据和人工智能深度研发，完成两地三中心建设，实现行业领先的同城双活生产中心。联通支付提升支付系统架构的健壮性、安全性、灵活性和可伸缩性，获得国家专利 12 件。联通支付重视分布式实时交易风控系统、大数据平台的建设，积极布局大数据和人工智能深度研发。

四、赋能营销 异业联动——打造支付日 IP

沃钱包八年来砥砺前行，全力扩大用户规模，顺利达成用户数破亿的目标，与其精心策划的品牌营销活动是密不可分的。联通支付选定每月 28 日为“联通支付日”，当天沃钱包 App 精选应用的支付优惠低至 8.8 折（有优惠上限），通过打造沃钱包专属“联通支付日”IP，结合丰富多彩的活动内容，拉近与用户的距离，提升了品牌美誉度。

联通支付紧跟时事热点，2018 世界杯期间，沃钱包携手 SNH48 打造兼具趣味性和观赏性的足球嘉年华，用户登录沃钱包 App 或在沃钱包微博、微信公众号参与活动就有机会领取 Kindle、沃钱包积分等精美好礼，还有机会与 SNH48 的少女们微博亲密互动。世界杯 +SNH48，看似不搭界的组合，却是沃钱包深刻洞察年轻用户内心取向的一次大胆尝试。

五、不忘初心 沉淀能力——实现行业深耕

2018 年 10 月，由决策者金融研究院和华夏时报联合主办的“IFPI 第十届金融科技决策者大会”中，联通支付旗下沃钱包、沃百富入选“中国 FinTech 独角兽榜 Top20”。联通支付坚持开放、合作、共赢的发展理念，与多家主流的金融机构建立全面合作关系，全力打造“通信 + 支付 / 金融”创新业务模式，目前用户规模已达亿级，交易规模日创新高，入选“中国 FinTech 独角兽榜”实至名归。2019 年 1 月，由新浪主办的 2018 科技风云榜在北京举行，联通支付受邀出席此次盛典，并荣获运营商创新产品奖。

2019 年，5G 新起，注定是一个挑战与机遇并存的时代，联通支付将继续打磨电子券、沃分期、消费信贷、佣金快返等产品，拓展商户和应用场景，沉淀关键能力、助推普遍应用。坚持以用户规模和质量发展并行，业务收入内外并举，努力实现价值经营的目标。

保持初心是一个企业长远发展的根基。在中国联通集团“客户信赖的智慧生活创造者”的愿景引领下，沃钱包将秉承“创新、连接、合规、高效”的理念，把握机会、迎接挑战、不忘初心、匠心产品、专注服务，与广大合作伙伴、消费者共赢，赢在新时代。

（联通支付有限公司）

外商投资经营电信业务发展情况

近年来，我国信息通信产业发展迅速，移动化、数字化、智能化、融合化等发展趋势明显，一方面，国内市场的繁荣发展对外资具有较大吸引力，外国资本希望能够从中国市场获取行业发展红利；另一方面，中国市场发展资金、技术等方面，需要外国资本有效助力。而外资成分的逐步进入，促进我国电信市场投资主体多元化，也引入了发达国家和地区的人才、先进技术和运营管理经验，有助于电信业公平有效竞争和健康持续发展。目前，我国逐步落实电信领域各项对外开放政策，大幅度放宽市场准入条件，允许外商投资经营的电信业务种类呈扩大之势，部分业务外资股比限制逐步放宽。政策的大力支持，促进了外国资本对电信市场的青睐。外商投资企业积极按照开放政策和相关法律法规要求，申请获得电信业务经营许可证，合法合规经营电信业务，促进市场进一步发展。

一、开放历程

我国电信领域坚持“四个统筹”建设，对外开放循序渐进推行，包括统筹近期和远期的关系。近期先开放安全风险小、监管制度完善、技术手段完备、产业相对成熟的业务。对尚不具备开放条件的业务，加快法律法规、监管制度和技术手段建设，不断完善相关基础环境和条件，为远期开放做准备。统筹对内开放与对外开放的关系：先对内资开放，培育和扶持国内产业的发展壮大，探索完善相关法律法规制度，包括加快建立外商投资安全审查制度，为对外开放做好准备。统筹双边多边关系：服务于国家对港澳台的特殊政策以及外交大局，结合国家正在推进或准备推进的双边、多边、自贸区以及 WTO 的整体考虑和推进安排，确定开放政策。统筹区域与全局关系：选择特定地区、特定业务进行试点开放，以积累经验、完善制度，为进一步开放做好准备。

根据“四个统筹”建设，我国电信市场对外开放稳妥推进，开放政策渐次落地。根据加入 WTO 时我国电信市场格局和监管手段，作出符合当时开放水平的承诺，开放了 4 项增值电信业务。2013 年，为探索电信业务开放、积累监管经验，开展了上海自贸区增值电信业务对外开放试点，开放了 8 项增值电信业务[1]，目前将试点开放措施已推广到所有自由贸易试验区[2]。2016 年，为促进内地与港澳之间的经贸往来，根据 CEPA 政策[3]，10 项增值电信业务全部开放。外商投资企业可分类适用 WTO 政策、CEPA 政策和上海自贸区政策，进入境内电信领域。

二、市场规模

（一）企业数量快速增长

截至 2018 年年底，累计获得国家批准的外商投资电信企业共 121 家，同比增长 39%。其中工业和信息化部累计颁发许可证 86 家，2018 年新增 32 家，注销 3 家，净增 29 家，如图 1 所示。上海市通信管理局累计颁发批复 35 家（上海自贸区内企业），

---

1 2013 年 10 月，工业和信息化部联合上海市人民政府发布《关于中国（上海）自由贸易试验区进一步对外开放增值电信业务的意见》（工业和信息化部联通〔2013〕410 号），在上海自贸区试点开放部分增值电信业务。

2 2018 年 6 月 30 日，国家发展和改革委员会、商务部发布《自由贸易试验区外商投资准入特别管理措施（负面清单）（2018 年版）》，在增值电信领域提出新的举措：将上海自由贸易试验区原有 28.8 平方公里区域试点的开放措施推广到所有自由贸易试验区。

3 CEPA 政策：CEPA 即《关于建立更紧密经贸关系的安排》的英文简称，包括《内地与香港关于建立更紧密经贸关系的安排》《内地与澳门关于建立更紧密经贸关系的安排》。CEPA 政策指 2016 年 6 月 30 日，工业和信息化部发布《关于港澳服务提供者在内地开展电信业务有关问题的通告》（工业和信息化部通信〔2016〕222 号），允许港澳服务提供者经营的电信业务。

2018 年新增 8 家，注销 3 家，净增 5 家。

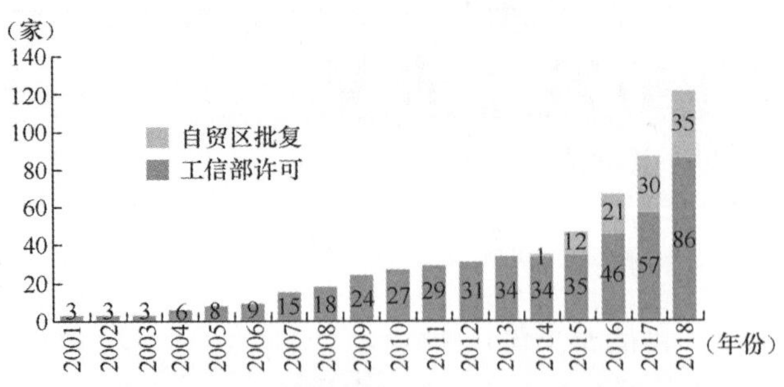

数据来源：中国信息通信研究院

图 1 外商投资我国电信企业的总体情况

（二）区域聚集效应明显

工业和信息化部许可的 86 家外商投资电信企业，注册地分布如图 2 所示，共涉及 14 个省市。外商主要投资于发达地区企业，集中在北上广三地，占比达 79%。江苏注册企业数量共有 9 家，位居第四。其他地区虽有涉及但企业数量仅有 1～3 家。

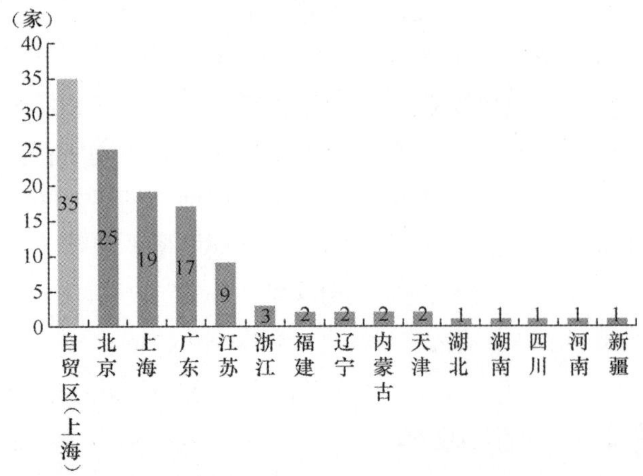

数据来源：中国信息通信研究院

图 2 外商投资我国电信企业的地域分布情况

（三）千万级企业居多

从企业注册资本看，百万级外商投资电信企业占 22%，大部分企业注册资本达千万元人民币以上，27% 企业体量较大，注册资本达 1 亿元以上，如图 3 所示。

（四）外方资本来源广泛

外商投资电信企业外方资本来源于中国香港、美国、日本、英属维尔京群岛、英属开曼群岛、英国、新加坡、中国台湾、韩国、德国、瑞士、西班牙、芬兰、法国、爱尔兰等 15 个国家和地区，资本来源广泛。其中过半数企业的外方投资者注册于中国香港，其次是美国、日本，三者共计占总量的 75%。国际知名企业纷至沓来，如亚马逊、微软、香港电讯、SK 电讯等陆续入驻我国增值电信业务市场，提供了资金技术支持、管理决策支持及品牌影响等贡献作用，进一步促进市场发展与充分竞争。

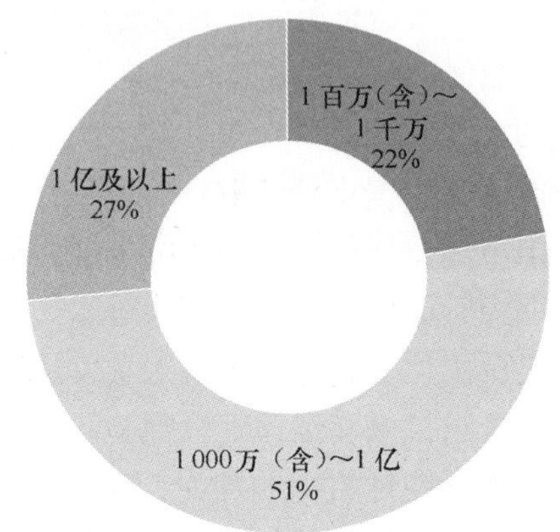

数据来源：中国信息通信研究院

图 3 外商投资电信企业注册资本情况

三、业务发展

121 家外商投资电信企业共获得 179 个业务许可，其中工业和信息化部许可的 86 家企业合计拥有 140 个业务许可；上海市通信管理局批复的 35 家自贸区内企业合计拥有 39 个业务许可。从许可数量上看，在线数据处理与交易处理、信息服务、国内呼叫中心三项业务许可数量位居前三，遥遥领先，合计占全部业务许可颁发数量的 81%。具体见表 1。

（一）电子商务业务

近年，我国电子商务驶入快速发展车道，基本保持高速发展态势。为激发市场竞争活力，进一步支持该业务发展，国家政策鼓励和引导外资积极参与，2015 年经营类电子商务外资股比限制完全放开[4]，提供了较为宽松的外商投资环境，该业务许可数量急剧增长，2018 年新增 28 家，累计量为 64 家，首次超过信息服务业务位居首位。多数外商投资电信

[4] 2015 年 6 月，工业和信息化部发布《关于放开在线数据处理与交易处理业务（经营类电子商务）外资股比限制的通告》（工业和信息化部通〔2015〕196 号），在全国范围内放开经营类电子商务的外资股比限制，外资持股比例可至 100%。

企业选择 B2C 电商模式，提供综合性电商服务，如邮乐网、阿拉丁商街等。部分企业涉及垂直细分领域，如车巴巴、快塑网等。传统百货企业平和堂、天虹商场以实体店铺经营为主，同时向线上延伸发展，形成线上线下结合模式。

表 1 外商投资经营电信业务许可情况

分类	业务种类	工业和信息化部许可	自贸区批复	合计
第一类增值电信业务	互联网接入服务业务	11	1	12
	国内互联网虚拟专用网业务	7	2	9
	互联网数据中心业务	8	0	8
第二类增值电信业务	在线数据处理与交易处理业务	39	25	64
	信息服务业务	55	6	61
	国内呼叫中心业务	16	4	20
	国内多方通信服务业务	3	1	4
比照增值电信业务管理	通过转售方式提供蜂窝移动通信业务	1	0	1
业务许可数量合计		140	39	179
经营者合计		86	35	121

数据来源：中国信息通信研究院

（二）信息服务业务

信息服务市场发展成熟，对外开放较早，2017 年业务许可数量一直居于首位，2018 年累计量 61 家，与电子商务业务相比稍落下风，位居第二。外资主要投资于网络招聘服务、车联网服务等市场。传统领域与新兴领域对外商都具有一定吸引力。在传统领域，外资投资于丰富多元的应用服务，如代驾、订餐、调研等，显现出与传统行业融合的特点，促进了行业的信息化水平和创新水平，体现了互联网对传统行业的升级改造趋势；在新兴领域，外资关注于车联网、远程教育等领域发展，对国内的发展提供了相关技术支持。

（三）国内呼叫中心业务

国内呼叫中心业务之前发展较为平稳，随着 2013 年对上海自贸区内外资企业，和 2016 年对港澳服务提供者，该业务外资股比开放至 100%，许可数量增长明显加快，2018 年累计量 20 家，位居第三。企业提供的呼叫中心业务外包服务，以咨询服务、电话营销和座席租赁等服务功能为主，主要服务于金融保险行业，多数企业具有多语言服务能力。

自加入世贸组织以来，中国积极履行 WTO 承诺，向外资开放了多项增值电信业务，开放力度逐渐扩大。根据党的十九大精神以及《国务院关于扩大对外开放积极利用外资若干措施的通知》等文件的要求和部署，我国电信领域的对外开放工作积极稳妥推进，按照“先试点后推广”的工作思路，不断积累经验、完善制度后，逐步扩大试点范围，在更广泛的地域范围开放电信业务。同时不断深化“放管服”改革，提升服务企业水平，为外商投资营造了更加良好的市场环境。我们以开放的姿态欢迎外资企业在符合我国法律法规规定的条件下，投资经营增值电信业务，同时也希望外商投资电信企业严格遵守《中华人民共和国电信条例》《外商投资电信企业管理规定》《电信业务经营许可管理办法》，以及 CEPA 协议等相关法律规定，合法合规经营电信业务，严格遵守数据安全、信息安全和网络安全等监管政策要求，不断提升产品与服务质量，获得自身发展成长，同时促进我国电信市场健康高质量发展。

（中国信息通信研究院　赵晶晶　曹磊）

专家视点与专题研究篇

科技创新推进网络强国建设

新中国成立以来，我国科技创新经历了“政府主导模式”和“复合模式”两大阶段。当今，全球以信息通信技术为主体的新一轮科技革命风起云涌，世界经济加速向以网络信息技术产业为重要内容的经济活动转变。为此，我们需要紧紧把握新一轮科技革命的重大契机，促进科技创新，推动网络强国建设再创新绩。

一、新一代信息通信技术拼图已经形成

当前，新一轮网络信息技术正在加速孕育突破，宽带网络、大数据及云计算、物联网、人工智能等技术已经产业化，神经网络、5G、自动驾驶、AI 芯片等热门技术正在逐渐走向成熟，支撑我国网络强国建设的技术拼图已经基本形成，科技创新已经成为网络强国建设的关键驱动力量。

2015 年以来，新一代信息通信技术推动“互联网 +”创新发展，从第三产业到第二、第一产业迅速蔓延，促使网络提速提质、平台构建生态，创新创业大增，便捷百姓、增量经济和普慧社会。2018 年以来，“智能 +”进一步赋能网络强国建设，推动产业高质量发展，焕发经济新动能。从“互联网 +”到“智能 +”，新一代信息通信技术从消费端到产业端的深度迁移和升级，越来越引起社会广泛关注。如果说“互联网 +”更偏重于实现万物互联，“智能 +”则是通过智能化技术为网络基础设施和各个行业深度赋能，是技术赋能网络强国发展的全新阶段。新一代信息通信技术在消费端的成功应用经验将进一步迁移到产业端，重塑产业结构和生产模式，激发效率革命，打造传统产业升级和经济发展新动能。

二、推动科技创新，促进网络强国建设

科技创新是一个系统工程，需要突破关键技术，构建标准规范，推动测试示范，拓展商业应用，构建产业生态，以促进网络强国建设。为此，需要以科技创新为主线，充分发挥我国的网络通信产业技术的领先优势和网络的规模优势，以实现高质量发展为目标，优化政策环境，突破关键技术，夯实产业基础，加强行业合作，推动网络强国建设。

（一）抓住关键核心问题，出台战略引领

在宽带网络方面，2013 年 8 月，国家首次明确宽带网络的公共基础设施地位，并给出了宽带发展的阶段性目标、路线图和重点任务。2013—2015 年，工业和信息化部联合相关部委，连续三年组织实施“宽带中国”专项行动，持续推进宽带网络全面升级。2014 年工业和信息化部、国家发展改革委联合开展创建“宽带中国”示范城市（城市群）工作，先后建设了 117 个宽带示范城市，通过示范引导、试点带动，促进各地加快提升城市宽带发展水平。在互联网发展方面，2015 年，国务院出台了《关于积极推进“互联网 +”行动的指导意见》，促进互联网的创新成果与经济社会各领域深度融合。2017 年，中共中央办公厅、国务院办公厅印发了《关于促进移动互联网健康有序发展的意见》，促进互联网成为创新发展新领域、公共服务新平台、信息分享新渠道。在行业应用方面，2015 年，国务院印发了《关于大力推进大众创业万众创新若干政策措施的意见》，对于打造新引擎、增强新动力、走科技创新驱动发展道路具有重要意义。2018 年，发布的《深化“互联网 + 先进制造业”发展工业互联网的指导意见》，推动互联网、大数据、人工智能和实体经济深度融合，深化制造领域的创新应用。随着一系列文件的发布，有力推动了网络基础设施的建设，促进了互联网平台与应用发展，深化互联网和实体经济融合，创造了大量行业应用，为网络强国建设构建了强有力的基础。

（二）突破关键技术，优化产业升级

坚定不移实施科技创新驱动发展战略，充分利用各种创新资源，鼓励组建产、学、研、用联盟，加强技术、标准、市场等沟通协作，推动核心技术的超前部署和集中攻关，大力支持关键短板技术的研发和制造能力，实现从跟跑并跑到并跑领跑的转变。加大 5G 研发和创新，加快突破 5G 核心芯片、高频器件和虚拟化平台等关键环节，支持 5G 及其增强技术发展与产业生态培育，加速推进 5G 的外场试验，促进性能验证与产品成熟。加快移动芯片、移动操作系统、智能传感器、位置服务等核心技术突破和成果转化，推动核心软硬件、开发环境、外接设备等系列标准制定，加快推进人工智能、虚拟现实、增强现实、微机电系统等新兴互联网关键技术布局，保证部分前沿技术、颠覆性技术在全球率先取得突破。

（三）调动企业能动性，做好政府引导工作

企业是技术创新的主体，是应用创新的源泉，是产业发展的基实。因此，要充分发挥电信运营商和设备商的作用，大力推进 5G 技术创新，突破大规模天线、网络编码等关键技术，全面参与 5G 国际标准制定。充分发挥大型互联网企业龙头带动作用，通过开放平台、共享资源等方式，积极支持上下游中、小、微企业创新发展，充分发挥中、小、微互联网企业的创新作用。政府要发挥政策性基金引导扶持作用，落实好税费减免政策，在信用担保、融资上市、政府购买服务等方面予以大力支持，消除阻碍科技创新的制度性限制，推动网络强国建设。

（四）构建跨部委机制，加强部门合作与部省协同

2015 年 9 月，工业和信息化部、住房和城乡建设部联合印发《关于加强城市通信基础设施规划的通知》，将信息通信基础设施发展纳入城市规划，推动“统一规划、合理布局、远近结合、共建共享”。2015—2018 年，工业和信息化部联合国务院国有资产监督管理委员会连续 4 年印发《关于推进电信基础设施共建共享的实施意见》，深化铁塔共建共享新机制，推进已有住宅小区的光纤改造，提升共建共享成效，积极推动电信基础设施和能源、交通等领域的共建共享。针对交通运输沿线通信设施建设进入难、同步建设难等问题，2016 年 11 月，工业和信息化部联合交通运输部印发了《关于推进交通运输基础设施与公共通信基础设施进一步融合发展的通知》，指导各地建立相关协调机制、加强需求沟通，促进同步建设和资源统筹利用，推动网络基础设施建设。工业和信息化部、公安部、文化和旅游部、新闻出版广电总局等相关部委统筹协调和督促检查，建立健全多部委联席会议、工作例会等制度，明确监督管理执法职责，健全中央、省、市三级管理体系，加大保障力度。

三、网络强国建设现状及存在问题

（一）发展现状

在国家一系列政策的大力推动下，我国网络强国建设取得了巨大的成就，网络规模和用户规模已经居世界第一，通信网络的支撑能力和接入速率不断提高，信息基础设施实现跨越式发展，基本建成全球性能最优、规模最大的现代信息基础设施。截至 2018 年 6 月，我国互联网的普及率为 57.7%，网民规模已达 8.02 亿人。随着云计算技术的发展，企业和政府加速云端化，垂直化、定制化应用逐渐发展，已经渗透到了政务、金融、教育、医疗等众多领域。电信、能源、商贸、公共安全等行业的大数据应用逐渐开展，行业数据资源的采集、整合、共享和利用能力也不断提升。计算机视觉、自然语音处理、人机交互等技术日趋成熟，人工智能加速在广告、媒体、医疗、制造等传统领域渗透融合，催生出多种创新应用场景，衍生出众多新业态。

（二）目前存在的问题

一是国际通信覆盖和能力有待提升。我国国际通信网络建设虽然已基本实现了全球通达，但在通信设施覆盖和能力方面，与欧美等发达国家存在一定差距。我国国际出口带宽虽然增长迅速，但人均出口带宽较低，仅为世界平均水平的 1/8，严重拉低我国在创新能力、信息化水平上的指数。二是城乡和区域的数字鸿沟依然存在。由于我国农村地区地理位置偏远、地形复杂、人烟稀少，各项基础设施条件严重落后。大部分贫困地区也是自然灾害频发地区，网络建设难度大、成本高，企业积极性不高，造成这一现象的最根本原因是农村经济发展受

限，市场机制严重失灵，导致城乡宽带发展差距较大。三是网络建设与服务环境需进一步优化。近年，国家已出台多项扶持通信业务发展的政策措施，但地方政府重视程度、相关部门落实力度参差不齐，光纤到户、共建共享等落实力度不够，跨行业多部门统筹协调不足，信息通信基础设施入场难、建设难、选址难等问题依然存在，通信基础设施未与交通、水利等工程同步设计、同步施工、同步验收，网络建设与服务环境仍然有待进一步提升。四是互联网安全威胁和风险日渐突出。网络安全问题正在向经济、政治、文化、社会、生态等领域传导渗透，企业主体责任落实不到位，安全策略不完备等问题逐渐显露。

四、政策建议

（一）关键核心技术自主创新

坚定不移实施创新驱动发展战略，注重核心关键技术突破，加强技术间交叉融合创新，加紧人工智能、虚拟现实、增强现实、微机电系统等新兴关键技术布局，建立健全技术标准体系，加快核心技术突破和成果转化。统筹利用国家专项资金支持，引导社会资本投入，打造技术创新体系。

（二）优化创新发展环境

简政放权，降低政策壁垒，审慎监管，鼓励支持多元市场主体平等进入。加大知识产权保护力度，激励企业增加研发投入，积极拓展业务应用领域。充分发挥政府引导作用，统筹产、学、研、用力量，协同开展技术研究、标准研制、设备开发与行业应用。加快推动5G与工业互联网、车联网、远程医疗等垂直行业应用融合发展。

（三）创新互联网应用，打造创新创业生态

一是鼓励创新创业。制造企业、互联网企业、基础电信企业培育创新标杆企业，搭建企业创新交流平台，发挥骨干企业引领作用，加强技术研发与应用合作，提升产业发展创新力和国际竞争力，二是积极拓展5G业务应用领域。充分发挥政府引导作用，加快推动5G与工业互联网、车联网、远程医疗等垂直行业应用融合发展。三是加强产业链协同。加强基础研究、技术创新、产业发展与应用部署各环节协调互动，鼓励和支持企业成为研发主体、创新主体、产业主体，加快组建产、学、研、用联盟，推动信息服务企业、电信企业、终端厂商、设备制造商、基础软硬件企业等上下游融合创新。完善覆盖标准制定、成果转化、测试验证和产业化投融资评估等环节的公共服务体系。

（四）培养科技创新人才

鼓励引导政府部门、重点企业完善信息通信业人才培养机制，改革人才引进各项配套制度，优化人才使用和激励机制，提高专业技术人才自主创新和参与科研成果产业化的积极性和主动性，支持优秀人才创新创业。加强教育学科配置优化，推动建立多方联合培养机制，鼓励企业、高校、科研院所、协会、学会等联合培养通信、互联网、物联网、网络与信息安全相关专业紧缺人才。

（中国信息通信研究院　何　霞　张芳纯　唐　雷）

积极推进数字化转型 实现电信业可持续发展

百年来，电信业的不断发展极大地促进了社会进步和人民生活水平的提升。在整个历程中，电信业发展的生命周期呈现出了阶梯式波浪上升的形态。伴随着一代又一代技术的创新，新的业务发展不断推动了行业一波又一波的增长。我们看到，在固定语音进入饱和之后，移动语音担起了增长的驱动力重担，之后流量又成为了推动行业发展的主要力量。目前，流量时代经历了3G/4G的发展，已经出现饱和的态势。近几年，国际上，美国和日本移动业务收入增速下降，甚至出现负增长情况。美国2017年的移动通信收入增速已将近为0。日本于2015年和2016年连续负增长，其中2016年更是低至–15.8%，之后也仅回到零左右。而我国在4G连续两年拉动收入增长达到5%以上后，2018年出现大幅回落到3%，今后的两年更是有可能继续下滑，逼近于零。因此，4G流量红利已经结束，电信行业的发展需要再一次的创新突破。

与语音时代不同，流量时代出现了许多新的特点。一是增长模式发生了变化。“剪刀差”的效应持续放大，一点点的收入增长需要很高的流量增长才能拉起，且这种拉动的边际效应还在减弱。近期还开始出现了流量增长幅度下滑的态势，这使得未来的收入增长情况进一步堪忧，运营商必须寻找新的增长动力，以实现行业可持续发展。二是跨界替代式竞争加剧。过去几年，互联网巨头凭借其极强的IT能力，在云服务提供市场占据主导地位。现在，伴随业务和应用上云的趋势，以互联网巨头为代表的云服务商以降低自身运营成本、满足客户“云网融合”需求为出发点，开始构建DCI网络，并通过“云”+“网”融合的营销方式和提供在线自助管理的服务方式，提供网络服务。行业结构出现了继“网业分离”之后的再一次分离。这次是网络层出现了分离，交换部分被分离出来，成为了互联网和电信业跨界竞争的领域。运营商必须开展网络技术创新，大力推进网络软化，跟上信息技术发展的步伐，以应对跨界竞争，满足社会发展的需求。三是生态系统发生演进，产业链的创新模式也随之改变。为顺应时代的发展，网络软化势在必行，由此将带来了整个产业链和生态的变革。网络设备的软硬分离，使得过去由大设备商把持的设备市场呈现碎片化趋势。许多小型的计算机公司以及计算机硬件提供商都将有机会加入这一市场。而过去由标准化组织完成的标准化制定工作，将由标准化组织和计算机开源组织共同承担。互联网公司从过去单纯的购买者变成了竞合者，另外，还将有大量业务创新者出现。在这个新型的生态系统中，运营商必须要重新定位，找到有利于自身发展的生态位。

如今，移动通信即将进入5G时代，电信业的生命周期在流量阶段也走到了一个新的转折点，流量饱和态势出现，增长乏力已是不争的事实。因此，在5G时代，电信业可能出现三种趋势如下：一是再次重拾升势，实现一个漂亮的增长曲线；二是增长曲线走平，行业维持低速增长态势；三是增速持续下滑，甚至出现负增长，这是最坏的情况。

在面临来自外部环境的压力和行业发展的困境之下，电信业要争取实现可持续发展，突围实现增长的再次跃升并非一件轻松的事情。在过去的十几年里，伴随互联网的发展，运营商向“范围经济”增长模式转型，进行跨界融合和多元化经营。这一探索持续至今，但效果大多不佳。这与运营商原有的大规模单一业务、高标准高稳定性的业务模式难以适应互联网的尽力而为、快速迭代、个性化的业务模式有关。目前，运营商仍然在这方面继续探索，如，AT&T收购Direct TV和时代华纳开展内容运营。日本KDDI制定“美好生活”战略，通过增值业务获取收入，希望找到一条可行的道路。

另外，近期，运营商的转型有了进一步的深化。运营商开展走向网络软化，通过引入SDN/NFV、云计算、大数据、AI等新型信息通信技术，重构网络架构，实现管道的软化、云化、智能化升级，从而获得一张更为灵活敏捷的、可开展定制化和个性化服务的网络，以更好地服务工业互联网、物联网和垂直行业，并为不同质量、不用速率、不同时限的个性化业务标准提供良好的支撑。

这标志着数字化转型进入了深水区。网络软化使得电信运营商的业务交付方式发生根本改变，对其核心能力提出了挑战，也从思维模式、价值理念到人员技能和运营模式等方面对电信运营商提出了全方位的转型要求。它不仅仅是生产力的提高，更涉及生产方式和生产关系的变革。运营商必须做出艰苦的努力，才能够实现电信业的突围，重拾良好增长，保持行业可持续发展。

在这一转型过程中，运营商不应只将其看作一次单纯的网络演进，更应从战略的高度思考变革，寻找新的增长模式和增长动力，实现可持续发展，否则极易落入长期低速增长、不增长或负增长的状态，沦为纯粹的哑管道。运营商首先需要重塑自身的核心竞争力，占据良好的生态位。在新的生态系统中，上游设备市场的碎片化和下游业务的个性化都将在产业链上对运营商形成挤压，因此，电信业必须重塑自己的核心能力。在未来的发展中，有两个核心能力决定了运营商的生态位：一个是拥有较强的技术创新和研发能力，以实现运营商对网络的自主控制；另一个是拥有较强的网络产品创新能力，使得运营商可以更加靠近客户端，提供差异化的服务，将网络的价值变现，提升流量的含金量。这两种能力对于一直以项目运营能力为核心的运营商来说都是较为缺乏的。运营商需要在今后的发展中通过组织变革，成立专门的研发队伍，培养人才、创新文化建设，以实现这两方面能力。

随着网络的软化，组织模式成为变革的重要部分。原有的架构和流程制度是以标准化的和单一大规模的业务形态架构的，当业务变得个性化且小规模和创新迭代层出不穷时，原有组织的模式不再适应发展需要，因此，组织模式的变革也是势在必行。运营商的传统运营组织呈现前后台两层架构，即前端市场和后端网络运维。随着网络软化，软硬件解耦，各种网络业务创新将会层出不穷，网络即服务成为未来的网络服务新模式。运营商希望通过自己的力量创新和拓展业务，网络产品的研发与运维职能必须独立出来，运营商的运营架构将由两层演变为三层，这三层包括网络运维层、网络产品研发与运维层、营销服务层。其中网络产品研发与运维层是将传统结构中前端市场的一部分职能和网络运维后端的一部分职能分离后再有机组合而来；而网络运维层将与业务的本身相对脱离，更加聚焦于网络本身的安全稳定地运行和维护，这两层都将在运营方式上发生深刻的变化。

运营商数字化的深度转型和网络的软化，需要一支新型的人才队伍作为保障。随着网络软件化，网络运行维护和两个能力的提升对人才的需求都是巨大的。从结构上看，运营商缺乏同时拥有计算机和通信两个专业的复合型人才，缺乏懂技术和市场的业务创新人才，以及高中端的软件技术研发团队。运营商应坚持内部培养和外部获取双管齐下，甚至需要从高校的培养开始抓起，同时在人才激励上制订特殊政策，以获取在市场上更有优势的人才竞争力。

随着整个社会的信息化演进，通信行业也走到了数字化转型的关键时期，这个转型与电信业未来的可持续发展密切相关。要想保持行业的良好发展态势，行业必须下力气做好数字化转型，只有从网络技术的升级换代，企业的组织、流程、文化、人才培养和体制机制上全面变革，才能实现成功的转型，实现行业可持续发展。

（中国信息通信研究院　杨子真）

我国信息通信领域的法治建设与展望

2018年以来，我国信息通信业发展坚持稳中求进的工作总基调，坚持新发展理念，按照高质量发展要求，继续保持良好的发展势头，成效显著。与此同时，在中央统一领导和部署下，顺应信息通信技术产业发展的新趋势，我国信息通信领域法治建设稳步推进，落实全面推进依法治国的要求，网络信息安全、网络信息服务、新业态监管等方面立法不断完善，保障信息通信业在法治轨道上健康运行。

一、网络信息安全立法稳步推进

党的十八大以来，我国高度重视网络信息安全以及相关立法工作。2018年4月，习近平总书记在全国网络安全和信息化工作会议上的讲话中强调："要树立正确的网络安全观，加强信息基础设施网络安全防护。要依法严厉打击网络黑客、电信网络诈骗、侵犯公民个人隐私等违法犯罪行为。"为落实中央的重要指示要求，进一步加强网络信息安全法治保障，2018年相关部门在个人信息保护、网络基础资源管理、网络安全等级保护等立法方面开展了大量工作。

（一）个人信息保护立法取得积极进展

2018年，欧盟《通用数据保护条例》正式生效，全球个人信息保护进入新的变革期。2016年，《中华人民共和国网络安全法》将个人信息保护纳入我国网络安全法律体系，并作为重点立法内容不断推进。顺应国际趋势和应对国内信息通信业发展的需要，有关部门指导全国信息安全标准化技术委员会制定了《信息安全技术个人信息安全规范》(GB/T 35273—2017(以下简称《安全规范》)，并于2018年5月1日实施。《安全规范》规定了个人信息保护领域的法律术语，明确了收集、保存、使用、共享、转让、公开披露等个人信息处理活动应遵循的原则和安全要求。虽然其只是国家推荐性标准，不具有强制性效力，但对我国行业个人信息保护起到了积极促进作用。2018年11月30日，公安部网络安全保卫局发布《互联网个人信息安全保护指引(征求意见稿)》，面向社会征求修改意见，其规定了个人信息安全保护的安全管理机制、安全技术措施和业务流程。与此同时，在立法层面，民法典各分编草案正式提交全国人大常委会审议。草案在人格权编等相关章节对隐私权和个人信息保护作出了相关规定；2018年9月，《个人信息保护法》被列入十三届全国人大常委会立法规划，标志着我国个人信息保护立法工作进入一个新的阶段。

（二）网络基础资源管理立法持续完善

网络基础资源管理是网络安全法律体系构建的重要组成部分，《中华人民共和国网络安全法》《中华人民共和国电信条例》等法律法规对网络基础资源设施管理进行了基础规定。在此基础上，2018年工业和信息化部对相关制度内容进行了进一步细化完善。2018年4月，工业和信息化部公布了修订后的《中华人民共和国无线电频率划分规定》，对卫星移动业务、空间研究业务、移动业务、卫星固定业务、射电天文业务等进行了修订。2018年9月，工业和信息化部发布《关于进一步加强境内域名注册服务市场监管的通知》，要求进一步做好属地域名注册服务机构许可发放工作，开展市场摸底工作、规范市场经营行为，加强对域名注册代理机构监管。2018年9月，工业和信息化部公开征求《卫星无线电频率和空间无线电台管理办法(征求意见稿)》的意见，该《办法》对进一步加强对卫星无线电频率和空间无线电台的管理，维护空中电波秩序。

（三）网络等级安全保护进入立法进程

2017年，落实《中华人民共和国网络安全法》关于关键信息基础设施安全保护的要求，国家互联网信息办公室会同有关部门起草了《关键信息基础设施安全保护条例（征求意见稿）》并向社会公开征求意见。2018年，落实《中华人民共和国网络安全法》关于网络安全等级保护的规定，公安部会同有关部门起草了《网络安全等级保护条例（征求意见稿）》，并向社会公开征求意见。网络安全等级保护制度在我国已经实施多年，是我国网络安全领域的基础性制度。在《中华人民共和国网络安全法》框架之下，网络安全等级保护制度与关键信息基础设施安全保护制度共同构筑了网络安全的基础性架构。此次《网络安全等级保护条例（征求意见稿）》对网络安全等级保护的适用范围、各监管部门的职责、网络运营者的安全保护义务以及网络安全等级保护建设提出了更加具体、操作性更强的要求，为开展等级保护工作提供了重要的法律支撑。

二、网络信息服务法治建设进入新阶段

随着信息通信技术的进一步发展和广泛应用，网络信息服务管理正在成为我国互联网领域的重要内容。目前，网络信息服务的法治建设主要包括网络信息内容管理和网络信息社会管理两方面。

（一）网络信息内容立法成效显著

信息内容管理是互联网时代政府监管的重中之重。《中华人民共和国网络安全法》《互联网信息服务管理办法》和《中华人民共和国电信条例》明确了我国互联网信息内容管理的总体制度要求。在此基础上，2018年《中华人民共和国英雄烈士保护法》《微博客信息服务管理规定》等法律和规范性文件出台，进一步规范和净化了网络空间。国家互联网信息办公室是《微博客信息服务管理规定》于2018年2月发布的，其对微博客服务提供者的主体责任、真实身份信息认证、分级分类管理、辟谣机制、行业自律、社会监督及行政管理等进行了详细规定。2018年4月，第十三届全国人民代表大会常务委员会审议通过《中华人民共和国英雄烈士保护法》，立法明确要求广播电台、电视台、报刊出版单位、互联网信息服务提供者，应当通过播放或者刊登英雄烈士题材作品、发布公益广告、开设专栏等方式，广泛宣传英雄烈士事迹和精神。网络运营者发现其用户发布以侮辱、诽谤或者其他方式侵害英雄烈士的姓名、肖像、名誉、荣誉信息的，应当立即停止传输该信息，并采取消除等处置措施。

（二）网络信息社会管理立法取得重大进展

网信信息社会管理的重点是对网络空间活动秩序的规范。2018年8月31日，全国人大常委会审议通过《中华人民共和国电子商务法》，这是继2016年《中华人民共和国网络安全法》之后我国第二部互联网专门立法，也是我国电子商务领域的首部专门立法。《中华人民共和国电子商务法》坚持问题导向，各项制度设计主要立足于我国电子商务发展现状，着力解决电子商务发展中存在的突出矛盾和主要问题，将近年来一些成熟的经验和做法上升到法律层面作为制度固定下来。与此同时，《中华人民共和国电子商务》法进一步强化了电子商务消费者保护，积极回应社会热点问题，如人家普遍关注的算法管理、平台责任、押金退还等。立法坚持规范与发展并重的思路，对于保障电子商务各方主体合法权益、维护电子商务市场秩序、促进电子商务持续健康发展具有十分重要的意义。

三、新业态监管立法逐步探索

当前，以云计算、大数据、人工智能、区块链等为代表的信息通信技术带来了新一轮的科技革命和产业革命，催生新业态、新模式，显著增强了我国经济发展的新动能。但与此同时，由于新业态发展具有跨界融合高度创新等特点，对传统法律体系带来了冲击，带来了许多新的法律问题，也带来了法律监管的空白。为应对这些问题，有关部门积极探索针对新业态的法律监管措施，并取得积极进展。

（一）建立健全智能联网汽车政策标准体系

在《国家车联网产业标准体系建设指南》的基础上，2018年6月，工业和信息化部、公安部、交通运输部联合发布了《智能网联汽车道路测试管理规范（试行）》，对测试主体、测试驾驶人及测试车辆、测试申请及审核、测试管理、交通违法和事故处理等方面进行规定。

（二）规范区块链信息的服务活动

为促进区块链信息服务健康有序发展，2018年

10月，国家互联网信息办公室发布《区块链信息服务管理规定（征求意见稿）》，要求区块链信息服务的提供者需提前备案，实行年检，开发上线的新产品、新应用、新功能需安全评估，对违规的服务提供者进行追责等。

（三）加强对具有舆论属性或社会动员能力的互联网信息服务和相关新技术和新应用的安全管理

2018年11月，国家互联网信息办公室发布《具有舆论属性或社会动员能力的互联网信息服务安全评估规定》，督促指导具有舆论属性或社会动员能力的信息服务提供者履行法律规定的安全管理义务，维护网上信息安全、秩序稳定，防范谣言和虚假信息等违法信息传播带来危害。

（四）加强对网约车的监管

2018年2月，交通运输部发布《网络预约出租汽车监管信息交互平台运行管理办法》，要求网约车平台公司在取得相应经营许可的次日零时起，直接向部级平台传输相关基础静态信息以及订单信息、经营信息、定位信息、服务质量信息等运营数据。为进一步完善出租汽车信用管理体系，2018年5月，交通运输部发布《出租汽车服务质量信誉考核办法》，首次将网约车新业态纳入考核。

四、立法展望

随着十三届全国人大常委会立法规划的公布，信息通信领域法治建设也将进入一个新的阶段。展望未来，应当继续推动、全面深化依法治国在信息通信领域的实施，坚持规范管理和鼓励发展并重的立法原则，加快推进信息通信领域重点立法项目开展。一方面，对于已经公开征求意见和列入相关立法规划计划的法律法规，应当在现有基础上优化法律制度设计、加快立法进程，推动早日出台实施；另一方面，对于人工智能、云计算、大数据等新业态，宜根据产业发展成熟度，分期分批开展立法，为实现良法善治提供法制保障。

（中国信息通信研究院　何　波　杨　婕）

IPv6时代的中国机遇

2017年11月26日，中共中央办公厅、国务院办公厅印发《推进互联网协议第六版（IPv6）规模部署行动计划》，提出了IPv6的发展目标和总体要求，明确了重点任务和实施步骤，标志着互联网进入了新时代。

一、国际上发展IPv6的原因

目前，全球互联网普及率仅超50%，仍需要大量地址支持，但IPv4新增地址枯竭，而且移动互联网和物联网及工业互联网所需IP地址量大大超过现有的互联网地址数，IPv6的海量地址正好适应未来发展的需要。

发展中国家出于地址需要加快发展IPv6。印度平均11个网民还分配不到一个IPv4地址，自然加快向IPv6发展。

互联网企业持续创新的需要。谷歌、FaceBook、苹果等互联网公司发展新业务也缺乏IPv4地址。另外，新兴国家因缺地址将转到IPv6，美国等互联网公司为了海外市场也要转到IPv6。

移动互联网发展的需要。4G VoLTE应用要求智能终端永远在线，在线率为2G/3G的近40倍。云计算和物联网及移动互联网需要大量地址，促使国际运营商加快向IPv6过渡。

二、IPv6是网络空间发展的必由之路

TCP/IP协议族是互联网发展的基石，是规范互联网分组信息交换和选路的关键协议。

IPv6不仅能解决网络地址资源数量的问题，还为互联网的安全管理创造了机会，而且与IPv4相比，其更能适应移动互联网、物联网和工业互联网的发展需求。

IPv6地址可实现精准管理。通过严格按照区域和业务类型甚至用户类型进行IPv6地址分配，能精准追溯特定IP地址、专线、IDC和云计算地址，可实行服务类型按区域管理、精细化检测与防护及监控。

IPv6海量地址还有利于防止扫描攻击。网络攻击者通过地址扫描识别用户的地理位置，发现漏洞并入侵，目前的技术可在45分钟内扫描IPv4的全部地址空间，每一个IPv6地址是128位，假设网络前缀为64位，那么一个子网中就会存在264个地址，假设攻击者以每秒百万个地址的速度扫描，需要50万年才能遍历所有的地址，这无疑将显著提升网站与用户终端设备的安全。

三、我国发展IPv6的时机已经成熟

国内电信运营商网络支持双栈，国内规模较大的CDN设备商和运营商已完成对IPv6的支持。目前，全球超过80%的桌面OS和全部移动智能终端OS已经能够完美支持IPv6，并且Android、iOS实现了双栈环境下IPv6访问优先。App Store强制要求不支持IPv6的App不能够从App Store上架。

我国ICT企业生产的家庭网关和网络设备可提供对IPv6的支持。13个根服务器已经有11个支持IPv6，我国.CN域顶级域名服务器和递归域名服务器能支持IPv4/IPv6双栈并提供IPv6解析服务。

截至目前，中国IPv6地址申请总量超过2万块，数量为美国的一半，全球排名仅次于美国。

四、IPv6开拓创新的空间

IPv6在过渡互通、业务应用、安全管控等方面有较大创新空间。

一是IPv6改变了数据传送格式，为下一代互联

网体系结构的安全性设计提供了创新发展机会，IPv6拥有巨大的地址空间，可以被进一步开发利用，开拓了互联网创新的新课题。

二是需要大量IPv6地址的物联网、工业互联网、智慧城市等场景正在兴起，这是未来创新的新领域，IPv6正当其时。

三是我国是IETF标准化工作的后来者，在IPv4的标准方面，到2017年年底全球约8 000个RFC标准，其中由中国主导起草的标准近100个，仅占总量的1.25%，但这些标准几乎都是关于IPv6的标准，中国在IPv6标准化方面有很好的机会。

四是IPv6的帧结构有可能安排25个IPv6根服务器，纯IPv6根服务器取得根区文件后，同样可以解析IPv4。IPv6为我国以及更多国家获得根服务器提供了可能，有利于改进全球根服务器布局的合理性。

目前，全球网络进入IPv6时代，这是全球网络信息技术加速创新变革、信息基础设施快速演进升级的历史机遇。

截止到2018年6月，全球IPv6用户占互联网用户比例接近20%，预计到2021年6月，全球用户占比将超过50%。全球33个国家IPv6用户占比超过10%，其中比利时、印度的IPv6用户占比超过55%，美国、德国超过40%，印度增长最快，IPv6用户占比从2016年6月的1.6%到2018年6月的56.6%，只用了短短2年时间。截至2018年6月，马来西亚IPv6用户占比超过28%，新西兰、澳大利亚等国家超过15%，我国用户占比1.18%。

我国是世界上较早开展IPv6试验和应用的国家，在技术研发、网络建设、应用创新方面取得了重要阶段性成果，已具备大规模部署的基础和条件。我们要抓住这一难得的机遇，以创新应对挑战，加快推进IPv6规模部署，构建高速率、广普及、全覆盖、智能化的下一代互联网。

（中国工程院院士　邬贺铨）

决胜安全——构筑工业互联网平台之盾

工业互联网平台向上承载应用生态，向下接入海量设备，是工业互联网的核心载体。举一纲而万目张，平台安全日益成为工业互联网安全体系的主心骨、工业互联网健康发展的护卫舰、制造业数字化转型升级的压舱石。

一、工业互联网平台建设步入实践深耕新阶段

近年来，我国工业互联网平台数量增长取得突破、设备规模显著增长、融合应用日趋成熟、赋能效用逐渐显现，已经从概念普及进入实践深耕阶段，加速向各工业领域渗透融合。

在两化融合基础较好的行业，平台引领着行业创新发展。电子、家电等行业企业基于技术和成本优势，创新平台建设和运行模式，有效解决制约行业发展的关键问题，推动生产向网络化、智能化阶段迈进。在流程型制造行业，平台助力企业提升综合管控能力。钢铁、石化、医药、食品等流程行业企业，基于平台利用大数据、人工智能等新技术手段，为工艺优化和质量管理等提供更精细化的解决方案，提升企业效益。在离散型制造行业，平台推动企业向服务型制造企业加速转型。机械制造、消费品生产等行业企业，利用平台拓展增值服务，实现从单一产品制造向“产品 + 服务”的制造模式转变，支撑企业打造可持续竞争优势，获取更大价值空间。

二、安全成为工业互联网平台高质量发展的“定海神针”

工业互联网平台建设进入快车道，强化安全能力、提升安全水平已成为护航平台高质量发展的根本保证。

（一）安全是平台稳定运行的命门

工业互联网平台安全是整个工业互联网安全的关键，关系着海量接入的生产设备和控制系统安全、大规模汇聚的工业数据资源安全以及高价值、多样化的工业 App 安全。工业互联网平台打破了原有工业生产领域系统和设备相对封闭及强调功能性的格局，系统和设备的安全隐患大量暴露，一旦被利用发起攻击，可导致平台运行环境破坏、生产流程中断甚至关键工业设施损毁，严重威胁工业生产稳定运行和公共服务持续供给，甚至威胁财产、人身安全。

（二）安全是平台价值实现的中枢

工业互联网平台蓬勃发展，数量激增。不同平台的业务规模、技术水平和服务能力良莠不齐，相互之间竞争激烈，提升功能性、体验性和安全性成为平台企业打造自身优势、扩大市场规模的关键抓手，其中，安全能力建设是重中之重。工业互联网平台连接了虚拟世界和物理世界，实现人、机、料、法、环的统筹调配，可影响企业生产安全，用户企业在选择平台时，将安全性作为首要考虑的因素。同时，平台一旦发生安全事故，轻可导致平台企业形象和口碑受影响，重可导致用户资源丧失、利益大幅受损。

（三）安全是平台生态培育的要害

工业互联网平台业态发展已成为新的蓝海，平台企业、IT 企业、工业企业、解决方案提供商、安全厂商等纷纷介入，初步构建“云基础设施 + 终端连接 + 数据分析 + 应用服务 + 安全保障”的产业生态格局，其中，安全保障对打造开放价值生态和保

持产业健康增长起着重要作用。一方面，安全是发展的前提。平台的工业知识沉淀、数据赋能、资源整合等特性要求上下游产业链紧密协同。安全是各参与方开展战略合作，打造开放、协同、高效、共赢的工业互联网平台生态的基础。另一方面，“无危则安，无缺则全”。我国平台在“工业 Know-how”、数据技术、平台架构、共性服务等方面已取得较大进展，但是在安全防护方面存在明显短板，平台专用安全防护设备缺乏，整体安全解决方案尚未成熟，亟须解决安全瓶颈，确保平台生态良性发展。

三、认识工业互联网平台安全面临的“明枪暗箭”

与传统云平台相比，工业互联网平台涉及多个行业领域和多种类型企业，连接业务复杂度高、覆盖设备差异性大、安全边界难界定、安全风险威胁大，主要包括边缘层安全、IaaS 层安全、PaaS 层安全、SaaS 层安全四个方面。

边缘层安全。智能传感器、边缘网关等接入设备计算资源有限，安全水平低下、防护能力薄弱，极易成为攻击者对平台实施入侵或发起大规模网络攻击的“跳板”。在边缘层数据采集、转换、传输的过程中，数据被侦听、拦截、篡改甚至丢失的风险高。

IaaS 层安全。工业 IaaS 是虚拟化、资源池化的信息基础设施，面临着虚拟机逃逸、跨虚拟机侧信道攻击、镜像篡改等新型攻击方式的威胁。另外，多数平台企业使用第三方云基础设施服务商提供的 IaaS，这面临数据安全责任边界不清晰等安全问题。

PaaS 层安全。PaaS 平台感染病毒、木马，会造成平台瘫痪、服务中断、数据丢失等严重后果。工业应用开发工具、微服务组件存在漏洞，将影响工业 App 的正常开发和使用。工业大数据分析平台汇聚海量工业企业的工艺参数、产能数据等高价值数据，被黑客入侵可能导致敏感信息泄露，威胁平台数据安全。

SaaS 层安全。工业 App 涉及特定工业场景，功能相对复杂，但由于缺乏安全设计规范，可能存在安全漏洞和缺陷。工业 App 漏洞、API 通信安全、用户管控、开发者恶意代码植入等应用安全问题更为突出。

四、打造工业互联网平台安全的“铜墙铁壁”

2018 年，工业和信息化部陆续发布与工业互联网相关的多份文件，多次强调应明确平台安全等防护要求、落实企业安全主体责任。但总体而言，平台安全防护还缺乏统一规范，整体安全解决方案发展滞后，防护效果难以满足平台业务拓展需求。为确保平台高质量发展，亟须从“立标准、强技术、重防护、促管理、建生态”等多方面齐发力，打造工业互联网平台的“铜墙铁壁”，提升平台安全能力和水平。

（一）立标准，构建工业互联网平台安全基本依据

构建平台安全标准体系，统筹推进平台安全标准化工作，加快制订平台安全指南，围绕架构、功能、接口、应用、互操作等方面建立安全规则；制订数据安全规范，制订工业数据分类分级指南，围绕平台数据收集、存储、传输、共享等各环节，明确差异化安全机制和策略；积极开展安全标准宣贯，组织安全知识技能培训，提升平台企业安全意识，加快推进相关标准落实。

（二）强技术，构建工业互联网平台安全核心能力

强化核心技术攻关，突破安全芯片、操作系统、服务器等产品的关键核心技术，确保平台基础技术供给能力；加强安全技术研究，强化威胁诱捕、态势感知、协议解析等安全产品研发，完善平台安全技术手段；推进新兴技术应用，探索运用区块链、人工智能等新兴技术，健全平台安全认证、主动防

御机制，创新平台安全解决方案。

（三）重防护，提升工业互联网平台安全保障水平

加强国家工业互联网平台安全监测预警能力建设，搭建多级协同联动的态势感知网络，实现对重要平台接入设备、控制系统、运行数据的风险实时监测；鼓励跨行业跨领域工业互联网平台率先应用部署平台侧安全监测系统，监测感知边缘层、IaaS层、PaaS层和SaaS层等的安全状态，切实提升工业互联网平台安全防护水平。

（四）促管理，落实工业互联网平台企业主体责任

综合考虑平台企业业务特征、价值规模、服务行业重要性等因素，建立平台企业分类指标体系，开展企业分类评定，形成平台企业清单；强化平台企业数据安全管理责任，督促建立数据安全管理制度，规范安全保护要求，确保工业数据完整性、保密性和可用性。

（五）建生态，培育工业互联网平台安全解决方案

分行业、分领域、分地区支持平台安全解决方案试点应用，形成示范效应。依托国家新型工业化产业示范基地（工业信息安全），调动各方力量打造工业互联网平台相关产业集聚区，培育一批技术实力强、安全水平高、服务质量优、产业整合能力强的龙头企业，构建工业互联网平台安全生态。

（工业和信息化部信息化和软件服务业司　王建伟）

5G 重点应用场景及对行业的影响

一、5G 概述

（一）4G 改变生活

4G 被称作 MBB，即移动宽带，中国 4G 基站超过 400 万座，约占全球 4G 基站的 2/3，覆盖了超过 13 亿人口。对中国而言，4G 基础设施的规模优势极大地推动了移动互联网的发展。根据“十三五”规划，2013—2017 年，互联网企业的收入增速超过 40%，从 0.35 万亿元增加到 2017 年的 1.4 万亿元，如图 1 所示。移动互联网的发展，也催生了 BAT 这些巨头的出现，全球前十的互联网企业中，中国有 4 家，不得不说，这里边有运营商的功劳。

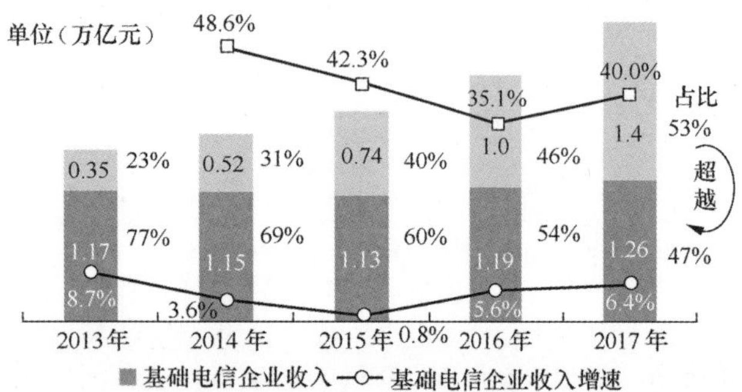

图 1　2013—2017 年基础电信企业与互联网企业收入及增速

（二）5G 改变社会

4G 是 MBB 网络，主要面向个人，而 5G 有三大场景，面向个人、家庭和行业用户。5G 与 4G 的不同主要表现在以下两个方面。

一是 5G 技术本身更加先进，速率更高、时延更小、移动性更高；同时，5G 还有网络切片功能，一方面可以依据客户需求动态分配资源；另一方面可以实现业务隔离，保障网络安全。4G 和 5G 的技术参数见表 1。

二是商业模式的变化，这其实是 5G 相比 4G 最大的不同。5G 会渗透至垂直领域中，与产业融合，从而实现 5G+ 或者 +5G 的效果，实现产业的颠覆式创新和发展。4G 和 5G 业务层面对比见表 2。

表 2　4G 和 5G 业务层面对比

	4G	5G
目标客户	个人	个人、家庭、行业
主要业务	个人通信	人人通信、人物通信、物物通信
业务场景	MBB	eMBB、uRLLC、mMTC
业务特性	高速率、高移动性	不同速率、不同时延、不同移动性需求
商业模式	个人流量产品收入	与行业相互渗透、相互融合，产品多样，价值点不同

表 1　4G 和 5G 技术参数

网络	流量密度	连接数密度	时延	移动性	能效	用户体验速率	频谱效率	峰值速率
4G	0.1 Mbit/s/m^2	10 万 /km^2	空口 1ms	350km/h	1 倍	10Mbit/s	1 倍	1Gbit/s
5G	10 Mbit/s/m^2	100 万 /km^2	空口 1ms	500km/h	100 倍	0.1 ～ 1Gbit/s	3 倍	20Gbit/s

二、5G重点发展领域

按照客户属性分类，我们一般把应用分为个人消费类、家庭类和行业类几大类。其中，个人消费类包括VR/AR、消费类无人机、可穿戴产品等产品；家庭类包括家庭智能安防、智慧厨房、智能影音等产品；行业类的范围广泛，又分为智慧城市、智能制造、无人驾驶等类别。5G应用涉及方方面面，基于环境因素、技术成熟度等多维度业务选择模型分析，我们可筛选出以下几个5G时代的重要应用场景供分析和讨论。

1.5G将在部分场景替代WLAN

4G时代，原先使用WLAN的场景已经被4G替代。由于业务体验、资费下降以及网络安全等因素，人们在机场、高铁站甚至酒店等场景，已经逐渐不再使用WLAN上网。

5G的峰值速率可达10Gbit/s，是4G的10倍，能够满足用户对更高速率的业务的需求。举例来说，4K超高清所需的速率是36Mbit/s，一个5G小区能够同时并发接入的4K超高清用户理论值达到280户以上（实际值还需根据测试结果而定），接入能力超强。随着5G的发展，除了6GHz以下的频段，6GHz以上的毫米波频段也将逐步实现商用，其带宽更大，高速率业务接入能力更强。

所以，预计5G替代WLAN的业务场景将会越来越多。随着资费逐步下降，未来，机场、高铁、酒店甚至别墅等部分社区有可能会采用5G替代WLAN等接入方式直接布网。

2.视频类应用持续发展

4G时代，视频类、直播类业务快速发展，甚至催生了“网红经济”这一新的经济现象。截至2018年年底，我国网络视频用户达到6.12亿人，其中超过95%的用户使用手机观看视频，视频业务流量在移动网络总流量中的占比超过70%。

5G时代，体验速率的提升能够更好地满足视频类业务的需要。一方面，上行速率的提升能够支持视频回传业务，满足直播业务的快速发展；另一方面，下行速率的提升能够支持高清甚至超高清业务的发展，手机端视频将从480P向720P甚至2K高清视频发展；电视端视频将从1080P向4K/8K超高清视频发展，满足不断提升的业务体验需求。同时，视频业务将朝着多屏、大屏、超高清的方向发展。2018年，国内4K超高清电视出货量超过1亿台，4K电视占比约60%。4K电视+5G网络意味着用户体验更好、更加便利，同时，手机与大屏互动更加频繁，视频类应用持续发展。

3.VR/AR有望受益于5G

VR与AR实际上属于两种技术。VR是我们常说的虚拟现实技术，它通过隔绝式的音视频内容给用户带来沉浸感体验，对显示画质要求较高；AR属于增强现实技术，是在真实世界里叠加虚拟的东西，强调虚拟信息与现实环境的“无缝”融合，对感知交互要求较高。VR侧重于游戏、视频、直播与社交等大众市场；AR侧重于工业、军事等垂直应用。

2016年被称为VR元年，三大VR厂商Oculus、SONY和HTC在2016年纷纷推出消费版的VR终端，随后，VR市场吸引了大批投资，行业快速发展。但是2017年，VR行业由于头显过重、价格过高、内容不足等原因，销量不及预期，市场又快速跌入谷底。2018年以来，随着行业市场的逐步稳定、一体机的快速发展，市场逐步回暖。VR包括眼镜、头显（含主机）、一体机三类产品，AR主要是眼镜，包括单目和双目类产品。

VR目前还存在头显过重、一体机显示效果不好等问题。影响VR和AR发展的因素有很多，例如近眼显示技术、快速渲染技术、定位追踪技术、内容制作、电池技术等。随着技术发展，难题在逐步被攻破。

5G的商用为VR发展带来新的机遇，5G能够随时随地为用户带来百兆以上的速率体验，能够满足4K VR基础沉浸式业务需求，从而为实时云渲染、实时云交互、云存储提供可能，使VR摆脱单机束缚，带动VR业务和产品的快速发展。5G网络使AR的发展更具有想象空间，计算能力的云化，交互的便利性将提升AR刚性需求，人脸识别、图像识别、声音识别、智能搜索、成像技术等一系列技术的成熟有望加速AR普及。云VR/AR的演进阶段如图2所示。

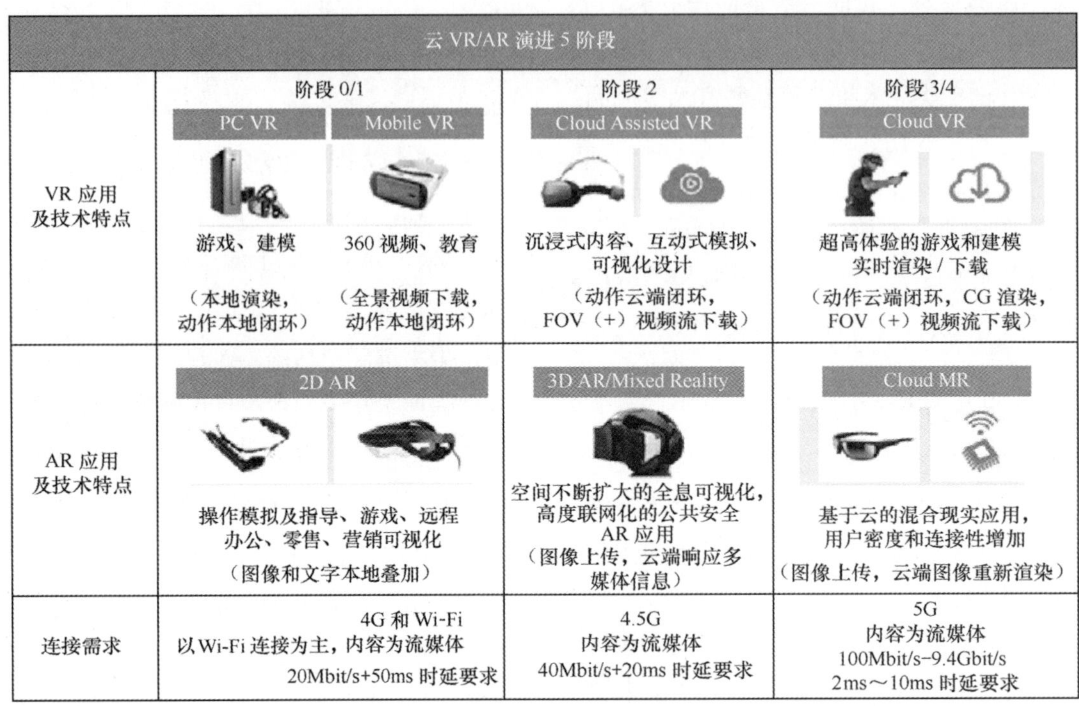

云 VR/AR 演进 5 阶段			
	阶段 0/1	阶段 2	阶段 3/4
VR 应用及技术特点	PC VR：游戏、建模（本地演染，动作本地闭环）；Mobile VR：360 视频、教育（全景视频下载，动作本地闭环）	Cloud Assisted VR：沉浸式内容、互动式模拟、可视化设计（动作云端闭环，FOV（+）视频流下载）	Cloud VR：超高体验的游戏和建模实时渲染 / 下载（动作云端闭环，CG 渲染，FOV（+）视频流下载）
AR 应用及技术特点	2D AR：操作模拟及指导、游戏、远程办公、零售、营销可视化（图像和文字本地叠加）	3D AR/Mixed Reality：空间不断扩大的全息可视化，高度联网化的公共安全 AR 应用（图像上传，云端响应多媒体信息）	Cloud MR：基于云的混合现实应用，用户密度和连接性增加（图像上传，云端图像重新渲染）
连接需求	4G 和 Wi-Fi 以 Wi-Fi 连接为主，内容为流媒体 20Mbit/s+50ms 时延要求	4.5G 内容为流媒体 40Mbit/s+20ms 时延要求	5G 内容为流媒体 100Mbit/s~9.4Gbit/s 2ms～10ms 时延要求

图 2　云 VR/AR 演进

4.5G+ 工业深度融合

5G 是为万物互联应运而生的，工业领域将会通过 5G 网络加速智能化和信息化发展，目前讨论较多的领域包括智能电网和智能制造。

智能电网是指在传统电力系统的基础上，以物理电网为基础（以特高压电网为骨干网架、各电压等级电网协调发展），应用新能源、新材料和新设备，将现代先进的传感测量技术、通信技术、信息技术、计算机技术、控制技术和储能技术与物理电网高度集成而形成的新一代电力系统，也被称为“电网 2.0”。从电流走向视角来看，电网主要包括六大环节：发电—输电—变电—配电—用电—调度。未来 5G 可使能的智能电网典型应用场景主要有 4 个：智能分布式配电自动化、毫秒级精准负荷控制、低压用电信息采集、分布式电源。智能电网的应用场景如图 3 所示。

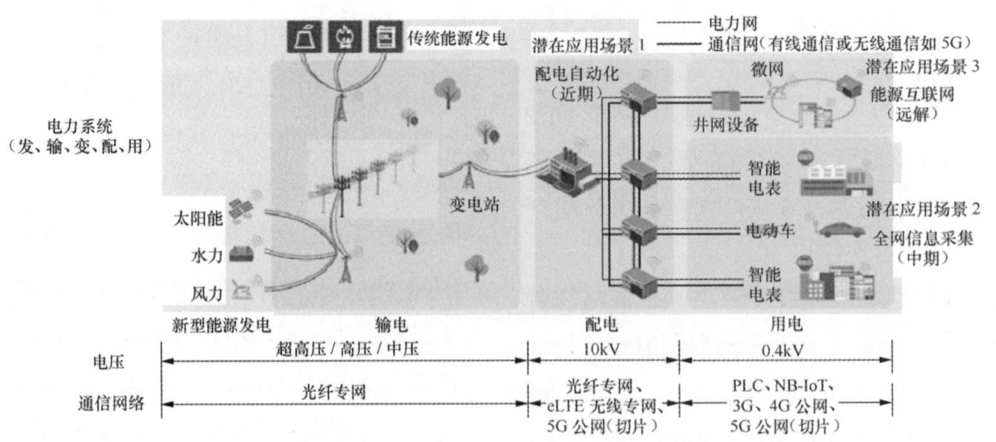

图 3　智能电网的应用场景

智能制造主要是利用传感器、AI、物联网等新技术实现工业制造设计、生产、管理、服务的智能化、自动化。5G 拥有时延低、速率高的特点，工业制造中需要实时控制的环节以及许多危险的环境，可以利用 5G 网络操控机器人来实现具体的生产任务。

5. 无人驾驶

无人驾驶分为 5 个等级，从 L1 到 L5 分别是辅助驾驶、部分自动驾驶、有条件自动驾驶、高度自动驾驶和完全自动驾驶，目前，处在 L2 ～ L3 的阶段。自动驾驶有两种技术方向，一种是以车企为主的高级驾驶辅助系统（ADAS），一种是以通信企业为主研发的 C-V2X 技术。

ADAS 利用安装于车上的、各式各样的传感器如摄像头、雷达、激光和超声波等，在第一时间收集车内外的环境数据，进行静、动态物体的辨识、侦测与追踪等技术上的处理，从而让驾驶者在最短的时间内察觉可能发生的危险，以引起驾驶者的注意并提高安全性。

2018 款奥迪是全球首款量产搭载 Level3 自动驾驶系统的车型，该车型携带 12 个超声波传感器、5 个摄像机、5 个毫米波雷达、1 个激光雷达、1 个红外线摄像机共 24 个车载传感器；而通用的 Cruise AV 无方向盘、油门、刹车踏板，安装了 21 个普通雷达、16 个摄像机和 5 个激光雷达。ADAS 技术存在成本高、全局信息不全等弱点（一个激光雷达就需要约一万美元）。

基于纯 C-V2X 技术的汽车可极大地节省成本，拓宽车辆信息，但是对传输带宽要求过高，在信号遮蔽时容易引起交通事故。长期，ADAS 与运营商的 C-V2X 技术融合发展才是完全自动驾驶未来的主要发展方向。融合的自动驾驶方案如图 4 所示。

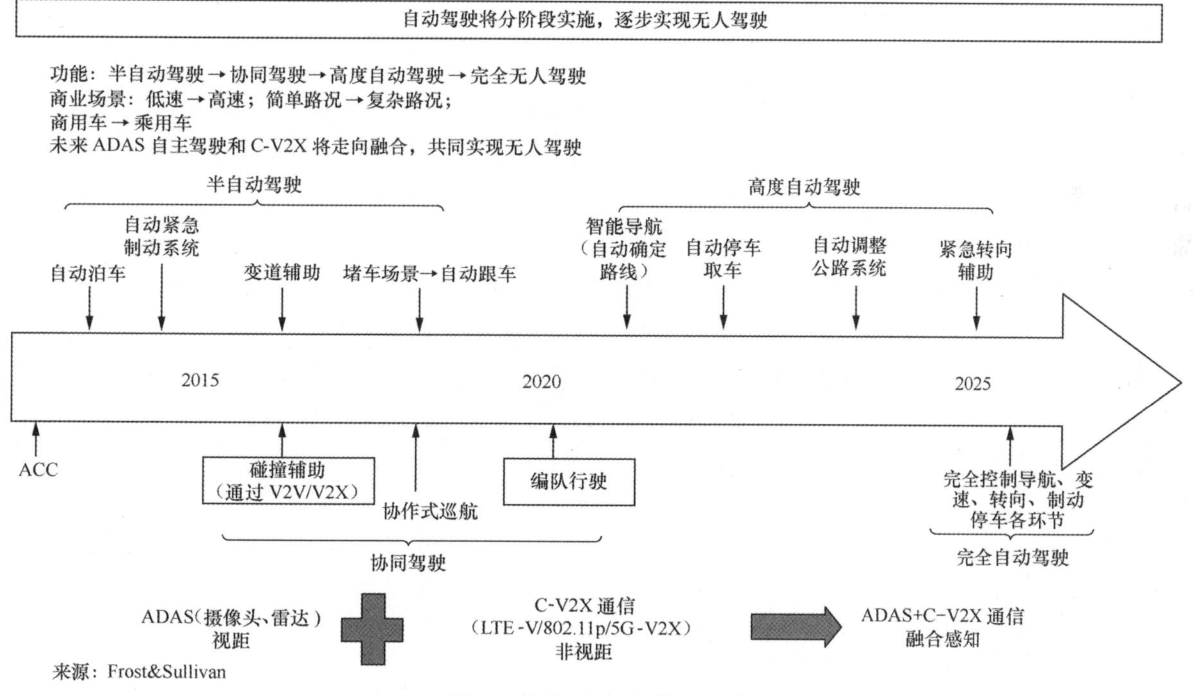

图 4 融合的自动驾驶方案

三、“5G+”促产品迭代、产业转型、融合发展

（一）5G+ 将促使诸多行业的产品迭代升级

量变积累将促使质变，5G 将加速诸多行业颠覆式创新。举例来说，汽车产业将面临来自 ICT 产业的颠覆，无人驾驶将颠覆长期手动驾驶模式，5G 的产生无疑将加速这一趋势的进度及商业化的可行性；5G 或将加速 VR/AR 的发展，渲染和内容都可以通过云化方式实现，终端将变得更轻、质量更好、价

格更便宜，从而促进产品拥有更多的消费者；无人机产品通过 5G 能够更好地实现远程控制和视频回传；此外，5G 也将加速远程教育和远程医疗的发展，促进相关产品的迭代。

（二）“5G+”将促进许多产业转型升级

泛 5G 包含物联网的各种应用，信息化的发展本身就会促进劳动密集型产业向技术密集型产业转型。

5G+AI+ 工业制造将会加速机器对人工的替代，从而促使劳动密集型产业转型升级，更多的劳动力被释放出来，转而从事服务型第三产业。

5G 将促进远程教育进一步发展，促使一流的智力直接面向被教育者，原有的教育方式将会受到冲击。

远程诊断、远程医疗的逐步发展将会改变现有的集中看病模式，现有医疗体系也会发生相应的变化。

远程监控、远程监测、无人机巡检、机器人智能维护等都将对现有的相关产业造成影响，促使现有产业转型。

（三）信息产业与传统产业深度融合

4G 时代，互联网企业与传统企业就已经开始融合发展，边界逐步模糊。

5G 时代，万物互联，未来的物联网的连接规模将会是移动手机用户的百倍甚至千倍，信息产业将进一步与产业深度融合。目前，华为等设备厂商和系统集成商扮演着 5G 产业生态构建者的角色，未来，运营商将承担更多的责任。5G 创新试验室、产业联盟是促进产业融合的重要场所，其不断测试各类 5G 行业终端，打通行业与 5G 融合的端到端流程。未来，互联网公司、运营商以及大的平台型企业都希望自己能够掌握用户和业务入口，成为 5G 发展的最大受益者。

（中国移动通信集团设计院有限公司　程锋）

5G 核心网技术研究

一、引言

目前，国际标准组织已经基本完成 5G 核心网标准（3GPP R15）的制定，标准已经覆盖了 5G 核心网的基本特性，可以满足 5G 三大基础场景之一的 eMBB 场景。R15 的 5G 核心网涉及的标准化包括网络切片、服务化架构、支持能力开放、支持边缘计算、接入和移动性管理、会话管理、用户面管理、会话与业务连续性、QoS 模型、策略框架、支持不可信的非 3GPP 接入、支持 IMS、SMS over NAS 服务、4G/5G 互操作与演进、认证框架、计费等。5G 核心网采用了与传统移动网络不同的全新架构和技术，开启了传统电信网络向 IT 技术全面重构的第一步，并且与行业深度融合满足垂直行业终端互联的多样化需求。

本文分析 5G 核心网的关键技术并给出网络发展建议。

二、5G 核心网的整体架构

5G 核心网架构为用户提供数据连接和数据业务服务，基于 NFV 和 SDN 等新技术，控制面网元之间使用服务化的接口进行交互。5G 核心网系统架构的主要特征如下。

① 承载和控制分离：承载和控制可独立扩展和演进，可集中式或分布式灵活部署。

② 模块化功能设计：可以灵活和高效地进行网络切片。

③ 网元交互流程服务化：可按需调用，且服务可重复使用。

④ 每个网元可以与其他网元直接交互，也可通过中间网元辅助进行控制面的消息路由。

⑤ 无线接入和核心网之间弱关联：5G 核心网是与接入无关并起到收敛作用的架构，3GPP 和非 3GPP 均通过通用的接口接入 5G 核心网。

⑥ 支持统一的鉴权框架。

⑦ 支持无状态的网络功能，即计算资源与存储资源解耦部署。

⑧ 基于流的 QoS：简化了 QoS 架构，提升了网络处理能力。

⑨ 支持本地集中部署的业务的大量并发接入，用户面功能可部署在靠近接入网络的位置，以支持低时延业务和本地业务网络接入。

如图 1 所示为非漫游情况下的 5G 核心网的架构（服务化方式）。

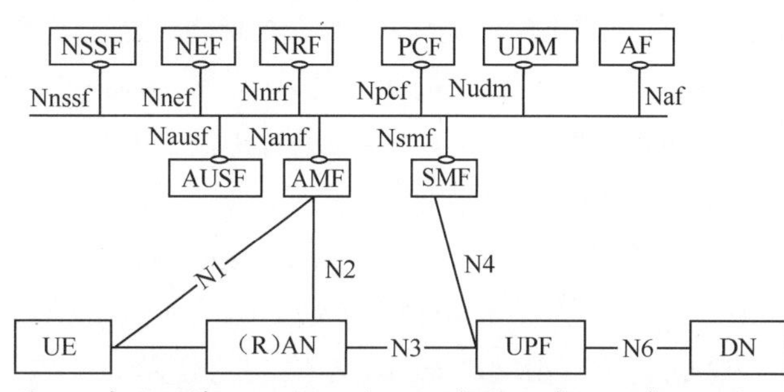

图 1　非漫游情况下的 5G 核心网架构示意（服务化方式）

其中 5G 核心网涉及的主要网元和功能如下。

① AMF（接入和移动性管理功能）：负责用户的接入和移动性管理。

② SMF（会话管理功能）：负责用户的会话管理。

③ UPF（用户面功能）：负责用户面处理。

④ AUSF（认证服务器功能）：负责对用户的 3GPP 和非 3GPP 接入进行认证。

⑤ PCF（策略控制功能）：负责用户的策略控制，包括会话的策略、移动性策略等。

⑥ UDM（统一数据管理）：负责用户的签约数据管理。

⑦ NSSF（网络切片选择功能）：负责选择用户业务采用的网络切片。

⑧ NRF（网络功能注册功能）：负责网络功能的注册、发现和选择。

⑨ NEF（网络能力开放功能）：负责将 5G 网络的能力开放给外部系统。

⑩ AF（应用功能）：与核心网互通来为用户提供服务。

5G 核心网的控制面网元为 UPF，除了 UPF 之外的网元都属于控制面。控制面网元全部采用服务化架构设计，彼此之间通信采用服务化接口，而用户面继续采用传统架构和接口。控制面和用户面之间的接口（N4）目前还是传统接口，控制面和无线网以及控制面与终端之间也是传统接口（N2 和 N1）。

将 5G 核心网与 4G 核心网进行比较，我们可以看出 5G 相比 4G 在基本功能如认证、移动性管理、连接、路由等方面不变，但是方式和技术手段发生了变化，更加灵活。其主要体现在：AMF 和 SMF 分离，AMF 和 SMF 的部署可层级分开；承载与控制分离，UPF 和 SMF 的部署层级也可以分开；AMF 和 UPF 根据业务需求、信令和话务流量以及传输资源灵活部署；采用服务化架构设计，网元功能进行了模块化解耦、接口进行了简化。总体上看，5G 核心网的组网更加灵活，但部署灵活性也对传输、网络规划、网络运营管理等能力提出更高的要求。

近期部署 5G 网络，从无线网与核心网的关系角度看，主要的方式有两种：SA（独立组网，option2）和 NSA（非独立组网，option3），如图 2 所示。SA 方式下 5G 无线网（NR）与 5G 核心网（5GC）直接连接；NSA 方式下不需要 5G 核心网，NR 与 4G 核心网（EPC）连接，此时终端与 NR 和 4G 无线网（eNB）采用双连接机制。

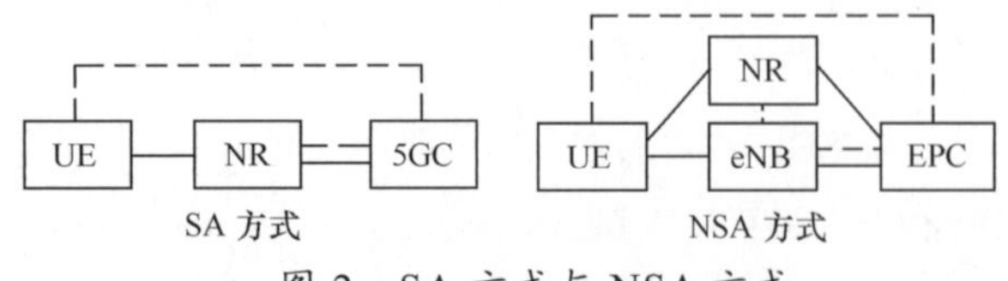

图 2　SA 方式与 NSA 方式

NSA 方式核心网继续采用 EPC 没有采用 5GC，NSA 方式需要终端支持在 4G 和 5G 无线之间双连接，这对终端也有较高的要求，并且 4G 和 5G 无线网需要同厂家部署。由于没有 5GC，NSA 方式在业务方面只是继承了传统的移动宽带业务。SA 方式采用了 5GC，可以利用 5GC 新型的网络和业务能力，例如切片、支持边缘计算等，是 5GC 产业成熟阶段的目标方案。目前，不同运营商对于 5G 商用初期是采用 SA 还是采用 NSA 有各自不同的考虑，这都取决于 5G 商用的时间点、5GC 的成熟度、对 5G 网络的业务诉求等因素。

当前业界部署的 EPC 主要是传统设备，并不具备向云化的 5GC 升级的能力。从 EPC 向 5GC 演进，主要有两种方案：一种是直接在云资源池部署 5GC，传统 EPC 随着 4G 用户逐步迁移到 5G 而退网；另一种是先在云资源池部署 vEPC，满足近期 4G 业务发展需求，并积累云化运营经验，然后适时将 vEPC 升级为 5GC。采用哪种方案取决于运营商自身的业务和网络发展规划，且两种方案都需要考虑 EPC 与 5GC/vEPC 如何协同组网。

三、5G 核心网的关键技术

（一）服务化架构

5G 核心网的控制面采用基于服务化架构（Service Based Architecture SBA）设计，借鉴 IT 系统服务化的理念，通过模块化实现网络功能间的解耦和整合，各解耦后的网络功能（服务）可以独立扩容、独立演进、按需部署。各种服务采用服务注册、发现机制，实现了各自网络功能在 5G 核心网中的即插即用、自动化组网。同一服务可以被多种 NF 调用，以服务的重用性提升、业务流程设计简化。其关键技术点如下。

① 服务的提供通过生产者（Producer）与消费者（Consumer）之间的消息交互来实现。交互模式简化为两种：Request-Response 和 Subscribe- Notify，从而支持 NF 之间按照服务化接口交互。

Request-Response 模式如图 3 所示。

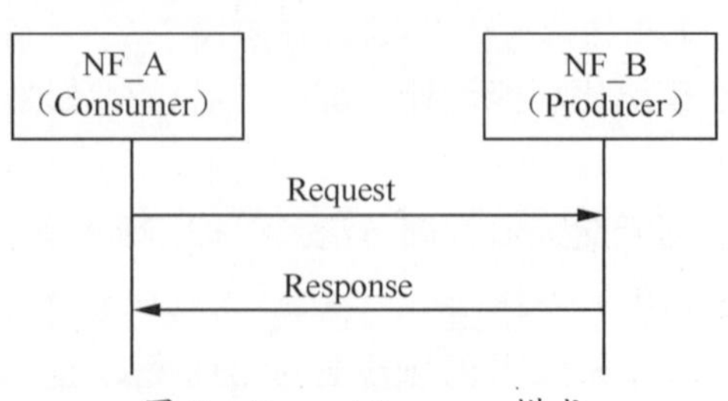

图 3　Request-Response 模式

Request-Response 模式下，NF_A（网络功能

服务消费者）向 NF_B（网络功能服务生产者）请求特定的网络功能服务，服务内容可能是进行某种操作或提供一些信息。NF_B 根据 NF_A 发送的请求内容，返回相应的服务结果。

Subscribe- Notify 模式如图 4 所示。

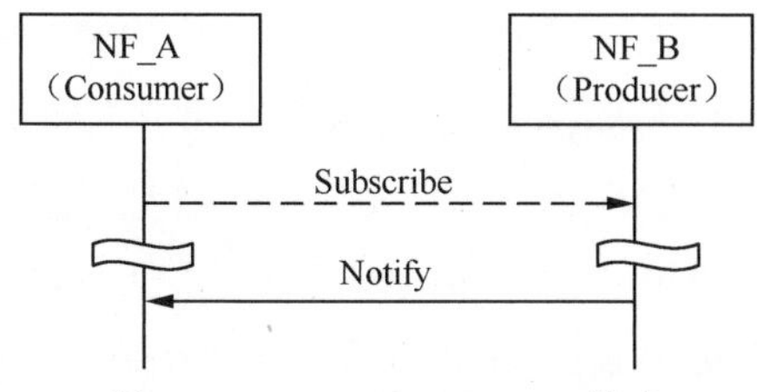

图 4 Subscribe- Notify 模式

Subscribe- Notify 模式下，NF_A（网络功能服务消费者）向 NF_B（网络功能服务生产者）订阅网络功能服务。NF_B 对所有订阅了该服务的 NF 发送通知并返回结果。消费者订阅的信息可以是按时间周期更新的信息，或特定事件触发的通知（例如请求的信息发生更改、达到了阈值等）。

② 实现了服务的自动化注册和发现。NF 通过服务化接口，将自身的能力作为一种服务暴露到网络中，并被其他 NF 复用。NF 通过服务化接口的发现流程，获取拥有所需 NF 服务的其他 NF 实例。这种注册和发现是通过 5G 核心网引入的新型网络功能 NRF 来实现的。NRF 接收其他 NF 发来的服务注册信息，维护 NF 实例的相关信息和支持的服务信息。NRF 接收其他 NF 发来的 NF 发现请求，返回对应的 NF 示例信息。

③ 采用统一服务化接口协议。R15 阶段在设计接口协议时，考虑了适应 IT 化、虚拟化、微服务化的需求，目前定义的接口协议栈从下往上在传输层采用了 TCP，在应用层采用 HTTP/2.0，在序列化协议方面采用了 JSON，接口描述语言采用 OpenAPI3.0，API 的设计方式采用 RESTFul。

可以看出，目前 5G 核心网采用服务化架构的接口协议栈与传统移动核心网的协议相比更加复杂。如果用同样的硬件来实现，其性能相对传统协议是下降的，因此需要通过高性能的云资源来抵消接口性能的损失。服务化架构的自动化组网目前能力也还不完善，例如在容灾和过载控制方面、多 NRF 级联方面。这都需要标准组织进行进一步的推动和研究，在实际网络部署和运营中也需要加以注意。

（二）支持边缘计算

相比 4G 核心网对边缘计算（Edge Computing）支持的能力不足所带来的种种问题，5G 核心网在架构中就考虑了支持边缘计算需求，在网络层面和能力开放层面都支持边缘计算。在网络层面，5G 核心网支持多种灵活的本地分流机制，支持移动性、计费和 QoS 等。在能力开放层面，5G 核心网支持 App 路由引导、支持对未网络及用户的信息获取和控制。对于本地分流机制，5G 核心网支持如下几种。

① 上行分类器 UL-CL（Uplink Classifier）：可以基于目的地址进行本地分流。

UL-CL 机制的用户面架构如图 5 所示。

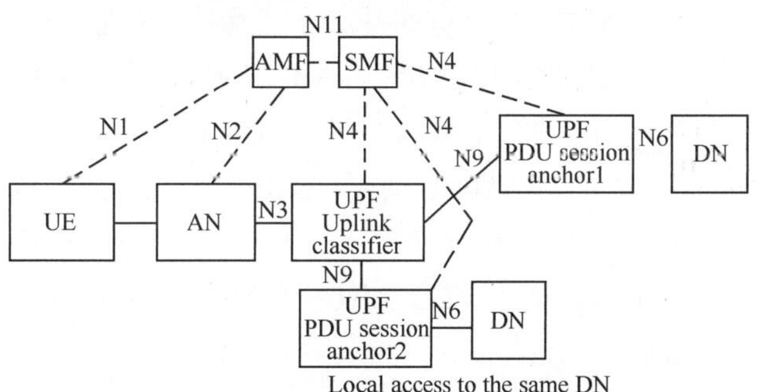

图 5 UL-CL 机制的用户面架构

根据边缘计算业务需求，当 UE 移动到 SMF，插入本地的 UPF 进行分流，UPF 根据 SMF 下发的分流规则（Uplink Classifier）过滤上行数据包 IP 地址，将符合规则的数据包分流到本地 DN。UL-CL 机制下，UE 只有一个 IP 地址，不感知数据分流，对 UE 没有特别要求。

② IPv6 多归属（IPv6 Multi-homing）：基于源地址进行本地分流。

IPv6 Multi-homing 机制的用户面架构如图 6 所示。

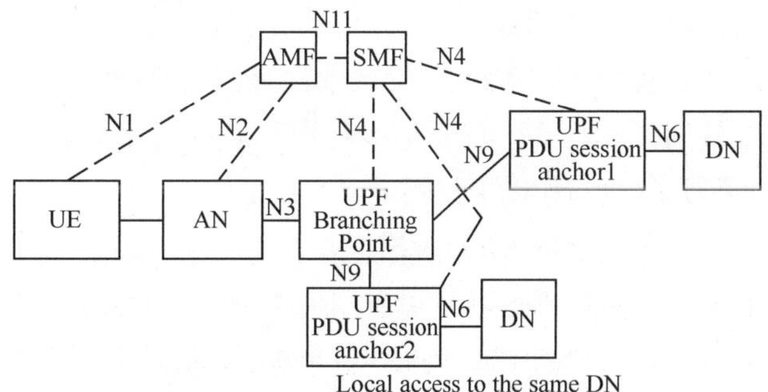

图 6 IPv6 Multi-homing 机制的用户面架构

此机制利用了 IPv6 多归属的特性，将 UE 的一个 IPv6 地址用于边缘计算业务。SMF 根据 UE 位置选择本地的共同 UPF（Branching Point）进行分流，不同的 IP 锚点通过这个 Branching Point UPF 实现用户面路径的分离。Branching Point UPF 根据 SMF 下发的分流规则过滤上行数据包源 IP 地址，符合规则的数据包分流到本地 DN。IPv6 Multi-homing 机制下，UE 需要支持 IPv6 Multi-homing，一个 PDU 会话分配两个 IPv6 前缀，并且 UE 能感知并控制数据分流。

③ 本地区域数据网（Local Area Data Network）：基于特定的 DNN 进行本地分流分流。

LADN 机制与前面两种不同，需要 UE 建立新的 PDU 会话接入本地 DN 来用于边缘计算业务。UE 在 5G 核心网注册成功后，AMF 告知 UE 其 LADN 信息（服务区域、LADN DNN）。UE 移动到 LADN 服务区域内时发起 PDU 会话，SMF 根据 UE 的位置选择本地 UPF，将会话路由到 LADN。UE 离开区域后，SMF 发起会话释放。LADN 机制下，UE 需要支持 LADN，并且能感知并控制数据分流。

5G 核心网为支持边缘计算的分流机制提供了多种灵活的方式，每种方式都有其特点和对网络和终端的能力要求。在提供 5G 网络的边缘计算服务时，需要根据技术的成熟度、终端的能力、对网络的影响、运营成本等多方面综合考虑并来选择合适的方案。另外，由于边缘计算需要将 5G 核心网的 UPF 尽量下沉以满足业务时延、服务覆盖范围等要求，运营商部署边缘计算能力时需要结合自身网络设施的 DC 化改造进程，选择能力相符的相应层级的 DC。

（三）MEC 面临的主要问题和挑战

MEC 是当前热点，但也存在很多问题需要解决。

1. 技术层面

MEC 的网络标准、平台软件等需要产业合作伙伴共同推动打造，尚有不少标准和软件技术问题需要研究解决，如以下问题。

①移动网的 MEC 标准：MEC 在 4G 网络中的标准未定，目前部分场景可以引入 MEC，但是比较受限，国内 CCSA 也在制定 4G 网络下的 MEC 标准，会在 2019 年发布。考虑到 5G 即将部署，在 5G 网络中规模部署边缘计算 MEC/UPF 应该是主流做法，另外，基于移动网络的 MEC 无线网络信息、带宽管理、网络定位等能力的标准化实现及如何应用也还在研究验证之中。

② MEC 的应用管理编排：MEC，特别是在边缘 DC 部署的边缘平台，一般是基于 NFV 部署，而国内运营商 NFV 的发展暂时没有到规模部署阶段，NFV 的管理和编排系统 MANO 之前更多的是面向网络功能虚拟化服务，对于边缘应用特别是第三方互联网边缘应用的管理和编排是基于 MANO 扩展功能和接口来提供还是新增边缘云管理编排系统，业界尚未统一认识。

③ MEC 应用环境：目前，ETSI 的 MEC 标准定义了边缘应用的服务注册、发现及部分网络能力服务 API，各大设备商的 MEC 目前主要还是聚焦在网络协议解析和分流等网络功能实现，各家 MEC 的应用环境都还比较单薄。边缘计算需要充分考虑应用开发者生态，提供适合业务开发部署的 PaaS 能力（如轻量级的容器、边缘应用开发框架等），毕竟边缘计算的重点是为业务和客户的“IT 业务需求”服务。

2. 业务层面

运营商开展了不少业务试点和技术验证，但是真正商用、可规模推广的 MEC 业务较少，商业模式还处于探索阶段。

① 有超低时延要求（10ms 以内）的主要业务如自动驾驶、触觉互联网等也还在培育之中。

② 采用边缘计算理念和架构优化调整计算分布的业务，如果这种调整是一个提供商可以完成的，那么进展会快，如海康大华等作为安防行业全系产品服务提供商推出“云 + 边缘融合”的视频安防系统；如果这种调整涉及产业链多家企业，需协作完成，如业界提出基于边缘云的云 VR，涉及运营商、云、CDN、VR 终端厂家等多家协作并且涉及产业价值的重新分配，则商用进展相对缓慢。

③ 目前，边缘计算业务商用较多的工业互联网领域，边缘计算主要对工业设备边缘数据进行采集和本地处理，同时与云端协作，提供云 + 边缘一体化的服务。目前，主要由工业自动化提供商以及公有云提供商提供这方面的服务：一是需要较强的工业领域知识积累和专业团队；二是边缘计算需要与

云端平台协作，共同提供工业大数据分析与设备控制等服务。目前，运营商在工业领域主要以数据采集传输为主，对于预测性维护等工业大数据分析建模缺乏积累，MEC应用环境缺少场景化的工业数据分析处理服务，并且MEC与云之间也还未建立协同。

除了上述MEC自身发展中的问题，运营商的MEC还面临着以下竞争挑战：首先，网络边缘的MEC并不是最靠近用户的边缘节点，有的边缘计算场景不一定基于MEC提供，如目前AWS的边缘计算服务是软件形态直接在终端设备或者现场网关设备层面部署；其次，边缘计算是与业务场景强关联的并且需要与云端协同，是整体解决方案的一部分。因此，无论是CDN、视频安防还是工业互联网等业务，运营商与其他服务提供商的竞争并不只是边缘计算层面的竞争，而是整体解决方案的竞争。

（四）网络切片

网络切片是5G网络的重要使能技术，实现了基于业务场景按需定制网络的需求，不同的网络切片之间可共享资源也可以相互隔离。网络切片是端到端的逻辑子网，涉及核心网络（控制平面和用户平面）、无线接入网、IP承载网和传送网，并需要多领域的协同配合。目前，涉及核心网网络切片的标准相对进展更快，5G核心网网络和终端对切片功能的支持基本实现，但是切片管理还不完善。无线网网络切片具有一定的技术难度，业界还在进行技术改进和方案研究。承载网网络切片目前相对独立发展，缺乏与移动网跨专业间的联动/打通。

5G切片的定制和自动化部署是通过切片管理来完成的，网络切片管理架构如图7所示。

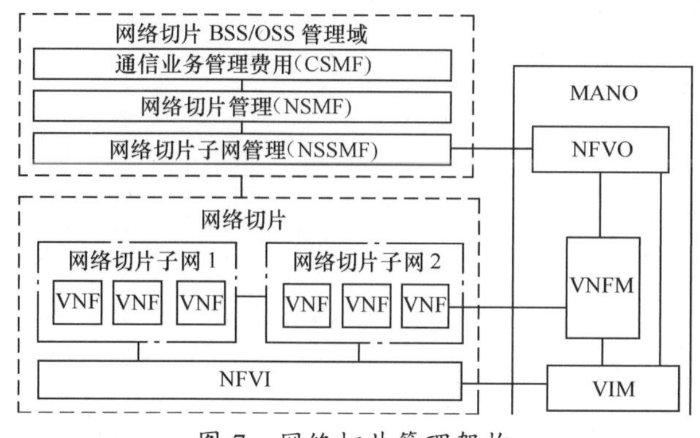

图7 网络切片管理架构

网络切片管理架构包括通信业务管理功能（CSMF）、网络切片管理功能（NSMF）、网络切片子网管理功能（NSSMF）。其中，通信业务管理功能实现业务需求到网络切片需求的映射；网络切片管理功能（NSMF）实现切片的编排管理，并将整个网络切片的SLA分解为不同切片子网（如核心网切片子网、无线网切片子网和承载网切片子网）的SLA；网络切片子网管理功能（NSSMF）实现将SLA映射为网络服务实例和配置的要求，并将指令下达给MANO，通过MANO进行网络资源编排。承载网络的资源调度将通过与承载网络管理系统的协同来实现。

可以看出，切片是在NFV/SDN之上发展而来的一种业务，其运维难易程度与NFV/SDN技术的成熟度是相关的，因此需要尽快促进NFV/SDN技术的落地和运营。鉴于5G网络端到端的切片还不成熟，当前需要加强对网络切片的设计、编排以及管理方面的研究，例如网络切片管理/网络切片子网管理与MANO的相互协同、切片管理与OSS/BSS的融合、切片的跨专业（核心网、无线、承载）协同。由于任何UE都需要在网络切片框架下使用5G网络，在初期可以先提供简单的eMBB核心网切片，掌握5G网络的基本运营能力，然后再逐步细分切片，面向垂直市场打造行业切片，提供差异化的网络服务，充分挖掘切片的商业价值。

（五）核心网云化技术

NFV是5G核心网云化的关键技术，NFV的解耦至关重要。通用电信云资源池将会承载多厂商、多领域的业务，为适应后续NFV网元大规模部署的需求，网络需要通过自动化方式按需提供网络自动开通、多业务隔离、安全隔离以及DCI（Data Center Interconnection，数据中心互联）能力。电信云用于承载虚拟化后的核心网网元，其对网元特殊性、组网复杂性、网络功能和性能的要求与传统IT云不尽相同。3GPP定义了5G核心网基于服务化架构的标准，网元以微服务方式重构并对外提供服务。ETSI EVE011定义云原生Cloud Native的关键要素，包括微服务、容器、敏捷运维等，而开源组织CNCF包括了一整套云原生体系。云原生已被广泛作为电信云演进的目标，应用也正在向云原生的方向发展，而容器则被认为是实现微服务架构和云原生的最佳手段。

容器技术是一种操作系统级别的虚拟化，它可在单个 Linux 操作系统上提供多个独立的系统容器环境，相比于虚拟机，其是更轻量级、更细粒度的虚拟化技术。容器镜像自包含的特性使其拥有快速启停、轻量化、资源可实现隔离及易于移植的特点，作为一种操作系统虚拟化方式，其体现出了容器面向资源的属性，作为一种应用打包和发布方式，其又体现出了面向应用的属性。在 IT 领域，其是底层基础架构。

四、结束语

5G 通信网络的核心网标准已经基本完成，本文基于发布的标准介绍了 5G 核心网的几种技术和其特征，包括服务化架构、支持边缘计算、网络切片和网络云化，分析了 5G 核心网关键技术特点和应用场景。目前看来，这几个领域的技术成熟度需进一步加强，才能满足 5G 规模商用后的业务需求。

（中国电信股份有限公司北京研究院　赵慧玲　聂衡　杨鑫）

宽带提速背景下的 XGPON 改造方案研究

为加快实施网络强国建设，推动信息通信行业的持续健康发展，工业和信息化部于 2017 年 1 月 17 日正式发布了《信息通信行业发展规划（2016 — 2020 年）》，要求到 2020 年基本完成老旧小区光网改造，实现城镇地区的光网覆盖，提供 1000Mbit/s 以上接入服务能力，大中城市家庭用户带宽实现 100Mbit/s 以上的灵活选择；基本实现行政村光纤通达，有条件的地区提供 100Mbit/s 以上的接入服务能力，半数以上农村家庭用户带宽实现 50Mbit/s 以上的灵活选择。

中国移动提出建设“高起点、高价值、高品质”全光网络的宽带建设策略，发挥后发优势高起点地采用 GPON FTTH 方式进行有线接入网建设，基本可以满足当前 100Mbit/s 的带宽需求。

随着中国移动“大连接”建设的落地实施，有线宽带用户发展迅猛，2018 年 5 月，中国移动有线宽带用户数已达 1.3 亿户。同时，4K/8K、AR/VR 等新业务需求不断涌现，视频流量将会占据大部分的网络流量。用户规模的激增、业务带宽需求的不断提升将给现有的有线宽带网络带来极大的挑战，我们有必要提前对现有网络制订改造方案。

一、PON 网络演进及业务发展趋势

（一）PON 网络演进方向

PON 系统结合以太网技术和高速光传输技术，可实现语音、数据、视频、数据专线等多业务的综合承载，成为解决宽带接入问题的主流技术。目前，用于宽带接入的 PON 技术主要有 EPON 和 GPON 两种标准，其中 EPON 上下行带宽均为 1.25 Gbit/s，GPON 下行带宽为 2.5 Gbit/s，上行带宽为 1.25 Gbit/s。

2009 年，10G/1G-EPON 标准 IEEE 802.3av 制定完成，包含对称 10G 和不对称 10G/1G 速率；同期，10G/2.5G 不对称 XG-PON 标准 G.987.x 产生，2016 年对称 XGS-PON 标准出台。DoN 标准演进如图 1 所示。

XG-PON 的配置、性能、告警参数与 GPON 相似，沿用了 GPON 的故障诊断参数方法，与 GPON 有一致的认证方式、认证流程和开通流程。不同之处在于 XG-PON 与 GPON 上下行波长均分开，可在同一 ODN 网络中波分共存。另外，XG-PON 板卡不能兼容现存的 GPON ONU 终端，如图 2 所示。

随着产业链的成熟、业务需求的激增，XG-PON 和 10G-EPON 均已实现商用，成为目前 GPON 与 EPON 的演进方向。

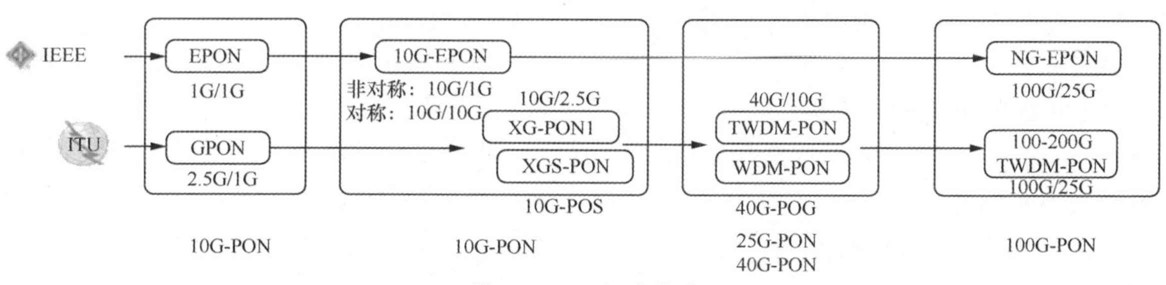

图 1　PON 标准演进

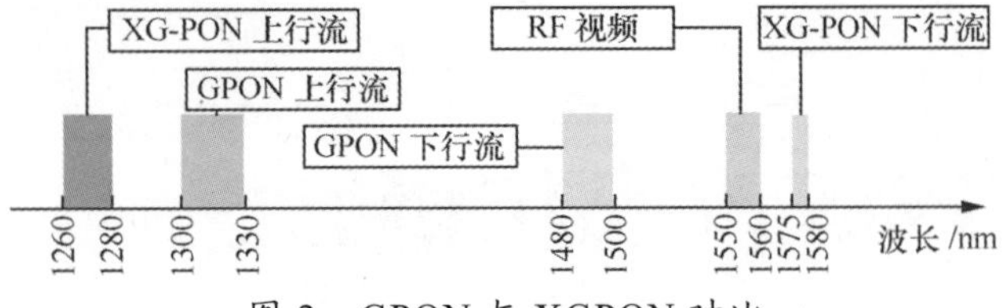

图 2 GPON 与 XGPON 对比

（二）业务发展趋势

自中国移动开展有线宽带业务以来，为用户的签约带宽由过去的 5Mbit/s、10Mbit/s 提升到 100Mbit/s 以上，部分区域实现 1000Mbit/s 的接入能力，用户规模已经突破了 1.3 亿户。视频业务逐步占据了大部分的网络流量，随着 4K 终端的普及及内容的丰富，4K 终端、以及围绕 4K 的智慧家庭业务普及发展将会是一个必然趋势，即 100Mbit/s 甚至 1000Mbit/s 带宽需求将越来越大。未来，随着更高清晰度的 8K 业务以及 VR/AR 的业务发展，将对网络的端到端高带宽保障和服务质量提出更高的要求，而针对现有 GPON 网络的改造也将势在必行。各类视频业务带宽需求见表 1。

表 1 各类视频业务带宽需求

业务	标清	高清	4K	8K	VR
带宽需求	4.5Mbit/s	8Mbit/s	45Mbit/s	150Mbit/s	300Mbit/s

二、网络改造方案

中国移动有线宽带起步较晚，网络建设主要采用 GPON FTTH 方式，部分老旧小区采用 GPON FTTB 方式，另外高校宿舍等场景还存在交换机 LAN 方式，下面针对不同场景、不同建设方式给出相应的改造方案。

（一）原有 FTTH 改造

FTTH 建设方式全程采用光缆，其中改造难度最大的部分为主干光缆，因此按照主干光缆剩余纤芯情况进行场景分类。

场景 1：原有主干光缆纤芯不足

场景 1.1：原有主干光缆纤芯不足，PON 口覆盖下的部分用户需升级改造。

由于主干光缆建设实施周期长、投资高，因此此场景应考虑避免新增光缆，为了对原有用户进行带宽升级，必须采用 XGPON 的方式，充分利用原有的 ODN；同时，由于同一覆盖区域内存在部分用户仍采用 GPON 方式，为了满足两种制式 PON 技术共用一套 ODN，因此必须采用合波的方式进行建设。

目前，中国移动现网 OLT 以华为（MA5680T/MA5683T）、中兴（C300）、烽火（AN5616-01/AN5616-06）设备为主，设备通过软件升级均可以支持扩容 XGPON 板。

方案一：XGPON 外置合波器方式

改造内容：OLT 侧扩容 XGPON PON 板，ODN 无需改造，采用外置合波器的方式与原有 PON 口共用一套 ODN，用户侧按需更换支持 XGPON 的 ONT。

优缺点：改造内容少，可满足未来千兆接入需求；但 WDM1r 的使用会引入 1.5dB 的插损，对于长距离或跳点多的场景下可能会产生弱光情况。

方案二：XGPON Combo 方式

改造内容：OLT 侧扩容 XGPON Combo 板，ODN 无需改造，采用内置合波器的方式与原有 PON 口共用一套 ODN，用户侧按需更换支持 XGPON 的 ONT。

优缺点：改造内容少，可满足未来千兆接入需求；不会引入额外光衰；节省槽位。

combo 与 WDM/r 方案对比见表 2。

表 2 combo 与 WDM/r 方案对比

方案	combo PON	WDM1r
改造内容	新增 combo PON 板，用户侧按需替换 ONT	新增 XGPON 板、DM1r 合波器，用户侧按需替换 ONT
投资	低，combo PON 口	高，PON 口 +XGPON 口 +WDM1r
覆盖范围	与原 PON 口覆盖范围基本一致	由于引入 1.5dB 损耗，覆盖半径比原 PON 口覆盖范围小 3.75km

combo 方式覆盖范围更大、投资更低，因此该场景建议采用方案二进行改造。GPON 与 xGPON 共用 ODN 建设方式如图 3 所示。

场景 1.2：原有主干光缆纤芯不足，PON 口覆盖下的 所有用户都升级改造。

考虑因素同场景 1.1，为充分利旧原有 ODN，采用 XGPON 方式进行改造；与场景 1.1 不同的地方在于同一区域内所有的用户都做 XGPON 改造，无须与 GPON 共用一张 ODN。

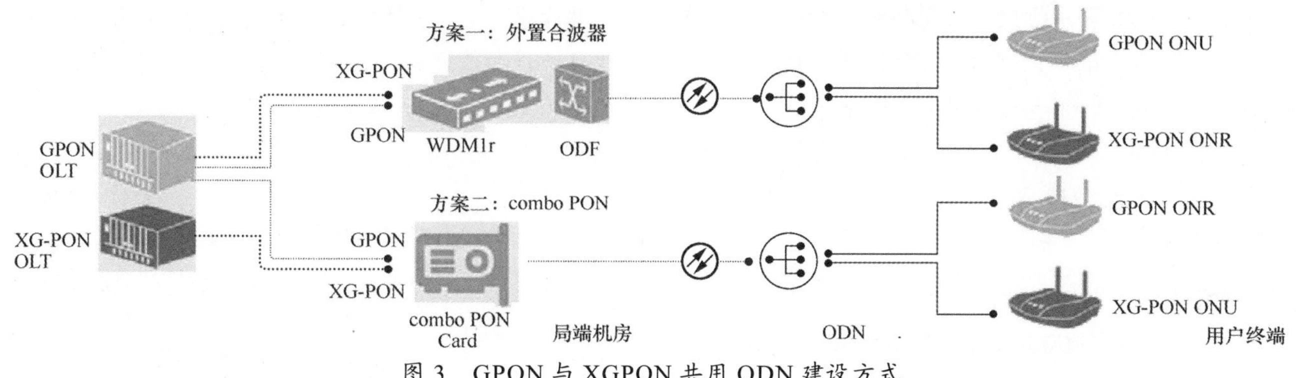

图 3　GPON 与 XGPON 共用 ODN 建设方式

方案：将光纤整体替换为 XGPON

改造内容：OLT 侧扩容 XGPON PON 板替换原有 PON 板，用户侧全部更换支持 XGPON 的 ONT，ODN 无须改造。

优缺点：改造内容少，通过更换局端和用户端设备即可实现用户带宽升级，施工周期短，可满足未来 1 000Mbit/s 接入需求。

场景 2：原有主干光缆纤芯充足

通过场景 1 的分析，主干光缆的建设是影响改造周期、改造成本的最大因素，本场景由于主干纤芯充足，可行的改造方案如下。

方案一：GPON FTTH 降低分光比

改造内容：新增一级分光器；调整部分原有二级分光器至新增的一级分光器；其他 OLT、ODN、ONT 等均利旧原有资源。

优缺点：网络改造内容少，可满足近期扩容需求，未来随着用户实际流速的增加需再次降低分光比或改造为 XGPON。

方案二：XGPON FTTH

改造内容：根据所覆盖的用户选择全部改造或部分改造，将原有 GPON PON 板替换为 XGPON 板或 combo 板；用户侧按需替换为支持 XGPON 的 ONU；ODN 无需变化。

优缺点：只需调整 OLT 侧板卡，用户侧按需替换 ONU，改造内容少，可满足未来用户提速需求。

GPON 降代分光比与 XGPO/X 方案对比见表 3。方案一投资小、改造内容少，能够满足近期扩容需求，可作为一种可行的过渡方案；若考虑长远、一步到位，建议采用方案二。

表 3　GPON 降低分光比与 XGPON 方案对比

方案	GPON FTTH 降低分光比	XGPON FTTH
改造内容	新增一级分光器，调整部分二级分光器归属	新增 combo 板，用户侧按需替换 ONT
投资	低，仅增加一级分光，多占用一倍 PON 口	高，combo PON 口价格约是 GPON PON 口价格的 6 倍左右
可扩展性	差，无法满足未来 1 000Mbit/s 入户	高，可满足远期 1 000Mbit/s 需求

（二）原有 FTTB 改造

FTTB 场景一般应用在早期建设的一些小区或商务楼宇等接入点，开发商在每栋楼宇弱电间或楼梯间已经安装网络箱，并从网络箱预埋双绞线入户，后期装维无法布放皮线光缆，只能利旧原有双绞线缆入户。

不同于 FTTH 方式，FTTB 场景改造难度最大的是入户网线部分，由于五类线不支持 1 000Mbit/s 接入，因此按照入户线缆类型进行场景分类。

场景 1：原有入户网线为五类线、超五类线

方案一：XGPON FTTH

改造内容：原有 GPON PON 板替换为 XGPON 板；原有 ONU 替换为二级分光器；新增入户皮线光缆替换原有网线；用户侧按需新增 ONT。

优缺点：可满足未来千兆接入需求；需进行入户皮线光缆改造。

方案二：XGPON FTTB

改造内容：原有 GPON PON 板替换为 XGPON 板；ONU 替换为 XGPON ONU；入户双绞线替换为

六类线（五类线无法提供 1 000Mbit/s 带宽，超五类非屏蔽双绞线也能提供高达 1 000Mbit/s 的传输带宽，但是往往需要借助价格高昂的特殊设备支持）。

优缺点：可满足未来 1 000Mbit/s 接入需求；需改造入户线缆，改造难度大，改造费用和改造难度均比改造 FTTH 的大。

原有 FTTB 改造方案对比见表 4。

表 4 原有 FTTB 改造方案对比

方案	XGPON FTTH	XGPON FTTB
改造内容	新增 XGPON 板，新增入户皮线光缆，用户侧按需替换 ONT	新增 XGPON 板，新增入户六类线，用户侧替换 ONU
投资	低	高，六类线价格约是皮线光缆的 5 倍左右
实施难易度	易	难，双绞线布放难度高于皮线光缆

此种场景，我们无论采用 FTTH 还是 FTTB 方式都需要对入户线缆进行改造，但采用 FTTH 方式的入户为皮线光缆，其成本和施工难度都远远低于双绞线，因此，此场景建议选择方案一进行改造。

场景 2：原有入户网线为六类线

方案一：XGPON FTTH

改造内容：原有 GPON PON 板替换为 XGPON 板；原有 ONU 替换为二级分光器；新增入户皮线光缆替换原有网线；用户侧按需新增 ONT。

优缺点：满足未来 1 000Mbit/s 接入需求；需进行入户皮线光缆改造。

方案二：XGPON FTTB

改造内容：原有 GPON PON 板替换为 XGPON 板；ONU 替换为 XGPON ONU；由于六类线可支持 1 000Mbit/s 接入，因此入户线缆无须改造。

优缺点：可满足未来 1 000Mbit/s 接入需求，改造内容少，改造难度小。

两个方案均可以满足未来 1 000Mbit/s 接入需求，但方案二无需对入户线缆进行改造，实施难度更小、投资更少，因此建议采用方案二进行改造。

（三）原有 LAN 改造

目前 LAN 方式接入的场景多见于高校宿舍，大部分都采用典型的三层架构的 LAN 接入方式，层次复杂、带宽利用率低。而 PON 技术全程采用无源光网络进行建设，层次简洁、组网灵活、维护简单、可靠性高，升级改造方便，因此建议将原有 LAN 改造为 PON 方式。LAN 组网如图 4 所示。

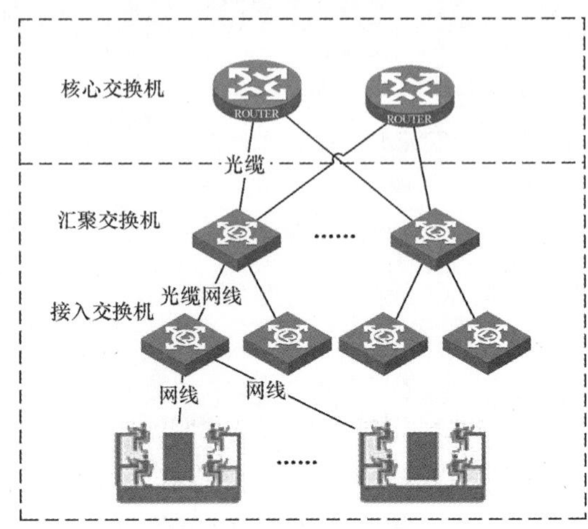

图 4 LAN 方式组网

采用 LAN 方式建设的场景，一般核心交换机至汇聚交换机采用光口对接，汇聚交换机至接入交换机部分根据距离采用光口或电口对接，因此在改造过程中我们可以利旧部分核心交换机至接入交换机的原有光缆。与 FTTB 改造场景类似，LAN 场景改造难度最大的也是入户网线部分，改造方案也将按照入户线缆类型进行场景分类。

场景 1：原有入户网线为六类线

方案：XGPON FTTB

改造内容：新增 OLT、ONU，利旧部分原有核心交换机至接入机光缆，入户六类线可利旧。

优缺点：无须改造入户网线，改造难度最低。

场景 2：原有入户网线为五类线、超五类线

方案一：XGPON FTTH

改造内容：新增 OLT、ONT，利旧部分原有核心交换机至接入机光缆，入户双绞线改为皮线光缆。

优缺点：可满足未来 1 000Mbit/s 接入需求；原有入户双绞线需改造为皮线光缆。

LAN 改造为 FTTH 方案如图 5 所示。

方案二：XGPON FTTB

改造内容：OLT、ODN、利旧部分原有核心交换机至接入机光缆，入户双绞线改为皮线光缆。

优缺点：可满足未来 1 000Mbit/s 接入；原有入户双绞线需改造为六类线。

LAN 改造为 FTTB 方案如图 6 所示。

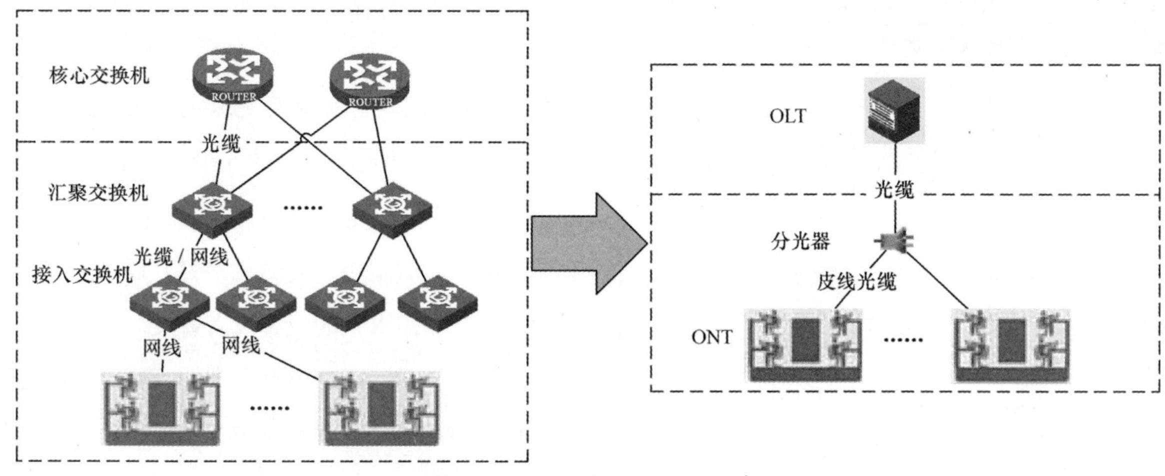

图 5 LAN 改造为 FTTH 方案

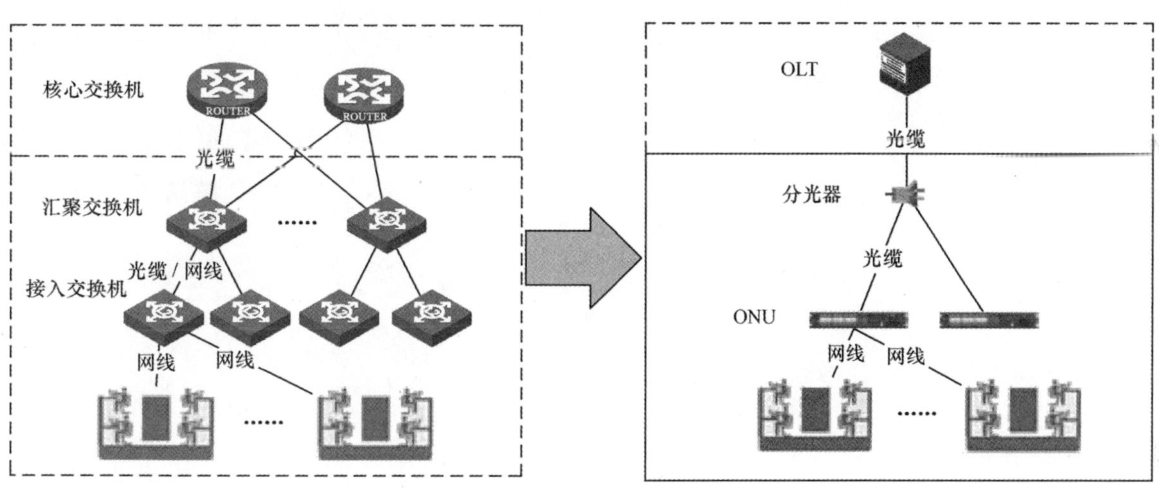

图 6 LAN 改造为 FTTB 方案

此场景的两种方案均需对入户双绞线进行改造，但 FTTH 方式改造成本和实施难度均小于 FTTB 方式，因此建议选用方案二进行改造。

（四）方案小结

根据上述分析，针对不同接入方式、不同接入场景，建议的改造方案见表 5。

表 5 有线接入网改造方案

原有建设方式	场景	建议改造方案	改造内容
FTTH	主干纤芯充足	过渡：GPON FTTH 降低分光比 远期：XGPON FTTH	新增一级分光器；调整部分原有二级分光器至新增的一级分光器；其他均利旧原有资源
FTTH	主干纤芯不足，覆盖区域内部分用户需做改造	XGPON FTTH（Combo 板）	利旧原有 ODN；原有 PON 板替换为 Combo 板，用户侧按需替换为 XGPON ONT
FTTH	主干纤芯不足，覆盖区域内所有用户均需改造	XGPON FTTH	利旧原有 ODN；原有 PON 板替换为 XGPON 板，用户侧全部替换为 XGPON ONT
FTTB	入户网线为六类线	XGPON FTTB	利旧原有入户网线、ODN；更换现有 GPON 板卡为 XG PON 板卡，更换 ONU 为支持 XGPON ONU

（续表）

原有建设方式	场景	建议改造方案	改造内容
FTTB	入户网线为五类线、超五类线	XGPON FTTH	利旧原有 ONU 以上 ODN；原有 PON 板替换为 XGPON 板；入户网线改造为皮线光缆；用户按需新增 ONT
交换机	入户网线为六类线	XGPON FTTB	利旧原有入户网线，利旧原有主干、部分配线光缆；新增 OLT、XGPON ONU、部分配线光缆
	入户网线为五类线、超五类线	XGPON FTTH	利旧原有主干、部分配线光缆；新增 OLT，用户按需新增 ONT，新增部分配线光缆

三、结束语

根据近几年现网情况来看，有线宽带用户的签约带宽虽然由过去的 5Mbit/s、10Mbit/s 提升到 100Mbit/s 以上，但用户的实际流速却并没有因为带宽的提升而产生相应的变化，究其原因主要是 4K 视频等对带宽需求大的业务没有普及。

随着 4K/8K、AR/VR 等新业务需求的不断涌现，视频流量将会占据大部分的网络流量。庞大的用户规模加上不断激增的业务带宽给现有的有线接入网带来极大的挑战，有必要提前对现有网络提前制订改造方案。

（中国移动通信集团设计院有限公司

朱文安　陈常梅　徐正国　王强）

附录 A　政策法规

《工业互联网网络建设及推广指南》

一、总体要求

（一）指导思想

以习近平新时代中国特色社会主义思想为指导，深入贯彻落实党的十九大和十九届二中、三中全会精神，坚持新发展理念，坚持高质量发展，以加快企业外网络和企业内网络建设与改造为主线，以构筑支撑工业全要素、全产业链、全价值链互联互通的网络基础设施为目标，以企业网络应用创新和传统产业升级为牵引，着力构建网络标准体系、加强技术引导，着力打造工业互联网标杆网络、创新网络应用，着力建设标识解析体系、拓展标识应用，着力完善网络创新环境，规范发展秩序，加快培育网络新技术、新产品、新模式、新业态，有力支撑制造强国和网络强国建设。

（二）工作目标

到 2020 年，形成相对完善的工业互联网网络顶层设计，初步建成工业互联网基础设施和技术产业体系。一是建设满足试验和商用需求的工业互联网企业外网标杆网络，初步建成适用于工业互联网高可靠、广覆盖、大带宽、可定制的支持互联网协议第六版（IPv6）的企业外网络基础设施；建设一批工业互联网企业内网标杆网络，形成企业内网络建设和改造的典型模式，完成 100 个以上企业内网络建设和升级。二是建成集成网络技术创新、标准研制、测试认证、应用示范、产业促进、国际合作等功能的开放公共服务平台；建成一批关键技术和重点行业的工业互联网网络实验环境，建设 20 个以上网络技术创新和行业应用测试床，初步形成工业互联网网络创新基地。三是形成先进、系统的工业互联网网络技术体系和标准体系，在网络领域建成一批工业互联网应用创新示范项目，建立工业互联网网络改造评估认证机制，构建适应工业互联网发展的网络技术产业生态。四是初步构建工业互联网标识解析体系，建设一批面向行业或区域的标识解析二级节点以及公共递归节点，制定并完善标识注册和解析等管理办法，标识注册量超过 20 亿。

二、制定工业互联网网络标准

工业和信息化部会同国家标准化管理机构加强工业互联网网络标准体系的顶层设计和统筹协调，充分发挥工业互联网产业联盟及工业、电子信息、通信等领域标准化机构和行业协会优势，依托企业、科研机构和高校等加快研制工业互联网网络标准。地方工业和信息化主管部门、通信管理部门积极推动工业互联网网络标准在企业中的应用与推广。

（一）建立工业互联网网络标准体系

一是制定工业互联网网络通用需求、网络架构、通信协议、关键接口等总体性标准，时间敏感网络（TSN）、工业无源光网络（PON）、工业软件定义网络（SDN）、无线专网等新型网络技术标准，以及针对垂直行业的特色网络应用技术标准。二是制定工业互联网网络服务标准，进一步规范网络服务提供商的服务流程与服务质量。三是制定企业外网、内网及相互间的互联互通规范，构建公平、有序、开放的网络互联互通环境。

（二）完善标识解析技术标准

一是制定标识解析整体架构、数据管理、分

布式注册、可信解析、多源异构信息管理、标识数据互操作等关键技术标准。二是搭建规模性的基础技术创新与试验验证环境，打造安全可控的标签、读写器、中间件等标识存取关键软硬件设备，提供标识注册、标识解析、标识搜索等关键技术测试验证服务。

（三）形成网络标准制定与推广机制

一是在工业互联网领域建立国际标准、国家标准、行业标准、团体标准和企业标准协同推进机制。二是建立一批工业互联网网络新技术标准符合性试验验证系统，开发和推广网络测试测量工具。三是针对重点行业或重点区域，组织开展工业互联网网络标准的宣贯培训。四是支持企业和科研机构积极参与国际标准的研制，建立与国际标准化组织、主流开源项目的对标机制，加快国际标准的国内转化。五是开展网络标准相关专利等知识产权的研究，加强知识产权的布局和保护，提高网络标准专利的知识普及。

（四）打造工业互联网标杆网络

以基础电信企业和相关科研机构为主体，加快建设面向商用和面向试验的工业互联网企业外网标杆网络。地方工业和信息化主管部门、通信管理部门组织和支持重点行业、典型企业打造工业互联网企业内网标杆网络。

（五）建设企业外网标杆网络

一是充分利用科研机构既有和正在建设的各类试验网络资源，构建面向试验的标杆网络，开展工业互联网网络及应用的研究、试验、验证和试点示范。二是鼓励和支持基础电信企业推进网络技术研究和基础设施建设，开展 IPv6 网络改造，打造面向实际应用的标杆网络，支撑成熟可商用的工业互联网应用。三是打造支撑企业上云时企业网络与云之间的网络接入典型解决方案，形成企业上云“最后一公里”的网络模板。四是支持工业互联网应用从试验平面向实用平面的安全平滑迁移。

（六）打造企业内网标杆网络

一是支持企业建设基于 TSN、工业 PON 等关键网络技术的工业互联网企业内网标杆网络，形成不同网络技术在企业内网部署的参考模板。二是支持企业针对典型行业需求和不同企业规模，建设垂直行业企业内网标杆网络，树立汽车、航空航天、石油化工、机械制造等重点行业的工业互联网企业内网络样板。

三、推动工业互联网网络改造与应用

发挥产业联盟和各行业协会的平台纽带作用，地方工业和信息化主管部门、通信管理部门积极组织协调推动工业企业网络化改造和网络应用创新。

（一）推进传统企业网络化改造

一是支持企业开展针对既有生产设备与系统的网络化二次开发，推动“接口开放、机器上网”，扩大网络覆盖范围和终端连接数量。二是加快企业内网络的 IPv6 改造进程，不断优化企业内网络架构，提升网络服务能力。三是支持企业参照标杆网络开展企业网络建设和改造，将生产性网络的改造纳入中小企业扶持政策范畴。四是支持高性能、高灵活、高安全隔离的新型企业专线应用，推进企业内外网络互联互通，协调推进基础电信企业与能源、交通、工业制造等重点垂直行业的网络与业务对接，打通企业内外网络之间的信息通道。

（二）开展工业互联网网络应用创新

一是充分发挥企业、高校、科研院所、产业联盟作用，开展基于 IPv6、标识解析等网络技术的应用创新，繁荣工业互联网网络上的应用生态。二是开展工业互联网网络应用示范，培育新业态与新模式。三是鼓励企业依托工业互联网网络环境，改造传统生产流程、优化组织模式，提升生产效率，促进产业升级。

四、构建工业互联网标识解析体系

工业和信息化部推动建立工业互联网标识解

析管理机制，地方通信管理部门与工业和信息化主管部门加强工作协同，依托相关行业协会、骨干工业企业、信息化服务提供商、基础电信企业、标识研究机构及高等院校加快建设各级服务节点。

（一）建立标识解析管理机制

针对标识注册服务规范和标识解析节点运行要求，制定工业互联网标识解析管理办法，建设一批面向重点行业或区域的二级服务节点运营机构，建立国际根节点、国家顶级节点、二级及以下其他服务节点的建设和运营的统筹协调机制。

（二）建设各级标识解析节点

一是建设和运营国家顶级节点，提供顶级域解析服务，与国内外各主要标识解析系统实现互联互通，形成备案、监测等公共服务能力。二是选择汽车、机械制造、新材料、能源化工、生物医药、高端装备等领域，建设和运营一批标识解析二级节点。

五、拓展工业互联网标识解析应用

地方工业和信息化主管部门、通信管理部门组织和推动典型工业企业、信息化服务提供商、基础电信企业、标识研究机构和高等院校等开展工业互联网标识解析应用创新，加强标识技术产品研发。

（一）推动标识解析集成创新应用

一是加快工业互联网标识解析集成创新，开展基于标识解析服务的关键产品追溯、供应链管理、智能产品全生命周期管理等创新应用，形成一批有较强影响力的工业互联网标识解析先导应用模式。二是建立标识解析服务提供商名录，实现标识解析服务资源池和标识解析应用需求池对接，打通供需对接渠道。

（二）提升标识解析技术产业能力

一是打造标识解析创新开源社区，汇聚科研机构和企业等的研发资源，加强前沿技术领域共创共享，推进标识解析核心软硬件产品。二是结合区域性产业特色与资源优势，围绕标识解析产业上下游的关键技术、核心装置、系统软件、集成应用等环节，打造一批具有竞争力的龙头企业，形成聚集基础研究、技术研发、服务支持、应用推广、产业化、教育培训、投融资等各环节的产业生态。

六、创建网络发展环境

以工业互联网产业联盟为依托，加快建设工业互联网网络创新公共服务平台；地方工业和信息化主管部门、通信管理部门组织开展面向先进技术和重点行业的工业互联网网络技术与应用测试床建设。

（一）建设网络创新公共服务平台

一是依托工业互联网产业联盟，组织各方力量，建设创新领先、开放共享的工业互联网网络创新公共服务平台，实现对工业互联网网络技术创新、标准研制、测试认证、应用示范、产业促进、人才培育、国际合作等方面的全方位支撑。二是强化公共服务平台和产业联盟对中小企业的支持力度，为中小企业与产业链各方合作提供便利条件。三是加强对工业互联网网络和标识解析等核心技术、运营机制、应用模式的培训，组织开展工业互联网网络创新大赛，加快工业互联网网络人才队伍建设。

（二）建设网络技术与应用测试床

一是支持企业、科研机构、高校，针对 5G、窄带物联网（NB-IoT）、软件定义网络（SDN）、网络虚拟化（NFV）、TSN、边缘计算等新型网络技术，联合建设 10 个以上网络技术测试床，开展基础通用关键技术、标准、设备、解决方案的研制研发、试验测试等工作。二是支持企业、科研机构、高校合作，在汽车、航空航天、石油化工、机械制造等重点行业，建设 10 个以上垂直行业网络化改造和标识解析应用测试床。

七、规范网络发展秩序

工业和信息化部加强工业互联网网络建设与应用相关的网络地址、频谱资源的规划和管理，建立工业互联网网络发展监测评估机制。地方工业和信息化主管部门、通信管理部门指导企业落实网络安全要求，统计报送地方工业互联网网络发展情况；支持工业互联网产业联盟等第三方机构积极开展工业互联网网络发展宣传推广工作。

（一）加强网络资源管理和安全保障

一是推动在工业互联网领域落实 IPv6 地址编码规划方案，建立工业互联网 IPv6 地址申请、分配、使用、备案管理体制。二是加强频率资源管理和统筹，研究制订工业互联网频率使用指南，做好 5G 系统实验的基站与卫星地球站干扰协调、电台执照许可工作，依法做好工业互联网专用频率的干扰保护。三是指导相关企业在进行网络化改造的同时落实网络安全标准相关要求，提升标识解析顶级节点，二级节点的安全防护能力。四是进行工业互联网设备进网管理制度研究，组织开展联网设备检测。

（二）加强网络发展监测和宣传推广

一是探索建立工业互联网网络运行监测体系，逐步开展工业互联网外网和企业内网发展情况的动态监测，定期发布工业互联网网络发展报告。二是组织编制工业互联网网络建设与改造优秀案例，通过组织大型峰会、高峰论坛、现场会、成果发布会、巡讲团等形式，加强对工业互联网网络、标识解析领域相关成果和典型经验的推广，提升产业和企业对工业互联网网络的认知。

工业和信息化部关于做好电信业务经营不良名单和失信名单管理工作的通知

为贯彻落实《社会信用体系建设规划纲要（2014—2020年）》（国发〔2014〕21号）、《国务院关于“先照后证”改革后加强事中事后监管的意见》（国发〔2015〕62号）、《国务院关于建立完善守信联合激励和失信联合惩戒制度 加快推进社会诚信建设的指导意见》（国发〔2016〕33号）等文件精神，进一步创新信息通信行业管理方式，依据《中华人民共和国电信条例》《电信业务经营许可管理办法》（工业和信息化部令第42号），工业和信息化部决定施行电信业务经营不良名单和失信名单管理。有关事项通知如下。

一、工业和信息化部统筹全国信息通信行业信用体系建设和信用管理工作。各省、自治区、直辖市通信管理局负责属地信息通信行业信用体系建设和信用管理工作，并配合违法行为发生地通信管理局对相关主体实施信用管理。

二、电信业务经营者存在以下情形之一的，应列入电信业务经营不良名单：

（一）未按规定报告年报信息，且在电信管理机构限期内仍未履行年报义务的；

（二）在电信业务经营许可证载明信息发生变化时，未按规定及时办理变更手续，受到行政处罚的；

（三）在电信管理机构监督检查中，被发现其年报信息、日常经营活动、落实网络与信息安全管理责任、停止经营时的善后工作、执行国家和电信管理机构有关规定等事项存在违法违规行为，受到行政处罚的（需直接列入电信业务经营失信名单的除外）。

电信管理机构应在作出处理（含处罚）后30日内，完成不良名单列入工作。录入信息包括经营者名称、统一社会信用代码、许可证编号、处理日期、列入事由、列入单位等。

三、电信管理机构应定期向社会公示电信业务经营不良名单。对列入不良名单的电信业务经营者实施重点监管，加强监督检查，不予守信激励。

基础电信业务经营者和相关网络接入服务经营者在提供通信资源、网络接入或其他业务合作时，应当把不良名单作为重要考量因素。信息通信行业相关企业在招投标活动中，可将不良名单作为考量因素。

相关行业组织开展评优表彰活动时，可将未列入不良名单作为必要条件。

四、相关经营者列入电信业务经营不良名单后，满足以下条件的，由电信管理机构移出不良名单：

（一）属于第二条第一款第一项情形，相关经营者按要求补充履行年报义务，且在不良名单中至少向社会公示一次的；

（二）属于第二条第一款第二、三项情形，相关经营者一年内未再次受到行政处罚的。

五、电信业务经营者存在以下情形之一的，应列入电信业务经营失信名单：

（一）受到吊销经营许可证处罚的；

（二）擅自经营电信业务或者超范围经营电信业务，情节严重、受到责令停业整顿处罚的；

（三）列入不良名单后，三年内再次受到责令停业整顿处罚的；

（四）以欺骗、贿赂等不正当手段取得电信业务经营许可证，被撤销该行政许可的；

（五）属于第二条第一款第一项情形，届满三年仍未补充履行相关义务的；

（六）无正当理由，逾期不履行行政处罚决定的；

（七）按照国家有关规定，属于严重失信需要依法联合惩戒的。

属于本条第七项情形的，应按照联合惩戒机制，根据相关部门依法出具的书面认定意见，将相关经营者列入失信名单。

电信管理机构应在作出行政处罚决定或收到相关部门书面意见后30日内，完成失信名单列入工作。录入信息包括经营者名称、统一社会信用代码、许可证编号、主要投资者和主要经营管理人员、处罚日期、列入事由、列入单位等。

六、电信管理机构应定期向社会公示电信业务经营失信名单，对列入的电信业务经营者实施重点监管，加强监督检查，不予守信激励。对经营者本身及其主要投资者和主要经营管理人员被列入失信名单的，电信管理机构不得批准其新增电信业务经营许可申请，依法不批准或从严审批其新增从事电信经营活动的资源申请，不得批准其电信业务经营许可证续期。

基础电信业务经营者和相关网络接入服务经营者在提供通信资源、网络接入或其他业务合作时，应当把失信名单作为重要考量因素。信息通信行业相关企业在招投标活动中，可将失信名单作为重要考量因素。

相关行业组织开展评优表彰活动时，应将未列入失信名单作为必要条件。

电信管理机构应按照国家有关规定，与相关部门共享电信业务经营失信名单，实施联合惩戒。

七、相关经营者列入电信业务经营失信名单后，三年内未再次受到电信管理机构行政处罚的，由电信管理机构移出失信名单。属于第五条第一款第七项情形的，应按照联合惩戒机制，在收到相关部门的书面意见后，移出失信名单。

八、各级电信管理机构应高度重视电信业务经营不良名单和失信名单管理工作，做好组织实施，加强政策宣贯，督促引导电信业务经营者守法经营，促进行业健康发展，努力为网络强国建设营造良好市场环境。

工业互联网APP培育工程实施方案（2018—2020年）

工业互联网APP（以下简称工业APP）是基于工业互联网，承载工业知识和经验，满足特定需求的工业应用软件，是工业技术软件化的重要成果。实施工业APP培育工程，有利于发挥软件赋能、赋值、赋智作用，推进两化深度融合；有利于将制造业企业内部原本分散、隐性的工业技术挖掘出来、传播开来、传承下去，破解国内工匠不足难题；有利于汇聚海量开发者、提升用户粘性，打造资源富集、多方参与、合作共赢、协同演进的工业互联网平台应用生态；有利于更大程度激发“双创”活力，培育产业发展新动能，带动形成新的增长极。为推进实施工业APP培育工程，制定本实施方案。

一、总体要求

（一）指导思想

以习近平新时代中国特色社会主义思想为指导，深入贯彻落实党的十九大和十九届二中、三中全会精神，牢固树立新发展理念，围绕制造业提质增效和转型升级实际需求，以企业为主体，以发展和繁荣工业互联网平台应用生态为目标，推动软件技术与工业技术深度融合，工业APP培育与工业互联网平台建设协同推进，着力突破共性关键技术，夯实工业APP发展基础，着力提高工业APP发展质量，提升价值和应用效果，着力构建开放共享和流通交易机制，推动工业APP向工业互联网平台汇聚，形成建平台和用平台双向迭代、互促共进的制造业新生态。

（二）重点方向

——面向国内制造业重点项目推进、重大工程实施和重要装备研制需求，发展具有高支撑价值的安全可靠工业APP。

——面向关键基础材料、核心基础零部件（元器件）、先进基础工艺、产业技术基础等“工业四基”领域，发展普适性强、复用率高的基础共性工业APP。

——面向汽车、航空航天、石油化工、机械制造、轻工家电、信息电子等行业需求，发展推广价值高、带动作用强的行业通用工业APP。

——面向制造企业的个性化需求，发展高应用价值的企业专用工业APP。

（三）主要目标

到2020年，培育30万个面向特定行业、特定场景的工业APP，全面覆盖研发设计、生产制造、运营维护和经营管理等制造业关键业务环节的重点需求。

突破一批工业技术软件化共性关键技术，构建工业APP标准体系，培育出一批具有重要支撑意义的高价值、高质量工业APP，形成一批具有国际竞争力的工业APP企业。

工业APP应用取得积极成效，创新应用企业关键业务环节工业技术软件化率达到50%。

工业APP市场化流通、可持续发展能力初步形成，对繁荣工业互联网平台应用生态、促进工业提质增效和转型升级的支撑作用初步显现。

二、主要任务

（一）夯实工业技术软件化基础

1. *突破工业APP共性关键技术*。瞄准产业发展制高点，组织实施一批重点产业化创新项目，推进复杂系统建模、操作指令集适配、可视化编程、执行控制引擎等共性关键技术攻关，推动工业通信协议适配、数据交换、异构系统集成等核心关键构件研发。支持工业互联网平台企业和科研院所研发工业APP开发工具，构建工业APP集成开发环境，推动工业 APP 协同开发、持续集成和自动部署。

2. 提升工业企业软件化能力。支持先发地区建设省级工业技术软件化创新中心，深化跨行业、跨领域合作，促进“工匠”知识和经验（如工艺、流程、模型、算法等）的积淀、开放和复用，实现技术扩散和商业化，加速工业技术软件化进程。鼓励龙头企业、行业协会、专业机构等设立专业部门推进工业技术软件化，整合产业链资源，提升工程化能力。

3. 发展工业 APP 开源社区。支持建设工业 APP 开源社区和基金会，鼓励大型制造企业、互联网企业和软件企业依托开源构建工业 APP 培育新模式，促进创新资源要素的聚集、共享和开放。引导制造企业、软件企业、科研院所和开发者等发起工业技术软件化开源项目，积极参与国际开源项目。鼓励第三方机构开展开源许可协议、开源知识产权保护研究，推动开源项目应用。

（二）推动工业 APP 向平台汇聚

1. 提升工业互联网平台能力。支持工业互联网平台企业建设微服务资源池，汇聚工具、算法、模型等微服务组件，开放软件开发工具包（SDK）和应用编程接口（API），提升工业 APP 综合集成、测试验证、质量管控、全生命周期管理和服务能力。

2. 推动制造能力开放共享。组织推进工业 APP 领域的“双创”活动，引导企业对接供需信息，创新商业模式，利用工业互联网开放自身研发和制造能力，优化资源配置效率。将基于工业互联网的制造能力开放纳入两化融合评估体系，通过贯标等多种方式推广普及。

3. 促进工业 APP 市场化流通。加强工业 APP 知识产权保护，完善工业 APP 交易规则和服务规则，促进工业 APP 市场化流通。指导和支持互联网平台企业、协会、第三方机构设立工业 APP 应用商店，提供专业化的工业 APP 上线和下载服务。

（三）加快工业 APP 应用创新

1. 推进重点行业应用。支持开展工业 APP 大赛，推进工业 APP 在汽车、航空航天、石油化工、机械制造、轻工家电、信息电子等行业的应用，面向真实应用场景需求，培育工业技术软件化应用解决方案。支持优秀工业 APP 及应用解决方案在行业内的推广应用。

2. 加快工业数据资源开发应用。将工业 APP 纳入工业大数据应用试点示范项目，支持工业企业利用工业 APP 加强对机器设备、业务系统、产品模型等数据的采集，开展数据集成、挖掘、分析、建模，提升工业大数据创新应用能力。

（四）提升工业 APP 发展质量

1. 构建工业 APP 标准测试体系。推动成立工业技术软件化标准化技术组织，加快制定工业 APP 应用参考架构、微服务框架、工业知识封装等基础标准，以及接口、协议、数据、质量、安全等重点技术标准。支持工业互联网平台企业和专业测试机构发展异构协议和数据、互操作和可移植、复杂应用场景等测试能力，建设工业 APP 集成测试验证环境。

2. 加强工业 APP 培育指导。组织编制《工业 APP 发展白皮书》，指导第三方机构编制《工业 APP 培育指南》，指导地方加强工业 APP 培育动态监测分析。各地行业主管部门要指导属地企业落实好工业 APP 信息安全主体责任，遵守信息安全相关法律法规。

三、进度安排

2018 年 12 月前，发布《工业 APP 发展白皮书》，出台《工业 APP 培育指南》，成立工业技术软件化标准化技术组织。推动建设 1 ～ 2 家省级工业技术软件化制造业创新中心，形成一批优秀的工业技术软件化解决方案。

2019 年 12 月前，进一步扩大工业 APP 应用规模。突破一批工业技术软件化关键技术，创新应用企业的关键业务环节工业技术软件化率达到 30%，面向特定行业、特定场景的工业 APP 规模达到 10 万个，培育和部署一批具有重要支撑意义的高价值、高质量工业 APP。

2020 年 12 月前，工业 APP 创新应用企业的关键业务环节工业技术软件化率达到 50%。培育 30 万个面向特定行业、特定场景的工业 APP，涌现出一批具有国际竞争力的工业 APP 软件企业，对繁荣工业互联网平台应用生态、促进工业提质增效和转型升级的支撑作用初步显现。

四、保障措施

（一）组织保障

在国家制造强国建设领导小组的领导下，发挥工业互联网专项工作组的统筹协调作用，指导推进工业 APP 培育相关工作。加强部省合作，鼓励地方结合实际出台引导政策，探索差异化、特色化发展路径。充分发挥地方政府、行业协会、产业联盟、科研院所作用，整合产学研用各方力量，形成协同推进的工作格局。

（二）政策引导

依托国家新型工业化产业示范基地，建设高水平的工业技术软件化产业示范基地。支持中国软件名城及创建城市创新公共服务机制，加快发展工业 APP。支持符合条件的地方依托工业 APP 培育工程发展工业大数据，创建大数据产业集聚区。

（三）资金支持

充分发挥财政资金导向作用，重点支持共性关键技术攻关、标准测试能力建设，引导社会资本加大对开源社区和创新中心投入力度。鼓励地方政府设立专项资金，加大对工业 APP 培育工作的支持力度。探索建立产业基金等市场化、多元化资金投入机制，引导社会资本参与工业 APP 培育。

工业互联网综合标准化体系建设指南

工业互联网作为新一代信息技术与制造业深度融合的产物，日益成为新工业革命的关键支撑和深化“互联网＋先进制造业”的重要基石，对未来工业发展产生全方位、深层次、革命性影响。工业互联网通过系统构建网络、平台、安全三大功能体系，打造人、机、物全面互联的新型网络基础设施，形成智能化发展的新兴业态和应用模式，是推进制造强国和网络强国建设的重要基础，是全面建成小康社会和建设社会主义现代化强国的有力支撑。工业互联网具有较强的跨领域综合性，正在形成全新和复杂的生态系统，急需加强工业互联网标准化工作，夯实工业互联网发展基础。

为落实《关于深化“互联网＋先进制造业”发展工业互联网的指导意见》决策部署，指导当前和未来一段时间内工业互联网标准化工作，解决标准缺失、滞后、交叉重复等问题，工业和信息化部、国家标准化管理委员会组织制定《工业互联网综合标准化体系建设指南》，并进行动态更新完善，加快建立统一、综合、开放的工业互联网标准体系。

一、技术发展现状

工业互联网通过系统构建网络、平台、安全三大功能体系，打造人、机、物全面互联的新型网络基础设施，形成智能化发展的新兴业态和应用模式，如图 1 所示。

（一）网络体系

网络体系是工业互联网的基础。工业互联网网络体系将连接对象延伸到工业全系统、全产业链、全价值链，可实现人、物品、机器、车间、企业等全要素，以及设计、研发、生产、管理、服务等各环节的泛在深度互联。网络体系包括网络与联接、标识解析、边缘计算等关键技术。如图 1 所示为工业互联网参考架构。

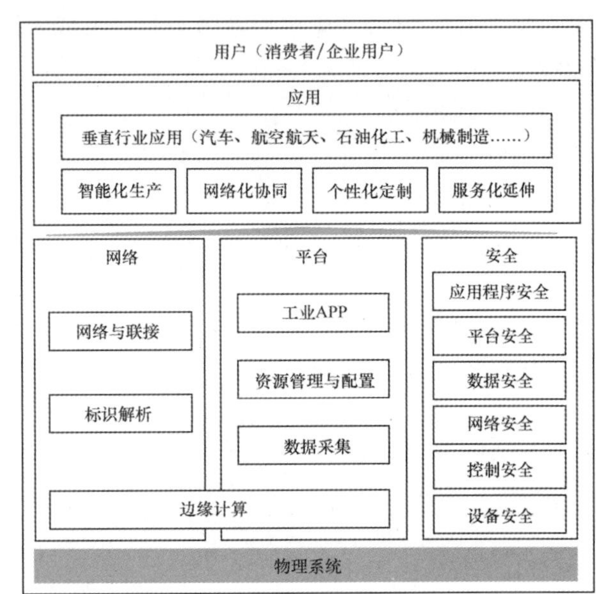

图 1　工业互联网参考架构

1. 网络与联接

网络与联接技术主要包括工厂内外网等网络互联技术以及异构协议数据间互通技术。我国在工厂外部网络相关产业及技术基础相对较好，在工厂内部网络相关产业及技术方面基础薄弱。经过近几年的努力，我国在工厂自动化用以太网（EPA）、面向工业过程自动化的无线网络（WIA-PA）等方面有所突破，相关技术标准已成为国际标准。随着工业互联网的发展，工业以太网、工业无源光纤网络（PON）、工业无线、确定性网络（DetNet）、时间敏感网络 (TSN)、软件定义网络（SDN）、低功耗无线网络、第五代移动通信技术（5G）、支持互联网协议第六版（IPv6）的技术和产品等已成为发展重点，需要在这些重点技术领域加快技术标准及产业布局。

2. 标识解析

工业互联网标识解析技术是指可以根据目标对象的标识编码查询其网络位置或者相关信息的过

程，标识解析系统是工业互联网重要基础设施之一。目前，国内外存在多种标识解析技术，包括标码（Handle）、对象标识符（OID）、国际物品编码协会（GS1）等以及我国的物联网统一标识（Ecode）编码体系等。现有的标识解析技术大部分是面向物联网个别领域应用，缺少针对工业互联网特定应用场景、复杂工序流程等特定应用设计，在数据互认、互操作等方面也缺技术方案，无法满足工业互联网全产业链协同发展的需求。为了促进工业互联网产业持续快速健康发展，需要从整体上构建一套体系完整、兼容性强、能够满足各行业应用的我国工业互联网标识解析标准体系。

3. 边缘计算（网络侧）

边缘计算是网络体系和平台体系的重要支撑技术，是网络、平台功能在边缘侧的映射。从网络侧看，边缘计算是在靠近物或数据源头的网络边缘侧构建的融合网络、计算、存储、应用核心能力的分布式开放体系和关键技术。通过边缘计算能够“就近”提供边缘智能服务，满足工业在敏捷连接、实时业务、安全与隐私保护等方面的需求。国际上主流信息通信企业均加大对边缘计算技术的研发及产品研制，产业处于发展初期，国内外标准化工作进入起步阶段，正在加快推动相关的标准研制工作。

（二）平台体系

平台体系是工业互联网的核心。工业互联网平台体系是面向制造业数字化、网络化、智能化需求，构建基于海量数据采集、汇聚、分析的服务体系，支撑制造资源泛在连接、弹性供给、高效配置的载体。平台体系包括平台与数据、工业 APP 等关键技术。

1. 平台与数据

工业互联网平台是工业全要素、全产业链、全价值链连接的枢纽，是实现制造业数字化、网络化、智能化过程中工业资源配置的核心，是信息化和工业化深度融合背景下的新型产业生态体系。工业互联网平台是在云计算、大数据、工业通信、工业软件等技术综合集成应用基础上延伸出来的新型技术体系，支撑实现海量异构数据汇聚和建模分析、工业经验知识转化复用、工业智能应用开发运行。全球工业互联网平台发展迅速，涌现出一批优秀平台产品和创新应用，但整体上看，当前平台发展还处于初级阶段，产业发展与标准化共识正在形成，工业设备连接、数据采集、工业大数据应用、工业机理建模分析、工业微服务、工业应用开发环境、平台间兼容等重点领域成为标准化和产业推广布局的重点。

2. 工业 APP

工业 APP 是基于工业互联网平台，承载工业知识和经验，满足特定需求的工业应用软件。工业 APP 涵盖了从设计开发、测试部署到应用改进的软件开发技术，并涉及基础学科、行业知识和专业能力等工业技术。工业 APP 属于新兴领域，产业界尚无相关标准。随着工业 APP 产品的推出及试点应用标准化工作成为当前迫切需求，急需围绕工业 APP 架构、开发部署、运维管理、测试验证等关键领域开展标准研制和产业化推广。

3. 边缘计算（平台侧）

为满足工业生产实时性、安全性等方面的需求，平台功能需要在靠近数据源的边缘侧进行映射，负责生产现场数据实时处理与业务快速优化，满足工业在虚拟化和资源抽象、超低时延数据感知、边云协同、轻量级机器学习应用等方面的需求。工业互联网平台企业均开展平台边缘计算智能算法和模块的研发及产业化，亟须加快制定平台边缘计算智能的实时操作系统、分布式计算任务调度、边云协同策略等方面的标准。

（三）安全体系

安全体系是工业互联网的保障。安全体系通过构建涵盖工业全系统的安全防护体系，打造满足工业需求的安全技术体系和相应管理机制，识别和抵御来自内外部的安全威胁，化解各种安全风险，是工业互联网可靠运行，实现工业智能化的安全可信保障。

工业互联网安全从防护对象、防护措施及防护管理三个维度构建。针对不同的防护对象部署相应的安全防护措施，根据实时监测结果发现网络中存在的或即将发生的安全问题并及时做出响应，并通过加强防护管理，明确基于安全目标的可持续改进的管理方针，从而保障工业互联网的安全。

工业互联网安全主要涉及设备、控制系统、网络、数据、平台、应用等方面的防护技术和管理手段，现有面向公网或专网的安全技术及管理标准尚不能满足工业互联网跨网络、跨领域的整体安全保障需求。现阶段针对工业互联网安全相关标准主要集中在工业控制系统领域，为支撑工业互联网健康发展，需要系统全面地开展工业互联网安全技术研究与标准研制。

（四）应用

工业互联网应用催生的新模式新业态是我国工业互联网的特色之一。我国工业企业、信息通信企业、互联网企业积极开展工业互联网应用探索和模式创新，形成了智能化生产、个性化定制、网络化协同、服务化延伸等典型应用。

对于智能化生产，企业围绕研发设计、生产制造、经营管理各环节，应用工业互联网将人、机、料、法、环等资源进行集成与分析，实现生产管控一体化、制造工艺优化、柔性制造、能耗管理、仓储物流优化等。对于网络化协同，制造企业基于工业互联网平台集成设计企业、供应链企业的业务系统，实现协同设计与供应链协同优化；在制造装备联网的基础上，远程下达加工制造需求、对外开放空闲制造能力，实现云制造。对于个性化定制，企业应用工业互联网精准、无缝对接用户个性化需求，并结合产品的模块化设计，实现个性化产品定制。对于服务化延伸，企业应用工业互联网将产品的研发设计数据、运行状态数据、历史维护数据、用户使用行为数据等进行汇聚并分析，实现故障预测与健康管理、远程维护、产品设计反馈优化等。在工业互联网典型应用方面已经开展了少量标准的制定，涵盖在智能化生产、网络化制造、供应链管理、个性化定制等方面，面向重点行业领域的标准研制工作尚未开展，需要根据行业应用需求不断凝练标准化目标，联合产业链上下游主体持续推进标准化工作。

二、建设思路及目标

从工业互联网产业发展实际出发，运用综合标准化的理念和方式，着力构建重点突出、协调配套、科学开放、融合创新的工业互联网标准体系，加快基础共性、总体性、安全、应用等重点领域标准的制定和实施，促进工业互联网产业持续快速健康发展。

（一）总体思路

以新时代，按照国务院《关于深化“互联网+先进制造业”发展工业互联网的指导意见》《工业互联网发展行动计划（2018—2020 年）》的部署，推动构建统一、综合、开放的工业互联网综合标准化体系，鼓励创新技术成果向标准转化，加强工业互联网标准的国际交流与合作，提升标准对工业转型升级的整体支撑和引领作用。

（二）基本原则

1. 统筹规划、协同推进

做好工业互联网标准体系顶层设计，明确标准化的重点领域和方向，指导标准化工作分领域同步推进实施，加强工业互联网标准制定工作的整体协调。

2. 共性先立、急用先行

结合产业发展需求，加快基础共性、产业急需标准的研究制定，实现标准与工业互联网产业发展的同步推进，提升标准的先进性、适用性和有效性。

3. 兼容并蓄、合作共享

加强与国际标准化组织、产业联盟等的技术交流与标准化合作，形成产业发展共识，促进国内外工业互联网先进技术成果的应用与共享，鼓励国内外的产业界共同制定标准。

（三）建设目标

到 2020 年，初步建立工业互联网标准体系，重点研制工厂内网、网络资源管理、边缘设备、异构标识互操作、工业大数据、工业微服务、工业 APP 开发部署、安全能力评估等产业发展急用标准。其中，研制“工业互联网体系架构”等基础共性标准 10 项以上，研制“工业互联网时间敏感网络技术要求”“工业互联网 IPv6 地址分配技术要求”“工业互联网 标识解析体系要求”“工业互联网平台功能架构”“工业互联网 工业 APP 要求”“工业互联网网络安全总体要求”等总体标准 30 项以上，研制“工业互联网 个性化定制分类指南”等应用标准 20 项以上，推进标准在重点企业、重点行业中的应用。

到 2015 年制定 100 项以上标准，重点推进支撑行业应用的标准化工作，基本建成统一、综合、开放的工业互联网标准体系，涵盖工业互联网关键技术、产品、管理及应用需求。形成标准在企业中得到广泛应用、与国际先进标准水平保持同步发展的良好局面。

三、建设内容

（一）工业互联网标准体系框架

工业互联网标准体系框架包括基础共性、总体、应用三大类标准，如图 2 所示。

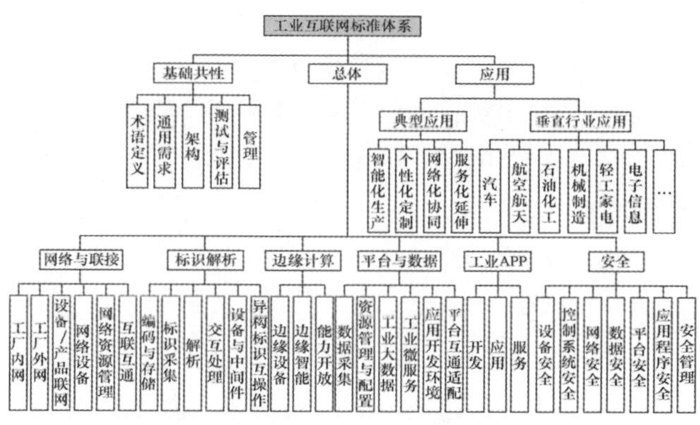

图 2 工业互联网标准体系框架

（二）重点标准化领域及方向

1. 基础共性标准

基础共性标准主要规范工业互联网的通用性、指导性标准，包括术语定义、通用需求、架构、测试与评估、管理等标准。

（1）术语定义标准：主要规范工业互联网相关概念，为其他各部分标准的制定提供支撑，包括工业互联网场景、技术、业务等主要概念定义、分类、相近概念之间关系等。

（2）通用需求标准：主要规范工业互联网的通用能力需求，包括业务、功能、性能、安全、可靠性和管理等方面需求标准。

（3）架构标准：包括工业互联网体系架构以及各部分参考架构，以明确和界定工业互联网的对象、边界、各部分的层级关系和内在联系。

（4）测试与评估标准：主要规范工业互联网技术、设备/产品和系统的测试要求，以及工业互联网应用领域、应用企业、和应用项目的成熟度要求，包括测试方法、评估指标、评估方法等。

（5）管理标准：主要规范工业互联网系统建设及运行相关责任主体以及关键要素的管理要求，包括工业互联网系统运行、管理、服务、交易、分配、绩效等方面标准。

2. 总体标准

2.1 网络与连接标准

网络与连接标准主要包括工厂内网络、工厂外网络、工业设备/产品联网、网络设备、网络资源管理、互联互通等标准。

（1）工厂内网络标准：主要规范工业设备/产品、控制系统、信息系统之间网络互联要求，包括工业以太网、工业无源光网络（PON）、时间敏感网络（TSN）、确定性网络（DetNet）、软件定义网络（SDN）以及工业无线、低功耗无线网络、第五代移动通信技术（5G）工业应用等关键网络技术标准。

（2）工厂外网络标准：主要规范联接生产资源、商业资源以及用户、产品的公共网络（互联网、专网、VPN 等）要求，包括基于多协议标签交换（MPLS）、光传送网（OTN）、软件定义网络（SDN）等技术的虚拟专用网络（VPN）标准，以及长期演进（LTE）、基于蜂窝的窄带物联网（NB-IoT）等蜂窝无线网络标准。

（3）工业设备/产品联网标准：主要规范工业设备/产品联网所涉及的功能、接口、参数配置、数据交换、时钟同步、定位、设备协同、远程控制管理等要求。

（4）网络设备标准：主要规范工业互联网内使用的网络设备功能、性能、接口等关键技术要求，包括工业网关、工业交换机、工业路由器、工业光网络单元（ONU）、工业基站、工业无线访问（AP）等标准。

（5）网络资源管理标准：主要规范工业互联网涉及的地址、无线频谱等资源使用管理要求以及网络运行管理要求，包括工业互联网 IPv6 地址管理规划、应用和实施等标准，用于工业环境的无线频谱规划等标准，以及工厂内网络管理标准、工厂外网络管理等标准。

（6）互联互通标准：主要规范跨设备、跨网络、跨域数据互通时涉及的协议、接口等技术要求。

2.2 标识解析标准

标识解析标准主要包括编码与存储、标识数据采集、解析、数据交互、设备与中间件、异构标识互操作等标准。

（1）编码与存储标准：主要规范工业互联网的编码方案，包括编码规则、注册操作规程，节点管理等标准，以及标识编码在条码、二维码、射频识别标签存储方式等标准。

（2）标识采集标准：主要规范工业互联网标识数据的采集方法，包括各类涉及标识数据采集实体间的通信协议以及接口要求等标准。

（3）解析标准：主要规范工业互联网标识解析的分层模型、实现流程、解析查询数据报文格式、响应数据报文格式和通信协议等要求。

（4）交互处理标准：主要规范设备对标识数据的过滤、去重等处理方法以及标识服务所涉及的标识间映射记录数据格式和产品信息元数据格式等要求。

（5）设备与中间件标准：主要规范工业互联网标识解析服务设备所涉及的功能、接口、协议、同步等要求。

（6）异构标识互操作标准：主要规范不同工业互联网标识解析服务之间的互操作，包括实现方式、交互协议、数据互认等标准。

2.3 边缘计算标准

边缘计算标准主要包括边缘设备标准、边缘智能标准、能力开放标准三个部分。

（1）边缘设备标准：主要规范边缘云、边缘网关、边缘控制器等边缘计算设备的功能、性能、接口等要求。

（2）边缘智能标准：主要规范实现边缘计算智能化处理能力技术的相关标准包括虚拟化和资源抽象技术、实时操作系统、分布式计算任务调度、边云协同策略和技术等。

（3）能力开放标准：主要规范基于边缘设备的资源开放能力、接口、协议等要求，以及边缘设备之间互通所需的调度、接口等要求。

2.4 平台与数据标准

平台与数据标准主要包括数据采集标准、资源管理与配置标准、工业大数据标准、工业微服务标准、应用开发环境标准，以及平台互通适配标准等。

（1）数据采集标准：主要规范工业互联网平台对各类工业数据的集成与接入处理相关技术要求，包括协议解析、数据集成、数据边缘处理等标准。

（2）资源管理与配置标准：主要规范工业互联网平台基础资源虚拟化、资源调度管理、运行管理等技术要求，以及工业设备和工业资源配置要求等。

（3）工业大数据标准：主要包括工业数据交换、工业数据分析与系统、工业数据管理、工业数据建模、工业大数据服务等标准。

① 工业数据交换标准：主要规范工业互联网平台内不同系统之间数据交换体系架构、互操作、性能等要求。

② 工业数据分析与系统标准：主要规范工业互联网数据分析的流程及方法，包括一般数据分析流程及典型场景下数据分析可以使用的工具、大数据系统等标准。

③ 工业数据管理标准：主要规范工业互联网数据的存储结构、数据字典、元数据、数据质量要求、数据生命周期管理、数据管理能力成熟度等要求。

④ 工业数据建模标准：主要规范物理实体（在制品、设备、产线、产品等）在网络空间中的映像及相互关系，包括静态属性数据描述，运行状态等动态数据描述，以及物理实体之间相互作用及激励关系的规则描述等标准。

⑤ 工业大数据服务标准：主要规范工业互联网平台运用大数据能力对外提供的服务，包括大数据存储服务、大数据分析服务、大数据可视化服务、数据建模及数据开放、数据共享等标准。

（4）工业微服务标准：主要规范工业互联网平台微服务架构原则、管理功能、治理功能、应用接入、架构性能等要求。

（5）应用开发环境标准：主要规范工业互联网平台的应用开发对接和运营管理技术要求，包括应用开发规范、应用开发接口、服务发布、服务管理以及资源管理、用户管理、计量计费、开源技术等标准。

（6）平台互通适配标准：主要规范不同工业互联网平台之间的数据流转、业务衔接与迁移，包括互通共享的数据接口、应用进行移植和兼容的应用接口、数据及服务流转迁移要求等标准。

2.5 工业 APP 标准

工业 APP 标准主要包括工业 APP 开发标准、工业 APP 应用标准、工业 APP 服务标准。

（1）工业 APP 开发标准：用于规范工业 APP 参考架构、工业 APP 开发方法、工业 APP 开发平台等相关标准。

（2）工业 APP 应用标准：用于规范工业 APP 的应用需求、应用模式、应用评价等应用特性的相关标准。

（3）工业 APP 服务标准：服务于工业 APP 生态建设，用于规范工业 APP 的知识产权、质量保证、流通服务、安全防护等相关标准。

2.6 安全标准

安全标准主要包括设备安全、控制系统安全、网络安全、数据安全、平台安全、应用程序安全、安全管理等标准。

（1）设备安全标准：主要规范工业互联网中各类终端设备在设计、研发、生产制造以及运行过程中的安全防护、检测及其他技术要求，包括数据采集类设备、智能装备类设备（如可编程逻辑控制器（PLC）、智能电子设备（IED）等）等。对于每一类终端设备，均包括但不限于设计规范、防护要求（或基线配置要求）、检测要求等标准。

（2）控制系统安全标准：主要规范工业互联网中各类控制系统中的控制软件与控制协议的安全防护、检测及其他技术要求，包括数据采集与监视控制系统（SCADA）、集散控制系统（DCS）、现场总线控制系统（FCS）等安全标准。

（3）网络安全标准：主要规范承载工业智能生产和应用的通信网络与标识解析系统的安全防护、检测及其他技术要求，以及相关网络安全产品的技术要求。

（4）数据安全标准：主要规范工业互联网数据相关的安全防护、检测及其他技术要求，包括工业大数据、用户个人信息等数据安全技术要求、数据安全管理规范等标准。

（5）平台安全标准：主要规范工业互联网平台的安全防护、检测、病毒防护及其他技术要求，包括边缘计算能力、工业云基础设施（包括服务器、数据库、虚拟化资源等）、平台应用开发环境、微服务组件等安全标准。

（6）应用程序安全标准：主要规范用于支撑工业互联网智能化生产、网络化协同、个性化定制、服务化延伸等服务的应用程序的安全防护与检测要求，包括支撑各种应用的软件、APP、Web 系统等。

（7）安全管理标准：主要规范工业互联网相关的安全管理及服务要求，包括安全管理要求、安全责任管理、安全能力评估、安全评测、应急响应等标准。

3. 应用标准

应用标准包括典型应用标准和垂直行业应用标准等。

（1）典型应用标准：包括智能化生产标准、个性化定制标准、网络化协同标准、服务化转型标准。

① 智能化生产标准：主要面向工业企业的生产制造环节，制定通用的业务应用等标准。

② 个性化定制标准：主要面向个性化、差异化客户需求，制定通用的业务应用等标准。

③ 网络化协同标准：主要面向协同设计、协同制造、供应链协同等场景，制定通用的业务应用等标准。

④ 服务化延伸标准：面向产品远程运维、基于大数据的增值服务等典型场景，制定通用的业务应用等标准。

（2）垂直行业应用标准：依据基础共性标准、总体标准和典型应用标准，面向汽车、航空航天、石油化工、机械制造、轻工家电、电子信息等重点行业领域的工业互联网应用，开发行业应用导则、特定技术标准和管理规范，优先在重点行业领域实现突破，同时兼顾传统制造业转型升级的需求，逐步覆盖制造业全应用领域。

四、组织实施

加强统筹协调。在国家工业互联网专项工作组的指导下，依托国家工业互联网标准协调推进组、总体组和专家咨询组，统筹推进工业互联网标准体系建设，安排国家和行业标准制定项目。要注重加强与国家智能制造标准化工作机制的联络协作，以及强化各行业、各领域之间的协调配合，形成合力、加快推进。

加快标准研制。汇聚工业互联网产业生态链各方力量按照《工业互联网综合标准化体系建设指南》的规划设计，大力推进产业发展急需的标准研制，注重工业互联网标准化工作与工业互联网创新工程的有机结合，推动建立和完善标准试验验证平台与环境。

强化宣贯实施。充分发挥地方、协会、联盟、专业机构和标准化技术组织等作用，通过多种渠道宣传工业互联网标准化典型案例和突出成绩，有针对性地开展面向企业特别是中小企业的标准化专题培训。紧密围绕技术和产业发展趋势，适时修订《工业互联网综合标准化体系建设指南》。

深化国际合作。不断深化与国外工业互联网相关组织的标准化交流与合作，积极参与国际标准化组织（ISO）、国际电工技术委员会（IEC）、国际电信联盟（ITU）等国际标准化组织活动及国际标准研制，提供我国工业互联网标准化工作的研究成果。

工业和信息化部关于印发《推动企业上云实施指南（2018—2020年）》的通知

为贯彻落实《国务院关于促进云计算创新发展培育信息产业新业态的意见》《国务院关于深化“互联网＋先进制造业”发展工业互联网的指导意见》《云计算发展三年行动计划（2017—2019年）》等部署要求，推动企业利用云计算加快数字化、网络化、智能化转型，推进互联网、大数据、人工智能与实体经济深度融合，现将《推动企业上云实施指南（2018—2020年）》印发你们，请结合各地实际，认真组织实施。

推动企业上云实施指南（2018—2020年）

云计算是信息技术发展和服务模式创新的集中体现，是信息化发展的重大变革和必然趋势。支持企业上云，有利于推动企业加快数字化、网络化、智能化转型，提高创新能力、业务实力和发展水平；有利于加快软件和信息技术服务业发展，深化供给侧结构性改革，促进互联网、大数据、人工智能与实体经济深度融合，加快现代化经济体系建设。

一、总体要求

工业和信息化部统筹协调企业上云工作，组织制定完善企业上云效果评价等相关标准，指导各地工业和信息化主管部门、第三方机构等协同开展工作。各地工业和信息化主管部门要结合本地实际，以强化云计算平台服务和运营能力为基础，以加快推动重点行业领域企业上云为着力点，以完善支撑配套服务为保障，制定工作方案和推进措施，组织开展宣传培训，推动云平台服务商和行业企业加强供需对接，有序推进企业上云进程。

到2020年，力争实现企业上云环境进一步优化，行业企业上云意识和积极性明显提高，上云比例和应用深度显著提升，云计算在企业生产、经营、管理中的应用广泛普及，全国新增上云企业100万家，形成典型标杆应用案例100个以上，形成一批有影响力、带动力的云平台和企业上云体验中心。

（一）企业上云应以提升企业发展能力、解决实际业务问题为出发点。通过将企业业务与信息化应用相结合，实现信息系统升级，促进企业业务创新、流程重构、管理变革，加速企业数字化、网络化、智能化转型，切实提高企业管理水平和综合竞争力。

（二）企业开展上云工作，可从性价比、可用性、可扩展性、安全性、合规性等方面进行调研分析，运用理论分析、仿真实验、测试验证等方法，充分评估业务使用云服务的成本、收益、风险和可接受程度。在此基础上，按照分级分类的原则，统一规划信息系统的上云部署方案。

（三）企业可优先选择业务特征与云计算特点相契合、上云价值效益明显的信息系统上云。一是信息系统使用具有明显的高低峰，需要动态调配资源，进行弹性扩展。二是信息系统需要快速迭代上线，提升业务创新速度。三是信息系统需要降低运行维护成本，提高应急响应、故障恢复、信息安全保障能力。四是信息系统需要运用大数据、人工智能等云上服务实现业务拓展。

（四）开展上云工作，需要上云企业、云平台服务商、云应用服务商、系统集成商、基础设施提供商及相关行业组织、第三方机构加强协作，明确各方责任，共同推进实施。云平台服务商等作为主要服务供给方，要联合云应用服务商、系统集成商、基础设施提供商等产业链相关方，共同为上云企业提供技术支撑服务。上云企业参照指南引导，稳步推进自身上云工作，积极利用云计算平台上的软件应用和数据服务实现数字化转型。第三方机构积极参与宣贯培训、测试评估工作，加强对企业上云工作的跟踪研究。

二、科学制定部署模式

（五）大型企业可建立私有云，部署数据安全要求高的关键信息系统；可将连接客户、供应商、员工的信息系统采用公有云部署，并与私有云共同形成混合云架构。对于数据安全要求高且需对外连接提供服务的信息系统，可考虑采用数据存储于私有云、应用部署于公有云的混合云架构。

（六）中小企业和创业型企业可依托公有云平台，按需租用存储、计算、网络等基础设施资源，应用设计、生产、营销、办公、财务等云服务或构建特色云服务，提高经营管理水平和效率，加快形成业务能力，开展业务和服务模式创新，实现个性化服务输出，加速建立现代化经营模式。

三、按需合理选择云服务

（七）基础设施类云服务。一是计算资源服务。使用云平台的各种弹性计算服务，实现计算资源集中管理、动态分配、弹性扩展和运维减负。二是存储资源服务。使用云平台的块存储、对象存储等云存储服务，提高数据存储的经济性、安全性和可靠性。三是网络资源服务。使用云平台的虚拟专有云、虚拟专有网络、负载均衡等网络服务，高效安全利用云平台网络资源。四是安全防护服务。使用云上主机安全防护、网络攻击防护、应用防火墙、密钥/证书管理、数据加密保护等安全服务，提高信息安全保障能力。

（八）平台系统类服务。一是数据库服务。利用云数据库系统，实现各类数据跨平台、跨业务的协同管理。二是大数据分析服务。利用云端大数据平台推动数据资源集聚，进行数据采集、存储、分析、挖掘和协同应用。三是中间件平台服务。利用云上中间件服务，构建分布式系统架构，满足"互联网+"转型的需要。四是物联网平台服务。将海量物联网终端设备接入云平台，实现设备高效可视化在线管理。五是软件开发平台服务。通过云上开发平台进行软件生命周期管理，快速构建开发、测试、运行环境，规范开发流程、降低成本、提高效率。六是人工智能平台服务。利用云平台的计算资源，形成语音识别、图像识别、人脸识别等智能服务能力，提升业务智能化水平。

（九）业务应用服务。一是协同办公服务。使用邮件、会议、通信等云服务，形成维护成本低、服务效率高的办公系统，提高办公效率。二是经营管理应用服务。使用企业人力资源管理、行政管理、财务管理等云服务，提高企业经营管理的科学性和效率。三是运营管理服务。使用采购管理、生产管理、销售管理、供应链管理、客户资源管理等云服务，提升企业运营管理水平。四是研发设计服务。使用计算机辅助设计、产品开发等云服务，在云端部署开发、设计环境，提升研发效率和创新水平。五是生产控制服务。通过MES（制造执行系统）、生产数据等系统上云，优化生产控制流程，提升生产效率和水平。六是智能应用服务。整合企业全局数据，打造智能研发、智能生产、智能营销、智能服务等智能应用，提升企业智能化水平。

四、稳妥有序推进企业上云

（十）企业上云可按照需求分析、可行性评估、选择确定云平台服务商、上云方案设计、测试和部署、验证和总结、运维保障、效果评估等步骤进行。企业可根据自身实际选择合适步骤，适当简化流程，有序实施上云。

（十一）企业可结合自身业务发展规划，在第三方机构或云平台服务商的支持下，对信息系统业务类型、使用人员、使用特征、性能指标、数据库使用情况、系统间关联关系等进行全面梳理。

（十二）企业可在第三方机构或云平台服务商的支持下，参考信息系统分析结果，结合已有信息资源和业务需要，从业务需求、用户体验、平台兼容性、成本、安全性等方面，分析满足系统安全稳定运行的云基础环境需求，对信息系统的上云可行性进行分析，初步确定各类系统是否上云，以及上云的优先级。重点分析内容包括。

（1）上云是否能够提升企业发展能力、解决实际业务问题；

（2）信息系统是否适合弹性拓展、是否需要快速部署；云平台及应用服务是否兼容现有信息系统；

若不兼容则需评估迁移改造成本及风险等；

（3）评估数据存储方式、数据安全等是否符合要求；

（4）评估上云方式（在线 / 离线等）是否符合业务要求，上云迁移时间是否在可接受业务中断时间范围内；上云后能否满足不同类型用户体验需求；

（5）评估现有系统与上云后系统的切换方案、并行运行方案、失败回滚方案等；评估系统改造、数据迁移、应用程序迁移过程中可能出现的风险点，并给出应对建议。

（十三）上云企业可在云平台服务商支持下，基于上云可行性评估结论，拟定详细上云工作内容和要求，明确各方责任和义务。充分评估迁移上云过程中的风险点，制定应用迁移、数据迁移、系统改造方案、数据存储方式及安全保护等技术方案，以及配套的监督、验收、失败回滚方案，做好上云信息系统和未上云信息系统的协同。

（十四）上云企业可依托云平台服务商或第三方机构，明确各信息系统具体迁移策略。对于复杂系统的迁移上云，需要根据实际情况采用定制化的迁移技术及方法。迁移策略包括：

（1）直接迁移：将信息系统迁移部署到云平台，利用统一运营管理平台进行管理；

（2）改造后迁移：对数据库、系统架构、运行环境、接口等进行改造，使其满足迁移到云平台的技术要求后迁移；

（3）采购云服务重建：结合业务实际，采购满足需求的各类云服务，重新构建信息系统；

（4）保持现状：对暂不适合迁移的系统，继续保持运行在当前环境。

（十五）企业可在云平台服务商或第三方机构支持下，根据上云方案构建模拟环境，进行上云演练，经过测试和验证，不断优化完善上云方案，执行上云过程。

（1）推动开发、测试环境上云，构建模拟环境，包括迁移源端和目标端环境；

（2）实施模拟上云，进行功能测试、性能测试、备份测试、容灾测试等，并在此基础上修改完善上云方案；

（3）按照上云方案准备包括人员、环境、实施工具等在内的资源，实施上云过程，开展数据迁移和应用迁移，失败时实施回滚方案。

（十六）上云过程结束后，各相关方可进行数据完整性和一致性校验，执行上云后的功能测试、业务流程测试、性能比对测试、备份测试、容灾测试、安全测试等，出具上云测试报告；将信息系统正式割接到云平台，开展上云总结。

（十七）上云成功后，上云企业可自行或委托第三方机构对云服务进行监督，督促云平台服务商不断提升服务能力。如出现服务不可用或达不到保障水平的情况，云平台服务商应按照服务协议中约定的内容和方式进行赔付，保证上云企业合法权益。

（十八）企业上云后，可自行或委托第三方机构，从资源采购规模和利用率、业务效率提升情况、经济效益和社会效益等方面对上云效果进行评估。

（十九）上云企业可配备相应的云计算人才队伍，并根据上云对企业业务经营和组织管理带来的变化，及时调整建立与之相适应的企业组织管理模式。

五、提升支撑服务能力

（二十）云平台服务商应加快提升技术水平和服务能力，保障云平台高效、安全、稳定运行，与云应用服务商、系统集成商、基础设施提供商、第三方机构、行业组织密切合作，为上云企业提供方案咨询和定制服务，拓展企业上云覆盖范围。

（二十一）鼓励云平台服务商建设综合性、行业性或区域性企业上云体验中心，系统展示云服务业务内容、功能特点、典型应用案例和上云成效，提高用户对云计算的认知度和应用能力。鼓励云平台服务商与云应用开发商、系统集成商等组织开展培训服务，加强专业人才队伍建设。

（二十二）鼓励软件和信息技术服务企业加速向云计算转型，针对不同行业、不同企业差异化需求，基于云计算平台开展产品、服务和解决方案的开发测试，加快丰富云计算产品服务供给。积极发展协同办公、生产管理、财务管理、营销管理、人力资源管理等各类 SaaS 服务，为上云企业提供业务支撑。

六、强化政策保障

（二十三）鼓励各地建立政府部门、云平台服务商、上云企业等多方合作推进机制。支持各地工业和信息化主管部门设立企业上云专家咨询委员会。加大对企业上云的引导推进力度，加强政策宣贯解读，普及上云知识，提高企业上云意识和实践能力，持续扩大企业上云影响力。

（二十四）支持各地工业和信息化主管部门建立完善公共服务平台，为企业提供信息系统规划咨询、方案设计、监理培训等各类服务。深入开展云服务能力测评和服务可信度评估，推动提升云计算企业服务水平和服务质量。积极探索利用保险模式对上云企业给予保障。

（二十五）鼓励各地加快推动开展云上创新创业。支持各类企业和创业者以云计算平台为基础，利用大数据、物联网、人工智能、区块链等新技术，积极培育平台经济、分享经济等新业态、新模式。

（二十六）制定出台企业上云的效果评价标准，逐步构建企业上云效果评价体系。支持第三方机构根据相关标准，对成本节约、效率提升、业务升级、创新促进等上云效果进行评估、统计，引导企业深度上云。总结宣传企业上云的典型案例和成功经验，加大推广力度，打造上云标杆企业，充分发挥示范引领作用，实现企业上云规模化推进。

（二十七）落实《中华人民共和国网络安全法》相关要求，推动建立健全云计算相关安全管理制度，完善云计算网络安全防护标准。指导督促云平台服务商切实落实主体责任，保障用户信息安全和商业秘密。

国务院办公厅关于促进“互联网＋医疗健康”发展的意见

为深入贯彻落实习近平新时代中国特色社会主义思想和党的十九大精神，推进实施健康中国，提升医疗卫生现代化管理水平，优化资源配置，创新服务模式，提高服务效率，降低服务成本，满足人民群众日益增长的医疗卫生健康需求，根据《“健康中国2030”规划纲要》和《国务院关于积极推进“互联网＋”行动的指导意见》（国发〔2015〕40号），经国务院同意，现就促进“互联网＋医疗健康”发展提出以下意见。

一、健全“互联网＋医疗健康”服务体系

（一）发展“互联网＋”医疗服务

1. 鼓励医疗机构应用互联网等信息技术拓展医疗服务空间和内容，构建覆盖诊前、诊中、诊后的线上线下一体化医疗服务模式。

允许依托医疗机构发展互联网医院。医疗机构可以使用互联网医院作为第二名称，在实体医院基础上，运用互联网技术提供安全适宜的医疗服务，允许在线开展部分常见病、慢性病复诊。医师掌握患者病历资料后，允许在线开具部分常见病、慢性病处方。

支持医疗卫生机构、符合条件的第三方机构搭建互联网信息平台，开展远程医疗、健康咨询、健康管理服务，促进医院、医务人员、患者之间的有效沟通。（国家卫生健康委员会、国家发展改革委负责。排在第一位的部门为牵头部门，下同）

2. 医疗联合体要积极运用互联网技术，加快实现医疗资源上下贯通、信息互通共享、业务高效协同，便捷开展预约诊疗、双向转诊、远程医疗等服务，推进“基层检查、上级诊断”，推动构建有序的分级诊疗格局。

鼓励医疗联合体内上级医疗机构借助人工智能等技术手段，面向基层提供远程会诊、远程心电诊断、远程影像诊断等服务，促进医疗联合体内医疗机构间检查检验结果实时查阅、互认共享。推进远程医疗服务覆盖全国所有医疗联合体和县级医院，并逐步向社区卫生服务机构、乡镇卫生院和村卫生室延伸，提升基层医疗服务能力和效率。（国家卫生健康委员会、国家发展改革委、财政部、国家中医药局负责）

（二）创新“互联网＋”公共卫生服务

1. 推动居民电子健康档案在线查询和规范使用。以高血压、糖尿病等为重点，加强老年慢性病在线服务管理。以纳入国家免疫规划的儿童为重点服务对象，整合现有预防接种信息平台，优化预防接种服务。鼓励利用可穿戴设备获取生命体征数据，为孕产妇提供健康监测与管理。加强对严重精神障碍患者的信息管理、随访评估和分类干预。（国家卫生健康委员会负责）

2. 鼓励医疗卫生机构与互联网企业合作，加强区域医疗卫生信息资源整合，探索运用人群流动、气候变化等大数据技术分析手段，预测疾病流行趋势，加强对传染病等疾病的智能监测，提高重大疾病防控和突发公共卫生事件应对能力。（国家卫生健康委员会负责）

（三）优化“互联网＋”家庭医生签约服务

1. 加快家庭医生签约服务智能化信息平台建设与应用，加强上级医院对基层的技术支持，探索线上考核评价和激励机制，提高家庭医生团队服务能力，提升签约服务质量和效率，增强群众对家庭医生的信任度。（国家卫生健康委员会、国家发展改革委、财政部、国家中医药局负责）

2. 鼓励开展网上签约服务，为签约居民在线提供健康咨询、预约转诊、慢性病随访、健康管理、延伸处方等服务，推进家庭医生服务模式转变，改

善群众签约服务感受。（国家卫生健康委员会负责）

（四）完善"互联网 +"药品供应保障服务

1. 对线上开具的常见病、慢性病处方，经药师审核后，医疗机构、药品经营企业可委托符合条件的第三方机构配送。探索医疗卫生机构处方信息与药品零售消费信息互联互通、实时共享，促进药品网络销售和医疗物流配送等规范发展。（国家卫生健康委员会、国家市场监督管理总局、国家药品监督管理局负责）

2. 依托全民健康信息平台，加强基于互联网的短缺药品多源信息采集和供应业务协同应用，提升基本药物目录、鼓励仿制的药品目录的遴选等能力。（国家卫生健康委员会、工业和信息化部、国家市场监督管理总局、国家药品监督管理局负责）

（五）推进"互联网 +"医疗保障结算服务

1. 加快医疗保障信息系统对接整合，实现医疗保障数据与相关部门数据联通共享，逐步拓展在线支付功能，推进"一站式"结算，为参保人员提供更加便利的服务。（国家医疗保障局、人力资源社会保障部、国家卫生健康委员会等负责）

2. 继续扩大联网定点医疗机构范围，逐步将更多基层医疗机构纳入异地就医直接结算。进一步做好外出务工人员和广大"双创"人员跨省异地住院费用直接结算。（国家医疗保障局负责）

3. 大力推行医保智能审核和实时监控，将临床路径、合理用药、支付政策等规则嵌入医院信息系统，严格医疗行为和费用监管。（国家医疗保障局负责）

（六）加强"互联网 +"医学教育和科普服务

1. 鼓励建立医疗健康教育培训云平台，提供多样化的医学在线课程和医学教育。构建网络化、数字化、个性化、终身化的医学教育培训体系，鼓励医疗工作者开展疑难杂症及重大疾病病例探讨交流，提升业务素质。（国家卫生健康委员会、教育部、人力资源社会保障部负责）

2. 实施"继续医学教育 + 适宜技术推广"行动，围绕健康扶贫需求，重点针对基层和贫困地区，通过远程教育手段，推广普及实用型适宜技术。（国家卫生健康委员会、人力资源社会保障部、国家中医药局负责）

3. 建立网络科普平台，利用互联网提供健康科普知识精准教育，普及健康生活方式，提高居民自我健康管理能力和健康素养。（国家卫生健康委员会、中国科协负责）

（七）推进"互联网 +"人工智能应用服务

1. 研发基于人工智能的临床诊疗决策支持系统，开展智能医学影像识别、病理分型和多学科会诊以及多种医疗健康场景下的智能语音技术应用，提高医疗服务效率。支持中医辨证论治智能辅助系统应用，提升基层中医诊疗服务能力。开展基于人工智能技术、医疗健康智能设备的移动医疗示范，实现个人健康实时监测与评估、疾病预警、慢病筛查、主动干预。（国家发展改革委、科技部、工业和信息化部、国家卫生健康委员会、国家中医药局按职责分工负责）

2. 加强临床、科研数据整合共享和应用，支持研发医疗健康相关的人工智能技术、医用机器人、大型医疗设备、应急救援医疗设备、生物三维打印技术和可穿戴设备等。顺应工业互联网创新发展趋势，提升医疗健康设备的数字化、智能化制造水平，促进产业升级。（国家发展改革委、工业和信息化部、科技部、国家卫生健康委员会等按职责分工负责）

二、完善"互联网 + 医疗健康"支撑体系

（八）加快实现医疗健康信息互通共享

1. 各地区、各有关部门要协调推进统一权威、互联互通的全民健康信息平台建设，逐步实现与国家数据共享交换平台的对接联通，强化人口、公共卫生、医疗服务、医疗保障、药品供应、综合管理等数据采集，畅通部门、区域、行业之间的数据共享通道，促进全民健康信息共享应用。（国家发展改革委、工业和信息化部、公安部、人力资源社会保障部、国家卫生健康委员会、国家市场监督管理总局、国家医疗保障局、各省级人民政府负责）

2. 加快建设基础资源信息数据库，完善全员人口、电子健康档案、电子病历等数据库。大力提升医疗机构信息化应用水平，二级以上医院要健全医院信息平台功能，整合院内各类系统资源，提升医院管理效率。三级医院要在2020年前实现院内医疗

服务信息互通共享，有条件的医院要尽快实现。（国家卫生健康委员会负责）

3. 健全基于互联网、大数据技术的分级诊疗信息系统，推动各级各类医院逐步实现电子健康档案、电子病历、检验检查结果的共享，以及在不同层级医疗卫生机构间的授权使用。支持老少边穷地区基层医疗卫生机构信息化软硬件建设。（国家卫生健康委员会、国家发展改革委、财政部负责）

（九）健全“互联网 + 医疗健康”标准体系

1. 健全统一规范的全国医疗健康数据资源目录与标准体系。加强“互联网 + 医疗健康”标准的规范管理，制订医疗服务、数据安全、个人信息保护、信息共享等基础标准，全面推开病案首页书写规范、疾病分类与代码、手术操作分类与代码、医学名词术语“四统一”。（国家卫生健康委员会、国家市场监督管理总局负责）

2. 加快应用全国医院信息化建设标准和规范，强化省统筹区域平台和医院信息平台功能指引、数据标准的推广应用，统一数据接口，为信息互通共享提供支撑。（国家卫生健康委员会、国家市场监督管理总局负责）

（十）提高医院管理和便民服务水平

1. 围绕群众日益增长的需求，利用信息技术，优化服务流程，提升服务效能，提高医疗服务供给与需求匹配度。到 2020 年，二级以上医院普遍提供分时段预约诊疗、智能导医分诊、候诊提醒、检验检查结果查询、诊间结算、移动支付等线上服务。有条件的医疗卫生机构可以开展移动护理、生命体征在线监测、智能医学影像识别、家庭监测等服务。（国家卫生健康委员会、国家中医药局负责）

2. 支持医学检验机构、医疗卫生机构联合互联网企业，发展疾病预防、检验检测等医疗健康服务。推进院前急救车载监护系统与区域或医院信息平台连接，做好患者信息规范共享、远程急救指导和院内急救准备等工作，提高急救效能。推广“智慧中药房”，提高中药饮片、成方制剂等药事服务水平。（国家卫生健康委员会、工业和信息化部、国家中医药局负责）

（十一）提升医疗机构基础设施保障能力

1. 提升“互联网 + 医疗健康”服务保障水平，推进医疗卫生服务体系建设，科学布局，合理配置，实施区域中心医院医疗检测设备配置保障工程，国家对中西部等地区的贫困地区予以适当支持。加快基层医疗卫生机构标准化建设，提高基层装备保障能力。（国家卫生健康委员会、国家发展改革委、财政部负责）

2. 重点支持高速宽带网络普遍覆盖城乡各级医疗机构，深入开展电信普遍服务试点，推动光纤宽带网络向农村医疗机构延伸。推动电信企业加快宽带网络演进升级步伐，部署大容量光纤宽带网络，提供高速率网络接入。完善移动宽带网络覆盖，支撑开展急救车载远程诊疗。（工业和信息化部、国家卫生健康委员会按职责分工负责）

3. 面向远程医疗、医疗信息共享等需求，鼓励电信企业向医疗机构提供优质互联网专线、虚拟专用网（VPN）等网络接入服务，推进远程医疗专网建设，保障医疗相关数据传输服务质量。支持各医疗机构选择使用高速率高可靠的网络接入服务。（工业和信息化部、国家卫生健康委员会按职责分工负责）

（十二）及时制订完善相关配套政策

1. 适应“互联网 + 医疗健康”发展，进一步完善医保支付政策。逐步将符合条件的互联网诊疗服务纳入医保支付范围，建立费用分担机制，方便群众就近就医，促进优质医疗资源有效利用。健全互联网诊疗收费政策，加强使用管理，促进形成合理的利益分配机制，支持互联网医疗服务可持续发展。（国家医疗保障局负责）

2. 完善医师多点执业政策，鼓励执业医师开展“互联网 + 医疗健康”服务。（国家卫生健康委员会负责）

三、加强行业监管和安全保障

（十三）强化医疗质量监管

1. 出台规范互联网诊疗行为的管理办法，明确监管底线，健全相关机构准入标准，最大限度减少准入限制，加强事中事后监管，确保医疗健康服务质量和安全。推进网络可信体系建设，加快建设全国统一标识的医疗卫生人员和医疗卫生机构可信医学数字身份、电子实名认证、数据访问控制信息系统，创新监管机制，提升监管能力。建立医疗责任分担机制，推行在线知情同意告知，防范和化解医疗风险。（国家卫生健康委员会、国家网信办、工业和信息化部、公安部负责）

2. 互联网医疗健康服务平台等第三方机构应当确保提供服务人员的资质符合有关规定要求，并对所提供的服务承担责任。“互联网 + 医疗健康”服务产生的数据应当全程留痕，可查询、可追溯，满足行业监管需求。（国家卫生健康委员会、国家网信办、工业和信息化部、公安部、国家市场监督管理总局负责）

（十四）保障数据信息安全

1. 研究制定健康医疗大数据确权、开放、流通、交易和产权保护的法规。严格执行信息安全和健康医疗数据保密规定，建立完善个人隐私信息保护制度，严格管理患者信息、用户资料、基因数据等，对非法买卖、泄露信息行为依法依规予以惩处。（国家卫生健康委员会、国家网信办、工业和信息化部、公安部负责）

2. 加强医疗卫生机构、互联网医疗健康服务平台、智能医疗设备以及关键信息基础设施、数据应用服务的信息防护，定期开展信息安全隐患排查、监测和预警。患者信息等敏感数据应当存储在境内，确需向境外提供的，应当依照有关规定进行安全评估。（国家卫生健康委员会、国家网信办、工业和信息化部负责）

各地区、各有关部门要结合工作实际，及时出台配套政策措施，确保各项部署落到实处。中西部地区、农村贫困地区、偏远边疆地区要因地制宜，积极发展“互联网 + 医疗健康”，引入优质医疗资源，提高医疗健康服务的可及性。国家卫生健康委员会要会同有关部门按照任务分工，加强工作指导和督促检查，重要情况及时报告国务院。

中央网信办和中国证监会联合发布《关于推动资本市场服务网络强国建设的指导意见》

为全面贯彻落实党的十九大精神，充分发挥资本市场在资源配置中的重要作用，规范和促进网信企业创新发展，推进网络强国、数字中国建设，2018 年 3 月 30 日，中央网信办和中国证监会联合印发《关于推动资本市场服务网络强国建设的指导意见》(以下简称《意见》)。

当今世界，以互联网为代表的网络信息技术深刻改变着全球经济格局、利益格局、安全格局。我国正从网络大国向网络强国迈进，在互联网、信息设备制造、信息传输、信息技术服务等领域，涌现出一大批创新型网信企业，有效拓展了经济发展新空间，为适应和引领经济发展新常态，深化供给侧结构性改革发挥了重要作用。在此背景下，需要进一步发挥资本市场服务实体经济功能，加强政策引导，促进网信企业规范发展。

《意见》指出，党的十八大以来，以习近平同志为核心的党中央高度重视网络安全和信息化工作，我国网信事业取得积极进展，网络强国建设不断深入推进。推动资本市场服务网络强国建设，应以习近平新时代中国特色社会主义思想为指导，并遵循以下总体要求：推动网信事业和资本市场协同发展，保障国家网络安全和金融安全，促进网信和证券监管工作联动。在具体措施方面，《意见》提出：

一是加强政策引导，促进网信企业规范发展。支持网信企业服务国家发展，引导网信企业围绕网络强国发展目标选择发展方向。提高网信企业规范运作水平和信息披露质量，指导网信企业遵守国家法律法规、行业规范和业务标准，建立规范的公司治理结构和健全的内部控制制度。指导网信企业提高网络与信息安全意识，建立健全网络与信息安全保障措施，维护国家网络空间主权、安全和发展利益，保障个人信息和重要数据安全。

二是充分发挥资本市场作用，推动网信企业加快发展。支持符合条件的网信企业利用主板、中小板、创业板、新三板、区域股权市场、债券市场等多层次资本市场做大做强。鼓励网信企业通过并购重组，完善产业链条，引进吸收国外先进技术，参与全球资源整合，提升技术创新和市场竞争能力。营造有利于各类投资主体参与的市场环境，为不同发展阶段的网信企业提供资本支持。充分发挥保荐机构、财务顾问、律师事务所、会计师事务所等机构的积极作用。

三是加强组织保障。中央网信办和中国证监会将建立健全工作协调机制，加强工作沟通，积极促进信息共享。充分发挥政府、行业协会、研究机构、企业等作用，搭建投融资专业服务平台。加强政策研究和宣传，发挥网信和投融资行业专家作用，研究网信企业对接资本市场中的新情况、新问题，推动资本市场改革政策在网信领域先行先试。

制定出台《意见》，从发展网信事业方面，有助于进一步发挥资本市场支持网络强国建设积极作用，有助于网信企业利用多层次资本市场做大做强。从资本市场发展和监管方面，有助于提高网信企业规范运作和公司治理水平，有助于提高信息披露质量，保护投资者合法权益。

下一步，中央网信办和中国证监会将采取务实措施，推动各项工作细化落实，努力增加制度的包容性和适应性，加大对新技术新产业新业态新模式的支持力度，促进网信企业高效对接资本市场，加快实施网络强国。

关于推动资本市场服务网络强国建设的指导意见

党的十八大以来，以习近平同志为核心的党中央高度重视网络安全和信息化工作，我国网信事业取得积极进展，网络强国建设不断深入推进，涌现出一大批互联网、信息设备制造、信息传输、信息技术服务等领域的网信企业，有效拓展了经济发展新空间，为深化供给侧结构性改革提供了新动力。近年来，我国多层次资本市场稳步发展，市场资源配置功能持续提升。为进一步发挥资本市场服务网络强国建设的积极作用，加快实施网络强国，促进网信企业规范发展，提出如下意见。

一、总体要求

全面贯彻落实党的十九大精神，以习近平新时代中国特色社会主义思想为指导，充分发挥资本市场在资源配置中的重要作用，建立完善部门间工作协调机制，规范和促进网信企业创新发展，推进网络强国、数字中国建设。

（一）推动网信事业和资本市场协同发展

牢牢把握世界经济加速向以网络信息技术产业为重要内容的经济活动转变的历史契机，发挥资本市场支持保障作用，更好服务国家发展，加快发展数字经济，大力培育网信企业，为资本市场注入新动力。

（二）保障国家网络安全和金融安全

加强监管，完善网络安全风险防控体系，引导网信企业在利用资本市场发展过程中加强网络安全管理，规范和强化网信企业信息披露，加强互联网上资本市场违法信息监测和处置，推动网信企业规范发展。

（三）促进网信和证券监管工作联动

围绕资本市场促进网信事业发展主题，加强网信和证券监管工作的协调联动，充分发挥资本市场资源配置作用，促进企业落实主体责任，深化行业监督管理，凝聚工作共识，形成监管合力。

二、加强政策引导，促进网信企业规范发展

（四）支持网信企业服务国家发展

引导网信企业围绕网络强国目标选择发展方向，服务网络强国建设。积极支持符合国家发展规划和产业政策方向，有利于促进网络信息技术自主创新、掌握关键核心技术、提升网络安全保障能力的重点项目。

（五）提高网信企业规范运作水平

指导网信企业遵守国家法律法规、行业规范和业务标准，建立规范的公司治理结构和健全的内部控制制度，坚持合法稳健的经营原则和模式，有序参与市场竞争，确保企业重要资产、核心技术或其他重大权益权属清晰。引导网信企业采取措施，防范非法证券期货业务活动、不正当市场竞争或垄断行为。

（六）落实网络与信息安全保障措施

指导网信企业遵守《中华人民共和国网络安全法》《互联网信息服务管理办法》《互联网新闻信息服务管理规定》《网络产品和服务安全审查办法（试行）》等法律法规和制度，提高网络与信息安全意识，建立健全网络与信息安全保障措施，维护国家网络空间主权、安全和发展利益，积极参与国家关键信息基础设施安全保护，维护公民网络空间合法权益，保障个人信息和重要数据安全。

（七）提高信息披露质量

结合网信企业经营业务和模式特点，进一步规范和完善网信行业细分领域信息披露要求。指导网信企业结合实际发展情况及所处行业特点，严格履行信息报告和披露制度，全面完整地报告或披露网络与信息安全管理、主要业务模式及运营状况，企业股权结构、实际控制人、受益所有人及其变动等情况，保护投资者合法权益。

三、充分发挥资本市场作用，推动网信企业加快发展

（八）支持符合条件的网信企业利用多层次资本市场做大做强

加快扶持培育一批自主创新能力强、发展潜力大的网信企业在主板、中小板和创业板实现首次公开发行和再融资。鼓励具有行业竞争优势的中小网信企业在全国中小企业股份转让系统挂牌。鼓励中小微网信企业在区域股权市场挂牌。拓宽债券融资渠道，支持符合条件的网信企业发行公司债券、可转换债券等。

（九）推动网信企业并购重组

鼓励网信企业通过并购重组，完善产业链条，引进吸收国外先进技术，参与全球资源整合，提升技术创新和市场竞争能力。通过利用资本市场并购重组，支持与中高端制造业深度融合、引领中高端消费的网信企业加快发展，打造一批掌握关键核心技术、创新能力突出、国际竞争力强的领军网信企业。

（十）完善优化投融资环境

营造有利于各类投资主体参与的市场环境，优化投资结构，推进投资主体多元化，完善投资引导政策，充分发挥政府投资基金、私募基金等作用，为网信企业发展提供资本支持。

（十一）进一步增强金融服务能力

发挥保荐机构、财务顾问、律师事务所、会计师事务所等证券期货经营和服务机构的积极作用，提升专业服务能力和执业质量，创新金融产品和服务，促进网信企业高效对接资本市场。

四、加强组织保障

（十二）建立工作协调机制。建立健全网信部门和证券监管部门的工作协调机制，就网信企业首发上市、并购重组等加强协调配合，积极支持推动符合条件和国家发展、遵守国家网络安全管理要求的企业利用资本市场做大做强，推动资本市场服务网络强国。

（十三）促进信息共享

加强网信部门与证券监管部门工作沟通和信息共享，建立健全信息共享机制。网信企业落实国家重要工作、行业监管政策、诚信处罚记录，以及申请首发上市、再融资、并购重组等信息将纳入信息共享范围。

（十四）提供专业化服务

发挥政府、行业协会组织、研究机构、企业等作用，加强网信领域投融资服务体系建设，支持投融资服务机构发展，搭建投融资专业服务平台，通过组织联盟、论坛、研讨会等形式促进网信企业与投资机构、中介服务机构等的交流合作。

（十五）加强政策研究和宣传

发挥网信和投融资行业专家作用，加强网信企业上市融资业务培训和政策宣传。研究网信企业对接资本市场中的新情况、新问题，推动资本市场改革政策在网信领域先行先试，着力提高监管政策的协同性和适应性。

附录 B　创新成果类

2018年信息通信行业用户满意企业

中国电信股份有限公司廊坊分公司
中国电信股份有限公司运城分公司
中国电信上海公司东区电信局
中国电信股份有限公司宿州分公司
中国电信股份有限公司龙岩分公司
中国电信股份有限公司襄阳分公司
中国电信股份有限公司郴州分公司
中国电信股份有限公司百色分公司
中国电信股份有限公司南充分公司
中国电信股份有限公司云阳分公司
中国电信股份有限公司哈尔滨分公司
中国电信股份有限公司张掖分公司
中国移动通信集团山西有限公司运城分公司
中国移动通信集团安徽有限公司六安分公司
中国移动通信集团海南有限公司海口分公司
中国移动通信集团山东有限公司泰安分公司
中国移动通信集团宁夏有限公司石嘴山分公司
中国移动通信集团青海有限公司西宁分公司
中国移动通信集团江西有限公司上饶分公司
中国移动通信集团四川有限公司凉山分公司
中国移动通信集团河南有限公司周口分公司
中国移动通信集团新疆有限公司奎屯分公司
中国移动通信集团黑龙江有限公司鸡西分公司
中国移动通信集团福建有限公司泉州分公司
中国联合网络通信有限公司赣州分公司
中国联合网络通信有限公司淄博市分公司
中国联合网络通信有限公司静海区分公司
中国联合网络通信有限公司重庆市九龙坡分公司
中国联合网络通信有限公司徐州市分公司
中国联合网络通信有限公司海南藏族自治州分公司
中国联合网络通信有限公司深圳市分公司
中国联合网络通信有限公司武威市分公司
中国联合网络通信有限公司长沙市分公司
中国联合网络通信有限公司邯郸市分公司
中国联合网络通信有限公司恩施州分公司
中国联合网络通信有限公司台州市分公司
中国邮政集团公司北京市门头沟区分公司
中国邮政集团公司秦皇岛市分公司
中国邮政集团公司上海市金山区分公司
中国邮政集团公司淮南市分公司
中国邮政集团公司六盘水市分公司
中国邮政集团公司武威市分公司
中国邮政集团公司哈密市分公司
中国邮政储蓄银行股份有限公司南京市分行
中国邮政储蓄银行股份有限公司淄博市分行
中国邮政储蓄银行股份有限公司厦门湖里区支行
中国邮政速递物流股份有限公司娄底市分公司
中国邮政速递物流股份有限公司南宁市分公司

2018年通信行业企业管理现代化创新优秀成果名单

一等成果（16个）	
中国电信集团有限公司人力资源部	大数据驱动的人力资源智慧运营
中国电信集团有限公司财务部	ICT项目全流程闭环管理
中国电信集团公司网络运行维护事业部	构建网络维护成本智慧化管理的新模式，实现资源配置效率效益的双提升
天翼电子商务有限公司	“天翼+分期”，助力大网和金融业务融合创新发展
中国移动通信集团福建有限公司	战训结合，打造“仗怎么打兵就怎么练”的技术人才培养体系
中国移动通信集团浙江有限公司	深化“三集中”改革，夯实精益化运营能力
中国移动通信集团江苏有限公司	大连接时代面向客户感知的物联网协同服务体系研究与实践
中国移动通信集团陕西有限公司	基于大数据价值链的网络能力再造，构建三级大数据价值增值与变现体系
中国联合网络通信集团有限公司人力资源部	以混合所有制改革为契机，探索国有企业中长期激励范式
中国联合网络通信有限公司河南省分公司	构建面向网格的无线网规建维优一体化精准投资管理体系的研究与实践
中国联合网络通信集团有限公司市场部	助力“混改”新模式，构建互联网化的“线上线下一体化新零售”运营体系
中国联合网络通信有限公司北京市分公司	打造电信运营商“两横三纵”大数据治理体系，驱动大数据价值释放
中国邮政集团公司战略规划部	中国邮政以“一体两翼”经营发展战略为指引的组织架构改革
中国邮政集团公司辽宁省分公司	邮政企业基于“互联网+邮政网”的爱心健康服务体系建设
中国邮政集团公司北京市分公司	基于电子地图围栏技术的分拣投递管理体系建设
中国邮政集团公司成都市分公司	适应消费者新需求的邮政文化传媒业务转型管理
二等成果（33个）	
中国电信股份有限公司广西分公司	基于创建支撑使能优势的点单式支撑管理创新
中国电信股份有限公司四川分公司	创新人力资源管理“双分双位体系”助推员工发展和企业转型升级
中国电信股份有限公司江西分公司	基于大数据智能应用的光网精准投资及智慧运营实践
中国电信股份有限公司安徽分公司	通信企业构建基层一线人员自主创业的市场化机制的探索实践
中国电信股份有限公司扬州分公司	做实以店包片　做深营维一体　构建立体化社区宽带攻防体系
中国电信集团有限公司财务部	依托发票数字化，构建中国电信智慧发票管理平台

（续表）

中国电信股份有限公司甘肃分公司	智能组网业务全流程支撑模式创新
中国电信股份有限公司广东分公司	基于大数据驱动的优维建工作机制，创新智慧运营管理模式，提升竞争力，支撑格局战
中国电信集团有限公司网络运行维护事业部	创新互联网众测方式提升中国电信网络安全风险自发现能力
中国移动通信集团福建有限公司	构建“轻拳找突破，重拳促提升”的端到端宽带网络品质管理模式
中移信息技术有限公司、中国移动通信集团北京有限公司	立足客户端全网整合，践行“逻辑集中、物理分散、业务聚合、运营协同”的中国移动电子渠道集中化协同管理体系
中国移动通信集团四川有限公司	天眼 - 融合创新、阳光透明，全力推进采购嵌入式防控纵深管理
中国移动通信集团有限公司法律与监管事务部	深耕“法治移动”建设 厚植“和法同行”文化——创新打造“12345”法治宣教体系
中国移动通信集团安徽有限公司、中国移动通信集团有限公司网络部	构建基于风险防控的网络“三费”全生命周期管理体系
中国移动通信集团有限公司信息安全管理与运行中心	中国移动网络信息安全“三位一体”全流程闭环管理体系构建与实践
中国移动通信集团河南有限公司	电信运营商实现从管“设备”到管“数据”的安全能力跨越
中国移动通信集团有限公司市场经营部、中移信息技术有限公司	移动通信企业构建多维闭环的家庭业务全流程管理体系
中国移动通信集团云南有限公司	抓基层 打基础 构建新型运营管理提升体系
中国移动通信集团湖北有限公司	打造 PCCF 效能型传播机制 实现传播全流程智能运营管理
中国联合网络通信有限公司北京市分公司	实施“3+3”运营管理变革，将资源优势转化为产品胜势
中国联合网络通信集团有限公司电子商务部	打造高度互联网化、一体化电子商务运营模式的创新与实践
中国联合网络通信集团有限公司网络发展部、中讯邮电咨询设计院有限公司	依托混改契机，全面聚焦精准建设，供给侧结构性改革探索
中国联合网络通信集团有限公司客户服务部、中国联合网络通信有限公司天津市分公司	打造智能化客服体系　实现服务互联网化转型
中国联合网络通信集团有限公司监管事务部	构建领先的虚商合作体系，营造健康的转售生态环境
中国联合网络通信集团有限公司信息化部（信息安全部）	构建新时代大 IT 新生态，驱动公司互联网化转型
中国联合网络通信有限公司广东省分公司	以 B2I 网络保障为抓手，构建高效开放的互联网化支撑新模式
中国联合网络通信有限公司福建省分公司	基于网络资源市场化结算的资产运营模式创新
中国联合网络通信集团有限公司网络发展部	深度合作战略的实践与管理
中国邮政集团公司信息技术局	依托智慧物联的可视化管理变革
中国邮政集团公司广东省分公司	基于客户需求的智慧银行网点平台建设
中国邮政集团公司广东省分公司	广东邮政电商快包精细化效益管控

（续表）

中国邮政集团公司数据中心、中国邮政集团公司安徽省分公司	基于大数据分析的网点效能评估体系建设
中国邮政集团公司河南省分公司	基于提升核心竞争优势的邮政跨境电商产业园生态体系构建
三等成果（36 个）	
中国电信股份有限公司广西分公司	渠道积分评价体系创新实践
中国电信股份有限公司福建分公司	基于中国电信云服务能力平台的智慧 BSS 系统重构
中国电信集团有限公司财务部	构建智慧资产运营体系 助力企业价值有效提升
中国电信集团有限公司企业信息化事业部	翼智运营管理平台——面向端到端用户体验的集中 MSS 服务管理的创新与实践
中国电信股份有限公司四川分公司	放大线下优势，构建以实渠为中枢的全触点新型渠道网
中国电信股份有限公司安徽分公司	智慧营销服务注智一线全面提升销售效率与客户感知，推动企业向客户价值经营转型升级
中国电信集团有限公司网络运行维护事业部	以移动互联网业务感知为引领，重构网络运行维护新型作业模式
中国通信服务股份有限公司	“三能”行动，打造中通服供应链板块龙头公司
中国电信股份有限公司青海分公司	基于精细管理、流程支撑和稽核保障的业务风险管控体系
中国电信集团有限公司政企客户事业部	IDC 业务集约受理一点计费
中国电信股份有限公司北京分公司	防诈骗管理平台能力创新 支撑网络安全运营智慧化
中国移动通信集团北京有限公司	坚持党建引领，构建“四驱动”人力资源管理模式，实现创新突破，助力企业发展
中国移动通信集团广东有限公司	基于业务协同背景下的信息安全全周期防控体系创新与实践
中国移动通信集团终端有限公司、中国移动通信集团有限公司网络部	构建终端与网络协同质量保障体系
中国移动通信集团辽宁有限公司	基于 T2T 模式的 IT 换人实践
中国移动通信集团有限公司网络部、中国移动通信集团广东有限公司	网络运维 DevOps 一体化自研管理体系
中国移动通信集团广东有限公司	创新 SCALE 开发运营模式 - 助力 IT 管理精益敏捷双提升
中国移动通信集团上海有限公司	面向物联网垂直领域云端互动的场景化运维管理探索
中国移动通信集团江苏有限公司	聚焦集中稽核，深化微格评估，实现网络成本风险防控和降本增效
中国移动通信集团重庆有限公司	基于共享经济的宽带装维管理体系
中国移动通信集团山东有限公司	智能运维、极致体验 - 打造互联网内容运维体系

（续表）

中国联合网络通信有限公司浙江省分公司	“智慧河长”——全力打造河长制工作升级版，建设河湖一体河长制信息化管理系统
中国联合网络通信集团有限公司企业发展部 / 法律部	打造“互联网＋电子合同管理体系”构筑契约新生态
中国联合网络通信有限公司辽宁省分公司	从“三个一切”出发的倒三角服务与支撑体系
中国联合网络通信有限公司山东省分公司	推动互联网化运营转型，构建全新家庭网络服务体系
中国联合网络通信集团有限公司政企客户事业部、联通软件研究院	基于大数据智能聚类的集团性客户多维数据构建
中国联合网络通信集团有限公司办公厅、联通研究院	助力企业互联网运营转型的官方微博运营体系
中国联通学院（党校）	创新型业务培训项目互联网化运营的探索与实践
中国联合网络通信有限公司甘肃省分公司	聚焦战略新动能——互联网思维的准利润中心管理
中国联合网络通信有限公司河南省分公司	蜂行动——互联网转型下的新零售运营模式
中国邮政集团公司上海市分公司	以“订了么”为平台的邮政报刊收订模式构建
中国邮政储蓄银行股份有限公司深圳分行	为商户提供全方位金融服务的移动聚合支付模式构建
中国邮政集团公司上海市分公司	邮政企业冷链运营服务体系构建
中国邮政集团公司河北省分公司	以农村电商为支点的邮政综合服务平台建设
中国邮政集团公司喀什地区分公司	基于地域特色的农产品包装管理
中国邮政集团公司安徽省分公司	基于挖掘 ETC 客群特征的服务体系构建

2018年信息通信行业优秀质量管理小组名单

QC 小组名称	单位名称
源动力 QC 小组	中国电信股份有限公司新疆长途传输局
火炬 QC 小组	中国电信股份有限公司新疆长途传输局
SSG QC 小组	中国电信股份有限公司上海网络操作维护中心
无线超人 QC 小组	中国电信股份有限公司佛山分公司
省 NOC 热气球 QC 小组	中国电信股份有限公司浙江分公司
翼助手 QC 小组	中国电信股份有限公司北京分公司
护翼 QC 小组	中国电信股份有限公司上海移动互联网部
网络卫士 QC 小组	中国电信股份有限公司乌鲁木齐分公司
管控之星 QC 小组	中国电信股份有限公司广东网络操作维护中心
NO.1 QC 小组	中国电信股份有限公司杭州分公司
天翼动力 QC 小组	中国电信股份有限公司新疆长途传输局
分析支撑班 QC 小组	中国电信股份有限公司无锡分公司
动环 QC 小组	中国电信股份有限公司杭州分公司
春雷 QC 小组	中国电信股份有限公司广东 10000 号运营中心深圳区域中心
兄弟连 QC 小组	中国电信股份有限公司新疆分公司
数据精灵 QC 小组	中国电信股份有限公司云南分公司
天翼飓风 QC 小组	中国电信股份有限公司上海账务中心
网络资源圆梦 QC 小组	中国电信股份有限公司中山分公司
火眼金睛 QC 小组	中国电信福建无线通信分公司
金砖护航 QC 小组	中国电信股份有限公司厦门分公司
E 路探索 QC 小组	中国电信股份有限公司上海北区电信局
数据一致性攻关 QC 小组	中国电信股份有限公司北京分公司
天翼展翅 QC 小组	中国电信股份有限公司江西分公司

（续表）

QC 小组名称	单位名称
数据之翼 QC 小组	中国电信集团有限公司山西分公司
光网提质 QC 小组	中国电信湖南网络运行维护分公司
业务支撑 QC 小组	中国电信股份有限公司海南分公司
数据支撑 QC 小组	中国电信股份有限公司海南分公司
添翼无线 QC 小组	中国电信股份有限公司湖州分公司
小数点 QC 小组	中国电信股份有限公司西安分公司
智慧操作 QC 小组	中国电信股份有限公司广东无线网络优化中心
啄木鸟 QC 小组	中国电信股份有限公司泉州分公司
翼网直前 QC 小组	中国电信股份有限公司北京分公司
向日葵 QC 小组	中国电信股份有限公司云南分公司
翼起飞 QC 小组	中国电信股份有限公司聊城分公司
安全护航 QC 小组	中国电信股份有限公司山东分公司
翼动天成 QC 小组	中国电信股份有限公司北京分公司
破壁 QC 小组	中国电信股份有限公司公司北海分公司
翼支撑 QC 小组	中国电信福建公司财务共享中心泉州分部
网优添翼 QC 小组	中国电信股份有限公司泰安分公司
翼想天开 QC 小组	中国电信股份有限公司广西分公司
精益运营 QC 小组	中国电信湖南网络运行维护分公司
F8 精英 QC 小组	中国电信股份有限公司宁波分公司
宽带支撑 QC 小组	中国电信股份有限公司海南分公司
我心飞翔 QC 小组	中国电信股份有限公司西安分公司
上山下乡 QC 小组	中国电信集团有限公司山西分公司
飞扬 QC 小组	中国电信股份有限公司宁夏分公司
机房峰行者 QC 小组	中国电信股份有限公司北京分公司
监控 QC 小组	中国电信股份有限公司西安分公司
睿智 QC 小组	中国电信股份有限公司广西分公司
活力“互联网”+QC 小组	中国电信厦门分公司运营支撑中心

（续表）

QC 小组名称	单位名称
产品支撑 QC 小组	中国电信股份有限公司南京分公司
光之翼 QC 小组	中国电信股份有限公司武汉分公司
扬帆 QC 小组	中国电信股份有限公司云南分公司
运行监控部 QC 小组	中国电信股份有限公司江西分公司
设备维护安装中心 QC 小组	中国电信股份有限公司扬州江都区分公司
智慧专属 QC 小组	中国电信集团客户维护服务中心
战狼 QC 小组	安徽省通信产业服务有限公司合肥分公司
冀翼生辉 QC 小组	中国电信股份有限公司河北分公司
增值无限 QC 小组	上海理想信息产业（集团）有限公司
智慧西安 QC 小组	中国电信股份有限公司西安分公司
翼先锋 QC 小组	中国电信集团有限公司山西分公司
天翼展翅 QC 小组	中国电信股份有限公司聊城分公司
畅优 QC 小组	中国电信股份有限公司江西分公司
量子引擎 QC 小组	中国电信股份有限公司天津分公司
智能客服提质增效 QC 小组	中国电信股份有限公司海南分公司
天翼高清 QC 小组	中国电信股份有限公司宿迁分公司
智慧传输 QC 小组	中国电信股份有限公司云南分公司
光宽先锋 QC 小组	中国电信集团有限公司山西分公司
天翼护航 QC 小组	中国电信股份有限公司武汉分公司
防诈反制 QC 活动 QC 小组	中国电信股份有限公司广西分公司
满意一百 QC 小组	中国电信集团有限公司山西分公司
弧度来棒 QC 小组	中国电信股份有限公司青海分公司
智慧传输 QC 小组	中国电信股份有限公司云南分公司
享当当 QC 小组	中国电信股份有限公司山东分公司
助翼 QC 小组	中国电信股份有限公司江西分公司
网优 Style QC 小组	中国电信股份有限公司天津分公司
翼路畅通 QC 小组	中国电信股份有限公司安徽分公司

（续表）

QC 小组名称	单位名称
客户服务调度中心 QC 小组	中国电信股份有限公司咸阳分公司
“核聚堂”QC 小组	中国移动通信集团福建有限公司福州分公司
数据先锋 QC 小组	中国移动通信集团有限公司　信息技术中心
“漫步云端”QC 小组	中国移动通信集团浙江有限公司杭州分公司
创新工坊 QC 小组	中国移动通信集团江苏有限公司
“宙斯盾”QC 小组	中国移动通信集团浙江有限公司
无线挑战者 QC 小组	中国移动通信集团广东有限公司深圳分公司工程建设中心
VoLTE 先锋 QC 小组	中国移动通信集团湖北有限公司省网管中心
“精益求精”QC 小组	中国移动通信集团有限公司　信息技术中心
探索 2 号 QC 小组	中国移动通信集团广东有限公司珠海分公司
智能管道 Devops QC 小组	中国移动通信集团广东有限公司
承载未来 QC 小组	中国移动通信集团天津有限公司
协承 QC 小组	中国移动通信集团福建有限公司厦门分公司
“亮剑”QC 小组	中国移动通信集团江苏有限公司南通分公司
集思广益 QC 小组	中国移动通信集团陕西有限公司
网优先锋 QC 小组	中国移动通信集团江苏有限公司扬州分公司
家宽人工智能 QC 小组	中国移动通信集团广东有限公司服务管理部
守护者联盟 QC 小组	中国移动通信集团山西有限公司业务支撑系统部
和包梦工厂 QC 小组	中国移动通信集团陕西有限公司
畅通无限 QC 小组	中国移动通信集团上海有限公司
网优猫头鹰 QC 小组	中国移动通信集团北京有限公司
推陈致新 QC 小组	中国移动通信集团上海有限公司
先锋 QC 小组	中国移动通信集团上海有限公司
金算盘 QC 小组	中国移动通信集团山西有限公司
Let'S VoLTE QC 小组	中国移动通信集团河南有限公司
“宙斯盾”QC 小组	中国移动通信集团湖北有限公司省网管中心
启明星 QC 小组	中国移动通信集团辽宁有限公司政企客户响应中心

（续表）

QC 小组名称	单位名称
“绿色无限”QC 小组	中国移动通信集团江苏有限公司苏州分公司
泉承载 QC 小组	中国移动通信集团福建有限公司泉州分公司
“杀虫剂”QC 小组	中国移动通信集团贵州有限公司
“性能尖兵”QC 小组	中国移动通信集团四川有限公司网络优化中心
传输网优化突击小分队	中国移动通信集团云南有限公司曲靖分公司
智睿 QC 小组	中国移动通信集团天津有限公司东丽分公司
欣星向荣 QC 小组	中国移动通信集团上海有限公司
网优无限 QC 小组	中国移动通信集团江苏有限公司宿迁分公司
无优王牌 QC 小组	中国移动通信集团广东有限公司珠海分公司
千里眼 QC 小组	中国移动通信集团四川有限公司南充分公司
4G 行业应用支撑 QC 小组	中国移动通信集团北京有限公司
雷厉风行 QC 小组	中国移动通信集团新疆有限公司乌鲁木齐市分公司
倔强蚂蚁 QC 小组	中国移动通信集团吉林有限公司网络管理中心
专项攻坚 QC 小组	中国移动通信集团云南有限公司网优中心
网络投诉 QC 小组	中国移动通信集团安徽有限公司网管中心
疯狂 Qc 小组	中国移动通信集团四川有限公司达州分公司
探路者 QC 小组	中国移动通信集团湖北有限公司省网优中心
紫荆花 QC 小组	中国移动通信集团海南有限公司网络维护中心网络安全室
“钱塘极客”QC 小组	中国移动通信集团浙江有限公司
萤火虫 QC 小组	中国移动通信集团宁夏有限公司
圆角分 QC 小组	中国移动通信集团广西有限公司贵港分公司
“先行者”QC 小组	中国移动通信集团广西有限公司南宁分公司
卓越骐骥 QC 小组	中国移动通信集团四川有限公司成都分公司网络部
“智启未来”QC 小组	中国移动通信集团浙江有限公司绍兴分公司
“传承不息”QC 小组	中国移动通信集团浙江有限公司金华分公司
变形金刚 QC 小组	中国移动通信集团河南有限公司
太原城北双子星 QC 小组	中国移动通信集团山西有限公司太原分公司城北营业部

（续表）

QC 小组名称	单位名称
全业务兄弟连 QC 小组	中国移动通信集团吉林有限公司延边州分公司
基业常青 QC 小组	中国移动通信集团山东有限公司
执行力 QC 小组	中国移动通信集团内蒙古有限公司巴彦淖尔分公司
客户感知 QC 小组	中国移动通信集团有限公司信息技术中心
步步领先 QC 小组	中国移动通信集团北京有限公司
工兵 FORCE 小组	中国移动通信集团陕西有限公司
万物互联 QC 小组	中国移动通信集团陕西有限公司
“追求卓越” QC 小组	中国移动通信集团有限公司　信息技术中心
技术专题 QC 小组	中国移动通信集团天津有限公司
不明觉厉 QC 小组	中国移动通信集团海南有限公司传输中心
“网络卫士” QC 小组	中国移动通信集团福建有限公司福州分公司
探索者 QC 小组	中国移动通信集团新疆有限公司网络管理中心网管监控部
龙江智汇 QC 小组	中国移动通信集团黑龙江有限公司
心思维 QC 小组	中国移动通信集团宁夏有限公司银川分公司
威武 4 哥 QC 小组	中国移动通信集团黑龙江有限公司哈尔滨分公司
抚州移动网优中心 QC 小组	中国移动通信集团江西有限公司抚州分公司
支撑领航 QC 小组	中国移动通信集团山西有限公司网络部网络管理中心
信安守护者 QC 小组	中国移动通信集团海南有限公司网络维护中心网络安全室
物流支撑 QC 小组	中国移动通信集团终端有限公司陕西分公司
火力全开 QC 小组	中移在线服务有限公司广西分公司
接入网支撑 QC 小组	中国移动通信集团辽宁有限公司网络管理中心
欲得高效 QC 小组	中国移动通信集团设计院有限公司安徽分公司
系统优化保障 QC 小组	中国移动通信集团山东有限公司
卓越 QC 小组	中国移动通信集团上海有限公司
雷风 QC 小组	中国移动通信集团河北有限公司邯郸分公司
网络急诊科 QC 小组	中国移动通信集团山东有限公司
“网络啄木鸟” QC 小组	中国移动通信集团北京有限公司

（续表）

QC 小组名称	单位名称
大数据识别 QC 小组	中国移动通信集团有限公司信息安全管理与运行中心
前进 QC 小组	中国移动通信集团甘肃有限公司兰州分公司
“内容领先度提升”QC 小组	中国移动通信集团山东有限公司
超越 2 号 QC 小组	中国移动国际有限公司
4G 尖兵 QC 小组	中国移动通信集团甘肃有限公司
花儿朵朵 QC 小组	中国移动通信集团青海有限公司
网优“大风车”QC 小组	中国移动通信集团云南有限公司大理分公司
放逐之刃 QC 小组	中国移动通信集团安徽有限公司
水凝 QC 小组	中国移动通信集团山西有限公司晋中分公司榆次营业部
光网先锋 QC 小组	中国移动通信集团甘肃有限公司
互联网家 QC 小组	中国移动通信集团四川有限公司凉山分公司
智能网 QC 小组	中国移动通信集团重庆有限公司
复式火山 QC 小组	中国移动通信集团设计院有限公司黑龙江分公司
抚州移动网优中心 QC 小组	中国移动通信集团江西有限公司抚州分公司
品质提升 QC 小组	中国移动通信集团江西有限公司信息化支撑中心
新生代 QC 小组	中国移动通信集团福建有限公司漳州分公司
先锋小组 QC 小组	中国移动通信集团有限公司网络部监控处
智多星 QC 小组	中国移动通信集团北京有限公司
飞悦无限 QC 小组	中国移动通信集团吉林有限公司网络管理中心
“网优先锋”QC 小组	中国移动通信集团重庆有限公司
“数据星探”QC 小组	中国移动通信集团重庆有限公司
“AI 在线”QC 小组	中国移动通信集团山东有限公司
全业务服务攻坚 QC 小组	中国移动通信集团陕西有限公司
功夫熊猫 QC 小组	中国联合网络通信集团有限公司北京市分公司
无人机应急通信 QC 小组	中国联合网络通信集团有限公司北京市分公司
健壮传输 QC 小组	中国联合网络通信集团有限公司天津市分公司
火焰 QC 小组	中国联合网络通信集团有限公司威海市分公司

（续表）

QC 小组名称	单位名称
“七零八零”QC 小组	中国联合网络通信集团有限公司济南市分公司
匠心筑梦 QC 小组	中国联合网络通信集团有限公司天津市分公司
端到端优化 QC 小组	中国联合网络通信集团有限公司北京市分公司
“沃·智慧”QC 小组	中国联合网络通信集团有限公司天津市分公司
牛人部落 QC 小组	中国联合网络通信集团有限公司济南市分公司
信息创新 QC 小组	联通系统集成有限公司
网运先锋 QC 小组	联通系统集成有限公司
星火燎原 QC 小组	中国联合网络通信集团有限公司舟山市分公司
大客户网络保障 QC 小组	中国联合网络通信集团有限公司内蒙古区分公司
宽带沃 QC 小组	中国联合网络通信集团有限公司武汉市分公司
“DATA++”QC 小组	中国联合网络通信集团有限公司北京市分公司
沃优网络 QC 小组	中国联合网络通信集团有限公司河南省分公司
“天天向上”QC 小组	中国联合网络通信集团有限公司舟山市分公司
移动网质量评估 QC 小组	中国联合网络通信集团有限公司湖北省分公司
服务支撑 QC 小组	中国联合网络通信集团有限公司内蒙古区分公司
网络创优 QC 小组	中国联合网络通信集团有限公司深圳市分公司
知行合一 QC 小组	中国联合网络通信集团有限公司衡水市分公司
运营先锋 QC 小组	联通系统集成有限公司
探路者 QC 小组	中国联合网络通信集团有限公司宁波市分公司
服务沃满意 QC 小组	中国联合网络通信集团有限公司崇左市分公司
“草原增智”QC 小组	中国联合网络通信集团有限公司内蒙古区分公司
流量经营小组	中国联合网络通信集团有限公司玉林市分公司
“完美风暴”QC 小组	中国联合网络通信集团有限公司舟山市分公司
鸿雁 QC 小组	中国联合网络通信集团有限公司郑州市分公司
量子传输 QC 小组	中国联合网络通信集团有限公司湖北省分公司
开拓 QC 小组	中国联合网络通信集团有限公司郑州市分公司
支点 QC 小组	中国联合网络通信集团有限公司潍坊市分公司

（续表）

QC 小组名称	单位名称
网优先锋 QC 小组	中国联合网络通信集团有限公司河南省分公司
诗嫣 QC 小组	中国联合网络通信集团有限公司武汉市分公司
沃＋速度 QC 小组	中国联合网络通信集团有限公司河北省分公司
光明之城 QC 小组	中国联合网络通信集团有限公司泉州市分公司
快乐修障 QC 小组	中国联合网络通信集团有限公司威海市分公司
“绿水联盟”创新 QC 小组	中国联合网络通信集团有限公司内蒙古区分公司
“网事无忧”QC 小组	中国联合网络通信集团有限公司内蒙古区分公司
畅通 QC 小组	中国联合网络通信集团有限公司天津市分公司
视频质差小区优化 QC 小组	中国联合网络通信集团有限公司广东省分公司
网络创优 QC 小组	中国联合网络通信集团有限公司深圳市分公司
神兵小将 QC 小组	中国联合网络通信集团有限公司石家庄市分公司
飓风 QC 小组	中国联合网络通信集团有限公司郑州市分公司
钢铁侠 QC 小组	中国联合网络通信集团有限公司北京市分公司
沃维先锋 QC 小组	中国联合网络通信集团有限公司重庆市分公司
WO 精彩 QC 小组	中国联合网络通信集团有限公司玉林市分公司
睿智图灵 QC 小组	中国联合网络通信集团有限公司新疆区分公司
沃优化 QC 小组	中国联合网络通信集团有限公司上海市分公司
沃领未来 QC 小组	中国联合网络通信集团有限公司广州市分公司
数据互联网 QC 小组	中国联合网络通信集团有限公司邢台市分公司
“网优卓越”小组	中国联合网络通信集团有限公司太原市分公司
星月晨曦 QC 小组	中国联合网络通信集团有限公司新疆区分公司
WO 风暴 QC 小组	中国联合网络通信集团有限公司柳州市分公司
沃的 IT 沃的团 QC 小组	中国联合网络通信集团有限公司湖北省分公司
飞虎 QC 小组	中国联合网络通信集团有限公司山西省分公司
“4G 先锋”QC 小组	中国联合网络通信集团有限公司南昌市分公司
畅通无阻 QC 小组	中国联合网络通信集团有限公司天津市分公司
数据掘金 QC 小组	中国联合网络通信集团有限公司广西省分公司

（续表）

QC 小组名称	单位名称
联合优化 QC 小组	中国联合网络通信集团有限公司邢台市分公司
畅行无忧 QC 小组	中国联合网络通信集团有限公司佛山市分公司
蜂巢 QC 小组	中国联合网络通信集团有限公司重庆市分公司
城墙 QC 小组	中国联合网络通信集团有限公司杭州市分公司
“启辰” QC 小组	中国联合网络通信集团有限公司福建省分公司
“闪电” QC 小组	中国联合网络通信集团有限公司福州市分公司
“闪电” QC 小组	中国联合网络通信集团有限公司福州市分公司
数据业务感知提升 QC 小组	中国联合网络通信集团有限公司泉州市分公司
鹰眼 QC 小组	中国联合网络通信集团有限公司哈尔滨市分公司
旋风小子 QC 小组	中国联合网络通信集团有限公司重庆市分公司
沃保先锋 QC 小组	中国联合网络通信集团有限公司重庆市分公司
GIS 之火 QC 小组	中国联合网络通信集团有限公司黑龙江省分公司
沃网优天下 QC 小组	中国联合网络通信集团有限公司江西省分公司
龙江冰之队 QC 小组	中国联合网络通信集团有限公司黑龙江省分公司
南通联通无线中心 QC 小组	中国联合网络通信集团有限公司南通市分公司
沃优天馈 QC 小组	中国联合网络通信集团有限公司重庆市分公司
希望腾飞 QC 小组	中国联合网络通信集团有限公司新疆区分公司
高速畅享 QC 小组	中国联合网络通信集团有限公司合肥市分公司
宽带守护有沃 QC 小组	中国联合网络通信集团有限公司亳州市分公司
蓝箭 QC 小组	中国联合网络通信集团有限公司石嘴山市分公司
“网优卓越”小组	中国联合网络通信集团有限公司太原市分公司
钩月 QC 小组	长飞光纤光缆股份有限公司
深海 QC 小组	中天科技海缆有限公司
小平创新 QC 小组	西安西古光通信有限公司

2018年信息通信行业QC小组活动一等成果名单

成果名称	单位名称
降低王者荣耀卡顿小区占比	中国联合网络通信有限公司北京市分公司
研究NB-IoT故障主动定位的新方法	中国移动通信集团福建有限公司福州分公司
研究电商系统识别异常请求的新方法	中国移动通信集团浙江有限公司
降低IPTV用户质差率	中国联合网络通信有限公司威海市分公司
研究面向5G演进的密集场景云化组网新方法	中国移动通信集团浙江有限公司杭州分公司
研究光交接箱智能管控的新方法	中国联合网络通信有限公司天津市分公司
研究全运会多颗粒业务综合承载新方法	中国联合网络通信有限公司天津市分公司
降低喀什CDT类基站脱网时长	中国电信股份有限公司新疆长途传输局
研究无人机应急通信系统建设的新方法	中国联合网络通信有限公司北京市分公司
研究检测行业垃圾短信的新方法	中国联合网络通信有限公司济南市分公司
研究人工智能技术定位VoLTE批量投诉的新方法	中国移动通信集团江苏有限公司
研究物联网室内大连接的新方法	中国移动通信集团广东有限公司深圳分公司工程建设中心
提升多媒体语音平台业务接续成功率	中国电信股份有限公司上海网络操作维护中心
降低乌鲁木齐城域网中心差异化绩效考核员工投诉量	中国电信股份有限公司新疆长途传输局
研究基于大数据的用户画像新方法	中国联合网络通信有限公司北京市分公司
基于大数据研究VoLTE漏单检测新方法	中国移动通信集团有限公司信息技术中心
提高实名用户照片留存一次成功率	中国联合网络通信有限公司山东省分公司
提高联通云邮件系统威胁邮件拦截率	联通系统集成有限公司
研究移动网端到端业务感知精准定位的新方法	中国电信股份有限公司浙江分公司
提高集中存储平台数据采集成功率	联通系统集成有限公司
研究基于大数据的重大活动人流识别新方法	中国移动通信集团广东有限公司珠海分公司
降低V2V场景下VoLTE接续时延	中国移动通信集团湖北有限公司
降低手机网游业务时延	中国电信股份有限公司佛山分公司
缩短定向流量业务配置时长	中国电信股份有限公司北京分公司
提高轻触点宽带商机转化率	中国联合网络通信有限公司天津市分公司
提高互联网电视播放成功率	中国移动通信集团天津有限公司

（续表）

成果名称	单位名称
研究马拉松赛事大话务保障的新方法	中国移动通信集团江苏有限公司扬州分公司
研究基于物联网架构的光缆监测新方法	中国移动通信集团福建有限公司厦门分公司
研究地铁 4G 室分系统故障区域定位的新方法	中国联合网络通信有限公司湖北省分公司
研究一级业务支撑枢纽局数据分发的新方法	中国移动通信集团有限公司 信息技术中心
研究 FTTH 宽带 ONU 精准定位的新方法	中国联合网络通信有限公司武汉市分公司
研究网络实时智能加速新方法	中国移动通信集团广东有限公司
研究实时、客观、准确评价 VoLTE 语音质量的新方法	中国移动通信集团陕西有限公司
提升城区 MR 覆盖率	中国移动通信集团江苏有限公司南通分公司
提高资金省级集中支付率	中国移动通信集团山西有限公司
提高 OSS2.0 电路调单派发及时率	联通系统集成有限公司
提高视频业务移动感知 KQI	中国电信股份有限公司广东网络操作维护中心
提高 FDD-LTE 驻留比	中国联合网络通信有限公司舟山市分公司
探索云业务项目管理新模式	中国电信股份有限公司杭州分公司
降低 VoLTE 接续时延超长占比	中国移动通信集团河南有限公司
提升高校 4G 网络 MR 覆盖率	中国电信股份有限公司上海移动互联网部
提升和包支付扫码付成功率	中国移动通信集团陕西有限公司
缩短通信保障中无线性能保障应急响应时长	中国移动通信集团北京有限公司
提升家庭 Wi-Fi 在线排障成功率	中国电信股份有限公司广东 10000 号运营中心深圳区域中心
研究 4G 基站远程控制天线开通新方法	中国联合网络通信有限公司河南省分公司
提升 LTE 基站故障自动定位成功率	中国移动通信集团湖北有限公司
缩短动态云桌面断线恢复时间	中国移动通信集团山西有限公司业务支撑系统部
研究新能源车多 APN 数据接入新方法	中国移动通信集团北京有限公司
研究基于大数据的流量增长潜力小区挖掘的新方法	中国移动通信集团上海有限公司
降低延安路分局 IP RAN 障碍量	中国电信股份有限公司乌鲁木齐分公司

2018年ICT中国创新成果获奖名单

获奖单位	获奖项目	奖项名称
潍坊市智慧潍坊建设办公室	“V派”：基于数字身份认证的智慧城市通行证	最佳城市创新规划奖
中国普天信息产业集团有限公司	LTE-G 230MHz电力无线专网解决方案	最佳城市创新规划奖
厦门市旅游发展委员会	厦门全域旅游智慧导览公共服务平台	最佳城市创新应用奖
山东省旅游发展委员会	山东省旅游大数据平台	最佳城市创新应用奖
中兴通讯股份有限公司	中兴通讯智慧政务解决方案	最佳城市创新应用奖
中国铁塔股份有限公司德阳市分公司	中国铁塔城市公共物联网平台	最佳城市创新应用奖
中国电信股份有限公司福建分公司	中国电信福建公司智慧城市综合应用平台——南平智慧延平项目	最佳城市创新应用奖
华为技术有限公司	华为5G解决方案	最佳行业解决方案奖
中国移动通信集团北京有限公司	IT基础设施资源全云化转型解决方案	最佳行业解决方案奖
中移物联网有限公司	中国移动新能源汽车监控平台解决方案	最佳行业解决方案奖
上海诺基亚贝尔股份有限公司	智慧冷链方案	最佳行业解决方案奖
北京世纪互联宽带数据中心有限公司	世纪互联EvDC+EHPC混合云解决方案	最佳行业解决方案奖
中国铁塔股份有限公司	面向高效智能运维的全国基站动环监控系统及物联网应用	最佳行业创新应用奖
新华三技术有限公司	新华三UIS统一基础架构系统	最佳行业创新应用奖
华为技术有限公司	华为CloudIMS分批升级	最佳行业创新应用奖
联通（辽宁）产业互联网有限公司	辽宁省考务综合管理平台	最佳行业创新应用奖
爱立信（中国）通信有限公司	NB-IoT_山体滑坡监测和预警系统	最佳行业创新应用奖
河北电信设计咨询有限公司	衡水市大数据中心及信息服务平台项目	城市创新应用优秀奖
河北联强通信科技有限公司	承德市政务云平台解决方案	城市创新应用优秀奖

（续表）

获奖单位	获奖项目	奖项名称
华信咨询设计研究院有限公司	大型活动无线电综合指挥保障解决方案	城市创新应用优秀奖
北京优炫软件股份有限公司	优炫云数据库（UXDB）、优炫操作系统安全增强系统	行业解决方案优秀奖
北京优音通信有限公司	互联网 O2O 平台通信解决方案	行业解决方案优秀奖
华北石油通信有限公司	基于 IPv6 及 5G 技术的智慧油田通信解决方案	行业解决方案优秀奖
江苏移动信息系统集成有限公司	江苏省中医院互联网医院云平台	行业创新应用优秀奖
中兴通讯股份有限公司	中兴通讯警务大数据解决方案	行业创新应用优秀奖
重庆信科设计有限公司	国土资源管理信息化建设与应用项目解决方案	行业创新应用优秀奖

附录 C　数据类

电信行业主要业务量完成情况（一）

指标名称	单位	2018年年末累计到达	与2017年同期相比（%）	比2017年年末净增
一、固定电话用户		0.0	0.0	
固定电话用户合计	万户	19208.5	–167.3	–0.9
其中：住宅电话用户	万户	9901.1	–1063.0	–9.7
二、移动电话用户				
移动电话用户合计	万户	156609.8	14861.0	10.5
其中：3G移动电话用户	万户	14018.3	555.1	4.1
4G移动电话用户	万户	116546.4	16857.5	16.9
5G移动电话用户	万户			
其中：VoLTE用户数	万户	37965.9		
其中：移动互联网用户	万户	127481.5		
其中：手机上网用户	万户	126859.9	9331.7	7.9
三、固定互联网用户				
（固定）互联网宽带接入用户	万户	40738.2	5884.1	16.9
其中：互联网专线用户	万户	237.0		
其中：xDSL用户	万户	615.0	–505.4	–45.1
LAN用户	万户	2982.3	–1107.5	–27.1
FTTH/O用户	万户	36832.7	7440.2	25.3
其中：家庭宽带接入用户	万户	35351.6	5799.3	19.6
政企宽带接入用户	万户	5386.6	84.8	1.6
其中：城市宽带接入用户	万户	28996.5	3519.8	13.8
农村宽带接入用户	万户	11741.7	2364.4	25.2
其中：速率在20M以下的宽带用户	万户	1096.1	–1695.4	–60.7
速率在20M和100M之间的宽带用户	万户	11001.6	–7515.7	–40.6
速率在100M和1000M之间的宽带用户	万户	28638.0	15092.8	111.4
速率在1000M以上的宽带用户	万户	2.4		
四、物联网用户				
物联网终端用户	万户	67061.0	40035.4	148.1
其中：NB-IoT联网终端数	万户	51.1		
其中：智能制造终端用户	万户	129.6		

（续表）

指标名称	单位	2018 年年末累计到达	与 2017 年同期相比（%）	比 2017 年年末净增
智慧农业终端用户	万户	12.2		
智能交通和车联网终端用户	万户	4941.2		
智慧公共事业终端用户	万户	97.0		
五、ICT 及融合业务用户				
IPTV（网络电视）用户	万户	25526.0		
云计算业务客户	万户			
大数据业务客户	万户			
数据中心业务客户	万户			

注：2018 年联通调整固定宽带用户口径，比上年按可比口径。

电信行业主要业务量完成情况（二）

指标名称	单位	2018 年年末累计到达	与 2017 年同期相比（%）	比 2017 年年末净增
六、固定电话通话量				
固定电话主叫通话时长	万分钟	14994797.5	–18.6	18419971.7
其中：国际及港澳台主叫通话时长	万分钟	36310.1		
七、移动电话通话量				
移动电话去话通话时长	万分钟	254415034.2	–5.4	269041523.0
其中：国际及港澳台长途去话通话时长	万分钟	54215.6		
国际及港澳台漫游去话通话时长	万分钟	56264.4		
移动电话来话通话时长	万分钟	256836954.8	–5.2	271005394.1
八、移动短彩信业务量				
移动短信业务量	万条	113986398.9	14.0	66413919.9
其中：行业应用短信量	万条	75977669.6	39.1	24824042.3
点对点短信量	万条	11163028.9	–33.2	13240139.0
移动彩信业务量	万条	4929850.1	–15.9	4881487.8
九、互联网通信量				
固定互联网宽带接入流量	万 G	379928764.5	44.5	17427656.9
移动互联网接入流量	万 G	7090039.3	188.3	2459380.3
其中：手机上网流量	万 G	7020867.6	198.7	2350190.9
其中：国际及港澳台漫游数据流量	万 G	3085.8	143.4	1267.6
固定宽带用户总接入带宽	万 G	983199.7		
其中：家庭固定宽带用户总接入带宽	万 G	877738.4		
其中：政企固定宽带用户总接入带宽	万 G	105461.2		

电信行业主要业务量完成情况（三）

指标名称	单位	2018 年年末累计到达	与 2017 年同期相比（%）	比 2017 年年末净增
十、网间互联互通业务量				
固定电话互联互通通话时长	万分钟	8065211.0	–24.5	10675120.7
移动电话互联互通通话时长	万分钟	87356232.5	–2.2	89330109.5
短信互联互通业务量	万条	4026982.5	–22.2	5177217.4
十一、物联网业务量				
物联网终端接入流量	万 G	20553.5		
电信业务总量（2015 年不变单价）	万元	656356466.6	137.8	275967368.9
其中：固定话音业务总量	万元	2244631.1	–18.7	2759611.7
固定数据及互联网业务总量	万元	25357750.3	11.7	22710563.1
固定增值及其他业务总量	万元	16311996.2	15.6	14111610.3
移动话音业务总量	万元	27884549.8	–5.8	29615302.0
移动数据及互联网业务总量	万元	565607478.0	196.3	190870573.8
移动增值及其他业务总量	万元	18950061.2	19.2	15899708.1

2017年全国电话用户和通信水平分省情况

	固定电话用户			移动电话
	合计	城市电话	农村电话	
全　国	18224.8	13862.3	4362.4	156609.8
北　京	614.2	506.7	107.5	4009.2
天　津	320.4	316.6	3.8	1648.5
河　北	669.9	568	101.9	8195.6
山　西	265.3	229.5	35.8	3961.5
内蒙古	213.2	191.1	22.1	3044.4
辽　宁	673	563.3	109.7	4880.7
吉　林	462.5	359.6	102.9	3001.1
黑龙江	354.4	312.6	41.9	3833.6
上　海	650	650	0	3722.3
江　苏	1364	945.9	418.1	9794
浙　江	1153.5	934.1	219.4	8308.8
安　徽	517.2	374.2	143	5535.8
福　建	732.7	453.3	279.5	4553.5
江　西	466.1	313.5	152.6	4043.5
山　东	846.3	618.1	228.3	10569.6
河　南	689.6	498	191.6	9354.1
湖　北	568.9	443.2	125.7	5569.8
湖　南	648.4	454.3	194.1	6302.9
广　东	2182.4	1670.1	512.3	16823.3
广　西	260.8	188.7	72.1	5045.3
海　南	161.1	102.1	59	1085.3
重　庆	589	445	144	3650.7
四　川	1721	1041.1	679.9	9068.6
贵　州	238.9	195.8	43.1	3940.4
云　南	275.2	229.4	45.9	4659.1
西　藏	60.2	60.1	0.1	312.3
陕　西	615.4	498.3	117.2	4688.6
甘　肃	328.4	235.9	92.6	2736

（续表）

	固定电话用户			移动电话
	合计	城市电话	农村电话	
青　海	112.3	89.9	22.4	686.4
宁　夏	55.4	49.2	6.2	881
新　疆	415	325.1	89.9	2703.8

2018 年互联网和相关服务业经济运行情况

2018 年，我国互联网和相关服务业①保持平稳较快增长。在物联网、大数据、云计算等信息技术和资本力量共同催化作用下，互联网行业业务不断创新拓展，共享经济、数字支付、跨界电商等新兴业态不断孕育发展壮大，激发居民消费需求加快升级，对经济社会发展的支撑作用不断增强。

一、总体运行情况

互联网业务收入保持较高增速。2018 年，我国规模以上②互联网和相关服务企业（简称互联网企业）完成业务收入 9 562 亿元，比上年增长 20.3%。主要省份保持良好增长态势，互联网业务收入总量居前三位的广东、上海、北京互联网业务收入分别增长 26.5%、20% 和 25.2%。

企业研发投入不断增强。2018 年，全行业研发投入 490 亿元，比上年增长 19%。

二、分领域运行情况

互联网信息服务收入增长保持领先，行业创新创业活力强劲。2018 年，互联网和相关服务业企业完成信息服务收入达到 8 594 亿元，比上年增长 20.7%，占互联网业务收入比重为 89.4%。其中，电子商务平台收入 3 667 亿元，比上年增长 13.1%；网络游戏（包括客户端游戏、手机游戏、网页游戏等）业务收入 1 948 亿元，比上年增长 17.8%。

互联网数据中心业务保持稳步增长。截至 12 月底，互联网企业部署的服务器数量达 141 万台，比上年增长 31.8%。完成互联网数据中心业务收入 158 亿元，比上年增长 8.0%。完成互联网接入业务收入 146 亿元，比上年下降 11.8%。

三、我国移动应用程序（App）数量增长情况

移动互联网应用程序数量缓步增长。2018 年，我国市场上监测到的 App 数量净增 42 万款，总量达到 449 万款；其中我国本土第三方应用商店的 App 超过 268 万款，苹果商店（中国区）移动应用数约 181 万款。

游戏类应用规模保持领先。截至 12 月月底，游戏类数量应用约 138 万款，数量规模排名第一，排名第二至第四的分别是生活服务类、电子商务类应用和主题壁纸类应用，应用规模分别为 54.2 万、42.1 万和 37.4 万款。金融类应用增长至约 14 万款，较年初增幅超过 20%。社交通讯领域新上线应用数量占比居各领域前列，子弹短信、短视频社交、匿名社交等新业态引发了社交通讯领域新一轮创新浪潮。

八类应用下载量超过千亿次。截至 12 月月底，第三方应用商店分发累计数量超过 1.8 万亿次。游戏类、系统工具类、影音播放类、社交通讯类应用下载量均突破两千亿次，分别达到 3 099 亿次、3 037 亿次、2 358 亿次和 2012 亿次。日常工具类、生活服务类、互联网金融类、电子商务类应用下载量超过千亿次，分别为 1 301 亿次、1 189 亿次、1 067 亿次和 1 019 次，下载总量超过 500 亿次的应用还有资讯阅读类应用（958 亿次）和主题壁纸类（801 亿次）等。

注：我们将手机应用程序划分为游戏、影音播放、生活服务、资讯阅读、日常工具、社交通讯、系统工具、办公学习、拍照摄影、运动与健康、电子商务、网络支付、智慧物流、互联网金融、主题、外文等 16 个领域。

① 统计对象是持有增值电信业务许可证的企业

② 指上年度互联网和相关服务收入 300 万元以上，按照 2017 年检结果核定

2018年通信业统计公报

2018年，我国通信业深入贯彻落实党中央、国务院决策部署，大力推进网络强国建设，着力提升基础设施能力，助力信息消费活力释放。行业发展稳中有进，对国民经济和社会发展支撑作用不断增强。

一、行业保持健康发展

（一）电信业务总量高速增长，电信收入增速保持平稳

初步核算[①]，2018年电信业务总量达到65 556亿元（按照2015年不变单价计算），比上年增长137.9%。电信业务收入累计完成13 010亿元，比上年增长3.0%。

（二）固定通信业务增长加快，话音业务收入占比继续下降

2018年，固定通信业务收入完成3 876亿元，比2017年增长9.1%，在电信业务收入中占29.8%，占比较2017年提高1.7个百分点；移动通信业务实现收入9 134亿元，比2017年增长0.6%，在电信业务收入中占70.2%。

在互联网应用的替代作用及取消长途漫游资费双重影响下，2018年，话音业务收入完成1 776亿元，比2017年下降25.7%，在电信业务收入中的占比降至13.7%，比2017年下降4.2个百分点。

（三）融合业务快速发展，数据和互联网业务收入占比稳步提高

大力拓展光纤宽带接入业务，带动家庭智能网关、视频通话、IPTV等融合服务加快发展，用户价值不断提升。2018年，固定数据及互联网业务收入完成2 072亿元，比2017年增长5.1%，在电信业务收入中占比由2017年的15.6%提升到15.9%；移动数据及互联网业务收入6 057亿元，比2017年增长10.2%，在电信业务收入中占比从2017年的43.5%提高到46.6%。IPTV业务收入比2017年增长19.4%；物联网业务收入比2017年大幅增长72.9%。

二、网络提速和普遍服务效果显著

（一）电话用户规模稳步扩大，移动电话普及率大幅提升

2018年，全国电话用户净增1.37亿户，总数达到17.5亿户，比2017年末增长8.5%。2018年净增移动电话用户达到1.49亿户，总数达15.7亿户，移动电话用户普及率达到112.2部/百人，比2017年年末提高10.2部/百人。全国已有24个省市的移动电话普及率超过100部/百人。固定电话用户总数1.82亿户，比2017年年末减少1 151万户，普及率为13.1部/百人。

（二）网络提速加快，百兆光纤宽带接入用户占比超七成

继续加快光纤带宽升级，接入网络基本实现全光纤化。截至2018年12月月底，移动宽带用户（即3G和4G用户）总数达13.1亿户，2018年净增1.74亿户，占移动电话用户的83.4%。4G用户总数达到11.7亿户，2018年净增1.69亿户。截至2018年12月底，三家基础电信企业的固定互联网宽带接入用户总数达4.07亿户，2018年净增5 884万户。其中，光纤接入（FTTH/O）用户3.68亿户，占固定互联网宽带接入用户总数的90.4%，较2017年年末提高6.1个百分点。宽带用户持续向高速率迁移，100Mbit/s及以上接入速率的固定互联网宽带接入用户总数达2.86亿户，占固定宽带用户总数的70.3%，占比较2017年年末提高31.4个百分点。

（三）网络扶贫继续推进，农村宽带用户增长加速

截至2018年12月月底，全国农村宽带用户

2018 年净增 2 364 万户，总数达 1.17 亿户，比 2017 年年末增长 25.2%，增速较城市宽带用户高 11.4 个百分点；在固定宽带接入用户中占 28.8%，占比较 2017 年年末提高 1.9 个百分点。

（四）新业务发展动能强劲，融合业务用户增长显著

加快培育新兴业务，扎实推进 IPTV、物联网及智慧家庭等新业务。截至 2018 年 12 月月底，三家基础电信企业发展蜂窝物联网用户达 6.71 亿户，2018 年年净增 4 亿户。IPTV 用户比 2017 年年末增长 27.1%，2018 年净增 3 316 万户，净增 IPTV 用户占净增光纤接入用户的 44.6%。

三、移动数据流量消费继续高速增长

（一）移动互联网接入月户均流量（DOU）继续呈现成倍上升态势

2018 年，各种线上线下服务加快融合，移动互联网业务创新拓展，带动移动支付、移动出行、移动视频直播、餐饮外卖等应用加快普及，刺激移动互联网接入流量消费保持高速增长。2018 年，移动互联网接入流量消费达 711 亿 GB ③，比 2017 年增长 189.1%，增速较上年提高 26.9 个百分点。2018 年移动互联网接入月户均流量（DOU）达 4.42GB/ 月·户，是上年的 2.6 倍；12 月当月 DOU 高达 6.25GB/ 月·户。其中，手机上网流量达到 702 亿 GB，比 2017 年增长 198.7%，在总流量中占 98.7%。

（二）移动短信业务止跌转升，话音业务量小幅下滑

在服务登录和身份认证等应用带动下，移动短信业务量大幅提升。2018 年，全国移动短信业务量同比增长 14%（去年同期同比下降 0.4%）；收入完成 392 亿元，同比增长 9%（2017 年同期同比下降 3.2%），增速自年初以来保持正增长态势；移动彩信业务量同比下降 15.9%。

互联网应用对话音业务替代效应继续显现。2018 年，全国移动电话去话通话时长 2.54 万亿分钟，比 2017 年减少 5.4%。

四、网络基础设施能力不断提升

光网改造工作效果显著，4G 移动网络向纵深覆盖。光纤宽带部署规模不断扩大，完成骨干网 IPv6 部署，构建云网互联平台，夯实为各行业提供服务的网络能力。4G 网络覆盖盲点不断消除，移动网络服务质量持续提升。2018 年，新建光缆线路长度 578 万千米，全国光缆线路总长度达 4 358 万千米。互联网宽带接入端口“光进铜退”趋势更加明显，截至 12 月底，互联网宽带接入端口数量达 8.86 亿个，比 2017 年年末净增 1.1 亿个。其中，光纤接入（FTTH/0）端口比上年末净增 1.25 亿个，达 7.8 亿个，占互联网接入端口的比重由 2017 年年末的 84.4% 提升至 88%。xDSL 端口比 2017 年年末减少 578 万个，总数降至 1646 万个，占互联网接入端口的比重由 2017 年年末的 2.9% 下降至 1.9%。

2018 年，全国净增移动通信基站 29 万个，总数达 648 万个。其中 4G 基站净增 43.9 万个，总数达到 372 万个。

五、东中西部地区协调发展

（一）东中西部地区电信业务收入份额稳定

2018 年，东部地区实现电信业务收入 6 974 亿元，占全国电信业务收入比重为 53.4%，与 2017 年持平。西部地区收入占 23.7%，比 2017 年提升 0.1 个百分点。中部地区收入占 22.9%，比 2017 年下降 0.1 个百分点。

（二）东部百兆及以上固定互联网宽带接入用户占比领先

截至 12 月月底，东、中、西部地区 100Mbit/s 及以上固定互联网宽带接入用户分别达到 14 003 万户、7 767 万户和 6 871 万户，比 2017 年年末分别增长 89.9%、149.5% 和 124.7%，在本地区宽带接入用户中占比分别达 71.7%、70.6% 和 67.4%。中部地区增速明显加快，增速比东部和西部分别快 59.6 和 24.8 个百分点；东部地区 100Mbit/s 及以上宽带接入用户占比较 2017 年年末大幅提高 36.2 个百分点。

（三）西部地区移动互联网流量增速全国领先

2018 年，东、中、西部地区移动互联网接入流

量分别达到 335 亿 GB、175 亿 GB 和 201 亿 GB，比 2017 年分别增长 176.7%、192.2% 和 209.2%，西部增速比东部、中部增速分别高 32.5、17 个百分点。西部地区月户均流量达到 5GB / 月 · 户，比东部和中部分别高 854MB / 月 · 户和 776MB / 月 · 户。

① 2018 年取 12 月快报初步核算数，2017 年及之前年份采用年报年终决算数据。下同。

② 2010—2015 年电信业务总量按照 2010 年不变单价计算，2016—2018 年按照 2015 年不变单价计算。

③ 1GB=1024MB

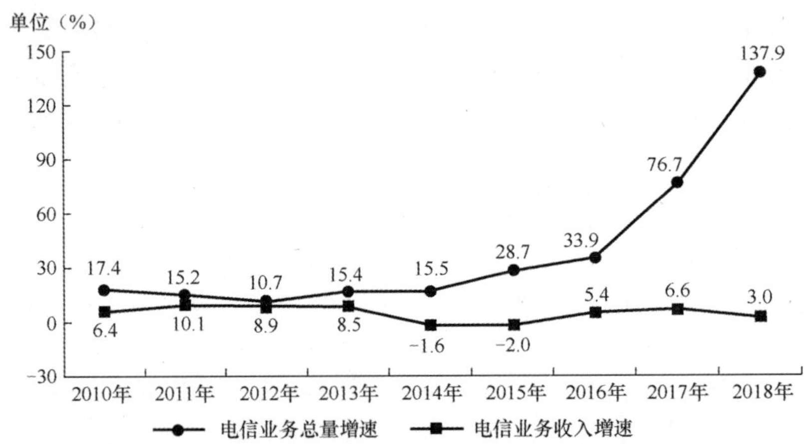

图 1-1　2010—2018 年电信业务总量与电信业务收入增长情况②

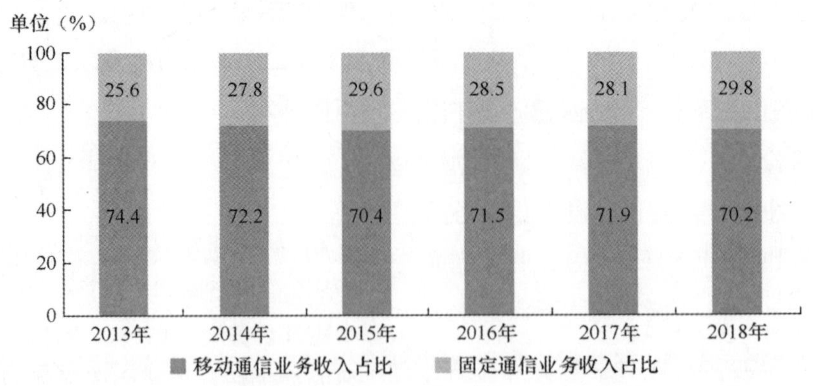

图 1-2　2013—2018 年移动通信业务和固定通信业务收入占比情况

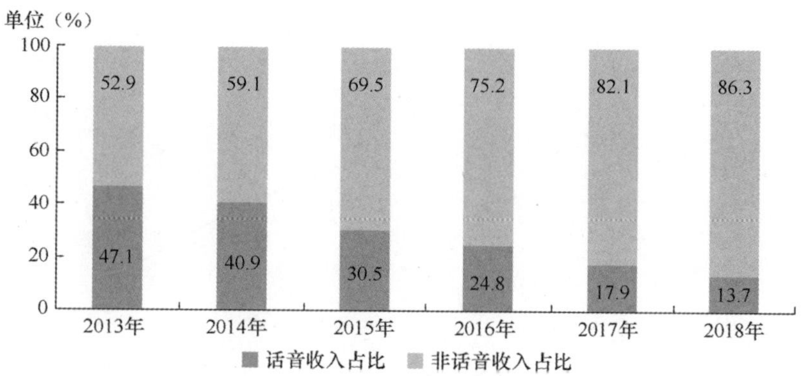

图 1-3 2013—2018 年电信收入结构（话音和非话音）情况

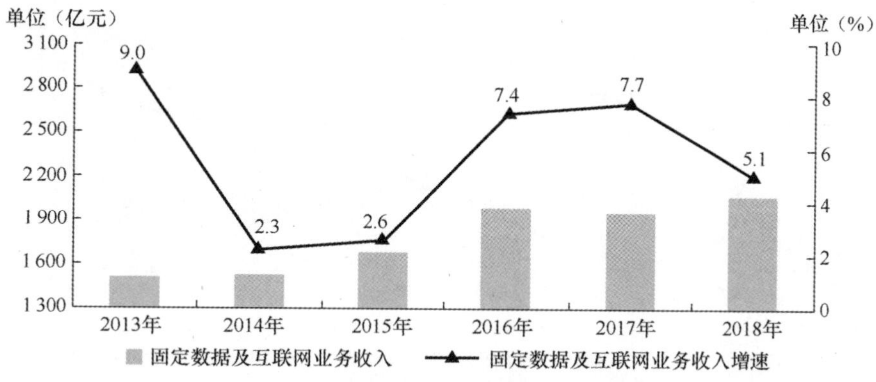

图 1-4 2013—2018 年固定数据及互联网业务收入发展情况

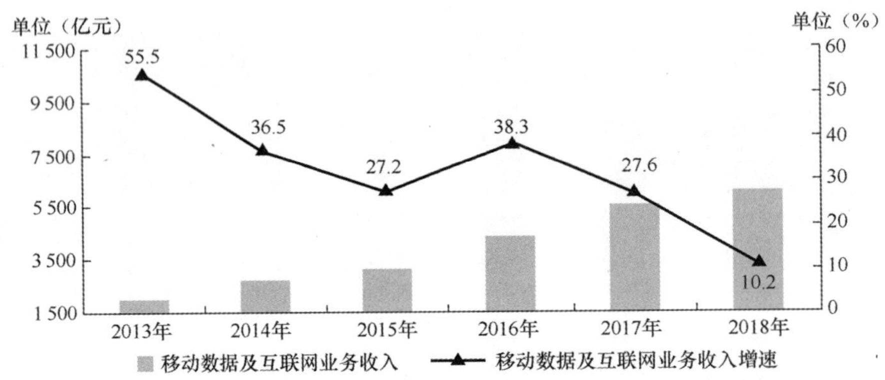

图 1-5 2013—2018 年移动数据及互联网业务收入发展情况

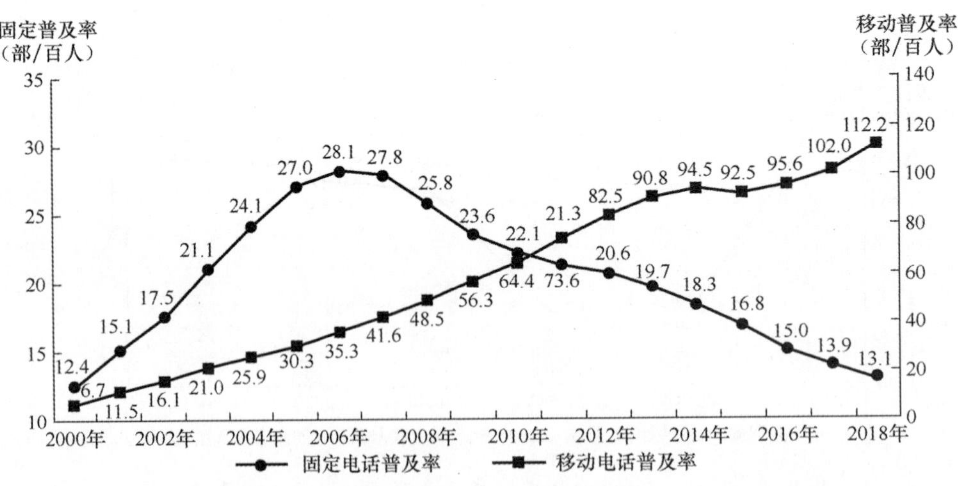

图 2-1 2000—2018 年固定电话及移动电话普及率发展情况

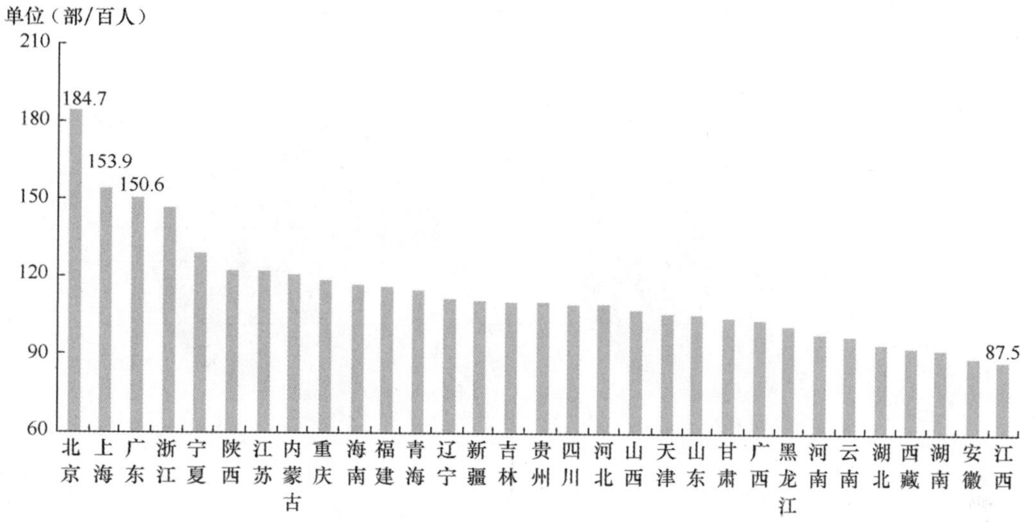

图 2-2 2018 年各省移动电话普及率情况

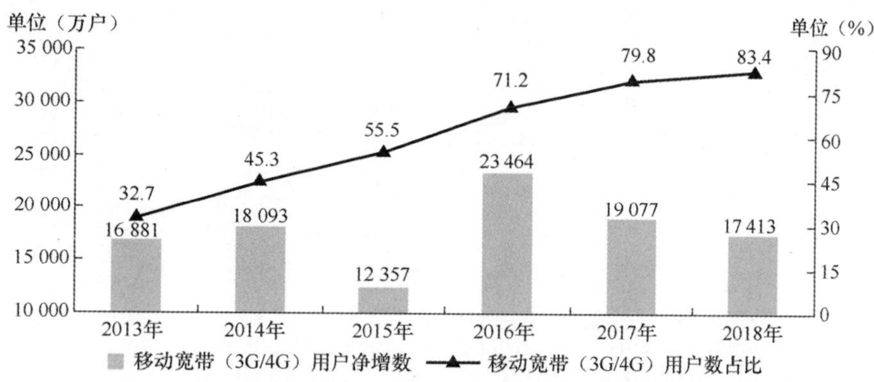

图 2-3 2013—2018 年移动宽带 （3G/4G） 用户发展情况

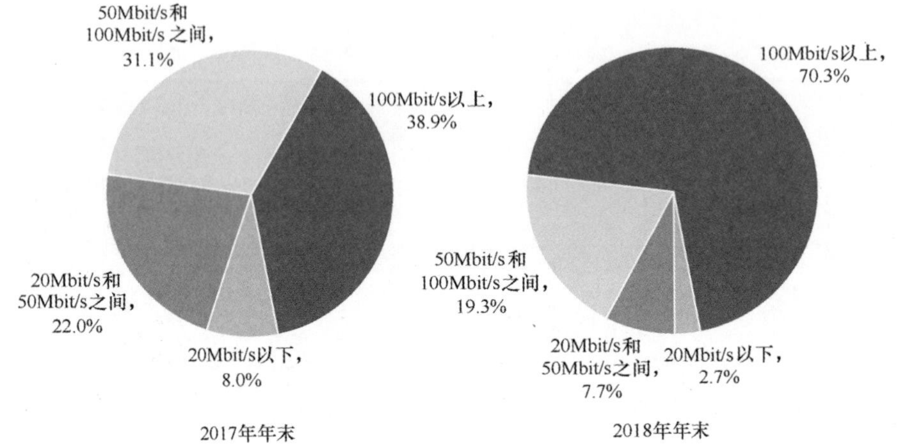

图 2-4 2017—2018 年固定互联网宽带各接入速率用户占比情况

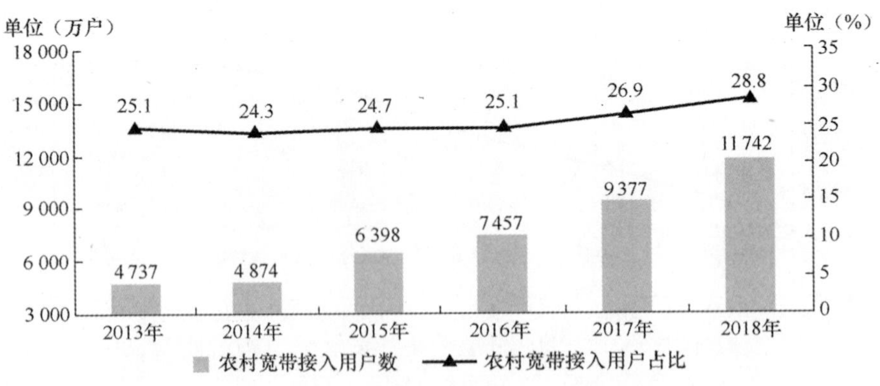

图 2-5 2013—2018 年农村宽带接入用户及占比情况

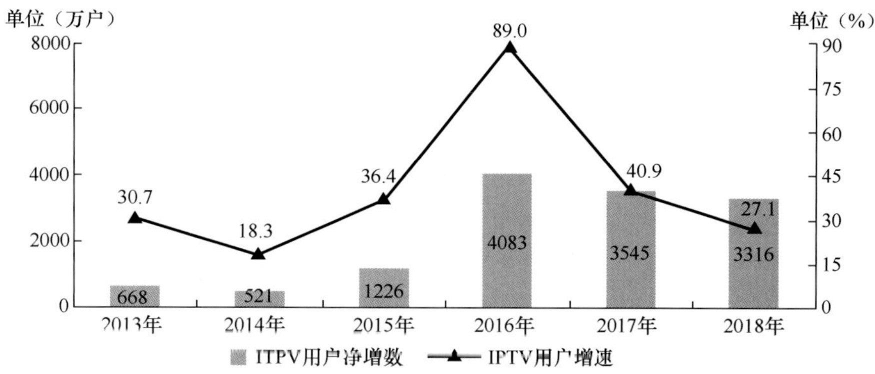

图 2-6 2013—2018 年 IPTV 用户发展情况

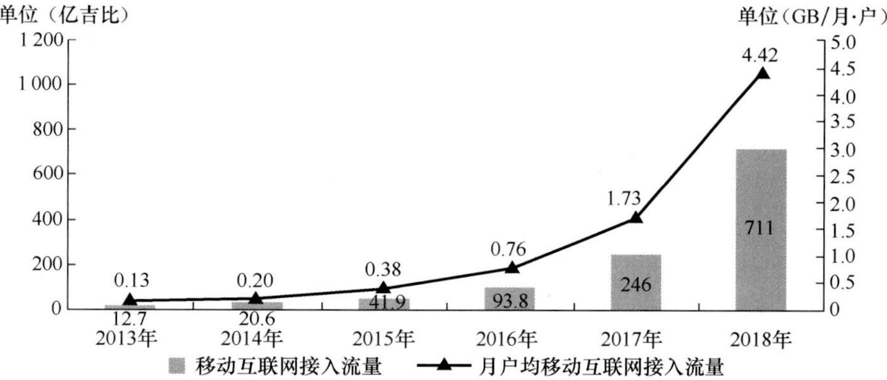

图 3-1 2013—2018 年移动互联网流量及月 DOU 增长情况

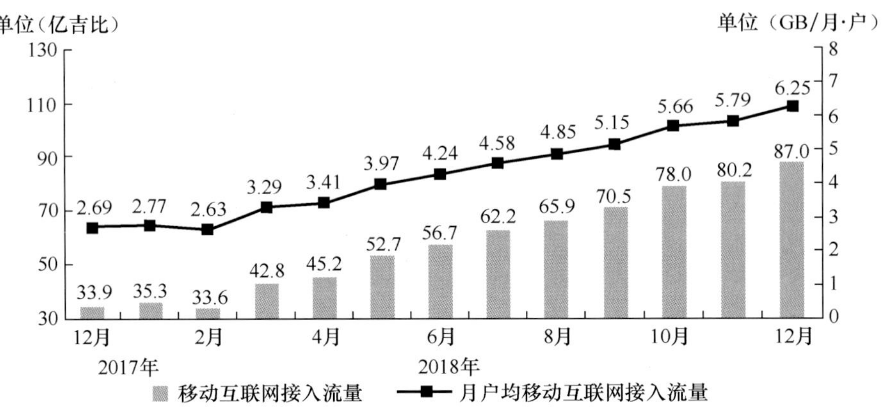

图 3-2　2018 年移动互联网接入当月流量及当月 DOU 情况

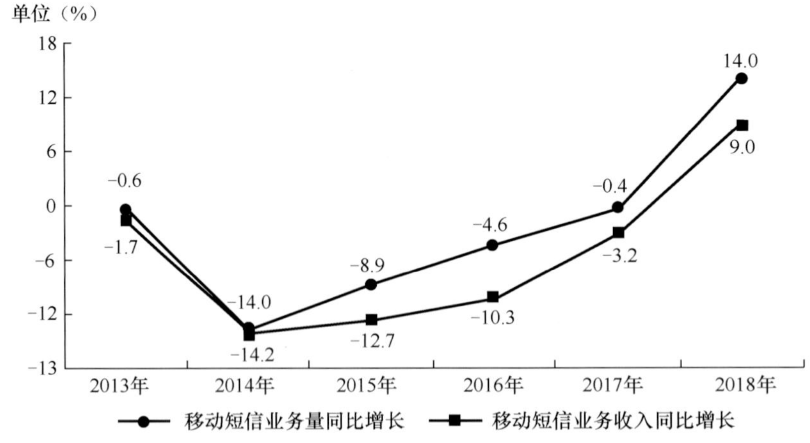

图 3-3　2013—2018 年移动短信业务量和收入增长情况

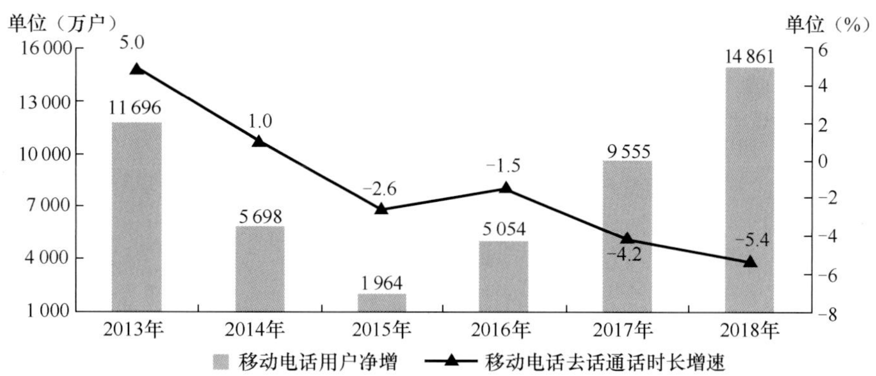

图 3-4 2013 2018 年移动电话用户和通话量增长情况

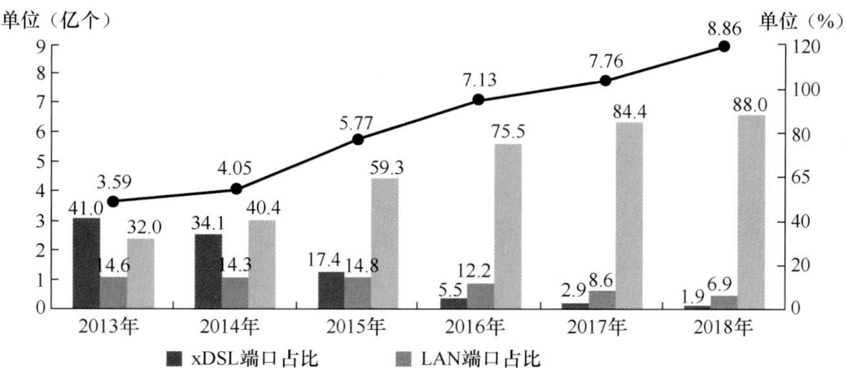

图 4-1 2013—2018 年互联网宽带接入端口发展情况

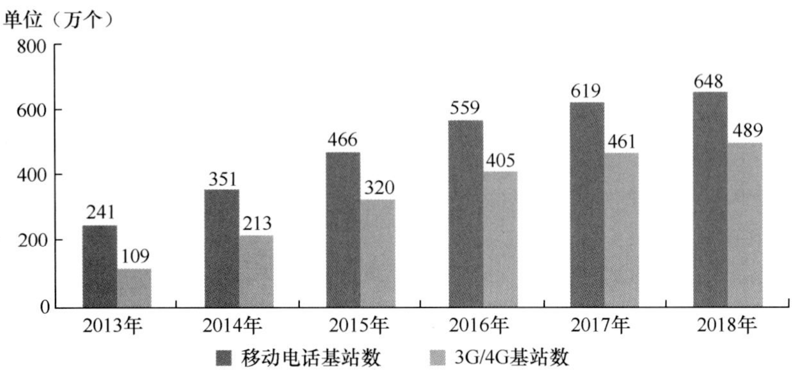

图 4-2 2013—2018 年移动电话基站发展情况

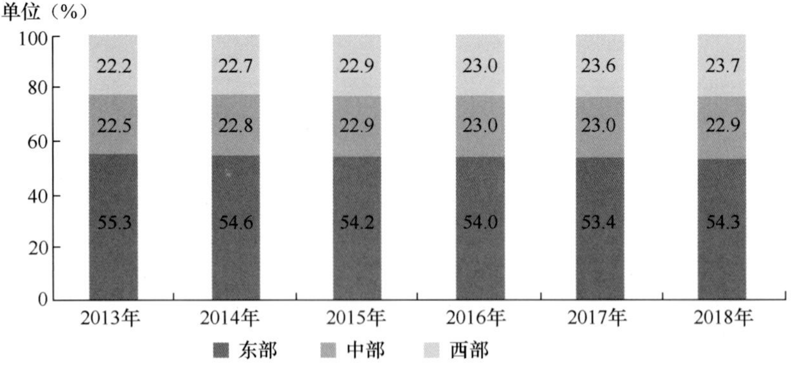

图 5-1 2013—2018 年东、中、西部地区电信业务收入比重

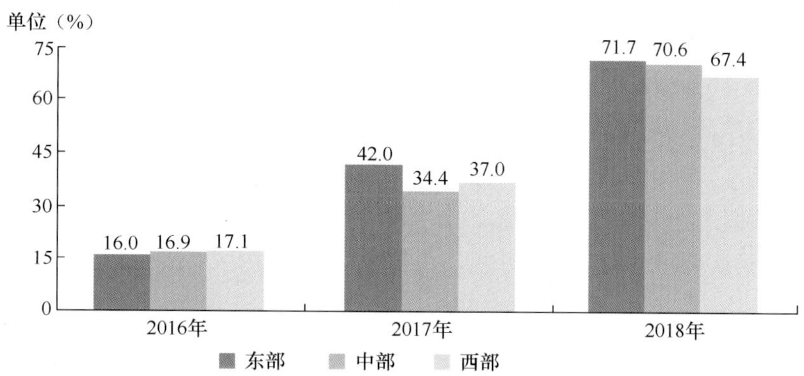

图 5-2 2016—2018 年东、中、西部地区 100Mbit/s 及以上固定宽带接入用户渗透率情况

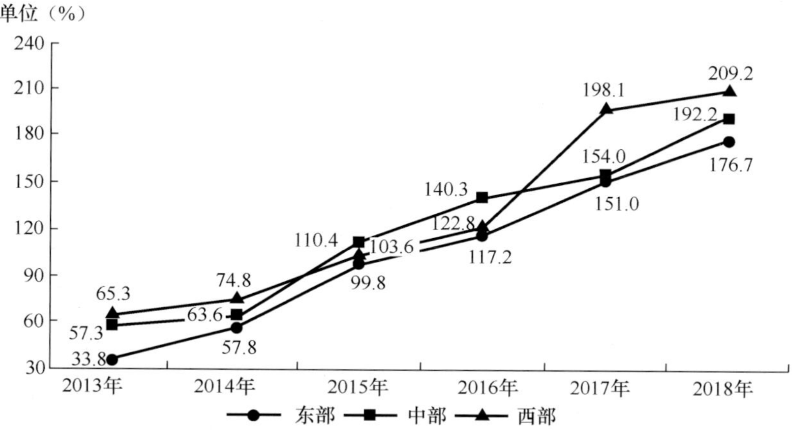

图 5-3 2013—2018 年东、中、西部移动互联网接入流量增速情况

商旅服务专家

联通信息导航有限公司

政企联通商旅业务简介：

“联通商旅”旨在为大中型企业客户提供商旅服务与管理的全面解决方案。服务是中国联通基于互联网+创新实现的集差旅审批、差旅预订、报账、一点结算全流程的差旅平台和服务体系，可从经济效益、社会效益、提升管理等方面助力企业实现降本增效。

业务内容介绍：

业内首创的后付酒店模式

中国联通根据多年的商旅行业运营经验，行业内首创实现了覆盖全国330个地级以上城市、2000多个县级城市的月结后付酒店模式，员工在上述酒店入住后无需个人垫付房费开具发票，签单离店即可。既节约了员工的时间、提升了员工服务感知，还通过统一提供票据规范了财务凭证。

安全、可靠、贴心的机票预订服务

中国联通具有航空业代理资质，依靠多年的机票业务运营经验及与航空公司良好的合作关系，已实现与国航、南航、东航、海航、川航、厦航的大客户直采合作，并能协助客户争取优惠的大客户政策。

全程提供贴心管家式服务，包括值机服务、航变预警、普遍服务、分级服务与应急服务等，为员工提供了安全、可靠、贴心的机票预订服务。

自主业务平台，完善的服务产品体系

中国联通政企差旅服务拥有自主核心业务平台，整合了差旅资源，能提供产品预订与服务机票、酒店、火车票、员工旅游等业务，是基于互联网+创新实现的全方位、完整的差旅平台和服务体系。

模块化结构设计，适应互联网+迭代开发需求

中国联通“联通商旅”系统采用先进的信息技术及差旅管理模型，基于模块化的系统设计，适应互联网+迭代开发需求，并发挥电信运营商在码号资源、通信资源、呼叫中心等方面的优势，实现了对员工差旅行为进行全过程的线上管控、服务，并利用大数据挖掘分析技术，实现可持续开发优化升级，助力企业降本增效。

产品模块化设计，适应各类企业的需求

中国联通基于模块化的系统设计和运营商资源，可以为企业提供4006专属码号、电路资源、呼叫中心、差旅审批、预订、管理、报账、全流程服务与咨询培训等模块，企业可根据自身实际情况选择性购买所需的系统平台与服务。

全流程管家服务

中国联通政企商旅服务，可提供Web在线、手机App，电话、现场驻点等多渠道服务管理。可向政府、企业员工提供从差旅审批、差旅安排、报账结算全流程差旅管理服务，基于6σ的服务质量要求，主动服务、闭环管理，提高员工满意度。

支持集团一点、多法人主体等结算模式

建立、健全了日清月结的结算体系，可提供多种灵活的结算模式，提供商旅产品订单对账、审核整理原始凭证、制单、复核、结算等服务，简化审批、报账流程，杜绝违反商旅规定的行为，大力节约人力及管理成本。

电信级的安全保障

中国联通作为国有企业、运营商、上市公司有严格的电信级的信息安全保障体系和社会责任感。系统搭建基于云的可靠差旅平台，确保信息的准确、安全和可靠。

专业化的管理团队

中国联通依托多年商旅业务的运营经验，组建了专业团队专业化经营，团队成员具有多年的行业经验和行业资源、熟悉央企内部流程。

“联通商旅”的意义：

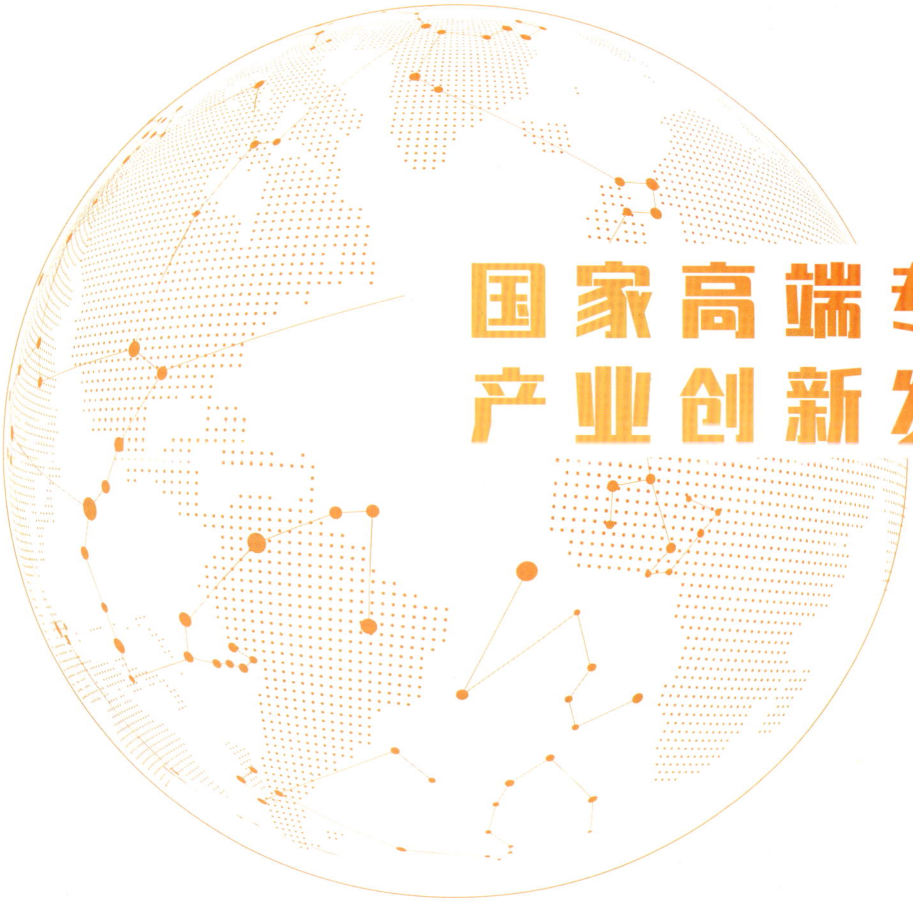

国家高端专业智库
产业创新发展平台

地址：北京市海淀区花园北路52号
网址：www.caict.ac.cn
邮箱：yf@caict.ac.cn

业务联系方式
电话：86-10-62305593
传真：86-10-62305540